Traumland

Eine Reise hinter den Horizont

Der Autor:

Robert Herpold, geboren 1966 in Hannover, hat eine Ausbildung zum Großhandelskaufmann absolviert und anschließend Betriebswirtschaftslehre studiert. Seit vielen Jahren ist Robert Herpold Mitinhaber und Geschäftsführer eines mittelständischen Presse-Großhandelsunternehmens. In seinem zweiten Roman Traumland lässt Herpold Traum und Wirklichkeit in berührender Weise miteinander verschmelzen. Herpold hat zwei Kinder und lebt mit seiner Frau bei Hannover.

Bisherige Veröffentlichungen:

John Trebor - Zwischen Raum und Zeit, 2020

Details zum Buch unter: www.trebor.info.

TRAUM
ROBERT HERPOLD
LAND

Impressum

Deutsche Erstauflage
Dieser Titel ist als E-Book erschienen.

Copyright © 2023 by Robert Herpold

Autor/Verlag: Robert Herpold, 30926 Seelze
Cover: Laura Newman – design.lauranewman.de

ISBN: 978-3-9821595-3-9

Das Werk, einschließlich seiner Teile, ist urheberrechtlich geschützt. Jede Verwertung ist ohne Zustimmung des Autors unzulässig. Dies gilt insbesondere für die elektronische oder sonstige Vervielfältigung, Übersetzung, Verbreitung und öffentliche Zugänglichmachung.

Bibliografische Information der Deutschen Nationalbibliothek:

Die Deutsche Nationalbibliothek verzeichnet diese Publikation in der Deutschen Nationalbibliografie; detaillierte bibliografische Daten sind im Internet über http://dnb.d-nb.de abrufbar.

Die Zukunft gehört denen, die an die Wahrhaftigkeit ihrer Träume glauben.

Eleanor Roosevelt

Prolog

Seit über einer Stunde stand Linus vor der Tür der imposanten Stadtvilla und überlegte, ob er klingeln sollte. Kalter Schweiß stand auf seiner Stirn. Alles in ihm sträubte sich, doch einfach wieder umdrehen war auch keine Option. Zu groß und mächtig waren die Dämonen, die ihn Nacht für Nacht heimsuchten und ihn nicht schlafen ließen. Dazu kam diese bleierne Schwere, die sich tief in sein Innerstes hineingefressen hatte. Linus war mit seinen Kräften am Ende, stand am Abgrund. Er musste sich entscheiden: springen oder klingeln. Springen war einfach, klingeln nicht. Linus entschied sich zu klingeln. Dr. Robin Capelli stand auf dem Türschild, aber kein Hinweis, dass hier ein klinischer Psychiater sein Unwesen trieb. Linus hörte Schritte. Die Tür öffnete sich und eine Frau um die dreißig lächelte ihn an. Sie hatte schulterlange blonde Haare und erinnerte Linus an eine Schauspielerin. Die Frau sah aus wie Reese... Der Nachname fiel Linus gerade nicht ein.

»Herr Christiansen?«

Linus nickte. »Ich habe einen Termin mit Dr. Capelli.«

Die Frau stutzte, schien dann aber zu begreifen und verzog die Lippen erneut zu einem kleinen Lächeln. »Ich glaube, da liegt ein Missverständnis vor. Ich bin Dr. Capelli. Mein Vorname ist schuld. Ist nicht eindeutig genug. Aber keine Sorge, Sie sind nicht der Erste, der in diese Falle tappt.«

Linus war überrascht und irritiert zugleich. Damit hatte er nicht gerechnet. Noch dazu war sie so verdammt jung.

Frau Capelli schien dies zu spüren. »Haben Sie ein Problem damit, dass ich eine Frau bin? Dann sagen Sie es lieber gleich.«

»Nein, überhaupt nicht.« Die Bedenken hinsichtlich ihres Alters wischte er einfach weg. Nicht zuletzt, weil ihm ihre lockere und direkte Art gefiel.

»Sehr schön, dann kommen sie doch herein.« Dr. Capelli trat zur Seite und machte eine einladende Handbewegung. »Ich gehe vor.«

Linus schloss die Tür und folgte der jungen Frau die Treppe hinauf. Neben ausgewaschenen Jeans trug sie eine grüne Seidenbluse sowie Sneaker seiner Lieblingsmarke New Balance. Von irgendwo her hörte er Kinderstimmen.

Linus war überrascht, als er sich in dem Raum umblickte, in den ihn Dr. Capelli hineingelotst hatte. Nichts erinnerte ihn hier an ein Behandlungszimmer, wie er es sich vorgestellt hatte. Die Frühlingssonne schien durch ein großes Fenster herein und tauchte den Raum in ein angenehmes Licht. Alles wirkte so warm und freundlich. Und was noch besser war: Linus sah keine Liege.

»Wenn Bruno Sie stört, dann sagen Sie es bitte. Ich bringe ihn dann einfach raus.«

›Bruno, welcher Bruno?‹ Erst da sah Linus den braunen Labrador unter dem Tisch liegen. Der Hund hatte ihn die ganze Zeit angeschaut, ohne dass er es gemerkt hatte. »Nein, kein Problem! Ich mag Hunde.«

»Wollen wir uns setzen?«

Linus nickte und setzte sich Dr. Capelli gegenüber. Der braune Ledersessel war bequem, aber nicht zu weich.

Frau Capelli schlug die Beine übereinander, lächelte erneut und blickte Linus lange an. Sie schien es nicht eilig zu haben.

Linus wollte etwas sagen, wusste aber nicht was. Alles was ihm einfiel, fühlte sich auf einmal falsch an. Sein Puls schnellte in die Höhe und sein Hals wurde vor lauter Nervosität ganz trocken. Linus wurde unruhig und war kurz davor aufzustehen. Er wollte nur noch weg, raus aus dieser verdammten Praxis.

Dr. Capelli spürte die Nervosität und Anspannung, die von Linus Christiansen Besitz ergriff. So ging es vielen ihrer Patienten, wenn sie ihr das erste Mal gegenübersaßen. Sie haderten mit sich selbst und glaubten plötzlich nicht mehr daran, dass ihnen eine völlig fremde Person bei der Bewältigung der eigenen Probleme helfen konnte. Mehr als einmal hatte sie erlebt, dass einer ihrer Patienten aufgesprungen und einfach wieder gegangen war. Es war deshalb an der Zeit die Initiative zu ergreifen. »Warum sind Sie hier, Herr Christiansen?«

Linus krallte die Finger in die Armlehnen des Ledersessels und suchte offensichtlich nach den richtigen Worten, bis er schließlich resigniert den Kopf schüttelte und aufstand. »Entschuldigen Sie, ich glaube es war ein Fehler hierher zu kommen.«

»Es tut mir sehr leid, was Ihnen in Afghanistan passiert ist«, antwortete Dr. Capelli schnell. »Das muss wirklich furchtbar gewesen sein.«

Linus erschrak und hielt in der Bewegung inne. »Was, wie..., woher wissen Sie das?«

»Ich habe mich über Sie erkundigt. Ich mache das immer, gehört zu meiner Vorbereitung. War in ihrem Fall im Übrigen ganz einfach. Das Netz ist ja voll von ihrer Geschichte.«

Linus nickte verunsichert, ohne sich wieder hinzusetzen. Er blickte zwischen Tür und Sessel hin und her und schien zu überlegen, ob er gehen oder bleiben sollte.

Dr. Capelli nutzte seine Unentschlossenheit und zeigte mit der Hand auf den Sessel. »Was halten Sie davon, wenn Sie sich wieder setzen und wir gemeinsam herausfinden, ob ich Ihnen helfen kann.«

»Na gut«, antwortete Linus zögerlich und setzte sich erneut in den Sessel.

Dr. Capelli nickte ihm noch einmal aufmunternd zu, bevor sie Block und Bleistift zur Hand nahm und ihn erwartungsvoll anschaute. »Dann erzählen Sie mir doch zuerst, warum Sie hier sind.«

Linus wirkte jetzt irritiert und überrascht zugleich. »Ich dachte, dass wissen Sie bereits.«

»Ich glaube schon, aber ich will es von Ihnen hören.« Während sie sprach, ließ Dr. Capelli ihren neuen Patienten nicht aus den Augen. Linus sah wirklich müde und elend aus. Seine Haut war grau und beinahe wächsern. Vermutlich wurde er von Alpträumen geplagt und schlief nur sehr wenig. Seine Augen huschten nervös in alle Richtungen und wurden von dicken Schatten eingerahmt. Sein blondes Haar wirkte stumpf und brüchig und so wie es aussah, blitzten bereits erste graue Strähnen hindurch, obwohl er noch keine dreißig war. Und trotzdem war Linus zweifellos ein gutaussehender Mann, zumindest wenn man ein wenig Vorstellungskraft besaß. Er war groß, schlank, wenigstens einsfünfundachtzig groß und hatte ein feines, ebenmäßiges, leicht ovales Gesicht.

Linus nickte und begann zu erzählen. Erst stockend und dann immer flüssiger, bis er an dem Tag angelangt war, der sein Leben verändert hatte. »Es war ein Routineeinsatz, nichts Spektakuläres. Wir sollten ein Gebiet nördlich von Kandahar aufklären. Anfangs lief auch alles nach Plan, bis mehrere Raketen auf uns abgeschossen wurden.« Linus Stimme war jetzt nur noch ein Krächzen.

Dr. Capelli nahm eine Flasche Wasser vom Tisch, füllte ein Glas und hielt es Linus entgegen. »Hier, trinken Sie einen Schluck.«

Dankbar griff Linus zu, leerte das Glas in einem Zug und blickte lange hinein. Die Worte gingen ihm jetzt nicht mehr so leicht über die Lippen. Zu groß war der Schmerz und die Schuld, die er verspürte.

Dr. Capelli blieb geduldig, hakte dann aber doch ein. »Bitte erzählen Sie weiter.«

Linus stellte das leere Glas auf den Tisch und gab sich einen Ruck. »Den beiden ersten konnte ich gerade noch ausweichen, der dritten dann leider nicht mehr. Die Rakete hatte den hinteren Rotor getroffen und ich musste den Hubschrauber notlanden. Keine Ahnung, wie ich das geschafft habe. Aber plötzlich waren wir unten und noch dazu fast unversehrt. Nur Claas, meinen Bordschützen, hatte es leicht am Arm erwischt.«

Dr. Capelli machte sich jetzt erste Notizen, während Linus weitersprach.

»Wir sind dann raus und den Taliban direkt in die Arme gelaufen.« Linus benötigte jetzt all seine Kraft, um weiterzusprechen. »Torben haben sie dann sofort erschossen, regelrecht durchlöchert, nachdem er versucht hatte, seine Waffe zu ziehen.« Seine Stimme zitterte jetzt und eine Träne lief seine Wange hinunter.

Dr. Capelli reichte ihm wortlos ein Taschentuch über den Tisch.

Linus nahm es entgegen, trocknete seine Augen und erzählte weiter. »Und obwohl er bereits tot war, hat ein junger Kerl, fast noch ein Kind, seinen Säbel gezogen und auf ihn eingeschlagen. Er war wie von Sinnen und hat erst wieder aufgehört, als ihn der Anführer weggezogen hatte. Überall war Blut, so viel Blut.« Die letzten Worte waren kaum noch zu verstehen.

Als Linus endgültig verstummte, wusste Dr. Capelli, dass sie jetzt an einem Scheitelpunkt standen. Würde Linus sich jetzt nicht weiter öffnen und ihr die ganze Geschichte erzählen, würde er es möglicherweise auch später nicht mehr tun. Umso wichtiger war es, dass sie jetzt die richtigen Worte fand, die richtigen Knöpfe drückte, um ihn zum Weitersprechen zu bewegen. Nicht das übliche bla, bla bla, wie: ›es tut mir leid, Sie trifft keine Schuld, oder Ähnliches.‹ Sie entschied sich für: »Diese Schweine.«

Linus nahm den Kopf hoch und blickte sie überrascht an.

Genau das hatte sie beabsichtigt. Sie wollte ihn aus der Reserve locken. Und so wie es aussah, funktionierte es.

»Ja, genau«, antwortete Linus mit hasserfülltem Blick. »Die Schweine haben Torben hingerichtet und ihn einfach im Dreck liegen lassen.« Linus ballte die Fäuste mit aller Kraft, sodass die Knöchel durch die wächserne Haut hervortraten. »Claas und mich haben sie dann mitgenommen und acht Wochen in ein dunkles Loch gesperrt. Wir dachten schon, dass sie uns darin verrotten lassen, bis sie uns irgendwann vor eine Kamera gezerrt und gezwungen haben, ihre Propagandascheiße vorzulesen.« Unmerklich presste Linus die Lippen aufeinander, bevor die nächsten Sätze über seine Lippen gingen. »Doch Claas hatte sich geweigert. Er war schon immer ein Idealist und Starrkopf gewesen. Sie haben ihm dann mit einer Machete vor meinen Augen den Kopf abgeschlagen.« Kaum ausgesprochen, sackte Linus in sich zusammen und schluchzte in seine Hände.

Selbst Bruno schien seine Qualen zu spüren. Er kam unter dem Tisch hervorgekrochen und legte seine Schnauze auf Linus rechtes Knie, ganz so, als ob er Linus dadurch trösten konnte.

Linus streichelte Bruno dankbar über den Kopf, straffte die Schultern und erzählte weiter. »Zwei Wochen später habe ich dann getan, was sie von mir verlangt haben und ihre Botschaften in die Kamera gesprochen. Eine Art Glaubensbekenntnis und anderes wirres Zeug, das sie aus dem Koran abgeleitet haben.«

»Und quasi als Gegenleistung hat man Sie dann freigelassen«, nahm Dr. Capelli den Faden auf, den Linus in seinem Gefühlschaos hatte fallenlassen.

»Ja, genau. Ich konnte es erst gar nicht glauben und war wahnsinnig erleichtert, bis ich realisiert hatte, dass ich meine Kameraden im Stich gelassen und verraten habe. Niemals hätte ich den Mördern meiner Kameraden und Freunde nach dem Mund reden dürfen, nur um mein eigenes Leben zu retten. Das werde ich mir nie verzei…«, Linus brach erneut ab.

Dr. Capelli hatte die Videos gesehen. Erst das von der Hinrichtung und später das von Linus Christiansens Glaubensbekenntnis, so wie wahrscheinlich die halbe

Welt auch. Sie waren kurz nach ihrer Entstehung viral gegangen und hatten das Netz in Aufruhr versetzt. Es war der blanke Horror. Kein Wunder, dass Linus ein Trauma davongetragen hatte. Deshalb würde sie ihn in seiner jetzigen Verfassung auch nicht davon überzeugen können, dass er nichts falsch gemacht hatte. Dazu war er zu sehr in seinen Gefühlen verstrickt; einer Mischung aus Schmerz, Wut, Verzweiflung und Schuldgefühlen. Letzteres schrieb sie dem Überlebensschuld-Syndrom zu, das ihn quälte. Frei nach dem Motto: Warum darf ich leben, während die anderen sterben mussten. Stattdessen fragte sie ihn nach einem Aspekt, den er bewusst oder unbewusst bisher ausgespart hatte. »Herr Christiansen, Sie haben kein Wort von der Folter erwähnt, der Sie während ihrer Geiselhaft ausgesetzt waren.«

Linus machte eine abweisende Handbewegung. »Das ist nicht der Rede wert.«

»Aber es stimmt, dass Sie nach ihrer Freilassung einige Zeit im Krankenhaus verbringen mussten, um sich von den Folgen der Folter zu erholen?«

»Ja, erst in Kandahar und später in Hamburg. Aber, warum fragen Sie?«

»Weil ich von Ihnen wissen möchte, ob Sie in dieser Zeit auch psychiatrisch behandelt wurden?«

Linus nickte unmerklich, während er antwortete. »In Hamburg, aber die konnten mir nicht helfen.«

Dr. Capelli bezweifelte das. Sie ging eher davon aus, dass Linus sich in dieser frühen Phase noch nicht helfen lassen wollte. Alles war noch zu frisch gewesen. »Man hat aber eine Diagnose gestellt?«

»Ja. Es hieß, dass ich an einer posttraumatischen Belastungsstörung leide.«

Das war auch ihre Vermutung, und zwar an einer sehr schweren Form, die - und das war das Problem - in der Regel nicht heilbar war. Linderung ja, Heilung nein. Umso wichtiger erschien es ihr, Linus keine falschen Hoffnungen zu machen.

Linus blickte sie jetzt fragend an. Er schien förmlich zu spüren, wie es in ihr arbeitete.

Weitere Sekunden vergingen bis Dr. Capelli sich die richtigen Worte zurechtgelegt hatte und Linus in einem sanften, aber bestimmenden Ton antwortete: »Herr Christiansen, nachdem was Sie mir gerade erzählt haben, bin ich fest davon überzeugt, dass ich Ihnen helfen kann. Ich kann Ihnen zeigen, wie Sie mit dem Erlebten besser leben können, besser mit ihrer Störung klarkommen und ganz wichtig: lernen, sich nicht die Schuld am Tod ihrer Freunde zu geben. Ich kann Sie aber nicht heilen. Das muss Ihnen klar sein, bevor wir mit der Therapie beginnen.« Dr. Capelli machte eine kurze Pause und legte dann nach: »Sie werden nie wieder der alte Linus sein, dass muss Ihnen klar sein. Wir können die Dinge nicht wieder rückgängig machen. Was geschehen ist, ist geschehen. Wenn wir uns darin einig sind, dann würde ich gerne mit Ihnen arbeiten.«

Linus schloss für einen Moment die Augen, bevor er antwortete. »Das will ich auch nicht, ich meine wieder der alte Linus werden, schon aus Respekt gegenüber meinen toten Kameraden.«

Dr. Capelli nickte zufrieden. »Gut, dann bleibt nur noch ein Punkt, über den wir reden müssen. Die Therapie ist kein Sprint, sondern ein Marathon. Sie müssen jede Woche einmal zu einer Sitzung kommen, eine sehr lange Zeit lang. Sind wir uns auch darin einig?«

»Ja, dass sind wir. Ich werde da sein, immer.«

1

Acht Monate später.

Als Linus die Tür öffnete wehte ihm ein eisiger Wind entgegen. Es war ungewöhnlich kalt für einen Tag im Oktober. Er verharrte für einen Moment auf der Schwelle seines kleinen Hauses und blickte unschlüssig in den grauen Himmel. Eine Schar Möwen segelte gerade vorbei. Von der Sonne war weit und breit nichts zu sehen. Schließlich gab er sich einen Ruck und trat ins Freie. Zu groß war die innerliche Unruhe vor dem Ungewissen, die ihn nach draußen trieb. Schnellen Schrittes machte er sich auf den Weg in den Ruderclub. Leichtfüßig tippelte er um die Pfützen herum, auf denen bereits erste Eiskristalle zu sehen waren. Die Temperaturen mussten in der Nacht kurz unter null gefallen sein. Nur wenige Menschen waren unterwegs. Kein Wunder, dachte Linus. Es war Samstag und für die meisten gab es keinen Grund vor die Tür zu gehen. Linus bog in die Herbertstraße ein und sah Herrn Geiger, der von seinem gefräßigen Hund die Straße heruntergezogen wurde. Sammy hatte offensichtlich irgendeine Fährte aufgenommen.

»Bei Fuß«, brüllte Herr Geiger, doch der schwarze Mischling hörte nicht, auch nicht als Herr Geiger wieder und wieder dasselbe Kommando rief.

Unbeirrt hielt er weiter auf die Plastiktüte zu, die Linus jetzt sehen konnte. Er nickte Herrn Geiger kurz zu und überholte ihn.

»Moin«, antwortete sein Nachbar, gefolgt von einem »aus, aus«.

Sammy hatte sich vermutlich gerade über die Tüte hergemacht. Doch dass interessierte Linus bereits nicht mehr. Er wollte nur noch aufs Wasser und ein wenig Ruhe finden.

Am Ruderclub angekommen, ging er auf direktem Weg zur großen Halle und hob sein gelbes See-Kajak aus einem der vielen Gestelle heraus. Es war aus kohlenstofffaserverstärktem Kunststoff und federleicht. Er hievte es sich auf die rechte Schulter und ging an den Reihen der Boote vorbei, die über mehrere Etagen die ganze Halle füllten. Linus wusste, dass hier mehr als 100 Boote lagerten. Vorwiegend Rennkajaks und Regattaboote, Einer, Zweier und Doppelzweier, aber auch alle anderen Bootsklassen. Selbst einige Achter wurden hier verwahrt.

An Sommertagen war hier immer etwas los, ein Kommen und Gehen. Doch heute war niemand zu sehen. Linus war das nur recht. Er hasste die Nähe von zu vielen Menschen, seit er aus Afghanistan zurückgekehrt war.

Als er sein Boot gerade zu Wasser lassen wollte, hörte er Schritte. Linus drehte den Kopf und sah den alten Sven den Anleger herunterschlurfen. Er hatte die Hände tief in den Taschen seiner Regenjacke vergraben und guckte Linus aus stahlblauen Augen an. Er war so etwas wie ein Hausmeister und kümmerte sich, solange Linus denken konnte, hier um alles. Sein schmales Gesicht war vom Wetter gegerbt und wie immer hatte er eine blaue Wollmütze auf.

»Dachte mir schon, dass du es bist, den ich in der Halle gehört habe«, knurrte Sven und schüttelte den

Kopf. »Wer sonst ist so verrückt und will bei dem Wetter aufs Wasser.«

Linus nickte nur und setzte sein Boot vorsichtig ab, ohne Sven dabei anzuschauen.

Sven stand jetzt direkt neben Linus. »Junge, überleg dir das nochmal, es zieht ein Sturm auf.«

»Ich bleibe in der Förde, da wird es schon nicht so schlimm werden. Außerdem bin ich alt genug und weiß, worauf ich mich einlasse.«

»Dann zieh wenigstens eine Schwimmweste an«, flehte Sven jetzt beinahe. Er wirkte auf einmal regelrecht bekümmert.

Linus nickte unmerklich. »Mir wird schon nichts passieren. Ich drehe nur eine kurze Runde und bin zurück, bevor es richtig losgeht.«

Sven wusste, dass es keinen Sinn hatte, weiter auf Linus einzureden. Der Junge war schon immer ein Sturkopf gewesen. Selbst als er noch klein war. Er war bei seinen Großeltern aufgewachsen und als Kind fast täglich hier gewesen. Er mochte den blonden Jungen wirklich gerne und konnte sich noch gut daran erinnern, wie Linus als Teenager die Norddeutsche Meisterschaft im Skiff gewonnen hatte. Er sah immer noch aus wie ein großer Bengel, hatte sich aber stark verändert, seit er aus Afghanistan zurückgekehrt war. Er wirkte nicht mehr so fröhlich und unbekümmert, eher gedankenverloren und verzweifelt. Sven konnte den Grund nur erahnen, denn er besaß weder einen Fernseher, noch hatte er dieses Internet. Er wusste nur, dass Linus Pilot war und sein Hubschrauber in der Nähe von Kandahar abgeschossen wurde.

Vorsichtig setzte Linus das Kajak ins Wasser und nahm Paddel, Spritzschutz und Schwimmweste aus dem

Inneren. Er steckte das Carbon-Paddel zusammen und zog sich routiniert den Spritzschutz und die dunkle Schwimmweste über, während er Svens Blick in seinem Rücken zu spüren schien. »Zufrieden?«

Doch Sven antwortete nicht, sondern schüttelte nur den Kopf.

Schnell setzte sich Linus und glitt in das Kajak hinein, so wie er es schon hunderte Male zuvor gemacht hatte. Er zog den Spritzschutz über die Luke und stieß sich ab. Linus tauchte das Paddel ein, erst rechts, dann links und nahm den Rhythmus auf, den er so liebte. Er atmete tief ein und aus und spürte augenblicklich, wie sich der Riss in seinem Inneren mit jedem Zug ein wenig mehr verschloss. Linus wusste, dass es nicht von Dauer war, aber doch lang genug, um ein wenig Ruhe zu finden. Gerade nach der letzten Nacht sehnte er sich so sehr danach. Seine Dämonen hatte wieder ganze Arbeit geleistet. Dämonen, die mit Beginn seiner Behandlung mehr und mehr in den Hintergrund getreten waren, jetzt aber wieder mit voller Kraft an sein Bewusstsein klopften. Linus vermutete, dass die Angst und Aufregung vor seiner neuen Aufgabe der Grund dafür waren.

»Ich behalte dich im Auge«, rief Sven, als er schon fast außer Reichweite war.

Linus hob den Arm als Zeichen, dass er ihn gehört hatte. Mit jedem Paddelzug fühlte sich Linus wohler in seiner Haut und seine Zuversicht kehrte Stück für Stück zurück. Das war wirklich besser als jede Therapiestunde, dachte Linus, ohne dabei zu vergessen, dass Robin, seine Therapeutin es war, die ihn dazu ermutigt hatte wieder ins Kajak zu steigen.

Linus war jetzt im Fahrwasser der Kieler Förde angelangt und beschleunigte weiter. Im Sekundentakt tauchte das Paddel ein. Rechts, links und wieder rechts. Eins, zwei, zählte er im Geiste mit. Eins, zwei. Das Ganze hatte für ihn etwas Hypnotisches.

Sven stand am Steg und blickte Linus hinterher. Er war schnell und offensichtlich wieder gut in Form. Er hätte es bestimmt weit in seinem Sport gebracht, dachte Sven wehmütig zurück. Doch dann waren seine Großeltern überraschend gestorben und er hatte das Interesse am Leistungssport endgültig verloren. Seine Großeltern hatten sich aufopferungsvoll um ihn gekümmert, nachdem seine Eltern und seine kleine Schwester bei einem Autounfall ums Leben gekommen waren. Da war Linus noch keine vierzehn gewesen.

Sven kannte die Großeltern gut. Besonders den Großvater, mit dem er einige Jahre zur See gefahren war, als beide noch junge Männer waren. Von seinen Großeltern hatte Linus auch das kleine Kapitänshaus geerbt, in das er sich nach seiner Zeit bei der Luftwaffe zurückgezogen hatte. Mit seinem reetgedeckten Dach, den roten Klinkern und grünen Sprossenfenstern gehörte es zweifelsohne zu den schönsten Häusern in dieser Gegend.

Der Junge konnte einem wirklich leidtun, grübelte Sven weiter. Erst der Tod seiner Eltern und der kleinen Schwester, dann der Tod seiner Großeltern und schließlich die Sache in Afghanistan.

Mit einem Mal fing es an zu regnen. Der Regen fühlte sich irgendwie komisch an, fast dickflüssig, ganz so, als ob er gleich in Schnee übergehen würde. Dazu passten die Temperaturen, die sich binnen Sekunden nochmals deutlich abgekühlt hatten und irgendwo um den

Gefrierpunkt liegen mussten. Sven lief ein kalter Schauer über den Rücken. »Verdammt«, fluchte Sven, nachdem er registrierte, dass Linus geradewegs auf die Ostsee zusteuerte. »Ist der Kerl lebensmüde?« Kaum ausgesprochen, stellten sich seine Nackenhaare auf. »Der Junge wird doch nicht...?«

Linus war jetzt wie im Rausch. Er blendete alles aus und spürte weder den Regen noch den Wind, der jetzt immer stärker blies. Wuchtig trieb er das Kajak weiter voran, ohne sich an den immer höher aufschießenden Wellen zu stören. Er war jetzt in seinem Element und eins mit dem Boot und Wasser. Schweiß trat aus seinen Poren. Nicht der kalte Film, der sich des Nachts immer auf seiner Haut bildete, sondern ein heißes Gemisch, das alles Schlechte nach außen presste. Der innerliche Druck fiel von Linus ab und Hoffnung keimte in ihm auf. ›Vielleicht wird ja doch noch alles gut.‹ Das Gewitter, das sich hinter ihm zusammenbraute, sah Linus nicht, bis ein gleißender Blitz den dunklen Himmel erhellte und es fast augenblicklich krachte. Das Gewitter war mit einem Mal direkt über ihm. Einer Raubkatze gleich, hatte es sich von hinten angeschlichen und zum Sprung angesetzt. Der Wind brüllte und die Wellen brachen plötzlich über ihn herein. Linus erwachte aus seiner Trance und wendete das Kajak. Doch es war bereits zu spät. Sein Kajak kenterte, noch bevor er die Halse abgeschlossen hatte, und binnen weniger Sekunden fraß sich das kalte Wasser der Ostsee tief in seine Knochen hinein. Dann herrschte Stille und er brauchte eine Sekunde um zu begreifen, was mit ihm passierte. Intuitiv versuchte er das Kajak wieder aufzurichten, so wie er es schon hunderte Male zuvor trainiert hatte. Aber egal wie oft er es versuchte, die Eskimo-Rolle wollte ihm einfach nicht gelingen. Zu widrig waren die

Bedingungen. Die Luft wurde ihm knapp und Panik ergriff ihn. Er ließ das Paddel los und zerrte wie wild am Spritzschutz. Doch aus irgendeinem Grund bekam er das Ding nicht ab. Er steckte fest. ›Ich muss hier raus, einfach nur raus.‹ Wieder zerrte er am Spritzschutz und dieses Mal klappte es. Er war frei und schob sich mit letzter Kraft aus dem Kajak. Gierig tauchte er auf und sog die kalte Luft ein, während Welle um Welle über ihn hereinbrach. Linus wurde umhergewirbelt und ging immer wieder unter. ›Irgendetwas schien mit seiner Schwimmweste nicht zu stimmen. Oder waren einfach nur die Wellen schuld?‹ Sie waren jetzt an die drei Meter hoch. Linus wusste es nicht, hatte aber auch keine Zeit weiter darüber nachzudenken. Verzweifelt reckte er den Kopf aus dem Wasser und hielt nach dem Kajak Ausschau, doch es war bereits nicht mehr zu sehen. Stattdessen sah er einen Delfin aus den Fluten auftauchen. Er war schneeweiß und blickte ihm direkt in die Augen. Für einen Moment, nein, für eine Ewigkeit schien die Zeit still zu stehen. Dann brach die nächste Welle über ihn herein und er wurde erneut unter Wasser gedrückt. Linus verlor die Orientierung. ›Wo war oben und wo war unten?‹ Er wusste es nicht mehr. Seine Lungen verlangten nach Luft, sie schrien förmlich danach, bekamen aber nur Salzwasser, Unmengen von Salzwasser. Ich sterbe, dachte er, das ist das Ende. Erstaunlicherweise verspürte er keine Angst, eher Ruhe und ein Gefühl der Erlösung. Linus hörte auf mit den Armen zu rudern und ergab sich seinem Schicksal. Doch plötzlich war er wieder an der Oberfläche. Die Schwimmweste hatte ihn nach oben gespült, nachdem er aufgehört hatte, mit den Armen in die falsche Richtung zu rudern. Der Delfin umkreiste ihn, während die nächste Welle über ihn hereinbrach. Seine Kräfte schwanden und schon bald wurden seine Glieder taub. Sie wurden ihm schwer und er driftete langsam weg. Sein letzter Gedanke gehörte seinem neuen Job als Entwicklungshelfer in Tansania, den er seiner Therapeutin zu verdanken hatte. Sie hatte ihm die Stelle besorgt, nachdem beide gemeinsam zu der Überzeugung gelangt waren, dass die Zeit reif für etwas Neues war. In zwei Tagen sollte es bereits losgehen.

2

Sven drehte sich um und rannte auf seinen staksigen Beinen so schnell er konnte den Steg hinauf und weiter an der Bootshalle entlang. Die Strecke kam ihm auf einmal unendlich lang vor, obwohl es gerade einmal vierhundert Meter waren. »Die verdammten Roth-Händle sind schuld«, fluchte Sven im Stillen und erstmals in seinem Leben ärgerte er sich darüber, dass er kein Handy besaß. Er hatte die Dinger bisher als Spielerei abgetan, musste nun aber einräumen, dass es Situationen gab, in denen ein Mobiltelefon durchaus von Nutzen war. Aber jetzt war nicht die Zeit mit sich zu hadern.

Schwer atmend kam Sven an seinem Schuppen an und kramte den Schlüssel aus seiner Tasche. Mit zittrigen Händen schloss er auf und eilte zum Telefon. Die Nummer der Seenotrettung prangte direkt über seinem Kopf. Er hatte den mittlerweile vergilbten Zettel vor vielen Jahren selbst dort angeklebt, bisher aber noch keinen Grund gehabt dort anzurufen. Er drehte an der Wählscheibe und wartete auf das Freizeichen. Tut, Tut, Tut machte es dreimal, bevor sich am anderen Ende der Leitung eine Stimme meldete.

»Seenotrettung, Dörner am Apparat. Was kann ich für Sie tun?«

»Sven Reinders hier, ich wollte…«, doch weiter kam er nicht, weil er von einem heftigen Hustenanfall heimgesucht wurde. »Wir brauchen Ihre Hilfe«, fuhr er schließlich fort. »Ein dummer Junge, na ja, eher ein junger Mann, ist mit dem Kajak rausgefahren und vom Sturm überrascht worden. Sie müssen…«

»Wo ist er?«, unterbrach ihn Dörner am anderen Ende der Leitung.

»Kurz vor Laboe. Aber so wie es aussieht ist der Junge schon halb auf der Ostsee.«

»Bitte bleiben Sie am Apparat«, sagte Dörner und setzte sich über Funk mit dem Seenotrettungskreuzer Berlin in Verbindung.

Sven konnte mithören.

»Dörner hier«, sagte der ehemalige Kapitän und jetzige freiwillige Helfer am Stützpunkt Laboe. »Wir haben einen Vorfall in der Förde. Ein junger Mann ist mit dem Kajak draußen und wurde vom Sturm erfasst.«

»Das ist nicht gut«, antwortete der Wachoffizier des Seenotrettungskreuzers. »Wir sind ziemlich weit weg.«

Sven schloss die Augen.

»Welche Farbe hat das Kajak?«, fragte der Wachoffizier.

»Warten Sie«, sagte Dörner und nahm den Hörer wieder in die Hand.

»Herr Reinders, welche…«

»Gelb«, ging Sven dazwischen. »Das Kajak ist gelb.«

»Okay, danke«, antwortete Dörner und gab die Information an den Seenotrettungskreuzer weiter.

»Wir sind unterwegs«, sagte der Wachoffizier und gab dem Steuermann den Befehl Kurs auf Laboe zu nehmen.

»Herr Reinders, sind Sie noch dran?«, fragte Dörner.

»Ja, selbstverständlich.«

»Gut, ich brauche jetzt noch einige Informationen von Ihnen.«

Fünfzig Minuten später traf die Berlin vor Laboe ein und nahm die Suche nach dem gelben Kajak auf.

»Ich sehe etwas Gelbes zwischen den Wellen«, sagte kurz darauf einer der Männer auf der Brücke und zeigte nach Steuerbord.

Kapitän Matthiesen blickte ebenfalls durch sein Fernrohr und nickte. »Ja, ich sehe es jetzt auch. Das muss das Kajak sein. Jonas, Zehn Grad Steuerbord.« Matthiesen sah genauso aus, wie man sich einen Kapitän vorstellte. Er hatte einen Vollbart und fast immer eine Pfeife zwischen den Lippen.

»Zehn Grad Steuerbord«, wiederholte der Steuermann und legte den Kurs an.

»Ich mache die Steppke startklar«, meldete sich der Wachoffizier zu Wort und verließ eiligen Schrittes die Brücke. Der Name des Beibootes war eine Anspielung auf einen kleinen pfiffigen Jungen, obwohl das Tochterboot der Berlin alles andere als klein war. Gemeinsam mit zwei Matrosen bestieg der Wachoffizier die Steppke und wartete darauf, dass die Berlin zum Stehen kam. Erst danach startete er den Motor, löste die Entriegelung und ließ die Steppke vom Heck der Berlin heruntergleiten. Anschließend nahmen sie Kurs auf das Kajak, konnten den Mann aber nicht sehen.

»Das Kajak ist leer«, meldete der Wachoffizier über Funk. »Es schwimmt auf dem Kopf, aber von dem Mann ist weit und breit nichts zu sehen.«

»Das war zu erwarten«, murmelte Kapitän Matthiesen, auch wenn er insgeheim gehofft hatte, dass der Mann es irgendwie geschafft hatte, sich am Kajak festzuhalten. Doch dafür waren die Wellen einfach zu hoch.

»Wenigstens hat der Mann eine Schwimmweste getragen«, unterbrach ihn der Wachoffizier in seinen Gedanken.

»Die wird ihm nicht viel nützen, wenn wir ihn nicht bald finden«, antwortete Matthiesen. »Die Ostsee hat jetzt nur noch fünf oder sechs Grad und bringt einen gesunden Mann in weniger als einer Stunde um.« Wieder blickte Matthiesen aus dem Fenster der Brücke, presste die Lippen zusammen und schüttelte resigniert den Kopf. Sie hatten bereits großes Glück gehabt, als sie das Kajak zwischen den Wellenbergen ausgemacht hatten. Wie sollten sie da einen Mann finden, der nach Dörners Informationen auch noch eine dunkle Schwimmweste trug. Das war wie die Suche nach der Nadel im Heuhaufen. »Okay, wir machen Folgendes«, sagte er schließlich. »Wir teilen uns auf. Sie suchen nordöstlich nach dem Mann und wir südwestlich.«

»Du hast den Kapitän gehört«, sagte der Wachoffizier und nickte dem Rudergänger der Steppke zu. Ullstein arbeitete jetzt seit drei Jahren als Wachoffizier auf der Berlin und hoffte, dass man ihm das Kommando der Berlin übertrug, wenn der Alte in einem Jahr in Rente ging. Die Chancen standen jedenfalls nicht schlecht. Er hatte genügend Erfahrung, gute Beurteilungen und mit seinen dreiunddreißig Jahren genau das richtige Alter.

»Nordost«, wiederholte der junge Matrose und blickte vor sich auf den Kompass, bevor er das Steuerrad durch seine Hände gleiten ließ.

Der Kapitän hatte recht, überlegte Ullstein, ihnen lief die Zeit davon. Sie hatten vielleicht noch ein paar Minuten, bevor Linus Christiansen an Unterkühlung sterben würde, immer vorausgesetzt, er lebte überhaupt noch. Den Namen hatte Dörner erwähnt und ihm einen Schock versetzt. Denn er kannte Linus von früher, wenn auch nur flüchtig. Sie waren auf derselben

Schule gewesen. Ein netter Kerl, blond und gutaussehend, soweit er sich erinnern konnte.

Plötzlich sah er einen Delfin an der Backbordseite der Steppke entlanggleiten. Nicht der erste, den er in der Ostsee zu Gesicht bekam, wenn man von der Farbe absah. Noch ungewöhnlicher war aber die Art und Weise, wie er sich verhielt. Er schoss am Boot vorbei, tauchte in Höhe des Bugs ab und kam erneut von hinten angeschossen. Nach der dritten Wiederholung verstand Ullstein, was ihm der Delfin sagen wollte. ›Wir sollen dir folgen, natürlich‹. »Lennard, hart Backbord, schnell, dem Delfin hinterher.«

»Welchem Delfin?« Der Rudergänger hatte ihn offensichtlich noch nicht gesehen.

»Na, dem da«, sagte Ullstein und zeigte mit dem Finger auf die Backbordseite. Der Delfin setzte gerade zu seiner vierten Runde an.

Wie erhofft, führte sie der Delfin direkt zu Linus Christiansen. Sein ehemaliger Schulkamerad war zwischen den Wellentürmen kaum auszumachen, nicht mehr als ein dunkler Fleck in der tosenden Ostsee. Die Steppke ging längsseits und tastete sich an Linus heran. Was bei stiller See ein Kinderspiel war, stellte sich jetzt als nahezu unlösbare Aufgabe heraus. Denn immer, wenn sie glaubten ihn packen zu können, wurde Linus von den Wellen davongetragen. Im fünften Anlauf klappte es dann endlich und sie zogen den leblosen Körper an Bord.

»Er lebt«, sagte der zweite Matrose und ausgebildete Rettungssanitäter, nachdem er Linus den Puls gefühlt hatte. »Der Puls ist ganz schwach und unregelmäßig, aber er lebt. Er hat eine starke Unterkühlung und muss schnell in ein Krankenhaus.«

Wenige Minuten später machte das Beiboot in Laboe fest und übergab Linus an einen Krankenwagen, der ihn weiter ins städtische Krankenhaus nach Kiel brachte. Linus lag auf der Krankenliege und wurde künstlich beatmet. Seine Haut war blau und wirkte beinahe durchsichtig.

Der alte Reinders saß neben ihm und schaute sorgenvoll auf ihn herunter und schüttelte den Kopf. »Dummer Kerl, was machst du nur für Sachen?«

»Was haben Sie gesagt?«, fragte der Notarzt, der Linus gerade eine Kanüle anlegte. »Ich habe Sie nicht verstanden. Die Sirene ist zu laut.«

»Ach nichts, ich habe nur laut gedacht.«

Der Arzt nickte und wendete sich wieder dem Patienten zu.

»Wird er durchkommen?«, fragte Reinders nach einer kleinen Pause. »Er sieht so schlecht aus, mehr tot als lebendig.«

»Das ist er auch. Er ist ins Koma gefallen. Der Körper hat wegen der Kälte und dem vielen Salzwasser, das er geschluckt hat, auf Notbetrieb umgeschaltet. Die nächsten Stunden und Tage werden zeigen, ob er es schafft.«

Reinders schloss die Augen und schickte ein Gebet in Richtung Himmel. Er war nicht besonders gläubig, jedenfalls nicht im klassischen Sinne, meinte aber, dass es in diesem speziellen Fall nicht schaden konnte.

3

Als Linus die Augen öffnete, brauchte er einige Sekunden, um zu begreifen, dass er nicht zu Hause war. Er ließ seinen Blick umherschweifen und sah ein Bett, einen quadratischen Tisch, zwei Stühle, einen Einbauschrank und eine Tür, nein zwei. Licht fiel aus einem großen Fenster herein und legte sich wie eine Haut über die strahlend weißen Wände. Der Raum wirkte unpersönlich und steril und doch kam ihm das Zimmer irgendwie bekannt vor. Für eine Sekunde blieben seine Augen an einem kleinen Kreuz hängen, das einsam und verlassen an der gegenüberliegenden Seite hing. Es hing schief und augenblicklich verspürte Linus den Drang aufzustehen und es auszurichten. Dann machte es *Klick* und Linus begriff, dass man ihn in ein Krankenhauszimmer verfrachtet hatte. Keines in dem er schon einmal gelegen hatte, aber definitiv ein Krankenhauszimmer, auch wenn sein Zimmer im Universitätsklinikum Eppendorf durchaus eine gewisse Ähnlichkeit gehabt hatte. Linus konnte es jetzt sogar riechen. Die Mischung aus Bohnerwachs und Desinfektionsmitteln war unverkennbar. Er konnte sich nicht genau erinnern was passiert war, nur das er mit dem Kajak rausgefahren und dann gekentert war. Die Kälte spürte er noch immer. Sie hatte sich tief in seine Eingeweide hineingefressen. Sein nächster Gedanke gehörte dem Piepen, dass mehr und mehr an seinem Bewusstsein kratzte. Piep, piep, piep, machte es in einer Tour. Wo kam der Ton nur her und warum hatte er ihn vorher nicht gehört? Linus drehte sich um, konnte die Quelle für das nervtötende Geräusch aber nicht orten. Um dem Geräusch zu entfliehen, schlug Linus die Decke zurück und sprang aus dem Bett. Er hatte lange genug in Zimmern wie diesen verbracht und wollte nur noch raus. Erst jetzt merkte er, dass er eines dieser Krankenhaushemden trug, die er so sehr hasste. Die Dinger hatten so etwas Entwürdigendes. Suchend blickte er sich im Zimmer um, ohne seine Klamotten zu sehen. Vielleicht dort drüben, überlegte er und machte zwei Schritte auf den Einbauschrank zu. Erleichtert sah er sein T-Shirt, seinen schwarzen Jogging-Anzug und seine Jacke, die er auf seiner Kajak-Tour getragen hatte. Irgendjemand musste die Sachen dort für ihn bereitgelegt haben. Schnell streifte er sich alle vier Teile über, während er bereits nach seinen Turnschuhen Ausschau hielt. Sie waren jedoch nirgends zu sehen, weder im Schrank noch unter dem Bett. Dann eben ohne, dachte er und schlich barfuß aus dem Zimmer. Kaltes Neonlicht empfing ihn, begleitet von einem Flackern. Eine der Lampen schien einen Wackelkontakt zu haben. Wie in Kandahar, dachte er stirnrunzelnd. Intuitiv wendete er sich nach rechts und lief den menschenleeren Flur herunter, vorbei an vielen Türen. Den Nummern nach zu urteilen, alles Krankenzimmer. Aus einigen hörte er Stimmen, dann Schreie. Linus fing an zu rennen, immer schneller, bis sein Weg durch eine große Tür versperrt wurde. Vorsichtig schritt er hindurch und sah zwei Krankenschwestern auf der gegenüberliegenden Seite des Treppenhauses stehen. Sie warteten offensichtlich auf einen der beiden Fahrstühle und waren im Gespräch vertieft. Er nickte den beiden kurz zu, erhielt aber keine Antwort. ›Hatten sie ihn überhaupt bemerkt?‹ Schnellen Schrittes ging er zur Treppe und hastete nach unten. Es war eine dieser geschwungenen Dinger, wie sie hauptsächlich in Altbauten zu finden waren.

Drei Stockwerke später war er im Foyer angelangt und steuerte auf den Ausgang zu. Hier wimmelte es geradezu von Menschen. Der Kleidung nach zu urteilen, handelte es sich um Besucher und Patienten, die sich hier trafen. Aber warum sahen viele aus wie Soldaten? War er wieder in einem Militärhospital? Noch während er darüber nachdachte, blieb sein Blick auf einem Mann haften, der allein am Fenster saß. Eingewickelt in eine Decke blickte der Kerl ihn unvermittelt an. Ein kalter Schauer lief Linus über den Rücken. »Das kann nicht sein«, hauchte er fassungslos. »Du bist tot, ermordet, vor meinen Augen.« Schnellen Schrittes überbrückte Linus die Distanz und stand plötzlich einem Fremden gegenüber.

»Kann ich Ihnen helfen?«, fragte der Mann und schaute Linus freundlich an.

Erst da bemerkte Linus, dass der Mann keine Beine mehr hatte. »Äh, nein, ich dachte…«, stammelte er und wusste auf einmal nicht mehr, was er sagen sollte. Abrupt drehte er sich um und rannte in Richtung Ausgang. ›War das wieder einer seiner Albträume?‹ Linus wusste es nicht. Erst nach einigen Metern bemerkte er, dass die Sonne schien. Es war angenehm warm, richtig sommerlich, nicht so kalt wie der Tag, an dem er mit dem Boot rausgefahren und gekentert war. ›Wie lange war das her? Tage, Wochen, Monate?‹ Linus hatte keine Ahnung. Kopfschüttelnd setzte er seinen Weg fort, ohne einen Gedanken daran zu verschwenden, dass er barfuß war. Linus wollte nur noch weg und so schnell wie möglich alles hinter sich lassen. Von Krankenhäusern hatte er ohnehin die Schnauze voll.

Auf dem Weg nach Hause traf Linus einige bekannte Gesichter. Zuletzt Herrn Geiger, der sich einmal mehr von Sammy durch die Gegend ziehen ließ. Herr Geiger nickte ihm kurz zu, während sein Blick einen Moment zu lang auf seinen nackten Füßen ruhte. Doch Herr Geiger sagte nichts. Dann war Linus auch schon an der Tür und blickte sich verstohlen um, bevor er den Schlüssel unter der abgewetzten Fußmatte hervorzog. *Heimathafen*, las er in Gedanken, so wie immer, wenn er sich zu der Matte herunterbeugte. Der Schriftzug war in schwarzer Farbe aufgedruckt und bereits stark verblichen, genauso wie der Anker, der in der Mitte der Matte prangte. Sein Großvater hatte den Abtreter gekauft, als er nach dem Tod seiner Eltern bei ihnen eingezogen war. Früher hatte ihm das immer einen Stich versetzt, doch seit Afghanistan spürte er nichts mehr. Linus öffnete die Tür und ging weiter ins Wohnzimmer. Alles wirkte unverändert, als ob er nur kurz etwas erledigt hatte. Für einen kurzen Moment blieb sein Blick am Bildschirmschoner seines Notebooks hängen. Kreise tauchten auf und verschwanden wieder. Offensichtlich hatte er seinen Rechner nicht ausgeschaltet, bevor er das Haus verlassen hatte. Direkt daneben lagen ein ganzer Stapel bedrucktes Papier, Prospekte, einige Bücher und ganz oben auf eine Ausgabe der National-Geographic. Sie war aufgeschlagen und so wie es aussah, hatte er einige Seiten herausgerissen. Eine Sekunde war er geneigt nachzusehen, doch dann entschied er sich anders und machte sich auf den Weg in die Küche. Dort angekommen nahm er die große Kaffeedose aus dem Regal und checkte den Inhalt. Es war kein besonders originelles Versteck für seine Ersparnisse, hatte aber bisher seinen Zweck erfüllt. Umso schockierter war er, dass die Dose leer war. »Nein«, schrie er und verzog das Gesicht zu einer Grimasse. Sein Gehirn ratterte und das Piepen wurde abermals wieder lauter. ›Was war passiert? War er ausgeraubt worden? Nein, eher nicht.‹ Er hatte keine Einbruchsspuren bemerkt und auch sonst nichts, was darauf hindeutete. Voller Panik griff er nach der zweiten Blechdose und drehte den Deckel ab. Aber in der Dose war nur loser Tee. Seine Großmutter hatte ihn immer getrunken. Das Zeug musste uralt sein. Linus drehte sich um und ließ seine Augen durch die Küche schweifen. Er sah das Flugzeugmodell, genauer gesagt die alte Cessna, die er einst mit seinem Vater zusammengebaut hatte und jetzt unter der Decke baumelte, die alte Eckbank, an der sie immer zu dritt gesessen hatten und den Herd, an dem seine Oma immer gekocht hatte. Den Geruch von Labskaus mit Bratkartoffeln, das Lieblingsgericht seines Großvaters, hatte er immer noch in der Nase. Noch einmal ging sein Blick zurück zu dem kleinen Flugzeug, das sein Vater so geliebt hatte. Nicht das Modell, sondern das Original, der ganze Stolz seines Vaters. Er konnte sich noch gut an die gemeinsamen Flüge mit seinem Vater erinnern. Sogar die Alpen hatten sie überquert. Es war deshalb kein Zufall, dass er Hubschrauberpilot geworden war, sondern eine Passion und Teil seines Erbes, das ihn für immer mit seinem Vater verband. Danach nahm er die Küchenuhr ins Visier. Fünf nach drei, las er in Gedanken. Die Uhr musste stehen geblieben sein. Vermutlich hatte die Batterie ihren Geist aufgegeben. Als seine Augen weiter zur Anrichte wanderten, regte sich etwas in ihm. Dem Impuls folgend schritt er darauf zu und öffnete die Schublade. Vor ihm lagen ein Haufen Euro-Scheine, sein Reisepass, drei Kreditkarten und ein Ticket. Seine Intuition hatte ihn also nicht getäuscht.

Linus nahm das Ticket in die Hand und betrachtete es genauer. *Hamburg - Dar Es Salaam*, stand darauf sowie der Name eines Schiffes und das Abreisedatum 24.10.2012. Demnach hatte er eine Reise bis ins Detail geplant, nur konnte er sich nicht daran erinnern. Linus schloss daraus, dass er durch den Unfall eine Amnesie, eine Gedächtnisstörung, davongetragen hatte. Linus war verwirrt und verzweifelt zugleich. Dann lichtete sich der Nebel ein wenig und ihm fiel einiges, wenn auch nicht alles wieder, ein. Aber wenigstens konnte er sich jetzt daran erinnern, dass er nach Tansania wollte. Erneut blickte er auf das Ticket und fragte sich, welcher Tag heute war. Auch das wusste er nicht mehr. Aber mein Handy weiß es, schoss es ihm durch den Kopf. Aber wo hatte er es liegen lassen? Er fand es schließlich im Schlafzimmer. Es lag auf dem Nachttisch und hing am Ladekabel. Er zog es ab, entsperrte den Bildschirm und hätte das Handy vor Schreck beinahe fallen lassen, als er links oben das Datum las. Dort stand der 24.10.2012, der Tag, an dem die *Dünkirchen,* so hieß das Schiff, auslaufen würde. ›Aber wann genau?‹ Wie von der Tarantel gestochen lief er zurück in die Küche. Er hatte das Ticket in der Hektik dort liegen lassen. Erleichtert stellte Linus fest, dass es noch nicht zu spät war. Die Dünkirchen würde erst um sechzehn Uhr auslaufen, also in genau fünf Stunden. Er hatte demnach noch genug Zeit, vorausgesetzt, dass er in keinen Stau geraten würde. Schnell stopfte er seine Ersparnisse, seine Kreditkarten und den Pass in seinen Brustbeutel und lief zurück in sein Schlafzimmer. Dort öffnete er den Schlafzimmerschrank, griff sich den Seesack, ein Relikt aus seiner Zeit bei der Luftwaffe und stopfte wahllos einige Klamotten hinein. Viele hatte er ohnehin nicht. Zuletzt sein Lieblings-Shirt. Ein Geschenk seiner

Ex-Freundin. Es war weniger die Erinnerung an sie, dass es zu etwas Besonderen machte, sondern der Spruch, der vorne aufgedruckt war. *Stell dir vor es ist Krieg und keiner geht hin,* stand dort in ausgeblichenen Lettern geschrieben. Das hätte er machen sollen, nicht hingehen. Doch dafür war es jetzt zu spät. Afghanistan würde immer ein Teil von ihm sein. Das hatte er zwischenzeitlich begriffen. Linus warf sich den Seesack über die Schulter und war bereits auf dem Weg zur Tür, als er eher zufällig in den großen Spiegel blickte, der direkt neben der Garderobe hing. Was er sah, überraschte ihn. Die Geschehnisse auf dem Wasser schienen spurlos an ihm vorübergegangen zu sein. Er sah wirklich gut aus und fühlte sich auch so, gesund und voller Tatendrang, so wie schon lange nicht mehr. Wenn nur dieses Piepen nicht wäre. Er hatte es bisher nicht abschütteln können und es fing langsam an zu nerven. Daraufhin steckte er sich den kleinen Finger seiner rechten Hand in sein rechtes Ohr und bohrte darin herum, danach den linken kleinen Finger in sein linkes Ohr. Doch es zeigte keine Wirkung. Das Piepen war noch da. Genervt drehte er sich erneut zur Garderobe, griff nach seinem Autoschlüssel und schritt durch die offene Tür. Nach drei Schritten blieb Linus abrupt stehen, weil er erst jetzt registrierte, dass er immer noch barfuß war. ›Schuhe, ich brauche Schuhe.‹

Kurz darauf verließ Linus sein Zuhause, ohne sich noch einmal umzublicken. Er kletterte in seinen alten Land-Rover, startete den Motor und fuhr in Richtung Autobahn, die ihn von Kiel nach Hamburg bringen würde. Früher hatte er den alten Defender geliebt. Er hatte ihn im Alter von 18 Jahren der britischen Armee abgekauft und komplett neu aufgebaut. Selbst einen neuen Anstrich hatte er der Karre verpasst. Das ehemalige Militärfahrzeug leuchtete seitdem schneeweiß, erinnerte wegen der Rostflecken aber immer mehr an Stracciatella.

Einen Moment überlegte Linus, welchen Weg er nehmen sollte, und entschied sich schließlich für den kürzesten und schnellsten, auch wenn ihm bei dem Gedanken bereits ein kalter Schauer über den Rücken lief. Anfangs sah auch alles gut aus, bis Linus in die Nähe der Bestie kam, wie er den Elbtunnel seit seiner Jugend insgeheim nannte. »Verdammt«, schrie er, als er die Blechlawine vor sich sah. Damit hatte Linus zu dieser Uhrzeit nicht gerechnet. Der allmorgendliche Berufsverkehr sollte eigentlich längst durch sein. Nervös trommelte er mit den Fingern gegen das Lenkrad. Es ging jetzt nur noch im Schritttempo voran, während der Minutenzeiger seiner Uhr zu galoppieren schien. Es war jetzt bereits zwei Uhr durch.

Als Linus in die Bestie eintauchte, schnürte es ihm die Kehle zu. Augenblicklich musste er an seine Eltern und seine kleine Schwester denken, die hier im Tunnel zu Tode gekommen waren. Ein LKW war ungebremst auf das Stauende aufgefahren und hatte ihr Fahrzeug zusammengequetscht. Sie waren auf dem Weg nach Hamburg gewesen, um ihn bei einer Regatta auf der Alster anzufeuern. Er selbst war mit dem Team vorgefahren und hatte die schreckliche Nachricht im Ziel erhalten. Aus diesem Grund mied Linus normalerweise den Elbtunnel, zu schrecklich waren die Erinnerungen. Doch heute fehlte ihm die Zeit dafür. Mit jedem Meter schien der Tunnel enger zu werden, ihn geradezu zu erdrücken. Starr vor Angst umklammerte Linus das Lenkrad, bis seine Finger schmerzten. Er fing an zu schwitzen und hatte Mühe die aufsteigende Panik zu unterdrücken. Das Piepen wurde wieder lauter. Tief einatmen und langsam wieder ausatmen, befahl er sich. Tief ein und wieder aus, so wie er es immer in Afghanistan gemacht hatte, wenn es brenzlig wurde. Tief ein und wieder aus. Sein Puls beruhigte sich.

Nach einer Stunde sah er endlich Licht am Ende des Tunnels und das nicht nur im metaphorischen Sinne. Er hatte es geschafft. Der Stau löste sich auf und er kam besser voran. Schnell rückten die ersten Kräne in sein Blickfeld. Sie schienen ihm zuzuwinken und mit ihren riesigen Armen den Weg zu weisen. Der Schein trog jedoch, weil er sich nur wenige Minuten später in einem Labyrinth aus Kaianlagen, Containern, Kränen und Schiffen wieder fand. Erst in dem Moment realisierte Linus, dass er keine Ahnung hatte, an welchem Kai er die Dünkirchen finden würde. Linus brüllte und schlug vor Wut immer wieder auf das Lenkrad ein, während er verzweifelt in alle Richtungen blickte. Umso erleichterter war er, als die Dünkirchen ganz plötzlich in sein Blickfeld rückte. Die Freude war aber nur von kurzer Dauer, weil das Schiff so gar nicht seinen Vorstellungen entsprach. Die einstmals rote Farbe blätterte überall ab und auch sonst sah das Schiff alles andere als vertrauenserweckend aus. Was hatte ihn nur geritten, sich dieses Schiff auszusuchen? Linus kramte in seinen Erinnerungen, konnte sich in dem Punkt allerdings an nichts erinnern. Schnell stellte Linus den Land Rover ab und rannte auf die Gangway zu. Dass sein Auto im absoluten Halteverbot stand, interessierte ihn nicht. Sollten sie seine Karre doch abschleppen.

»Das wird aber auch Zeit«, knurrte einer der beiden Seeleute, die ihn an der Gangway in Empfang nahmen. »Fünf Minuten später und wir wären weggewesen.«

Linus nickte ihm erleichtert zu und folgte dem Offizier, während der zweite Seemann die Gangway einzog. Der Offizier hatte offensichtlich nicht übertrieben. Linus wurde von dem Offizier in seine Kabine geführt und dort mit den Gepflogenheiten auf dem Schiff vertraut gemacht. Linus hörte jedoch gar nicht richtig zu, sondern musterte ungläubig seine spartanisch eingerichtete Kabine, die ihn stark an sein Zimmer in Kandahar erinnerte. ›Verdammte Scheiße, wie war das möglich?‹ Linus wurde schwindelig und das Piepen wieder lauter.

4

Kapitän Victor Sánchez stand auf der Brücke und sah zu, wie die Dünkirchen langsam aus dem Hafenbecken geschleppt wurde. Sánchez war ein Kapitän der alten Schule. Er war in Buenos Aires geboren und fast sein gesamtes Leben lang zur See gefahren. Die letzten zwölf Jahre davon als Kapitän auf der Dünkirchen. Er mochte den alten Pott, vermutlich weil sie beide im selben Jahr vom Stapel gelaufen waren und ihre besten Jahre bereits hinter sich hatten. Außerdem mochte er Schiffe, die mangels hochmoderner Computersysteme noch nicht ganz von alleine über die Weltmeere schipperten. Schließlich war er Kapitän und kein IT-Spezialist. Seinen Reeder mochte er dagegen überhaupt nicht, genauer gesagt, widerte ihn dieser geldgierige Grieche an, der nur auf seinen eigenen Vorteil bedacht war. Erst hatte er seine Mannschaft Zug um Zug gegen Filipinos ausgetauscht und nun auch seinen Ersten und ihn selbst vor die Tür gesetzt. Es war ihre letzte gemeinsame Fahrt. Danach mussten sie zusehen, wo sie unterkommen würden.

Neben ihm stand der Hafen-Lotse Peter Hansen und gab den beiden Schleppern über Funk gerade präzise Kommandos, damit die Dünkirchen sicher und gefahrlos in die Elbe kam.

»Ole, zwei Grad Steuerbord«, sagte Hansen gerade und meinte offensichtlich den vorderen der beiden Schlepper, der kurz darauf seinen Kurs korrigierte.

Sánchez kannte den Hamburger Hafen-Lotsen seit vielen Jahren. Er hatte großes Vertrauen in ihn und seine Fähigkeiten und überließ ihm gerne das

Kommando. Letzteres galt insbesondere für den engen und unübersichtlichen Hafenbereich, in dem die Dünkirchen wie ein Hund an den Leinen der beiden Schlepper hing.

Eine Stunde später hatte der Geleitsmann seinen Job erledigt und die Übergabestation in Teufelsbrück erreicht. »Okay, das war's«, sagte Hansen und legte das Funkgerät zur Seite. »Von hier aus übernimmt mein Kollege.« Das Lotsenboot steuerte bereits auf die Dünkirchen zu.

»Good Job«, antwortete Sánchez und klopfte Hansen auf die Schulter.

»Immer wieder gerne, mein alter Freund«, entgegnete Hansen und nickte dem Kapitän kurz zu. »Wir sehen uns in ein paar Wochen.«

Sánchez ging darauf nicht weiter ein. Was hätte er auch sagen sollen? Das man ihn ausgemustert hatte und dies vermutlich seine letzte große Fahrt war. Nein, das brachte er nicht über seine Lippen. Dafür war er einfach zu stolz. Hansen würde auch so schon früh genug mitbekommen, dass man ihm sein Steuerrad weggenommen hatte.

Als Hansen die Brücke verlies, räusperte sich der Steuermann und riss ihn aus seinen Gedanken. Dankbar nickte er dem Filipino zu und erwies dem Geleitsmann mit den Worten »*Der Lotse geht von Bord*« den nötigen Respekt. Er liebte derartige Traditionen, einige der wenigen, die auf See noch zu finden waren.

Hansen hielt kurz inne, drehte sich um und erwiderte den Gruß, indem er den Zeige- und Mittelfinger seiner rechten Hand kurz an den Schirm seiner Mütze führte.

Als der erste Offizier die Brücke betrat, hatte der Geleitsmann der Lotsenbrüderschaft Elbe bereits den Platz von Hansen eingenommen. Schade, dachte Romanov, zu gerne hätte er mit dem alten Freund von Kapitän Sánchez noch ein paar Worte gewechselt. Er hatte vor sich als Hafenlotse zu bewerben und gehofft, dass Hansen ein gutes Wort für ihn einlegen würde. Aber das musste jetzt erst einmal warten. Romanov machte zwei Schritte auf den Elbe-Lotsen zu und deutete einen kurzen Gruß mit der rechten Handkante in Richtung seiner Mütze an, bevor er sich mit Namen und Dienstgrad bei dem Mann vorstellte.

»Arne Jacobsen«, antwortete der Lotse und streckte ihm seine Hand entgegen.

Romanov schlug ein und machte eine Kopfbewegung in Richtung Bug. »Viel los heute, oder?«

»Ach, Sie sprechen Deutsch?«, antwortete der Elbe-Lotse überrascht. »Ihr Name hätte das gar nicht vermuten lassen.«

»Ja, stimmt. Ich bin zwar nicht hier geboren, aber in Deutschland aufgewachsen. Gleich um die Ecke, in Finkenwerder.« Dass er sich hier nie richtig zu Hause gefühlt hatte und immer ein wenig der Außenseiter geblieben war, erwähnte er nicht.

»Ein echter Hamburger Jung«, entgegnete der Lotse mit dem Anflug eines Lächelns. »Dann sind Sie ja fast so etwas wie eine Rarität.«

Romanov wusste nur zu gut, was Jacobsen meinte, beließ es aber bei einem kurzen »Jo.« Er war tatsächlich einer der wenigen Deutschen, die sich für die Seefahrt noch begeistern konnten. Viele schreckte die schlechte Bezahlung, die langen Reisen und die harte Arbeit ab. Wieder blickte Romanov nach vorne und wiederholte seine Frage: »Und, was sagen Sie?«

»Ja, viel Verkehr heute«, gab ihm der Lotse recht und blickte den Fluss entlang, der sich wie eine Python in Richtung Westen schlängelte. Ein Schiff reihte sich an das nächste. »Wird lange dauern, bis wir die Deutsche Bucht erreichen.«

Kapitän Sánchez hörte der Unterhaltung eine Weile zu, bis ihm die Passagiere in den Sinn kamen. ›War mit ihnen alles okay? Romanov hatte noch gar nichts gesagt.‹ Sánchez stellte sich neben den Ersten und fragte: »Was machen unsere Gäste?«

»Bis auf einen, sind alle in ihren Kabinen«, antwortete Romanov und zuckte mit den Schultern. »Keine Ahnung, was da passiert ist.«

»Merkwürdig«, entgegnete Sánchez, auch wenn es vorher schon vorgekommen war, dass einer ihrer Passagiere einfach weggeblieben ist.

»Ich wusste gar nicht, dass Sie Passagiere an Bord haben«, schaltete sich der Lotse ein. »Hätte ich gar nicht vermutet.«

Romanov nickte. »Unser Reeder hat vor fünf oder sechs Jahren die glorreiche Idee gehabt, aus unserem Schiff so etwas wie ein schwimmendes Hotel zu machen. Hat extra sechs Kabinen ins Deckshaus einbauen lassen.«

»Er ist arm und brauchte das Geld«, fügte Sánchez an und alle mussten lachen.

Insgesamt hatte die Dünkirchen drei Einzelkabinen und drei Doppelkabinen, die meistens komplett ausgebucht waren. Häufig handelte es sich bei den Gästen um einen bunt gemischten Haufen, die sich aus den unterschiedlichsten Gründen für eine Reise auf einem Containerschiff entschieden. Einige hatten eine

Verbindung zur Seefahrt, andere suchten einfach nur Entschleunigung und wieder andere suchten ein wenig Abenteuer, wobei sich Sánchez immer fragte, welcher Teil der Reise auf einem Containerschiff ein Abenteuer sein sollte. Denn seiner Meinung nach war genau das Gegenteil der Fall. Die Reisen waren eintönig und langweilig, wenn man von den Stürmen absah, die gelegentlich auf dem Meer tobten.

Was die Passagiere betraf, war Sánchez zwiegespalten. Einerseits machten sie eine Menge Arbeit, andererseits sorgten sie für ein wenig Abwechslung in ihrem ansonsten tristen Alltag. Die gemeinsamen Abendessen mochte er am meisten, weil die Mannschaft zumeist unter sich blieb und sie sonst nur zu zweit gewesen wären. Er mochte Romanov zwar gerne, aber wer wollte schon jeden Abend mit derselben Person am Tisch sitzen. Selbst Ehepaare hatten damit so ihre Probleme. Kein Problem hatte er dagegen damit, wenn die Passagiere auf dem Schiff herumstromerten, solange sie sich an die Sicherheitsvorschriften hielten. Nur die Brücke war zwischen einundzwanzig Uhr abends und sechs Uhr morgens tabu, nachdem er die Erfahrung gemacht hatte, dass einige Passagiere am liebsten rund um die Uhr auf der Brücke herumlungerten. Das ging ihm dann doch zu weit. »Und?«, hakte er nach, »wen haben wir diesmal dabei?«

Romanov nahm das Klemmbrett zur Hand, das er gerade weggelegt hatte und studierte die erste Seite. »In der großen Doppelkabine haben sich zwei ältere Herren einquartiert. Thomas und Matthias Gistol, vermutlich Brüder. Thomas Gistol hat, wenn der Name kein Zufall ist, früher die Zollstation im Hamburger Hafen geleitet.«

»Ja, ich erinnere mich an den Namen.«

»In Kabine zwei ist das Ehepaar Humboldt eingezogen. Man stelle sich vor, die beiden sind auf Hochzeitsreise.«

Sánchez grunzte kurz. »Wenn das mal kein Fehler war.«

»Zu heiraten?«

»Nein, sich diesen Ort für ihre Hochzeitsreise auszusuchen.«

Der Erste Offizier grinste. »Ich hatte eher an die dünnen Wände gedacht.«

Jetzt musste sogar der Lotse lachen, der die Konversation unfreiwillig mitbekam.

Romanov leckte sich den rechten Zeigefinger an und blätterte um. »In Kabine drei habe ich zwei junge Frauen begleitet. Ann-Kathrin Meier und Tabea Wolters, zwei Freundinnen, die sich nach eigener Aussage eine Auszeit nehmen und ein halbes Jahr durch Afrika reisen wollen. Beide essen übrigens kein Fleisch, wie sie mir mehrfach gesagt haben.«

»Unser Smutje wird sich freuen.«

»Ja, das habe ich mir auch gedacht.«

»Weiter.«

»In Kabine vier ist Lars Beier eingezogen. Seinen eigenen Angaben nach ist er im diplomatischen Dienst tätig. Klingt spannend, ich freue mich schon auf unsere Gespräche.«

»Ja, dass könnte wirklich interessant werden.«

Wieder blätterte Romanov um. »In Kabine fünf habe ich eine junge Amerikanerin gebracht, die...«

»Ruder vier Grad Steuerbord und rauf auf 14 Knoten, zack zack«, platzte es plötzlich aus dem Lotsen heraus. Ein entgegenkommendes Containerschiff war ein wenig zu sehr in die Mitte der Fahrrinne gefahren, sodass es auf dem Radar beinahe den Anschein hatte, als ob die Excalibur die Seite wechseln wollte.

»Vier Grad Steuerbord, 14 Knoten«, bestätigte der Rudergänger.

»Was für ein Idiot«, schnaubte der Lotse. »Der Riese glaubt wohl, ihm gehört die Elbe ganz allein.« Er griff zum Funkgerät und machte seinem Ärger Luft. »Hier spricht die Dünkirchen, Excalibur bitte melden.« Die Situation war nicht wirklich gefährlich, aber ärgerlich genug, um sich ein wenig aufzuregen.

»Hier spricht die Excalibur«, antworte eine ihm vertraute Stimme. »Arne, was kann ich für dich tun?«

»Das fragst du noch?«, antwortete Arne Jacobsen, jetzt wesentlich entspannter. »Ich hätte mir gleich denken können, dass du deine Finger im Spiel hast.«

»Du meinst den kleinen Schlenker, der war doch kaum der Rede wert.«

»Kaum der Rede wert? Das kannst du doch nicht ernst meinen?«

»Ach, komm schon«, versuchte Andreas Unger die Situation erneut zu relativieren. »Du weißt doch, wie das ist. Die Tide zieht dem Pott das Wasser unter dem Hintern weg und automatisch gibst du Gas.«

Arne Jacobsen wusste sehr genau, was sein Freund Andreas Unger meinte. Die Excalibur hatte über dreizehn Meter Tiefgang und konnte nur bei Flut in den Hamburger Hafen einfahren. Da war man schnell geneigt, die Kurven ein wenig abzukürzen. Doch ganz so leicht wollte Jacobsen es seinem Kollegen und Freund nicht machen. Strafe musste sein, dachte er. »Nächste Woche spielt Pauli zuhause gegen Osnabrück. Da würde ich gerne mit dir hingehen.«

»Hab schon verstanden«, antwortete Unger und musste lachen. »Du bist eingeladen. Ich hol dich um sechs ab.«

»Perfekt«, antwortete Jacobsen, während er die Excalibur gemächlich auf der Backbordseite an sich vorbeiziehen sah. Das Schiff war wirklich riesig. Die Dünkirchen zählte mit ihren 292 Metern Länge dagegen nicht zu den absoluten Riesen. Zudem war das Schiff mit einem Tiefgang von 10,70 Meter von der Tide unabhängig. Es spielte daher keine Rolle, ob sie für die verbleibenden fünfzig Seemeilen vier, fünf oder sechs Stunden benötigten. Träge glitt die Dünkirchen in der Fahrrinne dahin.

5

Linus lag in seiner Koje und starrte an die Decke. Seine Gedanken rasten, überschlugen sich. Alles kam ihm auf einmal so unwirklich vor. Die Fahrt mit dem Kajak, der Delfin, die Kälte der Ostsee und dann dieses merkwürdige Krankenhaus. War er wirklich erst heute Morgen daraus geflohen? Ja doch, daran bestand kein Zweifel. Aber warum hatte ihn niemand aufgehalten, als er aus dem Krankenhaus herausspaziert war? Und wer war dieser Mann im Rollstuhl gewesen? Er sah aus wie Torben und dann auch wieder nicht. Spielten ihm seine Sinne einen Streich oder drohte er sogar den Verstand zu verlieren? Linus hatte auch auf diese Frage keine Antwort. Ihm wurde schlecht und der Kloß in seinem Hals wurde immer dicker. Intuitiv schloss er die Augen und versuchte die quälenden Gedanken abzuschütteln, an nichts zu denken. Doch es gelang ihm nicht. Die Fragen blieben und wurden nur von neuen abgelöst. Schließlich öffnete Linus die Augen und blickte sich um. Auch auf den zweiten Blick erinnerte ihn hier wirklich alles an seine Kammer in Kandahar. Selbst die Lampe über dem kleinen Tisch schien eine Kopie zu sein. Das ergab alles keinen Sinn, genauso wenig, wie dieses Piepen, dass jetzt wieder lauter wurde. Oder doch! Vielleicht hatte er sich einen Tinnitus eingefangen? Je länger Linus darüber nachdachte, je mehr war er davon überzeugt, dass er den Grund für das Piepen gefunden hatte. Die Symptome waren eindeutig und vermutlich eine Folge des Unfalls. Warum war er nicht gleich darauf gekommen? Dann schweiften seine Gedanken weiter zu seiner Therapeutin, die ihn überhaupt erst auf die Idee für dieses Abenteuer gebracht hatte. Seit seinem Unfall hatte er noch gar nicht mit ihr gesprochen. Apropos Unfall: Wusste sie überhaupt davon? Spontan griff Linus zum Handy, zögerte dann aber und wiegte es in der Hand. Sie würde sich vermutlich nur unnötig Sorgen machen und womöglich sogar darauf bestehen, dass er seine Reise verschob, bis die Ärzte ihr Einverständnis geben würden. Nein, ein Anruf würde alles nur unnötig verkomplizieren. Linus legte das Handy deshalb wieder zur Seite, auch wenn er sein schlechtes Gewissen dadurch nicht beruhigen konnte. Anschließend kehrten seine Gedanken an den Tag des Unfalls zurück und erstmals fragte sich Linus, wer ihn aus der Ostsee gezogen hatte. Er konnte sich nur noch an den Moment erinnern, als er in das Wasser eingetaucht war, aber nicht an die Rettungsaktion selbst. Linus schloss daraus, dass er irgendwann das Bewusstsein verloren hatte und sich deshalb nicht erinnern konnte. Sehr wohl konnte er sich dafür an den alten Sven erinnern, der noch versucht hatte, ihn von seiner Ausfahrt abzuhalten. Deshalb lag auch die Vermutung nahe, dass Sven es war, der ihn gerettet oder zumindest alles Notwendige veranlasst hatte. Linus nahm sich deshalb vor, auch ihn später anzurufen und sich bei ihm zu bedanken.

Als nächstes stand er auf und schnappte sich seinen Seesack, den er achtlos in die Ecke geworfen hatte und begann die wenigen Sachen auszuräumen, die er mitgenommen hatte. Er verstaute alles in dem kleinen Regal gegenüber seiner Koje, hielt dann aber inne, als seine Finger tief in dem Seesack einen Gegenstand ertasteten, den er so gar nicht zuordnen konnte. Er stutzte und überlegte, was das sein konnte, hatte aber keine Idee. Schließlich packte er zu und zog den Gegenstand heraus. Er erkannte die Dokumenten-Mappe sofort, konnte sich aber nicht daran erinnern, dass er sie eingepackt hatte. Demnach musste er sie schon vorher hineingelegt haben. Neugierig machte er sie auf und sah sich einen Stapel Papier gegenüber. Ohne groß darüber nachzudenken, kippte er alles auf seine Koje, kletterte selbst wieder hinein und begann die Unterlagen durchzugehen. Obenauf lag eine farbige Broschüre, die sich an Reiselustige und Abenteurer richtete. *Mit dem Containerschiff auf große Fahrt,* stand in großen Lettern auf der Vorderseite. Darunter war ein Foto der Dünkirchen abgedruckt. Damit war die Frage beantwortet, woher er die Idee für dieses seltsame Fortbewegungsmittel hatte. Hastig überflog Linus den Inhalt des abgenutzten Prospektes. Er musste ihn demnach schon häufig in die Hand genommen haben. Als nächstes nahm er seinen Arbeitsvertrag als Entwicklungshelfer in die Finger. *Hilfe für Afrika e. V.*, hieß sein Arbeitgeber. Linus konnte sich jetzt auch daran wieder erinnern. Wie hatte er das nur vergessen können? Anschließend las er einen Bericht über das Entwicklungshilfeprojekt in Tansania, für das er bald arbeiten würde. Deshalb der Zielhafen Dar Es Salaam, zählte er eins und eins zusammen. Die Puzzleteile, die ihm bis dahin noch fehlten, fügten sich jetzt langsam zusammen. Linus blätterte weiter und blieb an einer Liste der Mitarbeiter hängen, die für das Projekt arbeiteten. Links stand der Name, daneben eine kurze Biografie und ganz rechts waren die Bilder der insgesamt fünf Personen abgebildet. Die ersten beiden Einträge waren durchgestrichen. Der von James Turner, einem Engländer und der von Ben De Jong, einem Niederländer. Linus schloss daraus, dass sie nicht mehr mit von der Partie waren. Darunter standen die Einträge von Konrad Jansen, einem Mittdreißiger mit Vollbart und der von Alain Dubois, einem Franzosen. Beide sahen nett aus. Der fünfte und letzte Eintrag war von einer Frau. Sie hieß Lea Rosendahl und kam aus Köln und sie war… etwas Besonderes. Das sah Linus sofort. Unbewusst strich er mit den Fingern über das Bild. Sie kam ihm seltsam bekannt vor. Linus vermutete, dass er sich das Bild schon häufiger angeschaut hatte. Danach nahm er einen Briefumschlag in die Hand. Er war aufgerissen, der Dicke nach aber nicht leer. Sein Name und seine Adresse standen darauf. Der Brief war also für ihn bestimmt. Linus drehte den Umschlag um und entzifferte den Absender. Der Brief war von James Turner. Neugierig fingerte er einen handgeschriebenen Brief und fünf Fotos heraus. Auch da machte nichts *klick.* Vielleicht hatte er den Brief noch gar nicht gelesen? Dann eben jetzt, dachte Linus und begann den kurzen Brief Zeile für Zeile und Wort für Wort zu lesen.

Lieber Herr Christiansen,

wir freuen uns sehr, dass Sie uns bei unserer Arbeit in Tansania unterstützen möchten. Wir können Ihre Hilfe hier wirklich gut gebrauchen. Unser Projekt ist klein, aber fein und auf einem guten Weg, auch wenn wir immer wieder Rückschläge hinnehmen müssen. Aber das ist normal und Teil der Herausforderung, das jedes Entwicklungshilfeprojekt bestehen muss. Aber das wissen Sie sicherlich!

Insgesamt unterstützen wir hier eine Gruppe von dreihundert Halbnomaden vom Stamm der Tük, die sich hier angesiedelt haben, um ein Leben ohne Armut und Hunger zu führen. Es sind alles liebe Menschen, doch noch verstehen sie zu wenig von der Landwirtschaft, um ein selbstbestimmtes Leben ohne fremde Hilfe führen zu können. Bis dahin müssen wir ihnen alles beibringen was nötig ist und sie mit allem versorgen, was sie zum Leben brauchen.

Ich selbst kann dabei leider nicht mehr mithelfen. Ich bin schwer an Malaria erkrankt und muss Tansania deshalb schweren Herzens verlassen.

Bei der neuen Leiterin unseres Projektes, Lea Rosendahl, sind Sie aber in guten Händen. Sie wird Ihnen alles zeigen und beibringen, was Sie wissen und können müssen. Falls Sie sich vorab mit ihr in Verbindung setzen wollen, können Sie sie unter: www. lea.rosendahl@hfa.de erreichen.

Beste Grüße
James Turner

P.S.: Anbei finden Sie noch einige Fotos, die Ihnen einen kleinen Eindruck liefern, wie wir hier leben und mit wem Sie es zu tun bekommen.

Linus legte den Brief zur Seite und knöpfte sich die Bilder vor. Das erste war ein Gruppenbild der Entwicklungshelfer. Sie standen alle Arm in Arm und lachten in die Kamera. Es wirkte natürlich und nicht gestellt. Sie schienen sich zudem gut zu verstehen. Auf dem nächsten Bild war eine Ansammlung von Zelten und Containern abgebildet. Linus vermutete, dass es sich dabei um das Camp der Entwicklungshelfer handelte. Bild Nummer drei zeigte eine Gruppe von Tüks bei der Feldarbeit. Linus war überrascht, wie viel Handarbeit dabei offensichtlich noch immer im Spiel war. Auf dem vorletzten Foto war ein Ausschnitt des Dorfes zu erkennen. Es zeigte mehrere Frauen, die vor einer Hütte saßen und sich gegenseitig Zöpfe flochten. Und so wie es aussah, sangen sie dazu. Das letzte Bild war nicht minder interessant. Es zeigte eine Gruppe junger Männer, die mit Speeren und Messern bewaffnet, grimmig blickend in die Kamera schauten. Offensichtlich versuchten sie Gefahr und Mut auszustrahlen. Zudem trugen sie grüne Umhänge, während die Frauen und Männer auf Bild drei und vier ausnahmslos gelbe Tücher um ihre Leiber gewickelt hatten. Das war aber nicht der einzige Unterschied, weil James nur auf diesem Bild einen handschriftlichen Vermerk hinterlassen hatte. *Löwenjäger*, stand auf der Rückseite in Druckbuchstaben. »Löwenjäger«, wiederholte er im Stillen, bevor er langsam einschlief.

6

Wie immer wartete Kapitän Sánchez am ersten Abend am Eingang der Messe und begrüßte jeden einzelnen seiner Gäste per Handschlag. Zuerst kamen zwei Männer um die sechzig den Gang herunter und stellten sich vor.

»Guten Abend, ich bin Thomas Gistol und das ist mein Bruder Matthias.«

Also doch Brüder, dachte Kapitän Sánchez. Beide schienen gut in Form zu sein, waren gepflegt und einander nicht unähnlich. Besonders interessant waren ihre blauen Augen, die einen wachen, interessierten und offenen Eindruck beim Kapitän hinterließen.

Matthias Gistol nickte freundlich und streckte dem Kapitän die Hand entgegen. »Schön, Sie kennenzulernen.«

»Ganz meinerseits«, antworte Kapitän Sánchez und schlug ein. Wie immer hatte er seine Kapitänsmütze bereits abgenommen und unter den linken Arm geklemmt. »Bitte treten Sie doch ein und nehmen Sie Platz.«

Thomas und Matthias Gistol taten, worum sie der Kapitän gebeten hatte und setzten sich an den ovalen Tisch, den der Smutje für den ersten Abend festlich eingedeckt hatte. Der Raum wirkte warm und einladend. Die Decke und Wände waren vertäfelt und überall hingen Fotos aus Ländern, in denen die Dünkirchen bereits vor Anker gelegen hatte.

Hinter den beiden Männern kam eine junge Frau den Gang herunter und zeigte ihr schönstes Lächeln, als sie den Kapitän erblickte. »Das muss die Amerikanerin sein«, dachte Sánchez, ohne zu wissen, mit wem er es genau zu tun bekam. Nach dem kleinen Vorfall auf der Brücke hatte Romanov seine Aufzählung nicht fortgesetzt und er hatte vergessen weiter nachzufragen. Der Kapitän lächelte zurück und hielt ihr die Hand entgegen. »Herzlich willkommen, mein Name ist Victor Sánchez und ich bin der Kapitän an Bord der Dünkirchen.« Die Frau kam ihm auf einmal seltsam bekannt vor, ohne sich daran zu erinnern, wo er sie schon einmal gesehen hatte.

»Schön, Sie kennenzulernen«, antwortete die junge Frau, »mein Name ist Abiona Philippe.«

Die Frau trat ein und Sánchez blickte ihr nachdenklich hinterher. Vielleicht war sie ein Modell und er hatte sie schon einmal zufällig in einer Zeitschrift gesehen. Die Frau sah jedenfalls umwerfend aus. Alles passte perfekt zusammen: die athletische, sehnige Figur, die hohen Wangenknochen, die Mähne, die sich kaum bändigen ließ, der dunkelbraune, fast schwarze Teint, einfach alles. Sánchez musste unweigerlich an eine Raubkatze, nein, an einen Panther denken.

»Moin, Moin.«

Der Kapitän drehte sich wieder um und stand einem jungen Pärchen gegenüber.

»Guten Tag Herr Kapitän, schön Sie kennen zu lernen.« Mit der linken Hand deutete der Mann auf die Frau links neben sich. »Das ist meine Frau Susanne und ich bin...«

»Ich glaube, sie ist es wirklich«, unterbrach Susanne Humboldt ihren Mann. Sie war ganz aufgeregt und blickte direkt an Kapitän Sánchez vorbei.

Sánchez drehte seinen Kopf und sah, wie sich Abiona Philippe gerade zu den beiden Männern an den Tisch setzte.

»Das ist Abiona Philippe, die Schauspielerin.«

Jetzt erkannte auch Sánchez die junge Frau. Er hatte sie vor einiger Zeit in einem Netflix-Film gesehen. ›Wie hieß der Film noch gleich?‹

»Kapitän!«

Sánchez drehte sich wieder zurück und sah den Steuermann hinter dem Ehepaar stehen. »Was gibt's?«

»Der Erste schickt mich, Sie möchten bitte auf die Brücke kommen.«

»Ist gut.« Doch bevor er ging, drückte er Herrn Humboldt die Hand und begrüßte ihn. »Herzlich willkommen an Bord.« Seine Frau hatte sich bereits an ihm vorbeigemogelt und war auf Abiona Philippe zugestürmt.

Auf der Brücke sah Sánchez, wie Romanov und Arne Jacobsen angestrengt durch ihre Ferngläser schauten. »Was geht da draußen vor?«

»So ein blöder Sportbootfahrer ist in die Fahrrinne gefahren und mit der Pan-Tau direkt vor uns kollidiert.« Romanov setzte den Feldstecher ab und reichte ihn Sánchez. »Der Scheiß kostet uns bestimmt zwei Stunden.«

Kapitän Sánchez packte zu und sah, wie ein Polizeiboot längsseits ging und ein Beamter über eine kleine Seitentür auf die Pan-Tau überwechselte. Das Sportboot sah er nicht.

Der Lotse schien seine Gedanken zu lesen. »Das Sportboot ist bereits hinter uns. Es ist stark beschädigt und manövrierunfähig.«

Erst jetzt registrierte der Kapitän, dass die Pan-Tau und auch die Dünkirchen keine Fahrt mehr machten. Der Schiffsverkehr auf der Elbe stand.

Drei Stunden später war Kapitän Sánchez wieder zurück in der Messe, traf dort aber nur noch Susanne Humboldt, Abiona Philippe und einen Mann an, den er noch nicht kannte. Sánchez vermutete, dass es der Diplomat war. Die anderen Gäste mussten demnach bereits ins Bett gegangen sein.

Lars Beier erhob sich, als der Kapitän hereinkam und streckte ihm die Hand entgegen. »Kapitän Sánchez, schön, dass wir uns heute doch noch kennen lernen. »Beier mein Name, Lars Beier.«

»Ja, dass freut mich auch«, antwortete der Kapitän und schlug ein. »Schade nur, dass ich die anderen Gäste nicht mehr antreffe.«

»Das haben die anderen auch gesagt, aber am Ende waren sie zu müde und wollten nur noch ins Bett.«

»Ja, dass verstehe ich. Ein Anreisetag ist immer anstrengend und ermüdend.«

Susanne Humboldt deutete mit der Hand auf den Platz neben sich. »Bitte setzen Sie sich doch zu uns.«

Sánchez zögerte, der Tag war auch für ihn lang gewesen und er wollte, wie die meisten Gäste vor ihm, nur noch ins Bett. Doch dann gab er sich einen Ruck und setzte sich. »Aber nur einen Moment.«

Kaum das der Kapitän Platz genommen hatte, kam der Smutje an den Tisch und fragte den Kapitän, ob er noch etwas essen wollte.

»Nein, nur ein Bier. Aber bring doch bitte Romanov und dem Lotsen ein paar Schnittchen auf die Brücke. Die beiden kommen heute nicht mehr in die Messe.«

Der Smutje nickte und verschwand in der Kombüse. Danach drehte sich der Kapitän zu seinen Gästen um. »Ich hoffe, Ihnen hat geschmeckt, was Benjie für Sie gekocht hat?«

»Ja, es war vorzüglich«, antwortete Lars Beier. »Es ist wirklich unglaublich, was Benjie für uns in dieser kleinen Kombüse gezaubert hat.«

Der Kapitän nickte. »Ja, Benjie ist wirklich ein Meister seines Faches, nur mit der Schärfe übertreibt er es hin und wieder.«

Benjie grinste und stellte dem Kapitän sein Bier vor die Nase. »Schärfe gut für Körper und Seele.«

Der Kapitän erhob sein Glas und prostete den Gästen zu. »Auf eine schöne Reise.«

Daraufhin erhoben die Gäste ebenfalls ihre Gläser und prosteten dem Kapitän und einander zu.

Nachdem Abiona Philippe an ihrem Gin-Tonic genippt hatte, setzte sie ihr Glas ab und blickte den Kapitän neugierig an. »Stimmt es, dass die Dünkirchen mit einem anderen Schiff zusammengestoßen ist? Der Smutje hatte so etwas durchblicken lassen.«

»Nein, aber das Schiff vor uns. Ein Sportboot ist versehentlich in die Fahrrinne gefahren und ist mit einem Tanker kollidiert. Vermutlich war Alkohol im Spiel.«

Abiona Philippe nahm die Hand vor den Mund. »Das ist ja schrecklich. Ich hoffe, es ist niemanden etwas passiert.«

»Glücklicherweise nicht, aber das Motorboot ist nur noch Schrott.«

Die nächste Frage stellte Lars Beier. »Stimmt es, dass wir angehalten haben? Wir haben davon hier drinnen gar nichts mitgekriegt.«

»Ja, wir hatten gestoppt, fahren jetzt aber wieder. Die ganze Aktion hat uns drei Stunden gekostet.«

Lars Bender winkte ab. »Was sind schon drei Stunden, auf einer Reise, die zwei Wochen dauert.«

Sánchez musste grinsen. »Das ist die richtige Einstellung.«

»Apropos zwei Wochen«, wiederholte Abiona Philippe die Worte. »Wir sind uns über die Reiseroute nicht ganz einig. Würde es Ihnen etwas ausmachen, ein wenig Licht ins Dunkel zu bringen?«

Der Kapitän blickte auf seine Uhr und überlegte, ob er die drei auf morgen vertrösten sollte, entschied sich dann aber dagegen. »Warum nicht? Das ist schnell erzählt.«

Einige Minuten später war Sánchez fertig und wollte endlich wissen, was Abiona Philippe auf seinem Schiff zu suchen hatte. »So, dass war´s, aber jetzt erzählen Sie doch mal, was Sie auf mein Schiff verschlagen hat. Es kommt schließlich nicht alle Tage vor, dass sich eine so berühmte Schauspielerin auf ein Containerschiff begibt.«

»Oh, dass ist schnell erklärt. Ich drehe in vier Wochen einen neuen Film in der Serengeti und muss noch meinen Text lernen und da habe ich mir gedacht, dass ein Schiff wie dieses dafür der perfekte Ort ist. Außerdem wollte ich immer schon so eine Reise machen. Mein Vater ist auf so einem Schiff zur See gefahren.«

»Das klingt wirklich spannend. Was ist das für ein Film?« Sánchez Müdigkeit war mit einem Mal wie weggeblasen.

Abiona überlegte kurz. »Ich denke es ist eine Mischung aus Abenteuer- und Liebesfilm, verbunden mit einer kräftigen Portion Magie.«

Susanne Humboldt konnte immer noch nicht glauben, dass sie ausgerechnet Abiona Philippe, ihrer

Lieblingsschauspielerin, hier auf dem Containerschiff gegenübersaß. Das war wirklich das i-Tüpfelchen auf ihrer Hochzeitsreise, die bei ihrer Familie und vielen Freunden für Unverständnis gesorgt hatte. Doch für sie und Basti war es genau das Richtige. Hier konnten sie nicht nur Kraft für die vor ihnen liegenden Aufgaben tanken, sondern sich noch dazu ganz aufeinander konzentrieren. »Das klingt wirklich aufregend. Bitte erzähl uns mehr davon.«

Abiona hob die Hände zu einer entschuldigenden Geste. »Sorry, aber dann komm ich in Teufelsküche.«

»Dann erzähl uns wenigstens, wer noch alles mitspielt.«

Abiona Philippe schien mit sich zu hadern, gab sich dann aber einen Ruck. »Na gut, neben mir ist Chris Pratt mit von der Partie.«

Susanne Humboldt legte die Stirn in Falten. »Chris Pratt, Chris Pratt? Ist das der, der in Jurassic Park mitgespielt hat?«

»Jurassic World.«

»Und wer noch?«

»Themawechsel, ich habe schon zu viel erzählt. Wenn du mehr wissen willst, musst du dir den Film anschauen. Er kommt 2014 in die Kinos.«

Die junge Frau wirkte enttäuscht, während der Kapitän das Momentum nutzte, um sich zu verabschieden. »Meine Damen, Herr Beier, ich verabschiede mich. Es ist spät und ich muss morgen früh raus. Es hat mich gefreut, Sie alle kennenzulernen. Wir sehen uns morgen.«

7

Als Lea aufwachte, fühlte sie sich erschöpft und gerädert. Sie hatte wenig geschlafen und wirr geträumt. Aber nicht, wie üblich, von ihrem früheren Leben, sondern von irgendetwas anderem. »Sehr merkwürdig«, dachte Lea und versuchte die letzten Fäden ihres Traums zu greifen. Doch das Einzige, woran sie sich erinnern konnte, war das unbestimmte Gefühl, dass sie in tiefes kaltes Wasser eingetaucht war. Der Gedanke daran war nicht angenehm, aber immer noch besser als der Alptraum, den sie seit vier Jahren Nacht für Nacht durchlebte. Lea schöpfte ein wenig Hoffnung, hatte aber keine Zeit weiter darüber nachzudenken, weil just in dieser Sekunde ein Motorengeräusch an ihre Ohren drang und sie ins *hier und jetzt* zurückholte. Lea realisierte sofort, dass es sich um das Fahrzeug handelte, das Ben und James abholte. Die Frage war nur, ob es gerade ankam oder bereits wieder abfuhr. Schnell sprang sie in ihre Klamotten und eilte nach draußen, sah aber nur noch die Rücklichter des grauen Unimogs, der Ben und James zum Flughafen nach Dar Es Salaam brachte. Ben aus freien Stücken, während James, der Leiter ihres kleinen Entwicklungshilfeprojektes, aus gesundheitlichen Gründen seine Arbeit niederlegen musste. Er war vor zwei Jahren an Malaria erkrankt und von den Fieberschüben mittlerweile so geschwächt, dass es für ihn hier einfach nicht mehr weiter ging. Lea war enttäuscht und frustriert, irgendwie aber auch aufgeregt, weil man ihr die Leitung für das Entwicklungshilfeprojekt in dem kleinen Dorf im

Grenzgebiet zwischen Tansania und Kenia übertragen hatte. James hatte sie vorgeschlagen und der Sektionsleiter von »*Hilfe für Afrika*« war seinem Vorschlag gefolgt. Umso mehr hatte sie auf Bens Unterstützung gehofft. Doch sie hatte den erfahrenen Entwicklungshelfer nicht umstimmen können. Er wirkte desillusioniert und schien schon lange nicht mehr an den Erfolg ihres Projektes glauben. Insgeheim konnte sie ihn sogar verstehen. Seit zwei Jahren ging es nicht mehr richtig voran. Die Mentalität und Einstellung der Dorfbewohner stimmten einfach nicht, zumindest wenn man die für Nordeuropäer üblichen Maßstäbe anlegte. Sie machte der Dorfgemeinschaft deshalb auch keinen Vorwurf. Die Halbnomaden waren von Haus aus keine Bauern und ließen sich nicht von heute auf morgen in diese für sie neue Rolle hineinzwängen. Was über Generationen hinweg in ihre Gene gelegt wurde, ließ sich nun einmal nicht im Vorbeigehen umprogrammieren. So einfach war das.

Als auch von der Staubwolke nichts mehr zu sehen war, warf Lea das erste Mal einen Blick auf die Lieferung, die der Laster geladen hatte. Sie sah einen ganzen Berg Drainagerohre, einige Säcke Saatgut und Reis, ungefähr dreißig Kisten mit Lebensmitteln, vorwiegend Dosen, drei Kisten Bier, mehrere Flaschen Whiskey, einen neuen Ofen und zu Leas Freude auch das Radio, das sie vor mehr als zehn Wochen für sich bei Amazon bestellt hatte. Das neue Satellitentelefon, auf das sie so sehnsüchtig warteten, war dagegen nicht dabei. Es wäre auch zu schön gewesen, würde aber wohl erst mit der nächsten oder übernächsten Lieferung ankommen. Das alte war Konrad vor zwei Wochen versehentlich heruntergefallen und funktionierte seitdem nicht mehr. Zuletzt fiel ihr Blick auf einen dicken Umschlag. Neugierig machte sie einen Schritt darauf zu und las ihren Namen, *Lea Rosendahl*. Spontan griff sie zu und klemmte sich den grauen Umschlag unter den Arm. Den Rest würden sie später holen. Eine Hand noch immer tief in ihrer kurzen Latzhose vergraben schlenderte sie zurück und fragte sich, ob sie der Verantwortung gewachsen war, die sie von nun an tragen würde. Sie wusste es nicht, war aber gewillt es herauszufinden.

In dem Dorf lebten rund dreihundert Männer, Frauen und Kinder. Sie alle gehörten dem Volk der Tük an, einer kleinen ethnischen Gruppe, die bis vor wenigen Jahren als Hirten durchs Land gezogen waren; immer auf der Suche nach frischen Weideflächen für ihre Schafe, Ziegen und Rinder. Ackerbau betrieben sie früher nur halbherzig. Nach Einschätzung der WHO lebten noch ungefähr dreizehntausend Tük in Tansania und Teilen Kenias, Tendenz abnehmend. Die Tüks waren ein stolzes und wildes Volk, fest verankert in ihren Traditionen und Regeln. Wer dagegen verstieß, wurde nicht selten hart bestraft; gezüchtigt, manchmal ausgepeitscht oder in besonders schweren Fällen sogar gesteinigt.

Um diese Zeit wirkte das Dorf menschenleer, wie ausgestorben. Es war früh am Morgen und die meisten schliefen noch oder dösten vor sich hin. Nur Alemee, eine der jungen Frauen war schon auf den Beinen. Sie saß vor ihrer Hütte und jammerte leise vor sich hin. Wie für die Frauen der Tük üblich, hatte sie ihre Haare zu dünnen Zöpfen geflochten und anschließend zusammengebunden. Mindestens dreißig an der Zahl. Einige davon waren mit Holz-Perlen verziert und wieder andere dunkelrot. Eingefärbt mit einer Mischung aus Rinderblut, roter Erde und dem Extrakt einer Frucht, die sich die Frauen einmal im Jahr auf einem Markt am Fuße des Kilimandscharo besorgten. Zumeist im Tausch gegen Ziegen- oder Rindfleisch. Ihren Hals- und Armschmuck, häufig eine Kombination aus Leder und Elfenbein, fertigten sie dagegen selber an. Alemee war eine ausgesprochen schöne Frau, so wie die meisten Tük. Nicht umsonst galten die Tük-Frauen als die schönsten in ganz Tansania.

Lea machte einige Schritte auf sie zu. »Alemee, was ist los?« Lea beherrschte die Sprache der Tük zwischenzeitlich fast perfekt, sodass sie sich problemlos mit den Dorfbewohnern verständigen konnte.

Alemee antwortete nicht, sondern hob lediglich den Kopf und zeigte mit dem Zeigefinger ihrer linken Hand auf ihre Wange. Die linke Seite ihres normalerweise ebenmäßigen Gesichts war komplett angeschwollen.

»Oje«, sagte Lea, »das sieht ja schlimm aus. Du hast bestimmt starke Schmerzen?«

Alemee nickte bloß und wimmerte leise vor sich hin.

»Ich schau mir das am besten gleich mal an«, redete Lea weiter und war im Begriff ihr aufzuhelfen.

Doch Alemee wich zurück. Sie wirkte unschlüssig und verunsichert, vermutlich weil sie ahnte, worauf das Ganze hinauslaufen würde.

»Nun komm schon«, wiederholte Lea ihre Aufforderung und streckte ihr erneut die Hand entgegen. »Von alleine wird es nicht besser.«

»Alemee schüttelte den Kopf, schlug dann aber doch ein und ließ sich von Lea auf die Beine helfen. Mit hängendem Kopf trottete sie Lea hinterher.

Lea hielt direkt auf eines der beiden großen Hauszelte zu, die sie gemeinsam mit den anderen Entwicklungshelfern bewohnte. Daneben standen mehrere Container, ein großes Solarpanel, ein dazugehöriges Speichersystem, zwei Land Rover und drei große Tanks. Einer voll mit Diesel, die beiden anderen voll mit Wasser. Die beiden Stromgeneratoren standen dagegen in einiger Entfernung und brummten vor sich hin. »Setz dich hierhin«, forderte Lea die junge Frau auf und zeigte auf einen der Klappstühle, der neben den Zelten stand.

Alemee setzte sich und blickte Lea mit weit aufgerissenen Augen an. Sie wirkte angespannt und jederzeit zum Sprung bereit.

Lea lächelte ihr beruhigend zu und drückte sie ein wenig nach hinten. »Und jetzt mach den Mund auf.«

Alemee schüttelte erneut den Kopf.

»Alemee«, wiederholte Lea mahnend ihren Namen.

Zögerlich öffnete die junge Frau daraufhin den Mund.

Lea schlug ein fauliger Geruch entgegen. Trotzdem beugte sie sich weiter vor und versuchte etwas zu erkennen.

Alemee weinte. Tränen liefen über ihre Wangen. Die frische Luft hatte die Schmerzen offensichtlich noch verstärkt.

»Du wartest hier«, sagte Lea in einem befehlsmäßigen Ton, als sie den vereiterten Backenzahn endlich erspähte. »Hast du mich verstanden?«

Alemee nickte.

Erst danach drehte Lea sich um und verschwand in dem großen Hauszelt, das ihr am nächsten war. Sie bewohnte es gemeinsam mit Konrad und war in drei Kammern aufgeteilt. Direkt hinter dem Eingang war die große Wohnküche, links hinten ihre Schlafkammer und rechts daneben die von Konrad.

Der feste Holzboden knarrte mit jedem Schritt, als Lea durch den Wohnbereich ging. Weiter hinten öffnete sie den Reißverschluss zu Konrads Schlafbereich und trat an sein Bett heran. Wie erwartet, schlief er noch. Seine dichten schwarzen Haare und sein Vollbart ließen ihn dabei wie ein Monchichi aussehen. Eklig wirkte nur der Spucke-Faden, der langsam sein behaartes Kinn herunterlief. »Wach auf!«, flüsterte sie und stupste ihn sachte an. Doch den Gefallen tat er ihr nicht. Er bewegte sich noch nicht einmal. Erst jetzt roch sie den Alkohol, den er aus jeder Pore ausdünstete. Na super, ausgerechnet heute, dachte sie.

Die Abschiedsparty hatte ganz offensichtlich noch viel länger gedauert, als sie vermutet hatte. Sie selbst war gegen dreiundzwanzig Uhr ins Bett gegangen und hatte angenommen, dass die anderen ihr bald gefolgt waren. Doch so wie es aussah, hatten sie die Nacht zum Tag gemacht. ›Wie es Ben und James wohl ging?‹

»Was machst du hier?«, fragte Konrad und riss sie aus ihren Gedanken. Ohne es zu merken, hatte er seine verquollenen Augen geöffnet und sie angeblickt.

»Ich brauche deine Hilfe«, antwortete Lea und tippte sich mit dem Finger an die Wange. »Alemee hat einen schlimmen Zahn. Wir müssen ihn ziehen.«

»Später«, knurrte Konrad, »ich habe wahnsinnige Kopfschmerzen.« Er hatte bereits wieder die Augen geschlossen und sich auf die Seite gedreht.

»Nein jetzt«, schoss es aus Lea heraus. Ihr Ton war schneidend und duldete keinen Widerspruch. »Alemee wartet bereits draußen. Sie hat große Schmerzen und scheint noch größere Angst zu haben. Wenn wir noch länger warten, verschwindet sie, jede Wette.«

Alemee war hin- und hergerissen. Ihre Gedanken überschlugen sich. Einerseits wollte sie nur weg, wenn sie nur an die Zange dachte, die Lea vermutlich gerade holte, um ihr den schlimmen Zahn zu ziehen. Andererseits waren die Schmerzen kaum noch zu ertragen. ›So oder so ähnlich musste es sich anfühlen, wenn man auf ein glühendes Stück Holzkohle biss.‹ Noch mehr beunruhigte Alemee aber die Schwellung in ihrem Gesicht, die sie auf dem Stuhl festhielt. Alemee konnte sie zwar nicht sehen, sie dafür aber umso deutlicher fühlen, wenn sie mit ihren Fingern vorsichtig darüber glitt. Ihr linkes Auge war mittlerweile fast vollständig zugeschwollen. Sie musste furchtbar aussehen. ›Was würde Kiano sagen, wenn er sie so sehen würde? Würde er sich trotzdem für sie entscheiden und sie zur Frau nehmen oder doch eine andere vorziehen?‹ Alemee war sich auf einmal nicht mehr sicher. Kiano war vor drei Tagen mit einer Gruppe junger Krieger zur Löwenjagd aufgebrochen, so wie schon tausende junger Männer vor ihnen. Sie folgten damit einer uralten Tradition, an deren Ende sie in den Kreis der Erwachsenen aufgenommen wurden; immer vorausgesetzt, dass sie die Mutprobe heile und unversehrt überlebten. Erst danach durften sie sich eine Frau nehmen.

Nach der dritten Aufforderung hatte sich Konrad endlich aus dem Bett gequält, es aber nur bis auf die Bettkante geschafft. Ihm war schlecht und sein Kopf brummte. Schlecht gelaunt starrte er vor sich hin und dachte an den gestrigen Abend. Alles hatte so harmlos angefangen, bis Ben den Wodka aus dem Hut gezaubert hatte. Erst eine Flasche, dann eine zweite und dann… nichts mehr, der totale Filmriss. Er wusste noch nicht

einmal, wie er ins Bett gekommen war. Alkohol war normalerweise nicht sein Ding. Im Wohnbereich hörte er Lea herumrennen. Schubladen gingen auf und wieder zu. Es klirrte und klapperte. Sie schien etwas zu suchen.
»Kannst du bitte etwas leiser sein, mir fliegt gleich der Kopf weg.«
»Hast du die Zange gesehen?«
Ohne zu antworten, stand er auf, schlurfte in den Wohnbereich und hielt direkt auf die Küchenzeile zu. Konrad öffnete eine der Schubladen, kramte darin herum, nahm die Zange heraus und drückte sie Lea in die Hand. »Hier.«
Lea wog die Zange in ihrer Hand und blickte mit einem Lächeln um die Lippen an ihm herunter.
Konrad tat es ihr gleich und erschrak. Er war nackt und hatte es gar nicht gemerkt. »Ich, ich…«, stotterte er verlegen. »Ich habe gar nicht…«
»Niedlich, wirklich niedlich«, unterbrach sie ihn und wendete sich dem Kühlschrank zu.

Lea musste innerlich immer noch Grinsen, während sie das Betäubungsmittel aus dem Kühlschrank holte und behutsam die Spritze aufzog. Sie würde nie verstehen, warum Männer eine so große Sache um ein so kleines Ding machten. Konrad hatte sich die Hände vor seinen Schwanz gehalten und war wie ein schlachtreifes Huhn zurück in seine Kammer gehüpft. Was sollte das? Glaubte er wirklich, dass er etwas verbergen konnte, was sie nicht vorher schon hunderte Male gesehen hatte? Na gut, hunderte Male war vielleicht übertrieben, wenn man die Schwänze ausklammerte, die die Tüks fast täglich zur Schau stellten. Sie trugen zwar meistens Kleidung, hatten mit ihrer Sexualität aber keine Probleme. Bei jeder Gelegenheit holten sie ihre Dinger heraus, zogen daran oder kratzten sich. Gleiches galt für die Frauen. Auch sie kannten keine Scham. Umso mehr hatte sie die Reaktion von Konrad überrascht. Aber jetzt war nicht die Zeit weiter darüber nachzudenken. Sie musste sich jetzt ganz auf Alemee konzentrieren. Alles musste jetzt ganz schnell gehen. ›Wo nur Konrad blieb?‹ »Nun komm schon«, forderte sie ihn schließlich auf. »Wir haben nicht den ganzen Tag Zeit.«

»Sag nichts«, antworte Konrad, als er eine Minute später aus seiner Kammer trat. Er wirkte zerknirscht und schien sich über sich selbst zu ärgern.

Lea hatte gar nicht vorgehabt ihn weiter zu foppen, zumindest nicht gleich, eher beim Abendessen, wenn auch Tembo dabei war. Aber das sagte sie Konrad nicht. Der Gedanke daran war jedoch sehr verlockend und trieb ihr erneut ein Lächeln ins Gesicht. Schnell drehte sie sich weg.

»Glaubst du, ich sehe das…«, fuhr Konrad mit gepresster Stimme fort, hielt dann aber inne und musste selber grinsen. »Keine Ahnung, was mich da geritten hat. Wahrscheinlich ein alter Reflex, den ich meiner Mutter zu verdanken habe.«

»Wenn du es sagst«, antwortete Lea und drehte sich wieder um. Dabei zog sie den Mund zu einer bemitleidenswerten Miene zusammen. Dann wechselte sie das Thema und erklärte Konrad, wie sie vorgehen wollte.

»Aber warum eine Vollnarkose? Ist das nicht ein bisschen übertrieben?«

»Vielleicht. Aber so wie ich Alemee einschätze, ergreift sie die Flucht, noch bevor die Zange auch nur in ihre Nähe kommt.«

Mit großen vor Angst geweiteten Augen sah Alemee die beiden Entwicklungshelfer aus dem Zelt kommen. Lea mochte sie wirklich gerne, vergötterte sie geradezu. Lea war stark, selbstbewusst, so ganz anders als die meisten Frauen der Tük. Aber was noch wichtiger war: sie vertraute ihr. Und trotzdem war sie in Habachtstellung, als die beiden näherkamen. Konrad trug eine Decke unter dem Arm, aber was hatte Lea in der Hand? Was war das? Alemee kannte den kleinen Gegenstand nicht.
»Lea?«

Lea und Konrad blieben stehen.

»Du musst keine Angst haben, Alemee. Was ich in der Hand halte, ist eine Spritze.«

»Eine Spritze?«

»Ja, eine Spritze. Sie lässt dich schlafen und befreit dich von den Schmerzen.«

»Ist das Zauberei?«

»Ja, aber ein guter Zauber. Ich habe ihn vor langer Zeit von einem Schamanen bekommen und für einen Tag wie heute aufbewahrt.«

»Ich weiß nicht, vielleicht sollte ich lieber...« Doch dann dachte sie an Kiano und blieb sitzen.

Lea sah Konrad an und ging weiter.

Konrad nickte ihr zu und setzte sich ebenfalls wieder in Bewegung.

Lea beugte sich zu Alemee herunter und blickte ihr in die Augen. »Alemee, es wird jetzt kurz wehtun. Nicht mehr als ein kleiner Stich, wie von einer Biene. Danach wird alles gut, okay?«

»Versprichst du es?«

»Habe ich dich jemals angelogen?«

Alemee schüttelte den Kopf. »Aua.«

Ohne zu zögern, stach Lea zu und drückte den Inhalt der Spritze in Alemees Arm. Ein kurzer Schrei und Alemee war im Land der Träume. Alemees Körper wurde schlaff und drohte vom Stuhl zu rutschen. Beherzt packten Lea und Konrad zu und legten Alemee auf die Decke, die Konrad zuvor ausgebreitet hatte.

»So, dass wäre schon mal geschafft«, sagte Lea und blickte auf die betäubte Alemee herunter. Für einen Moment schloss sie die Augen, wohlwissend, dass der wirklich knifflige Teil erst noch vor ihnen lag.

Konrad kramte die Zange aus seiner Cargo-Hose hervor und hielt sie Lea entgegen. Doch Lea reagierte erst, als er sich bemerkbar machte.

»Hier nimm!«

Lea öffnete die Augen und griff zu.

Sichtlich nervös packte Konrad Alemees Kopf und sah zu, wie Lea die Zange an und wieder absetzte. Sie schien zu zweifeln und nicht genau zu wissen, wie sie vorgehen sollte. Doch dann setzte sie die Zange, ohne zu zögern an und zerrte an dem Zahn, sodass Konrad sichtlich Mühe hatte, Alemees Kopf am Boden zu halten.

»Das Mistding bewegt sich nicht«, sagte Lea kurz darauf mehr zu sich selbst und setzte kurz ab, aber nur um anschließend einen neuen Versuch zu starten. Lea drehe jetzt an dem Zahn und diesmal schien er sich zu bewegen. Dann krachte und knirschte es.

Konrad lief ein kalter Schauer über den Rücken. Nie hätte er gedacht, dass dabei so viel Blut fließen würde. Sein rechtes Auge brannte. Konrad kniff die Augen zusammen und blinzelte. Ein Blutstropfen musste sein Auge erwischt haben.

Lea nickte zufrieden und zog den Zahn mit einem kräftigen Ruck heraus. Sie hielt die Zange triumphierend in die Höhe und sagte: »Hab ich dich!« Ihre sonst eher traurigen Augen leuchteten.

Anerkennend blickte Konrad zu Lea herüber. Sie hatte ihn wieder einmal beeindruckt. Spätestens jetzt wusste er, dass sie die Richtige für die Leitung des Entwicklungshilfeprojektes war. Sie gehörte mit ihren achtundzwanzig Jahren zwar nicht zu den *alten Hasen*, hatte dafür aber eine zupackende Art, die an einem Ort wie diesem viel wichtiger war. Deshalb hatte er auch kein Problem damit, dass man ihn nicht gefragt hatte, als James die Segel streichen musste. Konrad wusste nicht viel über Lea, nur das sie aus Köln kam und dort als Polizistin gearbeitet und in Ausübung ihres Dienstes in Notwehr einen jungen Mann erschossen hatte. Sie hatte dem Team nur einmal davon erzählt und danach nie wieder. Verständlich, denn allen war sofort klar gewesen, dass Lea das Geschehene nie richtig verarbeitet hatte.

»Es wird noch eine Weile dauern, bis sie aufwacht«, riss Lea ihn aus seinen Gedanken. »Wir sollten sie ins Zelt bringen.«

»Ja, ist vermutlich besser«, antwortete Konrad und blickte in den Himmel. »Die Sonne steht schon ziemlich hoch.«

»Du vorne, ich hinten.«

Konrad nickte und packte sie an den Armen.

»Auf drei«, sagte Lea und begann zu zählen. Bei drei hoben sie die schlafende Alemee an und trugen sie mit vereinten Kräften ins Zelt. Die junge Frau schien Tonnen zu wiegen. Wie ein nasser Sack hing sie zwischen ihnen.

»Wohin?«

»Auf mein Bett«, entgegnete Lea mit gepresster Stimme. Die Anstrengung stand ihr ins Gesicht geschrieben.

Nachdenklich blickte Lea auf die schlafende Alemee herunter. Das Schlimmste schien überstanden, auch wenn sich Alemees Schmerzen nicht gleich in Luft auflösen würden. Umso mehr hoffte sie, dass keine Komplikationen auftreten würden. Sie hatte den Zahn mangels besserem Wissen am Ende einfach mir roher Gewalt herausgedreht. Was hätte sie ohne medizinische Ausbildung auch anderes tun können, abwarten und nichts tun? Mit Sicherheit nicht! Zu groß wäre das Risiko gewesen, dass sich der ganze Kiefer weiter entzündet und Alemee am Ende noch eine Blutvergiftung davontragen hätte. Apropos Blutvergiftung: »Ich hole das Antibiotikum!«

Konrad nickte. »Brauchst du mich noch?«

»Nein, ich glaube nicht. Den Rest schaffe ich allein. Aber kümmere dich bitte um die Lieferung. Die Sachen, die der Unimog gebracht hat, müssen verstaut werden.«

»Wird erledigt.« Auf halben Weg nach draußen knuffte Konrad den Ellenbogen spielerisch in Leas Seite. »Sag mal, hast du wirklich *niedlich* gesagt, als ich zurück bin in meine Kammer? So klein ist er nun auch wieder nicht.« Dabei schaute Konrad kurz an sich herunter, ganz so, als ob er sich vergewissern wollte.

»Dein Ernst?«, fragte Lea und schüttelte amüsiert den Kopf.

8

Später am Abend wälzte sich Lea in ihrem Bett von rechts nach links und konnte nicht schlafen, während Konrad nebenan lag und schnarchte. Tausend Gedanken kreisten in ihrem Kopf. Der Tag war anstrengend und zugleich aufregend gewesen. Alemee ging es Gott sei Dank wieder ganz gut. Sie hatte zwar noch Schmerzen, aber wenigstens kein Fieber bekommen. Das Antibiotikum schien anzuschlagen und die Schwellung war bereits ein wenig abgeklungen. Alles war auf einem guten Weg, wenn da nicht dieser ärgerliche Diebstahl gewesen wäre. Denn während sie mit Konrads Hilfe Alemee den Zahn gezogen hatte, hatte irgendjemand die drei Kisten Bier und den Whiskey gestohlen, die der Fahrer des Unimog zusammen mit den anderen Sachen für sie abgeladen hatte. Wirklich ärgerlich! Richtig wütend machte Lea aber erst der Diebstahl ihres Radios, auf das sie so lange gewartet hatte. Wer von den Tüks war so dreist und klaute so etwas? Einigen der übermütigen jungen Männer hätte sie das durchaus zugetraut, doch die waren alle auf Löwenjagd. Mit einem Mal kam ihr der Umschlag in den Sinn, den sie intuitiv an sich genommen hatte. Wo hatte sie ihn hingelegt? Sie hatte keine Ahnung, war sich aber sicher, dass er nur irgendwo im Wohnbereich liegen konnte. Sie musste ihn dort unbewusst abgelegt haben, als sie die Zange gesucht hatte. Eine andere Möglichkeit gab es nicht. Lea stand auf und schlich in den vorderen Teil des Zeltes. Kurz darauf stand sie in der Mitte der Wohnküche und blickte sich im Schein der Taschenlampe um. Ihr Blick fiel auf den Kühlschrank, den Herd, die Arbeitsplatte und weiter auf..., den Umschlag. Da lag er, direkt neben der Kaffeemaschine. Lea macht zwei Schritte darauf zu, streckte die Hand aus und setzte sich an den Küchentisch. *Lea Rosenthal* las sie erneut. Neugierig riss sie den Umschlag auf und holte einen ganzen Stapel Papier heraus. Obenauf lag ein Schreiben des Stiftungsvorstandes. Lea überflog die ersten Zeilen.

Sehr geehrte Frau Rosenthal, anliegend erhalten Sie ihren neuen Arbeitsvertrag. Wir freuen uns sehr...

Lea brach ab und blätterte weiter. Da war er also, ihr neuer Arbeitsvertrag. Voller Stolz strich sie mit der Hand darüber. Noch mehr interessierte sie aber das Foto, das seitlich aus dem Stapel herausblitzte. Es war mit einer Büroklammer an einer einzelnen Seite festgemacht worden. ›Wer war die unscheinbar wirkende zierliche Frau?‹ Wissbegierig zog Lea die Seite heraus. *Personalbogen*, stand dort geschrieben. Na klar, die Frau musste der Ersatz für Ben sein. James hatte sie und auch den Ersatz für ihn selbst kurz erwähnt. Hastig studierte sie die Seite und lehnte sich erleichtert zurück. Die Neue war Krankenschwester und bereits als Entwicklungshelferin im Einsatz gewesen. Das war sehr gut. Von nun an konnte sie einem Profi den medizinischen Teil ihrer Arbeit übertragen. Dem Foto nach schien Thea Allensbach schon etwas älter zu sein. Vielleicht vierzig. Umso besser, dachte Lea, Erfahrung ist immer gut. Ganz unten war das Eintreffdatum vermerkt. Dort stand der 03.11.2012, das war in knapp zwei Wochen. So lange mussten sie also noch zu dritt klarkommen.

Als Lea den Stapel gerade wieder in den Umschlag stecken wollte, bemerkte sie zwei weitere Seiten. Sie steckten immer noch im Umschlag und wären ihr beinahe durchgerutscht. Sie zog die Seiten heraus und stellte zu ihrer Überraschung fest, dass es sich dabei um ein weiteres Profil und um einen handgeschriebenen Brief handelte. Zuerst das Profil, überlegte sie und legte den Brief zur Seite. Diesmal blickte ihr ein junger Mann entgegen. Das Bild kam ihr seltsam bekannt vor, ohne dass sie wusste, warum. Dann sah sie es: es waren seine Augen. Sie wirkten traurig und verloren und erinnerten sie an ihre eigenen, wenn sie in den Spiegel schaute. Der Mann hieß Linus Christiansen, war neunundzwanzig und kam aus Deutschland. Hubschrauberpilot, las sie weiter. Drei Einsätze in Afghanistan. Über seine Motive als Entwicklungshelfer zu arbeiten, stand dort nichts. Sie vermutete aber, dass sie ähnlich gelagert waren, wie ihre eigenen. Dem Datum nach zu urteilen, würde er am 04.11.2012 ankommen. Das war gut. Dadurch konnte sie beide zusammen abholen. Sie müsste mit der Neuen, wie hieß sie gleich noch, Lea blätterte zurück, Thea Allensbach, nur eine Nacht in Dar Es Salaam verbringen.

Jetzt der Brief, dachte Lea und griff danach. Er war an James gerichtet. Wissbegierig tauchte sie in die Zeilen ein.

Hallo Herr Turner,

danke für Ihren Brief, der mich sehr gefreut, aber auch ein wenig traurig gestimmt hat. Umso mehr hoffe ich, dass Sie sich vollständig von ihrer Erkrankung erholen und wir uns eines Tages doch noch in Tansania treffen werden.

Bis dahin grüßen Sie bitte meine neuen Kollegen von mir und lassen sie wissen, dass ich am 04.11.2012 mit der Dünkirchen, das ist ein Containerschiff, im Hafen von Dar Es Salaam einlaufen werde. Es wäre toll, wenn mich jemand abholen könnte, andernfalls finde ich schon einen Weg zu ihnen ins Camp.

Ihr Linus Christiansen

P.S. Ich soll Ihnen Grüße von Dr. Robin Capelli ausrichten. Sie freut sich auf ein Wiedersehen.

Sehr merkwürdig, dachte Lea. Warum fährt Linus mit dem Schiff und steigt nicht einfach in ein Flugzeug? Die Überfahrt mit dem Schiff muss doch Wochen dauern. Womöglich war er sogar schon unterwegs. Und wer war dieser Dr. Capelli?

9

Alemee drückte sich jetzt schon seit einer Stunde vor Leas Zelt herum. Ungeduldig verlagerte sie ihr Gewicht von einem Bein auf das andere. ›Wo Lea nur blieb?‹ Es war schon spät und längst Zeit aufzustehen. Alemee wollte sich bedanken. Die Schmerzen hatten sich über Nacht fast ganz verflüchtigt und von der Schwellung war auch kaum noch etwas zu sehen. Sie war jetzt fast wieder so schön wie früher und hatte keine Angst mehr, dass Kiano sie ignorieren würde. Es konnte jetzt nicht mehr lange dauern, bis er von der Löwenjagd zurückkehrte. Bei dem Gedanken wurde ihr ganz warm ums Herz.

»Geh ruhig hinein, Alemee.«

Alemee erschrak. Sie hatte Konrad gar nicht kommen sehen. Unsicher blickte sie zu dem Entwicklungshelfer herüber.

»Nun mach schon«, ermutigte sie Konrad und nickte ihr aufmunternd zu.

Alemee zog die Tür auf und trat ein. Langsam ging sie durch den großen Wohnbereich und blickte sich um. Von Lea war nichts zu sehen. Sie musste tatsächlich noch schlafen, außer...? Alemee blieb stehen und überlegte. Nein, war sie sich sicher. Sie musste hier sein, sonst hätte sie Lea beim Verlassen des Zeltes sehen müssen. Alemee ging weiter, öffnete die Tür zu Leas Schlafbereich und stellte erleichtert fest, dass sie in ihrem Bett lag. Sie war nackt und hatte sich nur ein dünnes, fast durchsichtiges Laken übergeworfen. Lange, fast ehrfürchtig, betrachtete Alemee die Schlafende. Lea war so unglaublich schön, auch wenn sie so ganz anders aussah, als sie selbst und die anderen Frauen der Tük. Ihre feinen und zarten Gesichtszüge gefielen ihr besonders. Die schmale Nase, die hohen Wangenknochen, einfach alles. Und dann war da noch dieses Bild auf ihrer Schulter, eine Art Fisch, den sie schon mehrfach bewundert hatte. Nur mit ihren kurzen braunen Haaren konnte sie nichts anfangen. Sie passten so gar nicht zu ihr. Alemee setzte sich zu ihr auf die Bettkante und wartete. Sie selbst könnte niemals in einem Bett schlafen. Sie hatte es einmal versucht und war, von Rückenschmerzen geplagt, in der Nacht aufgewacht. Es war zu weich und noch dazu viel zu warm. Nie würde sie verstehen, warum die Entwicklungshelfer nicht einfach auf dem Boden schliefen. Lea lächelte, hatte die Augen aber nach wie vor geschlossen. ›Ob sie wohl träumte?‹ Sachte berührte Alemee die Schlafende am Arm.

Normalerweise mochte es Lea nicht, wenn ein Fremder sie anfasste. In diesem Fall machte es ihr jedoch nichts aus. Sie empfand es sogar als angenehm, als Linus ihr die Hand auf den Arm legte. Vermutlich lag es daran, dass sie ihn vom ersten Augenblick gemocht hatte, als er sich neben sie an das Lagerfeuer gesetzt hatte. Sie hatten die ganze Nacht geredet, einander zugehört und miteinander gelacht, ganz so, als ob sie sich schon eine Ewigkeit kannten. Sie hätte für immer hier sitzen bleiben können, doch dann war Alemee gekommen, hatte sich neben sie gesetzt und Linus war verschwunden. »Alemee, was machst du hier?«

»Ich wollte dir danken für das, was du für mich getan hast.« Dabei tippte sie sich mit dem Finger gegen die Wange und lächelte. »Es tut gar nicht mehr weh und von der Schwellung ist auch fast nichts mehr zu spüren.«

Erst jetzt realisierte Lea, dass sie geträumt haben musste, denn ganz plötzlich war auch das Lagerfeuer verschwunden und sie fand sich in ihrer Kammer wieder. Schade, wirklich schade dachte sie, sagte aber etwas gänzlich anderes: »Ich habe dir gerne geholfen, das weißt du doch. Du musst mir nicht danken.«

»Doch«, widersprach sie Lea. »Du hast mich gerettet und mit deinem Zauber dafür gesorgt, dass alles wieder gut wird.«

Lea lächelte. »Es freut mich, wenn es dir wieder besser geht. Doch jetzt muss ich aufstehen. Es ist schon spät und es gibt heute noch viel zu tun.«

Alemee nickte. Sie konnte aber nicht anders und gab Lea einen Kuss, bevor sie aufstand und aus Leas Schlafkammer eilte.

Lea konnte sich nicht erinnern, dass sie in den letzten drei Jahren auch nur ansatzweise so gut geschlafen hatte. Sie war regelrecht beschwingt, als sie durch das Dorf lief, für das sie jetzt die Verantwortung trug. Das Dorf bestand insgesamt aus etwas mehr als hundertsiebzig kreisrunden Holzhütten, die wie eine Spirale angeordnet waren. In der Mitte des Dorfes standen die Hütten der Alten, gefolgt von den Behausungen der Familien. Ganz außen standen die Hütten der jungen Männer. Sie hatten die Aufgabe, das Dorf vor unliebsamen Gästen zu verteidigen.

Lea durchquerte das Dorf, wechselte hier und da ein paar Worte und ging dann weiter in Richtung der Felder. Patme, eine der älteren Frauen, saß gerade vor ihrer Hütte und stampfte Hirse. Sie hatte eine Art Trog zwischen ihre Beine geklemmt und stieß einen dicken

Stempel immer wieder rhythmisch hinein. Von der neuen Getreidemühle, die sie ihr erst kürzlich geschenkt hatte, war weit und breit nichts zu sehen. Wie die meisten trug sie einen gelben Bijuk. Dabei handelte es sich um eine etwa drei Meter lange Stoffbahn, die sie sich kunstvoll um den Leib gewickelt hatte. »Wo ist die Getreidemühle, die du bekommen hast?«

»In der Hütte.«

»Und warum benutzt du sie nicht?«

»Warum sollte ich?«

»Es geht damit doch schneller und die Arbeit ist nicht so anstrengend.«

Patme zuckte mit den Schultern. »Ich habe doch Zeit. Warum soll ich mich dann beeilen?«

»Weil du dann…«, Lea stockte. ›Ja warum eigentlich?‹ Patme hatte sonst keine Aufgabe. Sie war zu alt für die Arbeit auf dem Feld und hatte nichts anderes zu tun. Hirse zu mahlen gab ihrem Tag Struktur und das Gefühl nützlich zu sein. Es gab keinen Grund zur Eile. Lea nahm sich vor, zukünftig nicht mehr alles durch ihre Augen zu betrachten, sondern endlich wie eine Tük zu denken. Sonst würde ihr schönes Projekt früher oder später den Bach runtergehen. Es war ohnehin nicht gut darum bestellt. Ja, dass würde sie tun, doch jetzt musste sie sich erstmal um die Felder kümmern. Der Regen würde bald einsetzen. Bis dahin musste alles fertig sein.

10

Sechzig Kilometer entfernt kniete Tajeu nieder und ließ seinen Blick auf den Spuren ruhen, die ein Löwe im Sand hinterlassen hatte. Der Tatze nach zu urteilen war es ein großes Männchen, aber leider nicht das, nachdem sie suchten. Tajeu gehörte zu einer Gruppe junger Männer, die losgeschickt wurden, um einen Golgath, einen Rinder- und Ziegenfresser, zu töten. Alle anderen Löwen waren ihnen heilig. Sie alle standen an der Schwelle zum Erwachsenwerden und waren gezielt vom Ältestenrat ausgewählt worden, um ihren Mut und ihre Tapferkeit im Kampf gegen den Golgath zu beweisen. Jeder Einzelne wurde dadurch zu einem *Azizi*, zu einem Löwenjäger. Doch erst wenn sie den Löwen getötet hatten, wurden sie zu Männern und durften sich eine Frau nehmen.

»Nun sag schon, ist er es?«, fragte Kiano voller Ungeduld.

Tajeu schüttelte den Kopf. »Nein, leider nicht.«

»Und wenn du dich irrst?«, schaltete sich Buma ein.

»Sieh selbst.« Tajeu stand auf und trat zur Seite.

Buma machte zwei Schritte auf Tajeu zu und hockte sich neben den Abdruck der großen Raubkatze. »Du hast recht. Ein ähnlich großes Exemplar, aber nicht das nach dem wir suchen.« Spätestens jetzt wusste die ganze Gruppe, dass es keinen Zweifel mehr gab, denn Buma war mit Abstand der beste Fährtenleser.

Kiano wirkte frustriert. »Ich habe doch gleich gesagt, dass er weitergezogen ist.«

»Das kannst du nicht wissen«, entgegnete Dorme. »Es sind doch erst drei Tage...«

»...drei Tage, an denen wir nicht eine einzige Spur von der Bestie gefunden haben«, hielt Kiano dagegen.

Buma rümpfte die Nase. »Das hat gar nichts zu bedeuten und das weißt du auch. Der Regen hat viele Spuren weggespült.«

Nio drängte sich nach vorne. »Und wenn wir einfach den hier...«

»Denk nicht mal daran«, unterbrach ihn Tajeu, »oder willst du die Götter gegen uns aufbringen?« Seine Stimme war schneidend und duldete keinen Widerspruch.

»Mein Bruder hat es bestimmt nicht so gemeint«, versuchte Dorme deeskalierend auf die Situation einzuwirken. »Er ist noch jung und weiß nicht, was er redet.«

Ohne seinen Bruder anzuschauen, schüttelte Nio beschämt den Kopf. »Nein, bestimmt nicht, ich wollte nur..., ich dachte..., ich weiß auch nicht«, stammelte er.

Tajeu trat neben ihn und legte ihm die Hand auf die Schulter. »Ist schon gut Nio. Ich mache dir keinen Vorwurf. Wir alle sind enttäuscht. Da sagt man schnell Dinge, die man nicht so meint.« Tajeu mochte Nio zwischenzeitlich richtig gerne. Er war vielleicht noch etwas jung und ungestüm, hatte aber auch Mut und Entschlossenheit und genau das brauchten sie im Kampf gegen den Golgath; Mut und Entschlossenheit.

Nach einer kurzen Rast setzte sich die Gruppe wieder in Bewegung. Sie schwärmten in einer Linie aus, ohne sich dabei aus den Augen zu verlieren. Buma, ihr Anführer, lief ganz links, Tajeu ganz rechts. Sie waren mit ihren achtzehn und neunzehn Jahren die ältesten und erfahrensten unter ihnen. Der Rest verteilte sich nach Belieben dazwischen. Auf diese Weise stellten sie sicher, dass ihnen keine Spur auf einer Breite von vielleicht fünfzig Metern verborgen blieb. Sie selbst waren kaum auszumachen, weder zu hören noch zu sehen. Wie Geister bewegten sie sich, eingewickelt in grüne Tücher, leichtfüßig und elegant, durch das satte grüne Grasland. Nur Krieger und Jäger durften sich mit grünen oder roten Bijuks kleiden. In ein rotes während der Trockenzeit und in grüne während der Regenzeit. Alle anderen trugen, abgesehen vom Ältestenrat, ganzjährig gelbe Bijuks, um ihre Haut vor der sengenden Sonne zu schützen.

Plötzlich verharrte Buma in der Bewegung und hob seinen Speer hoch über seinen Kopf. Ein Speer nach dem anderen ging daraufhin in die Höhe, bis auch Tajeu den seinen hob und wie angewurzelt stehen blieb. Völlig bewegungslos lauschte Buma dem Wind. Er hatte etwas gehört, das Geräusch aber nicht eindeutig zuordnen können. Er tippte auf einen Leoparden, war sich aber nicht sicher. Angespannt blickte er in die Richtung, aus der das Geräusch gekommen war. Wieder raschelte es. Ja, es ist ein Leopard war Buma sich jetzt sicher, obwohl das Tier noch immer nicht zu sehen war. Intuitiv richtete er die Speerspitze nach links, sodass er jederzeit zustoßen konnte. Seine Muskeln waren angespannt und sein sehniger Körper zum Sprung bereit. Es raschelte erneut und der Leopard trat aus dem Dickicht. Er hatte sich also nicht geirrt. Dennoch entspannte Buma sich ein wenig, weil der Leopard allem Anschein nach keinen Ärger suchte. Vollkommen desinteressiert trottete die Raubkatze von links nach rechts und an der Gruppe vorbei, ganz so, als ob er sie gar nicht gesehen hatte. Buma wusste natürlich, dass der Schein trog, denn der Leopard wusste längst, dass sie in sein Revier eingedrungen waren.

Nach einigen Kilometern veränderte sich die Landschaft. Das Gras wurde niedriger und Bäume gab es jetzt auch nur noch wenige. Dafür sahen sie mehr Tiere, hauptsächlich Impalas, Zebras und Büffel. Hunderte, vielleicht sogar Tausende, grasten friedlich vor ihren Augen. Der Anblick war atemberaubend und ließ Bumas Herz höherschlagen. Am Ende des Horizonts ragte der Kilimandscharo, eingerahmt von einem stahlblauen Himmel, steil empor. Aus der Entfernung wirkte er auf Buma immer wie Engai - einer ihrer Götter- , der erhaben über das Land schaut. Wie er diese Vorstellung liebte. Engai, der... Buma schüttelte den Gedanken ab. Es gab jetzt wichtigeres. Sie brauchten dringend einen Platz für die Nacht. Die Sonne stand jetzt schon ziemlich tief. Sie hatten vielleicht noch zwei Stunden, bevor die Dunkelheit über sie hereinbrach. Es war an der Zeit, dass sie nach einem geeigneten Lagerplatz Ausschau hielten. Buma schnalzte laut mit der Zunge. Erst einmal, dann im Abstand von einigen Sekunden drei weitere Male. Ein Azizi nach dem anderen blieb daraufhin stehen und kam zu Buma herübergelaufen. Das Signal war eindeutig.

»Hast du eine Spur gefunden?«, fragte Dorme, der auf einmal ganz aufgekratzt wirkte.

»Nein, leider nicht, aber die Sonne geht bald unter. Wir müssen uns einen Lagerplatz suchen. Irgendwelche Vorschläge?« Buma blickte fragend in die Runde.

»Ich kenne hier in der Nähe einen Felsen.«

Überrascht blickte Dorme seinen Bruder an. »Wie kommst du darauf und woher weißt du überhaupt, dass es hier in der Nähe einen Felsen gibt?«

»Ich war vor der letzten großen Regenzeit mit Vater hier. Wir waren jagen.« Er stockte kurz und blickte sich unsicher um. »Ich glaube zumindest, dass es hier in der Gegend war.«

Tajeu wusste genau, was Nio meinte. Tatsächlich sah die Savanne in dieser Gegend sehr ähnlich aus. Ruckzuck verlor man da die Orientierung. Aber dieses Mal hatte Nio sich nicht geirrt. Die kleine Felsformation war tatsächlich hier ganz in der Nähe und das sagte er den anderen auch. »Nio hat recht, ich kenne den Felsen auch. Er ist ganz in der Nähe. Es ist ein guter Platz für die Nacht.«

»Dann los«, antwortete Buma. »Die Dunkelheit kommt schnell und wir müssen noch Feuerholz sammeln.« Doch niemand bewegte sich.

»Worauf wartest du noch?« fragte Tajeu schließlich und blickte Nio an. »Du führst uns an oder brauchst du eine Extra-Einladung?«

»Ich?«

»Ja, du«, ermutigte ihn sein Bruder und gab ihm einen kleinen Schubs. »Oder sollen wir hier noch länger Löcher in die Luft starren?«

»Nein«. Ein Anflug eines Lächelns lag auf seinen Lippen. Nio straffte die Schultern und setzte sich Bewegung, erst langsam und dann immer schneller und schneller.

11

Linus blickte über die flache Ebene nach Nordosten. Der Anblick war atemberaubend. Genauso hatte er sich Tansania im Oktober immer vorgestellt. Sattes grünes Grasland, durchsetzt von einzelnen Sträuchern und Bäumen, die bis an den Kilimandscharo heranreichten. Das schneebedeckte Bergmassiv war weit entfernt, wirkte aufgrund seiner Größe aber zum Greifen nah. Alles war so friedlich, so ruhig, bis ein hässliches Geräusch an sein Ohr herandrang. Linus blickte sich um, konnte die Quelle des dumpfen Klopfens aber nicht lokalisieren.

»Herr Christiansen, können Sie mich hören?«, hörte er plötzlich jemanden sagen und erschrak. ›Wo kam die Stimme nur her?‹ Er stand mitten im Nirgendwo und war alleine. Hier war niemand, wenn man von den Impalas und Zebras absah, die in einiger Entfernung grasten. »Herr Christiansen, ich wollte Ihnen nur mitteilen, dass wir gleich die Elbe hinter uns lassen und in die Deutsche Bucht einfahren. Ich dachte, dass interessiert Sie vielleicht.«

»Elbe, Deutsche Bucht«, wiederholte er im Stillen und fragte sich, was das nun wieder zu bedeuten hatte. Linus wurde schwindelig, alles drehte sich und die Landschaft verblasste. Die Grüntöne wurden zuerst grau, dann durchsichtig und verschwanden schließlich ganz. Schwärze umhüllte ihn. Linus blinzelte, öffnete die Augen und fand sich inmitten der kleinen Kammer in Kandahar wieder. Nein nicht in Kandahar, fiel es ihm wieder ein. Er war auf einem Schiff. Die Kabine erinnerte ihn nur an seine Stube in Afghanistan.

»Alles okay, Herr Christiansen?«

»Äh...ja, alles okay, ich komme gleich.« Jetzt erkannte Linus auch die Stimme. Sie gehörte Romanov, dem Ersten Offizier. Linus blickte sich um und sah einen Menge Papier auf seinem Bett herumliegen. Unterlagen, die er..., Linus brauchte eine Sekunde, um sich auch daran zu erinnern, ...in seinem Seesack gefunden hatte. Er musste darüber eingeschlafen sein und davon geträumt haben. Die letzten Fetzen seines Traums verflüchtigten sich gerade. Er hatte von Tansania und von Lea, seiner neuen Chefin, geträumt. Sie hatten gemeinsam am Lagerfeuer gesessen und sich über Gott und die Welt unterhalten, bevor sie auf einmal verschwunden war und er sich plötzlich inmitten der Savanne wiedergefunden hatte.

Begleitet von einem Seufzer packte Linus alles fein säuberlich in die Dokumententasche zurück und stand auf. Schwerfällig kletterte er aus seiner Koje und wusch sich das Gesicht. Das kalte Wasser tat ihm gut. Lange blickte er in den Spiegel und betrachtete sein Ebenbild. Irgendetwas stimmte nicht, ohne dass er sagen konnte, was es war. Dann sah er es: Die Narbe über seiner rechten Augenbraue, ein Überbleibsel seiner Folter, war verschwunden. ›War es denkbar, dass man ihm während seiner tiefen Ohnmacht einer kleinen OP unterzogen hatte? Unwahrscheinlich, aber nicht unmöglich.‹ Irritiert wendete Linus sich ab und sprang in seine Sachen. Es war Zeit für ein Frühstück. Linus öffnete die Tür seiner Kabine und ging auf direktem Weg zur Kombüse. Sie lag direkt neben der Messe und war winzig klein. Der Smutje war gerade dabei, ein Brot aus dem Ofen zu holen.

»Kaffee?«, fragte der Smutje und hielt ihm einen Becher entgegen.

Dankbar griff Linus zu. Der Kaffee roch überraschend gut. Mit dem Becher in der Hand ging er weiter in die Messe. Sie war leer, aber schon für das Frühstück eingedeckt worden. Linus setzte sich an einen der Tische und griff nach einem Brötchen. »Autsch!« Es war noch verdammt heiß. Dann ging die Tür auf und zwei Männer kamen herein. Linus nickte ihnen freundlich zu, sagte aber nichts. Es war noch zu früh für Konversation.

Nach dem Frühstück streifte Linus über das Schiff. Es wirkte auf einmal viel größer. Er wollte zur Brücke und fand sie mittschiffs. Linus klopfte an und trat ein. Der Kapitän stand neben dem Steuermann und blickte durch die große Panoramascheibe. Er sah ein wenig anders aus als das Konterfei, das er in dem Prospekt der Dünkirchen gesehen hatte. Offensichtlich hatte der Kapitän ihn nicht gehört. Linus räusperte sich. »Guten Morgen«.

»Guten Morgen«, antworte der Kapitän und winkte ihn zu sich herüber. »Wir verlassen gerade die Deutsche Bucht und nehmen Kurs auf die offene See. Kommen Sie.«

Linus stellte sich neben den Kapitän und blickte auf die Nordsee hinaus. Es war ein wundervoller Anblick. Die Sonne ging gerade auf und tauchte die See in ein fahles Licht. Am Horizont glaubte er die Umrisse von Helgoland zu erkennen. Linus versuchte sich die Reiseroute ins Gedächtnis zu rufen. Er hatte sie erst gestern in dem Reiseprospekt überflogen.

Der Kapitän schien seine Gedanken zu lesen. »Von hier aus geht es durch den Ärmelkanal direkt in den Atlantik, vorbei an den Küsten Frankreichs, Portugals und Spaniens, durch die Straße von Gibraltar und weiter ins Mittelmeer.«

»Und weiter durch den Suezkanal und das Rote Meer«, setzte Linus die Aufzählung fort. Ihm war jetzt alles wieder eingefallen.

Sánchez nickte. »Von da aus sind es dann nur noch vier Tage bis Dar es Salaam. Einen Tag durch den Golf von Aden und drei an der Küste Somalias und Kenias entlang.«

»Stimmt es, dass Piraten vor der Küste Somalias ihr Unwesen treiben und Containerschiffe angreifen?« Linus hatte auch darüber etwas gelesen.

»Ja, dass Horn von Afrika gehört zu den gefährlichsten Gegenden der Welt. Allerdings habe ich selbst noch keinen Überfall miterlebt. Alle Schiffe, mit denen ich bisher ums Horn gefahren bin, sind davon verschont geblieben. Ich hatte vermutlich einfach nur Glück.«

»Hoffentlich bleibt das auch diesmal so.« Intuitiv klopfte Linus drei Mal auf den Rand der vor ihm befindlichen Instrumententafel. Sie war zwar nicht aus Holz, doch schaden konnte es nicht.

»Was haben Sie heute noch vor?«, wechselte Sánchez das Thema. »Der erste Tag an Bord ist immer etwas Besonderes.«

»Ich will mich ein wenig umschauen, wenn das okay ist?«

»Ja, natürlich, aber seien Sie vorsichtig, wenn Sie sich über das Deck bewegen, auch wenn die See sich heute von ihrer besten Seite zeigt.«

Stimmt, dachte Linus. Das Wasser war spiegelglatt und kein Vergleich zu der tosenden See, die ihn in der Förde fast das Leben gekostet hatte.

12

Lars Beier hatte sich aus zwei Gründen für die Passage auf der Dünkirchen entschieden. Zum einen wollte er die Trennung von seiner Frau verarbeiten und zum anderen endlich mit dem Rauchen aufhören. Letzteres war die größere Herausforderung, nachdem seine Ehe schon eine ganze Zeit lang Risse gezeigt hatte und er seine Frau nicht wirklich vermisste. Mit den Zigaretten war es das genaue Gegenteil. Er vermisste die Glimmstängel bereits, wenn er nur ans Aufhören dachte. Zwanzig Jahre Sucht waren eben kein Pappenstiel. Umso nervöser war Lars, als er sein silbernes Zigarettenetui aus der Manteltasche herauszog, es öffnete und die letzte Camel herausnahm, die er sich gestern genau für diesen Moment aufgespart hatte. Lars klappte das Etui wieder zu und betrachtete es genauer. Es war ein Geschenk seiner Frau anlässlich ihres zehnten Hochzeitstages gewesen. Dann öffnete er es erneut und las die Gravur auf der Innenseite des Deckels. *In ewiger Liebe - Carola*, stand dort geschrieben. ›Ob sie sich daran wohl erinnert hatte, als sie ihn mit ihrem Fitnesstrainer betrogen hatte? Wohl kaum.‹ Lars seufzte, klappte das Zigarettenetui wieder zu und schmiss es kurzerhand über Bord. Er brauchte es nicht mehr. Dann nahm er sein Zippo aus der anderen Manteltasche und zündete seine Zigarette an, inhalierte tief und warf das Feuerzeug ebenfalls über Bord. Es war schwerer und bot dem Wind weniger Widerstand und fiel beinahe senkrecht nach unten. Wieder zog er an der Zigarette und überlegte, wie häufig er schon gescheitert war. Sieben- oder achtmal bestimmt, die vielen halbherzigen Versuche gar nicht mitgezählt. Es war deshalb an der Zeit, dass er es endlich packen würde, wenn er sich seine Lunge nicht endgültig ruinieren wollte. Was hatte sein Freund und langjähriger Hausarzt noch gleich gesagt: »*Mach so weiter und du bist in spätestens zehn Jahren tot.*« Dann wäre er gerade einmal fünfundsechzig. Definitiv zu früh, wie er fand und der Grund dafür, warum er jetzt hier an der Reling stand. Lars nahm einen letzten Zug und schnippte auch die Kippe über Bord und sah zu, wie sie der Wind davontrug. Das war sie also, seine vermeintlich letzte Zigarette! Lars horchte in sich hinein und fühlte sich gut, einfach nur gut. Die Nervosität war verschwunden und auf einmal war er sich sicher, dass er es diesmal schaffen würde. Ja, verdammte Scheiße, diesmal würde er seine Sucht besiegen. Zufrieden mit sich selbst drehte sich Lars um und machte sich auf den Weg zur Brücke und wäre fast mit einem jungen Mann zusammengestoßen, den er noch nicht kannte. Vermutlich einer der Gäste, die gestern zum Abendessen nicht erschienen waren. »Entschuldigung.«

Wenig später steckte Lars Beier den Kopf durch die Tür und schaute den Kapitän fragend an. »Darf ich?«

Kapitän Sánchez nahm das Fernrohr von den Augen und blickte den Diplomaten freundlich an. »Natürlich, kommen Sie nur herein.«

»Danke.« Lars Beier trat ein, zog seine Jacke aus und schaute sich um. »So sieht es also auf der Brücke eines großen Schiffes aus.«

»Ja, auf den meisten schon. Ich hoffe, Sie sind nicht enttäuscht.«

»Nein, überhaupt nicht. So oder so ähnlich habe ich mir die Kommandozentrale vorgestellt, vielleicht ein wenig moderner.«

»Ja, die Dünkirchen ist kein junges Mädchen mehr, dafür aber noch gut in Schuss und längst nicht so anfällig wie die neueren Schiffe.«

Beier nickte und schaute aus dem großen Panoramafenster hinaus auf das Vorschiff, über die Container hinweg und weiter auf die offene See. Es war früher Morgen und die Sicht ausgezeichnet. Land war nicht zu sehen.

Kapitän Sánchez freute sich über den frühmorgendlichen Besucher. Er hatte gestern keine Gelegenheit mehr gehabt mit dem Diplomaten ausführlicher zu sprechen und war neugierig, mit wem er es zu tun hatte. »Darf ich Sie etwas fragen?«

»Selbstverständlich.«

»Auf der Passagierliste steht, dass Sie für das Auswärtige Amt arbeiten, aber nicht was Sie dort genau machen. Ich bin neugierig und frage mich, was ein Mann wie Sie so ganz alleine auf meinem Schiff zu suchen hat.«

»Ich trete in sechs Wochen meinen Dienst in der Botschaft von Nairobi an und wollte vorher noch ein wenig Abstand gewinnen.«

»Wovon?«, hakte Abiona Philippe ein, nachdem sie unbemerkt die Brücke betreten hatte.

Diesmal überlegte Lars Beier einen Moment, bevor er antwortete. »Von meiner Frau und den Zigaretten. Beides war zuletzt ziemlich ungesund.«

Abiona Philippe runzelte die Stirn. »Habe ich dich nicht gerade erst noch an Deck mit einer Zigarette gesehen?«

»Ja stimmt, aber das war meine letzte.«
»Ich bezweifelte, dass das Schiff der richtige Ort ist, um mit dem Rauchen aufzuhören.«
»Wieso?«
»Zu wenig Ablenkung.«
Lars Beier zuckte mit den Schultern. »Wir werden sehen. Frag mich in einigen Tagen noch einmal.«
Sánchez nickte vielsagend. »Viele Passagiere kommen hierher, um Ruhe zu finden oder mit einem Kapitel ihres Lebens abzuschließen.«
Jetzt war es Lars Beier, der nachfasste. »Und wie sind Ihrer Meinung nach die Erfolgsaussichten?«
Der Kapitän überlegte kurz, bevor er antworte. »Ich will es mal so sagen: Nicht alle finden die Ruhe, nach der sie sich gesehnt haben.« Das sogar einer seiner Passagiere vor Jahren über Bord gesprungen war, erwähnte er nicht, genauso wenig wie die Tatsache, dass man an Bord Zigaretten kaufen konnte. Schließlich wollte er nicht schuld sein, wenn Lars Beier wieder rückfällig wurde.

13

Es war bereits nach zehn, als Kapitän Sánchez in die Messe ging. Er hatte Hunger und musste endlich etwas essen, nachdem er gestern auf ein spätes Abendbrot verzichtet hatte. Der Abend war lang gewesen, hatte sich aber definitiv gelohnt, auch wenn Abiona Philippe dichtgehalten und keine Details zu ihrem neuen Film preisgegeben hatte. Aber auch Lars Beier und Susanne Humboldt hatten sich als angenehme Zeitgenossen erwiesen. Umso neugieriger war er, ob auch Thomas und Matthias Gistol den netten Eindruck bestätigen würden, den er gestern während ihrer kurzen Begegnung gewonnen hatte. Die beiden saßen gerade mit Abiona Philippe beim Frühstück und unterhielten sich angeregt. »Guten Morgen, darf ich mich setzen?«

»Sehr gerne.« Thomas Gistol rückte mit seinem Stuhl ein wenig nach rechts.

Der Kapitän setzte sich und schenkte sich einen Kaffee aus der Thermoskanne ein, die Benjie zuvor auf den Tisch gestellt hatte. Der Geruch war köstlich. »Bevor ich es vergesse, muss ich mich zuerst bei Ihnen entschuldigen, dass ich gestern so Hals über Kopf verschwunden bin, aber meine Anwesenheit war auf der Brücke erforderlich.«

Matthias Gistol winkte ab. »Kein Problem Kapitän, der Job geht immer vor.«

»Außerdem hatten wir die beste Unterhaltung, die man sich nur vorstellen kann«, ergänzte sein Bruder und strahlte die junge Schauspielerin an.

Abiona Philippe musste lachen. »Das Kompliment kann ich nur zurückgeben. Alleine deine Erlebnisse beim Zoll bieten Stoff für einen guten Film.« Abiona Philippe machte eine kurze Pause und schaute dann zu Kapitän Sánchez herüber. »Dazu müssen Sie wissen, dass Thomas die Zoll-Station im Hamburger Hafen geleitet hat.«

»Der Name ist mir geläufig. Ich wusste nur nicht, ob wir wirklich den *Zoll-Thomas* an Bord haben oder es sich nur um eine zufällige Namensgleichheit handelt.«

Thomas Gistol zog die Augenbrauen hoch und wirkte überrascht. »Ich wusste gar nicht, dass mein Spitzname so weit über die Grenzen des Hamburger Hafens bekannt ist.«

»Oh doch! Der Name ist berühmt berüchtigt, spätestens seit dem großen Kokainfund im Jahr…«, Sánchez überlegte kurz, »ich glaube, das war im Jahr 2009.«

»Ja, Ende 2009, 14 Tonnen gut versteckt auf einem Containerschiff wie diesem.«

Sánchez drehte sich zu Matthias Gistol. »Und Sie, verdienen Sie ihr Geld auch mit Drogen?«

Nicht nur Thomas Gistol musste daraufhin lachen.

»Nein, ich habe eine Firma für Fenster und Fassadenbau, die Geschäfte aber gerade an meinen Sohn übergeben. Ich bin jetzt sozusagen Rentner, so wie mein Bruder auch.«

Der Kapitän nickte und zählte eins und eins zusammen. »Und jetzt wollen Sie sich eine kleine Auszeit gönnen und ein wenig Zeit mit ihrem Bruder verbringen?« Sánchez hatte schon viele Reisende erlebt, die an der Schwelle zu einem neuen Lebensabschnitt standen und Zeit zum Nachdenken brauchten.

»Ja, das kann man so sagen. Außerdem lieben wir beide die unendliche Weite der Meere, die salzige Seeluft, immer neue Gefilde, halt alles, was die Seefahrt so ausmacht.«

Wieder nickte Sánchez, schließlich waren es einst dieselben Gründe, die ihn zur Seefahrt gebracht hatten, auch wenn er heute vieles mit anderen Augen sah.

»Wissen Sie«, fuhr Matthias Gistol fort, »eigentlich wäre ich selbst gerne zur See gefahren, so wie Sie, aber meine Augen haben mir einen Strich durch die Rechnung gemacht. Ich bin farbenblind, ich habe eine klassische Rot-Grün-Schwäche.« Zur Untermauerung zeigte er mit Zeige- und Mittelfinger seiner rechten Hand auf seine Augen.

Sein Bruder gab ihm einen kleinen Klaps auf die Schulter. »Mein armer Bruder darf noch nicht einmal seine eigene Yacht steuern. Das muss man sich mal vorstellen.«

»Ach, du hast eine Yacht?«, hakte Abiona ein. »Das hast du gestern gar nicht erzählt.«

»Noch nicht, aber demnächst. Das Schiff wird gerade gebaut. Der Stapellauf ist...«, Matthias Gistol schien kurz zu überlegen, »... in ungefähr zwei Monaten.«

»Dann muss das Schiff aber ziemlich groß sein«, kombinierte Abiona Philippe und blickte Matthias Gistol herausfordernd an. »Wie groß ist es denn genau?«

»Groß genug, um darauf eine paar nette Tage zu verbringen.«

»Ist das eine Einladung?«

»Vielleicht.«

Kapitän Sánchez wechselte das Thema. »Ich hoffe, Sie haben gut geschlafen? Die erste Nacht an Bord ist häufig noch ein wenig gewöhnungsbedürftig.«

»So gut wie schon lange nicht mehr. Ich habe geschlafen wie ein Toter.« Matthias Gistol strahlte über das ganze Gesicht.

Sein Bruder grunzte dagegen. »Ich leider nicht. Du, hast geschnarcht, wie eine Horde betrunkener Wikinger.«

»Habe ich nicht.«

»Hast du doch.« Thomas Gistol schüttelte den Kopf. »Hätte ich bloß auf deine Frau gehört und eine Einzelkabine gebucht.«

»Wenn Sie wollen, können Sie das nachholen«, ging der Kapitän dazwischen, »wir haben überraschend noch eine Kabine frei. Kostet Sie auch keinen Cent extra.«

Thomas Gistol blickte überrascht zum Kapitän. »Wirklich?«

»Ja, einer unserer Gäste ist nicht erschienen. Das kommt gelegentlich vor.«

»Ja, wenn das so ist, dann nehme ich Ihr Angebot gerne an.«

14

Wie jeden Morgen begann Lea ihren Tag mit einer kleinen Inspektion entlang der Felder und Weideflächen, die sie hier im Laufe der letzten Jahre rund um das Dorf angelegt und kultiviert hatten. Es war für sie, ohne dass sie es gemerkt oder bewusst darauf angelegt hatte, zu einer lieb gewonnenen Tradition geworden. Anfangs war sie noch zu Fuß losgezogen, später dann mit dem Fahrrad, nachdem die Entfernung, die sie Tag für Tag zurückgelegt hatte, einfach zu groß geworden war. Ihr besonderes Augenmerk richtete sie dabei auf die Zäune, die ständig repariert und ausgebessert werden mussten, damit keine unliebsamen Gäste hinein und das Vieh nicht wieder hinauskam. Und trotzdem kam es immer wieder vor, dass sich ein Löwe eines der Rinder holte oder ein Elefant oder Nashorn eines der Felder verwüstete. Das Verhältnis von Weide- und Ackerflächen war mit jeweils achtzig Hektar einigermaßen ausgeglichen. Mais und Hirse gedieh auf den Feldern am besten, alles andere so lala. Als Nächstes wollten sie es mit dem Anbau von Okra versuchen. Lea mochte diesen Teil ihrer Arbeit am liebsten. Hier konnte sie ihre Gedanken am besten ordnen, insbesondere wenn einer ihrer Albträume mal wieder mit voller Wucht zugeschlagen hatte. Und das kam leider ziemlich häufig vor, wobei der Begriff eigentlich nicht passte, weil es sich genau genommen nicht um Albträume, sondern um die detailgetreue Wiedergabe ihres letzten Einsatzes als Polizistin handelte. Sie war mit ihrem Kollegen zu einem Überfall gerufen worden und hatte in Notwehr einen der Flüchtigen erschossen. Das war jetzt vier Jahre her, obwohl es ihr an manchen Tagen so vorkam, als wäre es erst gestern gewesen.

Auch heute wurde wieder auf den meisten Feldern gearbeitet. Zumeist in kleinen Gruppen, je nachdem, was gerade erledigt werden musste. Es wurde gesät, gejätet und geerntet, auch wenn die eine oder andere Gruppe es für ihren Geschmack etwas langsam angehen ließ. Doch das kannte sie ja schon.

An dem Feld, an dem sie gerade vorbeikam, wurde gerade Hirse eingebracht. Sie war reif und musste zügig eingefahren werden.

»Hallo Lea.«

»Hallo Elani«, grüßte Lea die junge Tük zurück.

Nachdem Lea ihre Runde so gut wie beendet hatte, fuhr sie zu dem Feld zurück, das gerade im Zentrum ihrer Arbeit stand. Sie mussten dort ganz dringend eine neue Drainage anlegen, bevor der Himmel seine Schleusen erneut öffnen und alles überfluten würde. Sie hatten nicht mehr viel Zeit, vielleicht noch zwei bis drei Wochen. Erste kleine Regenschauer hatten die sinnflutartigen Gewitter, die Tansania regelmäßig im November heimsuchten, bereits angekündigt. Sie selbst hatte es kaum glauben können, als der Regen im letzten Jahr fast die gesamte Ernte auf einem ihrer Felder vernichtet hatte. Die Drainage war nicht mehr in Ordnung gewesen, vermutlich versandet, ohne dass sie es zuvor gemerkt hatten. Hitze und Trockenheit war ein großes Problem, doch noch viel schlimmer war die Regenzeit, die zweimal im Jahr über das Land hereinbrach und weite Teile unter Wasser setzte. Alles fing zumeist mit einigen harmlosen Wolken an, unscheinbare Vorboten, die nicht im Entferntesten erahnen ließen, dass sich daraus nur wenige Stunden später riesige Gewitter bildeten, wie sie Lea nie zuvor erlebt hatte. Die Welt schien unterzugehen und die Sonne zu verschlingen. Manchmal regnete es tage-, ja sogar wochenlang, sodass Lea mehr als einmal glaubte, dass der Vorhang aus Wasser nie wieder verschwinden würde. Was für die Savanne und ihre Bewohner ein Segen war, war in manchen Jahren für die Felder einfach zu viel. Die Böden waren gesättigt und konnten das Wasser nicht mehr aufnehmen.

Lea überbrückte die letzten Meter und war überrascht, wie viele Tük diesmal gekommen waren. Sie zählte rund zwanzig Personen. Nur die Alten, die Kinder und natürlich die Gruppe um Buma und Tajeu fehlten gänzlich. ›Wie es den Azizi wohl auf der Jagd erging?‹

Tembo war ebenfalls schon da. Er verteilte gerade Schaufeln, Spitzhacken und anderes Gerät. Lea grüßte rechts und links und schlenderte zu ihm herüber.

Tembo hob den Kopf und begrüßte sie in seiner unnachahmlichen Art. »Bonjour mon cherie, du kommst gerade rechtzeitig, wir wollten gerade anfangen.« Tembo kam aus dem Elsass und war auf einem Bauernhof groß geworden. Es kam deshalb nicht von ungefähr, dass er sich so gut in der Landwirtschaft auskannte. Tembo hatte ein sonniges Gemüt, war fast zwei Meter groß, breit wie ein Schrank und mit großen abstehenden Ohren bedacht, die äußerlich unweigerlich an die eines Elefanten erinnerten. Von den Tük wurde Alain deshalb schnell in ihrer Sprache als *Tembo* bezeichnet. Zuerst heimlich und dann ganz offen, nachdem sie gemerkt hatten, dass Alain kein Problem damit hatte.

»Guten Morgen, Tembo«, antwortete Lea und nahm ihm den Spaten aus der Hand, den er ihr zur Begrüßung die ganze Zeit entgegenhielt. »Was soll ich machen?«

»Fang doch auf der Nordseite an und leg die alte Drainage frei. Konrad übernimmt dann die Westseite, sobald er mit seinem Trupp die restlichen Rohre hierhergebracht hat. Ich selbst kümmere mich um die Süd- und Ostseite.«

»Ist gut.« Lea blickte sich um und überlegte, wen sie an ihrer Seite haben wollte. Nicht die Jäger und Krieger in ihren grünen Umhängen. Sie akzeptierten sie zwar, spielten sich aber immer auf oder verloren schnell die Lust an harter körperlicher Arbeit. ›Warum kompliziert, wenn es auch einfach ging?‹ Lea entschied sich deshalb für eine Gruppe junger Frauen, die etwas abseitsstanden. Auch Alemee war unter ihnen. Ihr Gesicht schien zu strahlen, als sie gemeinsam an die Nordflanke des Feldes hinüberwechselten.

Nach zwei Stunden stützte Lea sich das erste Mal auf ihre Schaufel. Die Arbeit war hart und anstrengend. Aber noch mehr machten Lea die Temperaturen zu schaffen, die jenseits der dreißig Grad liegen mussten. Es war ungewöhnlich heiß und schwül für einen Tag im Oktober. Den anderen Frauen in ihrer Gruppe schien die Hitze dagegen überhaupt nichts auszumachen. Sie hackten und schaufelten ohne Unterlass, während sie ein Lied nach dem anderen anstimmten. Das Lied, das sie gerade sangen, gefiel Lea besonders. Sie verstand nicht alles, wusste aber, dass es von einem mystischen Ort handelte, in dem Träume und Realität miteinander verschmolzen, zu eins wurden. In der Sprache der Tük hieß der Ort *Nchi ya ndoto,* was so viel wie Traumland bedeutete. Lea bekam trotz der Hitze eine Gänsehaut, so schön und rein war der Klang ihrer Stimmen. »*Nchi ya ndoto*«, sang sie den Refrain immer und immer wieder mit. Lea war in diesem Moment glücklich. Doch dann blickte sie auf die andere Seite des Feldes und musste mitansehen, wie eine Gruppe junger Männer aufeinander einschlug. Das Lächeln auf ihren Lippen erstarb. Sie ließ den Spaten fallen und rannte über das Maisfeld, das ihr grade bis zu ihren Knien reichte. Die Pflanzen waren noch jung. Kurzentschlossen warf sie sich zwischen die Streithähne und versuchte, die Kämpfer voneinander zu trennen. »Aufhören.« Doch es war aussichtslos. Sie kassierte sogar zwei Fausthiebe. Blut lief ihr die Wange herunter. Mit einem Mal packte sie jemand an der Schulter und zog sie aus dem Handgemenge heraus. Es war Tembo.

»Bleib hier«, knurrte er.

Lea nickte und beobachtete aus sicherer Entfernung, wie Tembo die Männer auseinandertrieb. Nie hätte Lea gedacht, wie wütend Tembo werden konnte. Zurück blieb ein junger Mann namens Kanzi. Er lag blutüberströmt auf dem Boden und hatte eine klaffende Wunde am Kopf. Er schien bewusstlos zu sein. Vermutlich hatte ihn eine Schaufel oder ein Spaten am Kopf getroffen. Lea überlegte kurz, was zu tun war. »Wir müssen ihn hier wegbringen, am besten in mein Zelt. Nur dort kann ich ihn versorgen.«

Tembo nickte unmerklich und hob Kanzi vorsichtig hoch. Es schien ihm keinerlei Mühe zu bereiten.

Im Zelt angekommen, wischte Lea mit dem Unterarm die Tischplatte leer. Es schepperte und klirrte. Zwei Tassen und Kleinkram fiel zu Boden.

Tembo legte den Bewusstlosen auf den Tisch und trat zurück. Er war über und über mit Blut besudelt.

Konrad stürzte in das Zelt. Er hatte weitere Drainagerohre geholt und gar nicht mitbekommen, was draußen auf dem Feld vorgefallen war. »Was ist pass..., oh Gott, lebt er noch?« Konrad blickte mit weit aufgerissenen Augen auf Kanzi herab.

»Ich brauche heißes Wasser und eine Menge Tücher, schnell.« Lea hatte gar nicht richtig zugehört, was Konrad gesagt hatte.

»Heißes Wasser und Tücher, ja natürlich.« Konrad stürzte zum Boiler und füllte eine Karaffe voll mit Wasser.

In der Zwischenzeit erwachte Tembo aus seiner Starre und reichte Lea einige saubere Küchenhandtücher, die fein säuberlich auf der kleinen Anrichte neben dem Waschbecken lagen.

Lea tauchte eines der Handtücher in das heiße Wasser und säuberte vorsichtig die Wunde. Blut sickerte nach. Es war ein hässlicher Cut, aber nicht so schlimm wie sie vermutet hatte. Der Schädelknochen war zwar zusehen, schien aber nicht beschädigt oder sogar gebrochen zu sein. Erleichtert atmete Lea auf.

»Und sag schon«, drängelte Tembo, »wie schlimm ist es?«

»Die Wunde ist tief, aber vermutlich nicht lebensgefährlich. Soweit ich sehen kann, liegt keine Fraktur vor.«

»Gott sei Dank.« Erleichtert schloss Tembo für einen Moment die Augen.

»Ein Pflaster wird aber definitiv nicht reichen. Ich brauche Nadel und Faden. Die Wunde muss genäht werden.«

»Hole ich«, antwortete Konrad, noch bevor Tembo reagieren konnte.

Lea hielt die Nadel zwischen Daumen und Zeigefinger und überlegte, wie sie vorgehen sollte. Sie hatte so etwas noch nie gemacht und konnte ein leichtes Zittern nicht unterdrücken. Schließlich entschied sie sich für einen Stich am oberen rechten Rand der Wunde, nicht zu nah am Riss, aber auch nicht zu weit davon entfernt. Lea musste mehr Kraft einsetzen als erwartet. Dann war sie durch. Der zweite Stich ging ihr schon ein wenig einfacher von der Hand. Sie setzte ihn auf der gegenüberliegenden Seite der klaffenden Wunde an und zog den Faden ein wenig zusammen. Es funktionierte und das Zittern ließ ein wenig nach.

Insgesamt zählte sie dreiundzwanzig Stiche, bis sie die Wunde verschlossen hatte. Erleichtert und am Ende ihrer Kräfte legte sie Nadel und Faden zur Seite und verknotete die beiden losen Enden unter den Rändern. »So, dass war's«, sagte sie und betrachtete ihr Werk. »Nicht schön, aber zweckmäßig.«

Voller Ungeduld, aber auch voller Ehrfurcht, beobachtete Konrad wie Lea die klaffende Wunde auf Kanzis rechter Schläfe versorgte. Er wollte endlich wissen, was eigentlich vorgefallen war, hielt sich aber zurück, solange Lea noch beschäftigt war. Sie machte das wirklich gut. Konrad zählte insgesamt über zwanzig Stiche, bis Lea die Wunde endlich verschlossen hatte und er seine Neugier nicht mehr zügeln musste. »Na, dann kann mir einer von euch jetzt endlich Mal erklären, was auf dem Feld eigentlich passiert ist.«

»Es gab eine Schlägerei«, antwortete Tembo. »Die Kerle sind auf einmal aufeinander losgegangen. Keine Ahnung, was der Grund dafür war?«

Konrad blickte Lea fragend an und schien auf eine Antwort zu warten.

»Ich weiß auch nichts Genaues. Ich habe aber herausgehört, dass es um Nala, die Frau von Kojo ging.«

Konrad schluckte.

»Kanzi braucht jetzt viel Ruhe«, wechselte Lea das Thema. »Am besten ihr bringt ihn in seine Hütte. Aber seid vorsichtig, er hat bestimmt eine Gehirnerschütterung davongetragen.«

Konrad und Tembo nickten und packten Kanzi vorsichtig an Armen und Beinen.

Die gesamte Anspannung fiel von Lea ab, kaum das Tembo und Konrad das Zelt verlassen hatten. Sie zitterte und fing bitterlich an zu weinen. Dicke Tränen liefen ihr über die Wangen. ›Das konnte doch alles nicht wahr sein! Sie trug erst seit einem Tag die Verantwortung für das Projekt und schon lief alles aus dem Ruder.‹ Lea schluchzte und sackte noch weiter in sich zusammen. ›Erst der Diebstahl, dann Alemees Zahn und jetzt das. Schlimmer hätte es wirklich nicht kommen können. Wenn wenigstens die beiden Neuen schon da wären. Doch das würde noch zwei Wochen dauern.‹ Unweigerlich musste Lea an Linus Christiansen denken.

15

Linus startete seine Erkundungstour im Maschinenraum. Der Kapitän hatte ihn auf die Idee gebracht. Er lag sieben Stockwerke unter der Brücke und war schon von weitem zu hören. Es war ein dumpfes wiederkehrendes Hämmern, ganz so, als ob tief im Innern des Deckshauses das Herz des Schiffes schlug. Linus öffnete die schwere Eisentür und blickte auf einen riesigen Reihenmotor herab. Der Boden unter seinen Füßen vibrierte und das Wummern war jetzt kaum noch auszuhalten. Linus musste sofort an ein Monster denken, das man eingesperrt und an die Kette gelegt hatte. Angezogen vom rhythmischen auf und ab der Kolben, ging Linus die Treppe herunter. Linus zählte insgesamt vierzehn Zylinder. MAN 1960 stand auf einem Messingschild. Ganz sicher war das ein Hinweis auf den Hersteller und das Baujahr.

Plötzlich sah Linus einen Schatten, nur ganz kurz, aber doch lange genug, um seine Neugier zu wecken. Linus ging um das Monster herum und stand plötzlich dem jungen Taliban gegenüber, der seinen Freund und Kameraden getötet hatte. Linus wollte schreien, bekam aber keinen Ton heraus. Dann löste er sich aus seiner Starre und griff an.

Von einer Sekunde auf die andere veränderte sich das Gesicht des Taliban und Linus blickte in die angsterfüllten Augen eines jungen Filipinos. Wie war das möglich? Vor Schreck löste Linus den Griff, sprang auf und rannte davon, ohne sich noch einmal umzublicken. Hinaus aus dem Maschinenraum und zurück ins Treppenhaus. Er hastete die Stufen hoch und wäre beinahe mit zwei jungen Frauen zusammengestoßen, die auf dem Weg nach unten waren.

»Hey, nicht so stürmisch!«

Linus reagierte nicht. Er rannte weiter, immer weiter, bis er die Tür seiner Kabine hinter sich verschlossen hatte. Linus schmiss sich auf seine Koje und fing laut an zu schluchzen. Aus Wut wurde Verzweiflung. ›Hörte das denn nie auf?‹ Nein, würde es nicht, war er sich auf einmal sicher. Genauso wie das Piepen, dass jetzt wieder lauter wurde und von ihm Besitz ergriff. Linus hatte gehofft, dass der Tapetenwechsel ihm guttun würde, so wie es auch Robin, seine Therapeutin und Freundin, geglaubt hatte. Was hatte sie noch gleich gesagt? »*Such dir einen Ort, an dem du ein wenig Frieden findest, auch wenn es vielleicht niemals ein zu Hause wird.*« Super Idee, dachte Linus und musste beinahe lachen. Auf einmal kam ihm der Vorschlag lächerlich, ja geradezu absurd vor. Wie hatte er ernsthaft glauben können, dass seine Flucht nach Tansania irgendetwas ändern könnte. Es brachte die Toten nicht zurück, ganz egal wohin er auch ging. Und was sollte, nein, wollte er überhaupt in Tansania und noch dazu als Entwicklungshelfer? Er hatte doch überhaupt keine Ahnung, was er da machen sollte, geschweige denn, wie er anderen helfen konnte. Er konnte ja noch nicht einmal sich selbst helfen. Alles erschien ihm auf einmal so sinnlos. Robin hatte ihm diesen Floh ins Ohr gesetzt, diese schwachsinnige Idee eingeimpft, bis er irgendwann selbst geglaubt hatte, dass der Trip seine Dämonen besänftigen, ja vielleicht sogar vertreiben könnte. Doch das Gegenteil war der Fall, wie er nun voller Bitterkeit feststellen musste. Mit Dr. Robin Capelli war er fertig, endgültig, auch wenn sie sich im Verlauf seiner Behandlung angefreundet hatten. Niemals wieder würde er ihr Haus betreten und sich von ihr belabern lassen. Linus wollte nur noch von Bord, weg vom Schiff. Er würde seine Sachen packen und verschwinden. Er musste den Kapitän nur dazu bringen, an einem der nächsten Häfen festzumachen. Southampton, Calais, Dover, ganz egal, Hauptsache runter vom Schiff. Am besten er fragte Sánchez sofort. Aus irgendeinem Grund fehlte ihm jedoch die Kraft, um aufzustehen. Verdammt, warum war er auf einmal so müde? Gut, dann eben in fünf Minuten. Nur kurz ausruhen und dann... Die Augen wurden ihm schwer und Linus schlief ein.

Drei Atemzüge später war Linus wieder in Tansania. Die Sonne schien auf ihn herab und der Wind streichelte sanft über seine Haut. Er saß auf einem Felsen inmitten der Savanne und blickte so weit die Augen reichten. Sein Tinnitus war verschwunden, genauso wie die Wut und Verzweiflung, die ihn eben noch überwältigt hatte. Spätestens jetzt wusste Linus, dass er träumte, obwohl ihm alles so realistisch, so echt vorkam. Erst wollte er sich dagegen wehren, doch dann gab er nach und ergab sich in den Frieden, wonach sich sein Geist und Körper schon so lange sehnte. ›War das der Ort von dem Robin immer gesprochen hatte?‹ Linus sog alles in sich auf. Den blauen Himmel, die Wolken, den weit entfernten Kilimandscharo, das sich wiegende Grasland, und ganz besonders die Tiere. Linus sah Giraffen, Elefanten, Gnus, Antilopen und Zebras. Viele davon grasten in der Nähe der großen Senke, die sich in einiger Entfernung, nach den ersten Regenfällen bereits mit Wasser gefüllt hatte.

Als Linus gerade einen Geparden mit seinen zwei Jungen ins Visier nahm, wurde sein Blick von fünf grünen Punkten abgelenkt, die aus einiger Entfernung auf ihn zu tanzten. Gebannt blickte er in die Richtung, bis er erkannte, um wen oder was es sich handelte. ›Das sind Tük, ganz sicher.‹ Linus erkannte sie an den grünen Tüchern, in die sie ihre Leiber gehüllt hatten. Und wenn er sich nicht irrte, dann waren es genau dieselben, die James Turner auf einem der Fotos verewigt hatte, die jetzt neben ihm in seiner Kabine lagen. *Löwenjäger* hatte Turner auf die Rückseite des Bildes geschrieben. Die Gruppe war schnell unterwegs und rannte geradewegs auf den Hügel zu. Die jungen Männer hatten ausnahmslos kurzgeschorene Haare und waren sich auch ansonsten sehr ähnlich. Sie waren athletisch und groß gewachsen. Nur ihr Anführer war ein wenig schmächtiger und auch ein wenig kleiner. Linus war gespannt, was sie hier wollten. Sie waren jetzt schon ganz nah.

16

Mit breiter Brust, aber auch voller Dankbarkeit, führte Nio seine Gefährten durch das sich wiegende Gras. Den Blick dabei immer nach vorne gerichtet und jederzeit zum Sprung bereit, so wie Dorme und Nio es von ihrem Vater und der wiederum von seinem Vater gelernt hatte. Die anderen und allen voran sein Bruder schienen ihn endlich zu akzeptieren, in ihm einen der ihren zu sehen. Nio hatte schon nicht mehr daran geglaubt. Was hatte sich Dorme aufgeregt, als der Ältestenrat ihn in den Kreis der Azizi berufen hatte. »*Wir nehmen doch kein Kind mit*«, hatte er geschimpft und sich wütend umgedreht. Und jetzt war er nicht nur ein Azizi, ein Löwenjäger, sondern plötzlich auch noch die Speerspitze ihrer Formation. Einen größeren Vertrauensbeweis konnte es nicht geben. Am liebsten hätte Nio vor Glück geschrien. Der Fels war jetzt bereits zu sehen. Nio schaltete einen Gang zurück und streckte den Arm aus. »Da vorne müssen wir hin.«

Dorme war froh und erleichtert, als der Felsen endlich in sein Blickfeld rückte. Lange hätte er das hohe Tempo nicht mehr halten können, das Nio seit über einer Stunde angeschlagen hatte. Er hatte seinen Bruder unterschätzt. Nio war ein wirklich guter Läufer, schnell und ausdauernd. Und was noch wichtiger war: Er hatte einen ausgesprochen guten Orientierungssinn. Es war gut ihn dabei zu haben, auch wenn er erst fünfzehn war.
»Verdammt zäh dein Bruder«, presste Buma zwischen den Lippen hervor, als ob er seine Gedanken

lesen konnte. Er lief direkt hinter ihm und atmete schwer.

»Yep.« Mehr brachte Dorme nicht heraus. Ihm fehlte einfach die Luft.

Nach weiteren fünfhundert Metern blieb Nio dann endlich stehen und drehte sich freudestrahlend zu seinen Gefährten um. »Wir sind da.«

Dorme nickte seinem Bruder anerkennend zu. »Gut gemacht, Nio.«

Buma drückte jetzt aufs Tempo. Ihnen blieb nur noch eine Stunde, bis die Sonne unterging. »Tajeu, Kiano, Dorme, ihr besorgt uns was zu essen. Nio und ich gehen Feuerholz sammeln.«

»Ich würde aber auch lieber...«, warf Nio ein, stockte dann aber für den Bruchteil einer Sekunde und setzte neu an. »Ich hole Holz, kein Problem.« Er war klug genug, um zu wissen, dass er noch nicht in der Position war, um Forderungen zu stellen, auch wenn man ihm seine Enttäuschung förmlich ansehen konnte.

Nicht nur Buma griente.

Holz gab es glücklicherweise genug, da am Rande des kleinen Felsens viele Bäume wuchsen. Schnell hatten Buma und Nio einen riesigen Berg zusammengetragen.

In der Zwischenzeit steuerten Tajeu, Kiano und Dorme auf eine mit Wasser gefüllte Senke zu. Der kleine See war ungefähr siebzig Meter breit und einhundert Meter lang und wurde von vielen unterschiedlichen Tieren angesteuert, um ihren Durst zu stillen. Schon allein deshalb war es der perfekte Ort für die Jagd nach ihrem Abendessen. Aus dem gleichen Grund mussten sie aber auch verdammt aufpassen, dass sie nicht selbst zu Gejagten wurden. Äußerste Vorsicht und gute Vorbereitung waren deshalb überlebenswichtig.

Tajeu gab den Ton an. »Ich checke das Wasser, ihr beide die Umgebung.«

Kiano und Dorme schwärmten aus.

Tajeu ging an den Rand des Wassers und suchte nach Spuren von Krokodilen und Flusspferden, fand aber keine. Sehr schön, dachte er, dann können wir unser Abendessen in die Zange nehmen und von Land und vom Wasser aus angreifen.

Wieder zurück, wusste auch Kiano nur Gutes zu berichten. »Weit und breit sind keine Löwen und Leoparden unterwegs. Wir können uns also voll und ganz auf unsere Beute konzentrieren.«

»Apropos Beute«, fasste Dorme nach. »Hast du schon eine Idee, wie wir an die Sache herangehen?«

»Ja, habe ich. Vom Wasser geht keine Gefahr aus. Ich denke, wir versuchen es deshalb mit einer Wasserfalle.«

»Eine Wasserfalle?« Fragend blickte Kiano abwechselnd zu Tajeu und Dorme.

Dorme musste lachen. »Du weißt nicht, was eine Wasserfalle ist? Das weiß doch jeder, selbst Nio.«

»Nein, weiß ich nicht. Ich hatte leider keinen Vater, der es mir erklären, geschweige denn zeigen konnte.« Kianos Stimme war jetzt nur noch ein Flüstern.

»Tut mir leid, ich hatte nicht mehr... ich wollte dich...«

»Es ist ganz einfach«, unterbrach Tajeu den stammelnden Dorme. »Es ist ein wenig wie das unfreiwillige Zusammenspiel von Löwen und Krokodilen. Die Löwen lauern der Beute auf, wenn sie zum Trinken ans Wasser kommen und die Krokodile fahren den Lohn ein, wenn die Beute in seiner ausweglosen Situation ins Wasser springt.«

»Verstehe, dann bleibt nur die Frage, wer von uns Löwe und wer Krokodil ist?« Kiano war jetzt offensichtlich wieder bester Laune.

»Du lernst schnell«, antworte Tajeu und musste jetzt unweigerlich selber grinsen.

Zwei Minuten später tauchte Tajeu ins Wasser ein, bis nur noch seine Augen und Stirn zu sehen waren, während Dorme und Kiano ihre Position unweit der Uferböschung bezogen. Beide hatten sich flach auf dem Bauch gelegt und waren so gut wie nicht zu sehen. Der Abstand zum jeweils anderen betrug ungefähr dreißig Meter, sodass die drei ein gleichschenkliges Dreieck, eine Art breiten Trichter bildeten.

Nach weiteren zehn Minuten des Wartens, es dämmerte bereits, traute sich eine Impala ans Wasser. Vorsichtig schritt sie voran, immer wieder abwartend, horchend. Doch dann war der Durst größer und sie ging schnellen Schrittes zwischen Dorme und Kiano hindurch.

Kiano und Dorme robbten vor, als die Impala mit dem Trinken beschäftigt war. Langsam und vorsichtig, während sie gleichzeitig darauf achteten, den Abstand untereinander zu verringern. Die Gasse, durch die die Impala gegangen war, wurde dadurch immer kleiner und schmaler. Die Antilope war jetzt noch fünfzehn Schritte von ihnen entfernt, dann zwölf, elf und schließlich zehn. Als Nächstes ließ Dorme seinen Speer kurz aus dem Gras herausblitzen. Kiano wusste sofort, was das Zeichen zu bedeuten hatte. Sie hatten ihre Angriffsposition erreicht. Bei drei sprangen sie auf, schrien so laut sie nur konnten und breiteten die Arme aus. In der einen Hand hielten sie ihren Speer, in der anderen ihr Messer.

Die Antilope erschrak, geriet in Panik und sprang, seinem Fluchtinstinkt folgend, direkt nach vorne ins Wasser und damit gleichzeitig in ihr Verderben.

Tajeu erhob sich aus dem Wasser und bohrte seinen Speer in die Impala. Der Schrei war durchdringend. Blut färbte das Wasser rot.

Die Impala schmeckte köstlich. Buma hatte das Tier mit Kräutern eingerieben, die er am Fuße des Felsens gefunden hatte und anschließend über dem Feuer gebraten. Den Felsen im Rücken, saßen sie im Schein des Feuers und aßen. Die Sonne war längst untergegangen. Die Stimmung war ausgelassen.

Buma blickte immer wieder in die Runde und wartete geduldig, aber auch voller Vorfreude, bis alle fertig aufgegessen hatten. Dann stand er auf und ließ die Bombe platzen. »Hey, hört mir mal kurz zu. Ich muss euch noch etwas sagen. Es ist wichtig.«

Stille kehrte ein. Alle Augen waren jetzt auf ihn gerichtet. Selbst Nio blickte ihn fragend an.

»Der Golgath war hier. Ich bin mir ganz sicher. Die Spuren sind zwar schon einige Stunden, wenn nicht sogar Tage alt, aber ...«

Weiter kam Buma nicht, weil auf einmal alle aufgeregt durcheinanderredeten.

»Stopp«, rief er schließlich. »Ich verstehe kein Wort.« Erneut herrschte Ruhe.

»Du zuerst, Tajeu.«

»Wo sind die Spuren, wo hast du sie gesehen?«

»Sie sind auf der anderen Seite des Felsens, überall. Ich habe sie rein zufällig beim Brennholz sammeln entdeckt.«

»Jetzt ich«, drängelte Dorme und blickte seinen Freund fragend an.

Buma nickte.

»War er alleine, oder gab es noch andere Spuren?«

»Es gibt keine anderen Spuren. Es handelt sich um einen Einzelgänger, so wie wir es bereits vermutet hatten.«

»Wusste ich es doch.« Dorme lächelte zufrieden.

»Und hast du eine Ahnung, wo der Golgath jetzt ist? Ich meine..., ich wollte wissen, ob er noch hier in der Gegend oder längst weitergezogen ist.« Vor Aufregung war Kiano aufgesprungen und unruhig von einem Fuß auf den anderen getreten.

»Wie ich schon sagte, die Spuren sind bereits einige Stunden alt. Deshalb gehe ich davon aus, dass er weitergezogen ist. Ich bin mir aber sicher, dass wir ihn finden werden. Wir müssen nur seiner Spur folgen.«

»Uns bleibt aber nicht unendlich viel Zeit«, fügte Tajeu an und schaute abschätzend in den Nachthimmel. »Es wird bald wieder regnen. Wir haben vielleicht noch zwei oder drei Tage, bis der Regen alle Spuren erneut vernichten wird.«

»Ja, vermutlich hast du recht«, pflichtete ihm Buma bei. »Wir sollten deshalb noch vor Sonnenaufgang aufstehen und aufbrechen. Jede Stunde zählt. Es ist Zeit, dass wir...«

»Da oben ist jemand«, schrie Nio plötzlich, »da oben auf dem Felsen. Ich habe ihn ganz deutlich gesehen. Ein Mann, ein Weißer.«

Ruckartig legten die anderen die Köpfe in den Nacken und suchten den Felsen mit den Augen ab. Doch keiner sah den Fremden.

»Du siehst Gespenster«, sagten Dorme und Tajeu wie aus einem Munde.

»Nein, das stimmt nicht!«, protestierte Nio und zeigte mit der Hand in Richtung Felsen. »Da war wirklich ein Mann, ganz bestimmt, dort rechts neben dem Felsvorsprung.«

»Es war ein langer Tag. Es wird Zeit, dass wir uns schlafen legen«, nahm Buma den Faden wieder auf. Er hatte keine Lust, die Zeit mit unnötigen Diskussionen zu verplempern.

Nio konnte nicht schlafen. Er war nach den Ereignissen des Tages noch viel zu aufgewühlt. Fragen über Fragen waberten durch seinen Kopf, verschwanden und tauchten von neuem wieder auf. Wie Termiten durchlöcherten sie seinen Verstand. Gerade fragte er sich, wer der Mann war, den er gesehen hatte. Und noch viel wichtiger: Warum hatten ihn die anderen nicht gesehen? Auch auf diese Frage hatte er keine Antwort. Er musste unbedingt noch einmal mit Buma reden, auch wegen der Sache mit den Spuren. »Buma, bist du noch wach?« flüsterte Nio in die Stille hinein.

»Nein.«

»Da war wirklich ein Mann.«

»Wenn du es sagst.«

»Buma?«

»Was denn noch?«

»Warum hast du mir nichts von den Spuren erzählt? Du hättest mich rufen und sie mir zeigen können. Wir hatten doch genug Zeit.«

»Was hätte es für einen Unterschied gemacht?«

»Keinen, aber du hättest es mir trotzdem…«

»Schlaf jetzt, Nio.«

»Ja, ist gut.« Doch Nio versuchte es erst gar nicht, sondern dachte an die nächsten Tage, an die Jagd, an den Golgath. Würden sie ihn wirklich finden oder würde ihnen der Regen einen Strich durch die Rechnung machen und erneut alle Spuren verwischen?

Und wenn sie ihn aufspürten, würden sie es auch schaffen ihn zu töten? Nio spürte wie eine Mischung aus Angst und Vorfreude von ihm Besitz ergriff. Und ganz automatisch umklammerten seine Hände den geschmeidigen Schaft seines Speeres, der dicht neben ihm lag und ihn ein wenig beruhigte. Dann wanderten seine Gedanken weiter bis an den Tag, an dem sie in das Dorf zurückkehren würden. Und plötzlich war er sich sicher, dass alles gut werden würde. Ja, sie würden den Golgath zur Strecke bringen. Ja, ganz bestimmt, dachte er und schlief, ohne es zu merken, ein.

Würden sie ihn wirklich finden oder würde ihnen der Regen einen Strich durch die Rechnung machen? Und wenn sie ihn aufspürten, würden sie es auch schaffen ihn zu töten? Nio spürte wie eine Mischung aus Angst und Vorfreude von ihm Besitz ergriff. Und ganz automatisch umklammerten seine Hände den geschmeidigen Schaft seines Speeres, der dicht neben ihm lag. Dann wanderten seine Gedanken weiter bis an den Tag, an dem sie in das Dorf zurückkehren würden. Und plötzlich war er sich sicher, dass alles gut werden würde. Ja, sie würden den Golgath zur Strecke bringen. Ja, ganz bestimmt. Ein Lächeln umspielte seinen Mundwinkel und ohne es zu merken schlief er ein.

17

Linus öffnete die Tür und trat ins Freie. Die Seeluft tat ihm gut. Die letzten Stunden waren krass gewesen, ein echtes Wechselbad der Gefühle. Erst hatte ihn der Flashback kalt erwischt und ihm den Boden unter den Füßen weggezogen und dann der Traum wieder aufgefangen. Hoffnung und Kraft waren zurückgekehrt und hatten die Verzweiflung vertrieben. An Flucht dachte er nicht mehr, zumindest für den Moment und auch der Groll gegenüber Robin hatte sich verflüchtigt. Linus stellte den Kragen seiner Jacke auf und kletterte die schmale Leiter hinunter, die ihn auf das Vorschiff führte. Er wollte das Containerschiff komplett erkunden, zuerst das Oberdeck und anschließend erneut in den Bauch der Dünkirchen hinabklettern.

Aus dem Prospekt wusste Linus, dass es sich bei der Dünkirchen um ein sogenanntes ConRo-Schiff handelte, also ein Schiff, das sowohl Container als auch bewegliche Güter wie Autos und LKWs transportierte. Linus schätzte die Entfernung bis zum Bug ab und ging los. Das Wetter war glücklicherweise immer noch gut. Der Wellengang war kaum zu spüren. Trotzdem hielt er sich an der Reling fest. Die Zahl der Container überraschte ihn. Es mussten hunderte, wenn nicht sogar tausende sein. Wie Lego-Steine hatte man sie in Fünferreihen übereinandergestapelt. Einige waren rot, andere weiß und wieder andere blau. Die Dünkirchen selbst war rot, wenn man von dem grauen Voranstrich absah, der überall hervorblitzte. Der Rost und der verwitterte Anstrich waren ihm schon bei seiner

Ankunft aufgefallen. Die Dünkirchen hatte ihre besten Jahre bereits hinter sich. Wenn die Angabe stimmte, die er auf dem Motorblock gelesen hatte, dann war das Schiff beinahe sechzig Jahre alt. Gerne hätte Linus einen Blick in die Container geworfen, doch sie waren allesamt verplombt. ›Was wohl darin war?‹ Linus würde den Kapitän später fragen. Bis zum Bug zählte Linus dreihundert Schritte. Der Pott war wirklich riesig. Riesig war auch der Anker, der an der rechten Seite klebte. Allein die Kette war ein echtes Monstrum. Linus wechselte auf die Steuerbordseite und ging zurück. Auf halben Weg sah er den Seemann aus dem Maschinenraum. Er stand an der Reling und rauchte. Er blickte starr auf das Wasser und hatte Linus noch nicht gesehen. Linus wollte sich unbedingt entschuldigen. »Hören Sie, es tut mir leid, ich weiß auch nicht, was da in mich...«

Der Filipino drehte sich um und blickte Linus mit angsterfüllten Augen an. Dann schnippte er die Kippe über Bord und rannte in die entgegengesetzte Richtung davon.

»Hey, warten Sie, ich tue Ihnen..., Sie müssen keine Angst haben.« Doch der Matrose lief einfach weiter, bis er hinter einer der Türen verschwunden war. Spätestens jetzt wusste Linus, dass er sich die Begegnung im Maschinenraum nicht eingebildet hatte. Linus nahm sich vor, es später noch einmal zu versuchen. Den Kapitän wollte er ebenfalls informieren, obwohl er noch nicht wusste, was er ihm eigentlich erzählen sollte. Zu fantastisch klang die ganze Geschichte.

An der Tür zum Deckshaus lief er dem Ersten Offizier in die Arme und brauchte eine Sekunde, um sich an seinen Namen zu erinnern. Linus grüßte und überlegte, ob er Romanov von dem Vorfall im Maschinenraum erzählen sollte, entschied sich dann aber dagegen. Vielleicht später.

Romanov grüßte ebenfalls und fragte nach seinen Plänen für den restlichen Tag.

»Ich erkunde das Schiff. Gerade wollte ich einen Blick in den Bauch des Schiffes werfen.«

Romanov schien einen Moment zu überlegen. »Wenn es Ihnen nichts ausmacht, dann begleite ich Sie ein Stück.«

»Gerne.«

»Ich gehe voraus.« Romanov ging zurück ins Deckshaus und stieg die Treppe hinab, die sie tief in den Bauch des Schiffes führte. »Die Dünkirchen hat insgesamt vier Unterdecks und hat über achthundert Autos und anderes Zeug geladen«, fuhr Romanov auf dem Weg nach unten fort. »Vorwiegend alte Klapperkisten, die schon viele Jahre über deutsche und europäische Straßen gerollt sind. Manche davon haben schon dreihunderttausend und mehr Kilometer auf dem Tacho.«

Linus war überrascht. Mit so vielen alten und kaputten Autos hatte er nicht gerechnet. Das Deck, das sie gerade betreten hatten, erinnerte Linus deshalb auch eher an einen Schrottplatz. »Was wollen die Afrikaner mit den ganzen Wracks?«

»Na, was wohl? Fahren natürlich. Die Dinger werden notdürftig wiederhergerichtet und rollen dann noch jahrelang durch Afrika. Dazu müssen Sie wissen, dass es in ganz Afrika keinen TÜV und auch nichts Vergleichbares gibt.«

»Das erklärt natürliches einiges.«

»Kommen Sie, die richtigen Highlights sind ganz unten, ich zeige Sie ihnen.« Romanov ging zurück ins Treppenhaus und weiter die Treppe herunter.

Als sie vor der Tür mit der Bezeichnung U4 standen, piepte das Walkie-Talkie von Romanov. Der Erste Offizier ging ran und lauschte. »Ja, ist gut, ich komme«, antwortete er und drehte sich zu Linus um. »Sie haben es ja gehört, die Arbeit ruft, ich muss auf die Brücke.« Dann war er auch schon auf dem Weg nach oben.

Linus blickte ihm nach.

»Lassen Sie sich von mir aber nicht den Spaß verderben«, hallte es aus dem Treppenhaus herunter. »Gehen Sie ruhig ohne mich hinein.«

Linus öffnete die Tür und musste Romanov recht geben. Die wirklich beeindruckenden Exponate standen hier. Angefangen von einem Ford Mustang, über einen Ferrari, bis hin zu einem Rolls Royce. Hier standen aber nicht nur Autos, sondern auch alle anderen möglichen Fortbewegungsmittel. Linus sah einige Motorboote, Motorräder, Traktoren, Baufahrzeuge, LKWs und..., Linus hielt den Atem an, ...einen alten Armee-Hubschrauber. Nein, nein, nein, dachte er. Das kann nicht sein, das muss ein Trugbild sein. Doch der Hubschrauber verschwand nicht, ganz egal wie sehr Linus es sich auch wünschte. Wie ein Mahnmal stand er vor ihm und spülte alles wieder hoch. Kandahar, ihren letzten Einsatz, den Raketenangriff und nicht zuletzt den Tod seiner Kameraden. Wie in einem Horrorfilm reihten sich die schlimmsten Bilder aneinander und Linus schien den Boden unter den Füssen zu verlieren, ohne dass er etwas dagegen tun konnte.

18

Linus hatte keine Ahnung, wie er in seine Kammer zurückgekommen war. Überhaupt konnte er sich nur noch daran erinnern, dass er plötzlich vor dem Hubschrauber gestanden hatte und dann *peng* auf einmal alles dunkel wurde. Vermutlich hatte er einen seiner Anfälle bekommen und war ohnmächtig geworden. Romanov musste ihn dann gefunden und zurückgebracht haben. Ja, so musste es gewesen sein. Dann kam ihm der Rolls Royce in den Sinn, den er ebenfalls dort unten gesehen hatte. Und stand daneben nicht auch ein Ferrari? Auf einmal war er sich nicht mehr sicher, ob er nicht alles wieder nur geträumt hatte. Traum und Wirklichkeit schienen zu einer dicken Masse zu verkleben. Oder war er bereits verrückt geworden, gefangen in seiner eigenen bizarren Welt, ohne sich dessen bewusst zu sein? Ja genau, vielleicht bin ich gar nicht hier, sondern sitze weggesperrt in einer Klapsmühle. Auch das hielt er mittlerweile für möglich, je länger er darüber nachdachte. Sein Kopf fing an zu dröhnen und das Piepen wurde auch wieder lauter. Und wie so häufig sehnte er sich nach einem Ausschalter, mit dem er alles abschalten konnte. Seine Gedanken, das Chaos in seinem Kopf und nicht zuletzt sich selbst. Ja, so ein Reset-Knopf würde ihm gefallen.

Zehn Minuten später stand Linus erneut vor dem Hubschrauber und war erleichtert. Der Hubschrauber war also real. Er war demnach weder schizophren, noch schien er alles nur geträumt zu haben. Das war gut. Weniger gut waren dagegen die Angst und Panik, die ihn erneut quälten. Schweiß trat auf seine Stirn und seine Fingerspitzen fingen an zu kribbeln. Gleich würde er erneut einen Anfall bekommen. Er kannte das Gefühl aus den Sitzungen mit Robin, wenn sie ihn besonders hart rangenommen hatte. »*Das ist eine Art Kurzschluss*«, hatte sie beim ersten Mal gesagt. »*Du darfst dich gegen die Erinnerungen nicht wehren. Lass dich einfach darauf ein, sonst wird es nie besser.*« Er hatte es versucht und von Mal zu Mal war es auch tatsächlich besser geworden, bis seine Sicherungen dann irgendwann standgehalten hatten. Dieses Mal war es jedoch etwas anderes. Der beschissene Heli, dieses Monstrum, war schuld. Er war der Auslöser und hatte ihn auf brutalste Weise daran erinnert, dass er lebte, während seine Kameraden tot waren. Tot. Tot. Tot! Das Kribbeln wurde stärker und alles um ihn herum begann sich erneut zu drehen. »Atme, Atme«, befahl er sich, so wie er es von Robin gelernt hatte. Doch anders als bisher, schrie er die Worte diesmal regelrecht heraus. »Atme, Atme«, und oh Wunder, der Kloß löste sich und schaffte Platz in seinem Hals. Gierig sog er die Luft in sich hinein, während er auf seine Knie sackte und vor Erleichterung bitterlich weinte. Er hatte es tatsächlich geschafft, er hatte sich selbst besiegt. Robin wäre stolz auf ihn gewesen.

Nach einer Weile, die Tränen waren längst versiegt, spürte Linus, wie die Angst und Panik aus seinem Körper wichen, erst ganz langsam und dann immer schneller, bis davon nichts mehr übrigblieb. Erleichtert öffnete Linus die Augen und riskierte einen weiteren Blick auf den Heli. Er hatte zwar kein gutes Gefühl, hielt dem Druck aber stand. »Yes!« Voller Genugtuung rappelte er sich auf ging in Richtung Ausgang. An der Tür hielt er inne. Sein schlechtes Gewissen meldete sich.

Robin hätte nicht gewollt, dass er jetzt geht. »*Mach den nächsten Schritt*«, hätte sie gesagt »*und setz dich in den verdammten Helikopter.*« Linus war hin und hergerissen. Einerseits hatte er genug, die Schnauze voll, anderseits musste er sich aber eingestehen, dass er noch nicht bereit für Tansania war. Er war noch zu labil, auch wenn er gerade einen kleinen Achtungserfolg eingefahren hatte. Ja, Robin hat recht, dachte er. Ich muss den nächsten Schritt wagen, sonst bin ich als Entwicklungshelfer keine Hilfe, sondern eher eine Belastung. Linus holte tief Luft und ging, ohne zu zögern, auf den Helikopter zu. Er öffnete die Tür, kletterte hinein und wartete. Erst eine Minute, dann zwei, bis er eine leichte Vibration, begleitet vom Lärm des Rotors, spürte. Dann war er auch schon in der Luft, hoch über der Wüste Afghanistans. Und er war nicht allein. Denn neben ihm saß mit einem Mal Torben, sein Copilot und hinter ihm Claas sein Bordschütze. Beide wirkten unversehrt.

»Das wird ja auch Zeit, dass du dich hier mal blicken lässt«, sagte Torben und lächelte ihn an.

»Ja, genau«, schaltete sich Claas von hinten ein, »wir warten schon eine Ewigkeit auf dich.«

Linus schluckte. Er wusste nicht, was er sagen sollte.

Torben schien seine Gedanken zu erraten. »Du musst nichts sagen, nur zuhören. Okay?«

Linus nickte, während sein Tinnitus mit voller Wucht wieder in seinen Ohren dröhnte. Er hatte ihn bis dahin wieder ganz gut unterdrücken können.

»Du musst endlich aufhören, dir die Schuld an unserem Tod zu geben. Du kannst nichts dafür. Es war Schicksal.«

»Ja, so ist es«, stimmte Claas ihm zu. »Deshalb musst du endlich aufhören dich zu quälen, aufhören dich selbst zu zerstören. Fang endlich wieder an zu leben.«

»Ja, aber...«

»Kein aber«, unterbrach ihn Torben, »du musst dich jetzt ganz auf deine neue Aufgabe konzentrieren. Du wirst in Tansania gebraucht. Lea braucht dich, hörst. du?«

»Ja, du musst es uns versprechen, sonst können auch wir keine Ruhe finden«, flehte Claas.

»Ist das so?« Linus war jetzt sichtlich überrascht. Er hatte ja mit allem gerechnet, aber nicht damit. Auf einmal kam ihm sein Verhalten ziemlich egoistisch vor.

»Ja, was dachtest du denn? Du musst uns freigeben, sonst hängen wir hier auf ewig fest.«

»Nein, das will ich nicht, ganz bestimmt..., ich verspreche es euch aus tiefstem Herzen.«

»Danke Linus, jetzt können wir endlich Frieden finden...«

»...und endlich hinter den Horizont reisen«, beendete Torben den Satz.

»Wir machen uns dann mal auf den Weg. Mach es gut Linus.«

Torben und Claas waren verschwunden und auch die Landschaft änderte sich. War das Gelände unter ihnen soeben noch karg und staubig gewesen, breitete sich jetzt wieder die endlose Savanne Afrikas unter den Kufen des Helikopters aus, wie sie prachtvoller nicht hätte sein können. Der Anblick war atemberaubend: sattes grünes, sich wiegendes Grasland, das hin und wieder von Schirmakazien und Baobabs durchsetzt wurde. Linus wusste sofort, wohin es ihn erneut verschlagen hatte.

19

Einen Tag später saß Lea am Küchentisch und überlegte, was sie als Nächstes tun sollte. Sollte sie sich in den Streit der Tük einmischen oder sich aus der Sache besser heraushalten? Für beide Optionen gab es aus ihrer Sicht gute Argumente. Lea war unschlüssig. Sie könnte natürlich die anderen nach ihrer Meinung fragen, oder sogar ihren Chef anrufen, doch was würde das Nützen? Am Ende musste sie als neue Leiterin des Projektes sowieso entscheiden. Also konnte sie es auch gleich tun. Noch während sie darüber nachdachte, steckte Alemee den Kopf durch die Tür des Zeltes. »Hallo Lea, entschuldige, wenn ich störe, aber…«

»Ist schon okay. Komm herein, Alemee.«

»Ich wollte dir sagen, dass der Ältestenrat dich, Tembo und Konrad sprechen möchte. Du weißt schon, wegen der Sache auf dem Feld.«

»Oh, ist gut. Wann und wo denn?«

»Bei Sonnenuntergang in der Dorfmitte.«

»Wir kommen gerne. Ich sag den beiden anderen Bescheid.«

»Okay, dann bis heute Abend.« Alemee nickte ihr freudestrahlend zu und hastete wieder hinaus.

Lea blickte ihr nach und überlegte, was sie davon halten sollte. Am Ende war es aber auch egal. Die Entscheidung war eh gefallen.

Kurz vor Sonnenuntergang gingen Lea, Konrad und Tempo auf die Dorfmitte zu. Das große Feuer konnten sie bereits von Weitem sehen.

»Ich bin gespannt, was uns gleich erwartet«, sagte Tembo in die Stille hinein.

»Und ich erst.« Lea hatte sich die ganze Zeit gefragt, was genau man von ihnen wollte, ohne eine Antwort darauf zu finden.

Konrad sagte nichts. Er wirkte irgendwie bedrückt und schien mit seinen Gedanken woanders zu sein.

Lea war überrascht, wie viele Dorfbewohner sich in der Dorfmitte eingefunden hatten. Dicht gedrängt standen sie in Sechserreihen um das Feuer herum. Lea schätzte, dass es mehr als zweihundert waren.

»Lasst sie durch«, sagte Elani und nickte ihr zu. »Nun macht schon.« Daraufhin öffnete sich ein kleiner Durchgang, der sie direkt ins Zentrum führte.

Jetzt wird es wirklich spannend, dachte Lea, als sie dem Ältestenrat gegenüberstanden. Es kam schließlich nicht alle Tage vor, dass die *Fünf*, wie der Ältestenrat auch gerne von den Tük genannt wurde, in *weiß* aufliefen. Ihre weißen Bijuks schienen im Widerschein des Feuers regelrecht zu leuchten. Überhaupt konnte sich Lea nur an zwei Begebenheiten erinnern, an denen die *Fünf,* von diesem Privileg Gebrauch gemacht hatten. Doch keines von beiden hatte mit ihnen zu tun gehabt. Davon abgesehen unterschieden sich die *Fünf* kaum in ihrem Aussehen von den anderen Männern und Frauen. Die Frauen trugen den gleichen Schmuck und die Männer zierten die gleichen tiefen Brandnarben, jede einzelne in Erinnerung an ein wichtiges Ereignis. Einzig der Dorfälteste trug zusätzlich einen silbernen Stirnreif, in dessen Mitte ein grünblauer Opal eingelassen war.

»Tük«, sagte Amari im nächsten Moment und breitete die Arme aus. »Bitte bewahrt Ruhe, damit wir beginnen können.« Amari war der Wortführer unter den Alten und damit so etwas wie das

Stammesoberhaupt. In der Sprache der Tük trug er den Namen Mkuu wa Kabila. Alle Augen waren jetzt auf ihn gerichtet, als er gemächlichen Schrittes einmal um das Feuer lief. Seine Körperhaltung war mustergültig, lässig und doch irgendwie würdevoll, so wie sein gesamtes Erscheinungsbild. Alles passte im Schein des Feuers perfekt zusammen: seine große Statur, sein asketischer Leib, seine tiefschwarze Haut, sein schlichter weißer Bijuk und nicht zuletzt sein graues, fast weißes Haar.

Mit Ausnahme von Amari setzten sich die Ältesten. Lea, Konrad und Tembo folgten dem Beispiel.

Amari ergriff seiner Stellung entsprechend erneut das Wort. »Zuerst möchten wir uns bei euch bedanken und ganz besonders bei dir Lea. Denn ohne deine Hilfe würde es weder Alemee besser gehen, noch Kanzi unter den Lebenden weilen.«

»Ich habe gerne geholfen«, antwortete Lea, obwohl sie noch längst nicht sicher war, dass Kanzi seine Verletzung auch tatsächlich überstehen würde. Er war immer noch nicht wieder bei Bewusstsein und ihrer Ansicht nach noch lange nicht über den Berg. Alles hing ihrer Meinung nach jetzt davon ab, dass er in den nächsten sechsunddreißig Stunden kein Fieber bekam.

»Und jetzt bringt Yero, Kojo und Nala hierher. Sie sollen sich erklären und dafür verantworten, was heute auf dem Feld passiert ist.«

Lea blickte zu Tembo und Konrad herüber, doch die beiden zuckten auch nur mit den Schultern. Offensichtlich hatten auch sie noch keinen Gedanken daran verschwendet, dass sie an einer Verhandlung teilnehmen würden. So etwas hatte es bisher noch nicht gegeben. Die Tük machten so etwas normalerweise unter sich aus. Lea fühlte sich dabei nicht wohl, konnte aber auch eine gewisse Aufregung nicht leugnen.

Yero, Kojo und Nala wurden aus unterschiedlichen Richtungen herangeschleppt. Sie wirkten beinahe wie Gefangene. Deshalb war es auch nicht überraschend, dass ihnen kein Platz am Feuer angeboten wurde. Alle drei wirkten nervös und unsicher.

Amari blickte zuerst nach links. »Kojo, nachdem was wir in Erfahrung gebracht haben, hast du Yero angegriffen und damit die Schlägerei überhaupt erst in Gang gesetzt. Was hast du dazu zu sagen?«

Kojo schien zu überlegen, was er sagen sollte, dann antwortete er. »Yero hat sich an meine Frau herangemacht, sie besprungen. Deshalb habe ich ihn geschlagen.«

Amari wendete sich jetzt an Yero. »Stimmt das Yero? Hast du Kojos Frau begehrt und sie mit in deine Hütte genommen?«

»Nein, das ist gelogen. Ich habe Nala niemals nachgestellt. Ich würde so etwas niemals tun. Ich schwöre es.« In Yeros Stimme schwang Wut und Empörung mit.

»Und du Nala, was hast du dazu zu sagen? Stimmen die Anschuldigungen, die dein Mann vorgetragen hat?«

»Nein«, flüsterte Nala und schüttelte den Kopf. »Ich habe niemals bei Yero gelegen.« Während sie sprach, blickte sie die ganze Zeit auf den Boden. Die Situation schien ihr verständlicherweise ziemlich nahezugehen.

Ausgerechnet Nala, dachte Lea. Sie kannte die große Schwester von Alemee gut und wusste, dass sie schon länger in einen anderen Mann verliebt war. Nala hatte es ihr vor einiger Zeit in einer stillen Stunde erzählt. Nur den Namen hatte sie nicht sagen wollen.

Amari blickte jetzt wieder zu Kojo. »Hast du Beweise, für das, was du Yero vorwirfst? Hast du gesehen, wie sie beieinander liegen oder kennst du jemanden der sie dabei beobachtet hat?«

»Das nicht, aber ich sehe die Blicke, die die beiden heimlich austauschen, lüstern und voller Gier. Außerdem bleibt sie immer sehr lange weg, wenn sie Wasser holt.«

»Das sind keine Beweise«, erwiderte Amari und schüttelte den Kopf. »Du enttäuschst mich.«

»Aber wenn hier jemand bezeugen würde, dass Nala und Yero...«

»Dann fragen wir sie doch«, unterbrach ihn Amari und blickte sich im Schein des Feuers um. »Gibt es hier jemanden, der gesehen hat, dass sich Yero und Nala eines so schlimmen Verbrechens strafbar gemacht haben?«

Niemand ergriff das Wort. Auch nicht, als Kojo flehentlich in die Richtung seiner Freunde und Familie blickte. Nur das Knistern des Feuers war zu hören.

Amari stand jetzt auf und drehte sich direkt zu Kojo um. »Kojo, du hast dich eines schweren Vergehens schuldig gemacht. Ohne Beweise vorzubringen, hast du Yero und deine Frau der Unzucht beschuldigt. Noch dazu hast du eine Schlägerei angezettelt, in dessen Folge Kanzi eine schwere Verletzung davongetragen hat. Das alles ist eines Kriegers und Jägers nicht würdig und muss bestraft werden.«

Kojo holte tief Luft und setzte zu einer Erwiderung an, schüttelte dann aber nur den Kopf.

»Geh jetzt und erwarte deine Strafe.«

Mit hängendem Kopf drehte Kojo sich um und ging, begleitet von zwei anderen Kriegern, durch die Menge hindurch.

Danach wendete sich Amari an die Dorfbewohner. »Ihr könnt jetzt auch gehen. Die Urteilsverkündung findet erst morgen statt, pünktlich zu Sonnenuntergang.«

Doch wie nicht anders zu erwarten, folgten die Dorfbewohner dem Aufruf ihres Stammesoberhauptes nur zögerlich. Sie standen in kleinen Gruppen beieinander und unterhielten sich angeregt.

»Nun geht schon und lasst uns in Ruhe ein Urteil fällen.« Amaris Stimme war jetzt schneidend und duldete keinen Widerspruch. Die Menge löste sich auf und der Ältestenrat blieb im Schein des Feuers allein zurück.

Auch Lea, Tembo und Konrad hatten sich zurück zu ihren Zelten begeben. Keiner sagte etwas, bis Lea das Wort ergriff. »Ich hätte nicht gedacht, dass eine so große Zwietracht zwischen den Tük entstehen kann.«

»Es ist überall das Gleiche«, antwortete Tembo. »Ganz egal, wo man hinkommt. Unsere niederen Instinkte bestimmen unser Zusammenleben, selbst hier am Ende der Welt. Mich überrascht das nicht. Dafür bin ich schon zu lange dabei.«

»Mich schon.«

»Was für eine Strafe wohl auf Kojo zukommt?«, wechselte Konrad das Thema. Er wirkte sehr besorgt.

Tembo zuckte mit den Schultern. »Keine Ahnung, wird aber bestimmt kein Zuckerschlecken.«

»Bitte wartet«, hörten sie plötzlich eine Stimme von hinten.

Alle drei drehten sich überrascht um. Es war Alemee und sie kam direkt auf sie zugelaufen.

»Amari schickt mich, er hat noch eine Frage, an dich Lea. Er möchte gerne wissen, mit wie vielen Stichen Kanzis Wunde genäht wurde.«

»Mit dreiundzwanzig, aber warum…, ich meine, wieso will Amari das wissen?«

»Das hat er mir nicht gesagt. Ich sollte dich nur fragen. Mehr weiß ich nicht«, antwortete Alemee und zuckte mit den Schultern. Dann war sie auch schon wieder weg.

Lea blickte ihr lange hinterher und fragte sich, was das nun wieder zu bedeuten hatte.

Auch Konrad zuckte nur mit den Schultern, während Tembo bereits einige Schritte vorausgelaufen war.

20

Ein Raunen ging durch die Menge, als die drei Männer und zwei Frauen des Ältestenrates einen Tag später wieder in den Schein des Feuers traten. »Macht Platz für die *Fünf*«, schrie jemand. Eine schmale Gasse öffnete sich. Die meisten Dorfbewohner waren im Kampf um die besten Plätze bereits vor mehr als einer Stunde gekommen, um aus nächster Nähe der Urteilsverkündung beizuwohnen.

Lea und Tembo waren dagegen gerade erst eingetroffen. Sie standen in der hintersten Reihe und konnten nur mit Mühe einen Blick auf Kojo erhaschen. Wie ein Häufchen Elend stand er mit herunterhängenden Schultern rechts vom Feuer.

»Wo Konrad nur bleibt?«

»Er wird schon noch kommen...«, Tembo machte eine kurze Pause..., »oder er ist schon längst hier und wir können ihn nur nicht sehen.«

»Ja, vermutlich hast du recht und er...« Lea hielt inne.

Amari hatte die Hand gehoben und augenblicklich kehrte Ruhe ein.

»Kojo«, sagte Amari und blickte dem Angeklagten direkt in die Augen, »du hast schwere Vorwürfe gegen Yero und deine Frau erhoben, die du nicht beweisen kannst. Doch anstatt den Ältestenrat über deine Vermutung zu informieren und uns die Möglichkeit zu geben der Sache nachzugehen, hast du das Recht in deine eigenen Hände genommen und eine Schlägerei angezettelt, in dessen Verlauf Kanzi schwer verletzt wurde. Möchtest du noch etwas zu deiner Verteidigung sagen, bevor du deiner gerechten Strafe zugeführt wirst?«

»Nein.« Kojos Stimme war nur noch ein Flüstern.

»Gut, dann höre unser Urteil. Als erstes wirst du dich bei deiner Frau und Yero entschuldigen. Du wirst dich vor ihnen auf die Knie werfen und Abbitte leisten.«

Kojo nickte.

»Yero, Nala, tretet bitte vor.«

Yero und Nala lösten sich daraufhin aus der Menge und stellten sich neben Amari.

Die Menge war mucksmäuschenstill.

Während Yero nahezu unbeteiligt wirkte, zitterte Nala am ganzen Körper und schluchzte die ganze Zeit.

Kojo warf sich vor den beiden auf die Knie und löste den ersten Teil seiner Strafe ein. »Bitte vergebt mir«, sagte er und küsste beiden die Füße. Doch ganz offensichtlich tat er es nur widerwillig. Echte Reue sah anders aus.

Für Yero schien es nicht von Belang zu sein. Er streichelte ihm, als Zeichen der Vergebung, flüchtig über den Kopf und sagte, was gesagt werden musste: »Ich vergebe dir.«

Nala war dagegen richtig angefasst und brachte die Worte nur unter Tränen heraus. Anschließend drehte sie sich einfach um und bahnte sich einen Weg durch die Reihen.

»Die Arme kann einem wirklich leidtun«, raunte Lea Tembo zu. Sie hatte Glück gehabt, dass sich kurz zuvor eine Lücke vor ihr aufgetan hatte und Lea trotz ihrer Größe alles sehen konnte.

»Ja, stimmt«, flüsterte Tembo. »Aber warte ab, der richtig spannende Teil kommt erst noch.«

Amari nickte zufrieden, auch wenn er genau wusste, dass Kojo nicht wirklich meinte, was er sagte. Aber das war egal. So war nun einmal das Spiel. »Du kannst wieder aufstehen.«

Kojo tat, was ihm gesagt wurde. Kerzengerade stand er vor Amari und wartete auf das, was noch folgen sollte.

»Kommen wir nun zu Kanzi. Du alleine bist dafür verantwortlich, dass er schwer verletzt wurde und sich und seine Familie nicht mehr versorgen kann. Dafür wirst du ihm eine deiner Ziegen geben, hörst du?« Amari machte eine kurze Pause und wartete auf eine Reaktion.

»Ja, ist gut, eine Ziege.«

»Und eine zweite, wenn er auch nach drei Wochen noch nicht wieder auf die Jagd gehen kann.«

Kojo riss vor Überraschung die Augen auf, nickte dann aber. Was hätte er auch anderes tun können?

Lea zeigte sich beeindruckt. »Wirklich sehr schlau eingefädelt, Chapeau!«

»Ja, die *Fünf* sind nicht nur alt, sondern auch weise«, antwortete Tembo. »Von denen könnte sich so mancher Richter noch etwas abschauen.«

»Ganz sicher, aber jetzt lass uns gehen, bevor alle...«

»Aber es ist noch nicht vorbei«, fiel Tembo ihr ins Wort und hielt Lea am Arm fest.

Lea verharrte in der Bewegung und drehte sich zu Tembo um. »Wie, noch nicht vorbei?«

»Du wirst schon sehen, bleib einfach hier.«

Als ob Amari Tembo gehört hatte, fuhr er auch schon fort. »Bleiben noch die Schmerzen, die Kanzi quälen und ertragen muss. Schmerzen, die er nicht verdient hat. Schmerzen, die auch eine Ziege nicht zu lindern vermag und Schmerzen, an die ihn eine Narbe ein Leben lang erinnern wird.« Amari redete sich jetzt regelrecht in Rage. »Und all das hast du zu verantworten Kojo, nur du allein.« Amari zeigte jetzt sogar mit dem Finger auf Kojo.

»Maluka, Maluka, Maluka«, schrien daraufhin auch schon die ersten.

Amari wartete bis wieder Stille eingekehrt war. »Und deshalb verurteilen wir dich Kojo, Sohn von Chuma, zu dreiundzwanzig Hieben mit der Maluka. Dreiundzwanzig, weil das genau der Anzahl von Stichen entspricht, die Lea benötigte, um die klaffende Wunde auf Kanzis Stirn wieder zu verschließen.« Amari hielt inne und blickte sich lange um. Ganz, so, als ob er sichergehen wollte, dass ihn auch alle gehört und verstanden hatten.

»Jetzt ist mir auch klar, warum sie Alemee geschickt haben«, zählte Lea eins und eins zusammen.

»Ja, ich hatte mir so etwas schon gedacht«, antwortete Tembo. »Das konnte kein Zufall sein.«

»Und warum hast du nichts gesagt?«

»Ich wollte dich nicht beunruhigen. Dreiundzwanzig Schläge mit der Maluka, sind schließlich kein Pappenstiel.«

»Was ist eigentlich eine Maluka?« Lea kannte den Begriff nicht.

»So etwas wie eine Peitsche, nur schlimmer.«

»Wie bitte?«

»Ja, du hast richtig gehört. Die Maluka ist eine Art Peitsche, nur mit dem Unterschied, dass an ihrem Ende nicht einer, sondern fünf Lederriemen verknotet sind. Einen Lederriemen für jeden der *Fünf*.«

Lea musste unweigerlich schlucken.

Kojo war von vornherein klar gewesen, dass es allein mit den Ziegen nicht getan sein würde. Deshalb war er auch nicht wirklich überrascht, als Amari die Maluka ins Spiel gebracht hatte. ›Aber dreiundzwanzig Schläge? Bei allen guten Geistern, wie sollte er das aushalten?‹ Flehentlich blickte er sich um, doch niemand schien sich an der Zahl zu stören. Selbst seine Familie und Freunde verzogen keine Miene. ›Und all das nur, weil Yero und Nala ihn betrogen hatten und niemand, aber auch niemand ihm glauben wollte. Sie müssten eigentlich hier stehen und die Maluka zu spüren bekommen und nicht er. Hätte er doch nur mehr Geduld gehabt und Beweise beigebracht. Doch dafür war es jetzt zu spät.‹

Amari blickte dem Angeklagten jetzt direkt in seine weit aufgerissenen Augen. Die Angst stand ihm förmlich ins Gesicht geschrieben. Er wirkte wie ein verletztes Tier, in die Ecke getrieben und jederzeit zur Flucht bereit. Mitleid hatte er trotzdem nicht. Das Gegenteil war der Fall. Er verachtete Kojo und seinesgleichen. Sie scherten sich einen Dreck um ihre Regeln und Traditionen und waren seiner Ansicht nach der Grund dafür, warum die Tük immer mehr von ihrer Identität verloren hatten. Leute wie Kojo dachten nur noch an sich und ihren eigenen Vorteil. Deshalb würde es ihn auch nicht wundern, wenn er oder einer seiner Freunde es war, der Leas Radio gestohlen hatte. Er hatte es erst gar nicht glauben können, als er von dem Diebstahl gehört hatte. »Assane«, sagte er schließlich, »walte deines Amtes und führe Kojo seiner gerechten Strafe zu.« Assane war so etwas wie der Vollstrecker unter den *Fünfen*.

Ohne ein Wort der Erwiderung stand Assane auf und nahm die Maluka von seinem Gürtel. Dann nickte er

Kojo kurz zu und sagte: »Zieh deinen Bijuk aus und empfange deine Strafe.«

Lea hielt die Luft an, als die Maluka das erste Mal auf Kojos Rücken niederging. Die Peitsche schien die Luft zu durchschneiden, so zischte es, bevor die einzelnen Lederriemen mit einem lauten Knall auf Kojos Rücken niedergingen. Und schon zischte und klatschte es erneut, ohne dass Kojo auch nur einen Laut ertönen ließ. Er hatte nur ganz kurz geblinzelt, während er mit den Augen in das Feuer blickte. Nach dem sechsten oder siebten Hieb, Lea hatte nicht genau mitgezählt, hörte sie ein leises Wimmern, erst ganz leise und dann immer lauter. Zwei weitere Schläge später fiel Kojo auf die Knie und wiederum einige Peitschenhiebe danach platzte die Haut auf Kojos Rücken auf und aus seinem Wimmern wurde ein nicht endender Schrei. Lea hatte genug gesehen und gehört.
»Hey, wo willst du hin?«
»Danke, mir reicht's.«
Tembo nickte, blieb aber selber, wo er war.

Kojo biss die Zähne zusammen. Er hatte sich fest vorgenommen, nicht zu schreien. Diese Blöße wollte er sich nicht geben, nein niemals. Es wartete auch so schon genug Spott und Häme auf ihn. Kojo fixierte einen Punkt in den Flammen und machte sich bereit. ›Verdammt, tat das weh‹ und ganz automatisch biss er noch fester zu. »Zwei, drei, vier, fünf«, zählte er im Geiste mit. Bei sechs verlor er die Kontrolle über seine Augen. Wie wild tanzten sie umher. Danach spürte er nur noch Feuer. ›Konnte es sein, dass die Enden der Maluka brannten?‹ »Zehn, elf, zwölf«, zählte er weiter. ›Oder waren es doch schon...?‹ Er wusste es nicht mehr. Kojo wusste gar nichts mehr. Blitze tauchten vor seinen Augen auf, grelle Blitze und er spürte einen nicht endenden Schmerz. Einen Schmerz, wie er ihn noch nie zuvor erlebt hatte. Dann hörte er plötzlich qualvolle Schreie, wobei es einige Sekunden dauerte, bis er begriff, dass es seine eigenen waren. Tief aus seinem Inneren bahnten sie sich einen Weg an die Oberfläche.

21

Selbst als Lea ihr Zelt schon fast erreicht hatte, hallten Kojos Schreie immer noch durch die Nacht. Lea lief es kalt den Rücken herunter. ›Hört das denn nie auf?‹ Lea hatte ein schlechtes Gewissen und fühlte sich mitverantwortlich für das, was Kojo ertragen musste. Schließlich war sie es gewesen, die Alemee die Zahl der Stiche verraten hatte. Dreiundzwanzig Schläge waren einfach zu viel. Hätte sie doch nur eine weit geringere Zahl genannt. Lea wollte jetzt nur noch ins Bett und ein wenig Abstand und Ruhe finden. Vorher noch eine Schlaftablette, ein, zwei Whiskey und dann ab ins Land der Träume. Vielleicht würde sie Linus Christiansen wieder besuchen. Ja, dass würde ihr gefallen. Doch dann dachte sie wieder an Kojo. Würde er nicht ihre Hilfe brauchen, wenn er das Ganze überstanden hatte? Ja, vermutlich. Ohne weiter darüber nachzudenken, betrat sie das Zelt und holte ihre Tasche. Schnell stopfte sie noch einige Mullbinden und Salben hinein und eilte zu Kojos Hütte.

Als Tembo eine halbe Stunde später das Zelt seiner beiden Kollegen betrat, saß nur Konrad am Küchentisch. »Wo ist Lea?«

»Keine Ahnung. Ich dachte, sie ist mit dir unterwegs, die Show angucken.«

»Sehr witzig! Wo warst du eigentlich? Ich dachte, wir wollten uns die, was sagtest du noch gleich, *die Show* gemeinsam anschauen.«

»Hab's mir anders überlegt und mich lieber mit Johnny getroffen. Wir beide, ich meine Johnny und ich, haben einen kleinen Spaziergang gemacht.« Zum Beweis hielt er sein Glas mit Johnny Walker in die Höhe und trank einen weiteren Schluck.

Erst jetzt sah Tembo die Flasche. Sie stand auf dem Tisch und war bereits zur Hälfte leer. »War die Flasche voll?«

»Glaub schon, warum fragst du?«

»Nur so.«

»Willst du auch ein Glas?«

Tembo überlegte kurz. »Nee, ich glaub, ich hol mir lieber ein Bier.«

»Wie du meinst.«

Tembo ging zum Kühlschrank und nahm sich eine Flasche Heineken heraus. Als er den Kühlschank gerade wieder zu machen wollte, fiel ihm ein, dass man ihnen die letzte Lieferung geklaut hatte. Demnach gab es nur noch die paar Flaschen im Kühlschrank und das angebrochene Sixpack, das rechts neben der Spüle stand. Er würde sich deshalb wohl oder übel ein wenig zurückhalten müssen, wenn sie die nächste Woche nicht komplett auf dem Trockenen sitzen wollten. Apropos auf dem Trockenen. »Wie viele Flaschen haben wir noch von dem Scotch?«

»Nur noch diese.«

»Dann lass Lea noch etwas übrig. Sie wird ihn brauchen, wenn sie zurück ist.«

»Dann bring mir ein Bier mit.«

»Hast du nicht schon genug?«

»Das sagt gerade der Richtige.«

»Mag sein, dass ich zu viel trinke, aber ich weiß wenigstens noch, was ich am Boden der Flasche finde. Bei dir bin ich mir nicht mehr so sicher.«

»Es ist alles okay mit mir, du musst dir keine Sorgen machen.«

»Das sehe ich anders. Irgendetwas stimmt nicht mit...«, Tembo hielt inne und überlegte es sich anders. »Wir sprechen einander mal darüber.« Manchmal gab es eben Tage, da sollte die Vernunft hintenanstehen. Und heute war so ein Tag.

Erleichtert hob Tembo den Kopf, als Lea eine knappe halbe Stunde später ihren Fuß durch die Tür des Zeltes steckte. »Wo warst du denn? Wir haben uns schon Sorgen gemacht.«

»Bei Kojo, ich habe seine Wunden versorgt.«

»Ja, natürlich, darauf hätte ich auch selber kommen können. Ich bin ein echter Idiot.« Um seine Aussage zu untermauern, zeigte er sich selbst einen Vogel.

»Und du bist ein Engel, ein echter Engel«, lallte Konrad und stolperte mit weit auseinandergerissenen Armen auf Lea zu. Er war bereits vom Stuhl aufgesprungen, noch bevor Tembo den Satz beendet hatte.

Oh je, dachte Lea, ließ sich dann aber von Konrad in die Arme nehmen, bis er urplötzlich laut schluchzte. Irritiert und überrascht blickte Lea über seine Schultern und zog die Augenbrauen hoch.

Tembo zuckte nur mit den Schultern.

»Komm Konrad, ich bring dich ins Bett. Es war heute alles ein wenig zu viel.«

Konrad nickte wortlos und ließ sich von Lea anstandslos in seine Kammer bringen. Eine Minute später fing er an zu würgen.

Lea wusste aus eigener Erfahrung, dass es jetzt schnell gehen musste. Sie brauchte jetzt irgendein Gefäß, irgendetwas in das Konrad hineinkotzen konnte. Doch sie sah nichts, bis ihr Blick auf Konrads Cap fiel. Geistesgegenwärtig griff Lea zu und hielt ihm das Ding gerade noch rechtzeitig unter die Nase. Der Gestank war widerlich, eine Mischung aus Bier, Whiskey und Magensäure. Schnellen Schrittes ging sie in Richtung Ausgang.

»Gib her, ich kümmere mich darum«, sagte Tembo und griff nach der Kopfbedeckung, die Lea mit spitzen Fingern und weit ausgestreckten Armen vor sich hertrug.

»Danke, aber ich mach das...«

»Keine Widerrede. Du wäscht dir jetzt erst mal die Hände und dann setzt du dich endlich mal hin und ruhst dich aus.«

»Jawohl, Chef.«

»Geschieht ihm recht«, sagte Tembo auf dem Weg nach draußen. »Das ist Konrads Lieblingsmütze.«

Daraufhin mussten beide lachen.

Zurück im Zelt machte sich Tembo am Kühlschrank zu schaffen und stellte Lea einen Whiskey on the rocks vor die Nase.

»Oh danke, den kann ich jetzt gut gebrauchen.«

»Dachte ich mir.«

»Cheers«, antwortete Lea und tippte mit dem Rand ihres Glases gegen Tembos Bierflasche. Es klirrte kurz. Dann nahm sie einen großen Schluck und genoss den rauchigen Geschmack, der sich auf ihre Zunge legte. Schon jetzt wusste Lea, dass es heute nicht bei dem einem Glas bleiben würde.

»Und schläft er?«

»Ja, er hat noch kurz vor sich hingemurmelt und dann war er auch schon weg.«

»Was hat er denn noch gesagt?«

»Was Besoffene halt so sagen. Dass es ihm leidtut und er das alles nicht gewollt hat.«

Tembo nickte. »Das war aber auch eine Druckbetankung mit Ansage. So kenne ich Konrad gar nicht.«

»Stimmt, aber jeder reagiert halt anders auf die Bilder, die wir heute gesehen haben. Mir war es ja auch irgendwann zu viel.«

»Das ist ja so merkwürdig an der ganzen Sache. Konrad ist erst gar nicht hingegangen.«

»Wie nicht hingegangen? Ich meine, was hat er denn sonst gemacht?«

»Er war angeblich spazieren. Vielleicht hat er ja schon geahnt, wie schlimm es kommen würde.«

»Ja, vielleicht«, aber so richtig überzeugt klang es nicht.

22

Obwohl Linus genau wusste, dass er träumte, war er fasziniert von dem, was er sah und hörte. Hatte er bei seiner ersten Begegnung mit den Löwenjägern noch alles ein wenig unscharf und aus der Perspektive eines Beobachters wahrgenommen, war er jetzt mittendrin. Er konnte jetzt nicht nur alles sehen und hören, sondern auch alles verstehen und dass, obwohl er während seiner Vorbereitung nur ein paar Brocken ihrer Sprache verinnerlicht hatte. Ja, es hatte definitiv seine Vorteile zu träumen. Nur so ließ sich auch seine schier grenzenlose Kraft erklären, die ihn mit den Tük mithalten ließ. Er war zwar wieder ganz gut in Form, hätte aber angesichts der Geschwindigkeit, mit der die Tük durch die Savanne liefen, unter normalen Umständen längst aufgeben müssen. Ein weiterer Vorteil bestand darin, dass ihn die Tük weder sehen noch hören konnten. Nur Nio, der kleinste und jüngste unter ihnen, schien seine Anwesenheit zu spüren. Linus war bereits bei der letzten Begegnung aufgefallen, dass er besondere Antennen hatte.

Auf der Suche nach dem Golgath, streiften sie jetzt seit ungefähr einer Stunde durch das kniehohe Grasland, ohne dass er wusste, um wen oder was es sich dabei handelte. Er hatte zwar die Vermutung, dass es nur ein Löwe sein konnte, vermochte aber nicht zu sagen, ob es sich dabei um ein ganz bestimmtes oder x-beliebiges Exemplar handelte. Umso aufschlussreicher war die Unterhaltung, der er gerade folgte.

»Sag, mal Tajeu, warum wird ein Löwe eigentlich zum Golgath?« Nio war zuvor zu Tajeu gelaufen und hatte sich dann neben ihn gesellt.

»Dafür gibt es ganz unterschiedliche Gründe. Mal ist es die Trockenheit und der damit verknüpfte Nahrungsmangel, manchmal aber auch eine Verletzung, die einen Löwen Jagd auf unsere Rinder und Ziegen machen lässt.«

»Und was glaubst du? Warum ist unser Löwe, ich meine, der nach dem wir suchen, zum Golgath geworden?«

»Na, ja, Nahrungsmangel ist es bestimmt nicht. Du brauchst dich nur einmal umsehen. Wild gibt es ja gerade im Überfluss.«

Stimmt, dachte Linus. Überall grasten Antilopen, Zebras und andere Wiederkäuer. Die Savanne war ein reich gedeckter Tisch. Die Löwen mussten nur Platz nehmen.

Nio schien einen Moment zu überlegen. »Aber verletzt kann er doch auch nicht sein, sonst hätten wir ihn doch längst aufgespürt.«

»Ja, das sehe ich auch so. Ich vermute deshalb, dass unser Golgath seine Verletzung bereits überstanden hat oder zu den wenigen Exemplaren gehört, die die Jagd auf Ziegen und Rinder bereits mit der Muttermilch aufgesogen haben.«

»Du meinst, dass die Mutter verletzt war und das Junge einfach nur das nachmacht, was seine Mutter ihm im Kampf um ihr Überleben notgedrungen vorgelebt hat?«

»Ja, genau. Das würde nämlich auch erklären, warum unser Golgath immer wiedergekommen ist. Er scheint jegliche Scheu verloren zu...«

»Nashorn voraus«, schallte es in diesem Moment von vorne nach hinten und alle blieben stehen. Und tatsächlich: keine fünfzig Meter von ihnen entfernt stand eines dieser riesigen Ungetüme, wie es Linus bisher nur im Zoo gesehen hatte. Es schnaubte und stampfte mit dem Fuß auf, ganz so, als ob es jeden Moment losstürmen wollte. Linus hielt die Luft an und fragte sich, was gleich passieren würde. Doch anstelle eine Antwort auf seine Frage zu bekommen, hörte er plötzlich ein bekanntes Geräusch, eine Art dumpfes Knattern und Schrappen und ehe Linus sich versah, saß er wieder im Hubschrauber und wurde davongetragen, höher und immer höher. ›Musste ihn das Ding ausgerechnet jetzt wieder auf die Dünkirchen zurückbringen, wirklich ärgerlich.‹ Linus versuchte noch dagegen anzukämpfen, musste aber einsehen, dass er keine Macht über seinen Traum hatte.

Zu seiner Überraschung landete er jedoch nicht auf dem Schiff, sondern fand sich inmitten einer Menschenansammlung wieder. Es war zwischenzeitlich dunkel geworden. Stunden mussten demnach vergangen sein. Die Tük, ja es handelte sich zweifelsohne um Tük, standen um ein Feuer herum und blickten gebannt auf..., Linus erschrak, sie blickten auf einen der ihren, der gerade ausgepeitscht wurde. Sein Rücken war bereits ganz blutig. ›Was passierte hier, oder noch wichtiger, was hatte der Mann verbrochen?‹ Augenblicklich meldete sich sein Tinnitus zurück. Das nervende Piepen musste irgendwie mit seinem Stresslevel zusammenhängen. Hilfesuchend blickte sich Linus um, doch niemand schien sich an der Folter zu stören, außer einer jungen weißen Frau. Sie stand weit hinten und hielt sich vor Entsetzen die Hände vor den

Mund. Dann erkannte er sie. Natürlich, dass war Lea und neben ihr stand dieser Alain sowieso. Auch sein Bild hatte er auf der Mitarbeiterliste gesehen. Die Peitsche knallte erneut und diesmal schrie der Mann. Es war ein markerschütternder Schrei, der Linus durch und durch ging und ihn an die Folter erinnerte, die er selbst ertragen musste. ›Das durfte nicht sein, nein, das war ungerecht, ganz egal, was der Mann getan hatte.‹ »Nein, sofort aufhören!«, schrie er, ohne weiter darüber nachzudenken. »Sofort aufhören!« Doch niemand schien ihn zu hören. Selbst Lea und Alain rührten sich nicht. »Sofort aufhö...«, Linus schüttelte den Kopf. Es hatte keinen Sinn, er war ein Geist ohne Körper und Stimme.

Im nächsten Moment saß Linus wieder im Hubschrauber, nur dass es diesmal eine Erlösung war. Der Helikopter stieg auf und wiederum nur einen Moment später brachte er ihn zu einer Hütte, in der eine einzelne Kerze für ein wenig Licht sorgte. Lea beugte sich gerade im Schein des Lichtkegels über den jungen Mann, der der Peitsche zum Opfer gefallen war und erklärte ihm, was sie vorhatte. Sein Rücken sah jetzt noch schlimmer aus, er war eine einzige Fleischwunde.

»Ich werde dir jetzt eine Salbe auf deinen Rücken auftragen. Sie wirkt schmerzlindernd und sorgt dafür, dass sich die Wunde nicht entzündet.«

Die Antwort war nicht mehr als ein Stöhnen.

Vorsichtig trug Lea die Salbe auf.

Der junge Mann wimmerte.

»So, das wäre geschafft, Kojo. Ich lege dir jetzt noch einen Verband an und dann sind wir für heute fertig.«

›Der junge Mann hieß also Kojo.‹ Linus war beeindruckt, wie ruhig und selbstsicher Lea zu Werk ging. ›Ob sie eine Ärztin war?‹

»Ich schaue morgen wieder nach dir.« Lea verließ die Hütte und gemeinsam gingen sie an zwei Dutzend beleuchteten Hütten vorbei. Wie Pilze schienen sie im Abstand von zehn Metern aus dem Boden zu wachsen. Linus schätzte, dass es insgesamt mehr als hundertfünfzig Hütten waren. Tük sahen sie nur noch wenige.

Als Lea gerade auf ein großes hausähnliches Zelt zusteuerte, kündigte sich der Hubschrauber aufs Neue an. ›Ob es noch für einen Blick in das Innere des Zeltes reichen würde?‹ Linus hofft es. Gespannt legte er die letzten Meter zurück. ›Noch drei Schritte, noch zwei, noch einer und…,‹ Linus sah direkt auf den roten Ferrari herab. Er war also wieder auf der Dünkirchen oder um es genauer zusagen, auf dem vierten Unterdeck.

23

Am nächsten Morgen war Lea früh auf. Sie brauchte etwas Abstand und hatte sich spontan dazu entschieden ihre Fahrt nach Thaore um einige Tage vorzuziehen. Tembo würde es freuen, weil sie dadurch nicht Gefahr liefen, dass ihnen der Biervorrat ausging. Aber vorher wollte sie noch schnell bei Kanzi und Kojo vorbeischauen. In der Küche traf sie Konrad. Er fummelte gerade an der alten Kaffeemaschine herum. »Na, Konrad, auch schon aufgestanden?«

»Hör bloß auf, mir platzt gleich der Schädel.«

»Das wundert mich nicht, so betrunken wie du warst.«

»Sag mal, was habe ich denn so erzählt? Ich habe den totalen Filmriss und kann mich an überhaupt nichts erinnern.«

»Nicht viel, aber warum fragst du?«

»Nur so, hätte ja sein können, dass ich in meinem Zustand irgendwelchen Blödsinn von mir gegeben habe. Wäre ja nicht das erste Mal gewesen.«

Lea musste grinsen. »Blödsinn nicht, aber alles, was du vorher in dich hineingeschüttet hast.«

»Wie, du meinst doch nicht etwa, dass ich…?« Konrad brachte den Satz nicht zu Ende.

»Mach dir keinen Kopf, das kann jedem Mal passieren.«

Verlegen hob Konrad die Kanne an. »Kaffee?«

»Unbedingt.« Lea schmunzelte.

Konrad nahm einen Becher aus dem Regal, füllte ihn mit Kaffee und schob ihn Lea über den Tresen der offenen Wohnküche herüber.

Lea wechselte das Thema. »Sag mal stimmt es, dass du gestern gar nicht bei der Urteilsverkündung warst?«

»Ja, das stimmt. Ich wollte erst hingehen, habe es mir dann aber anders überlegt, nachdem mir klar geworden war, dass das Ganze ziemlich blutig werden dürfte.«

Lea nickte verständnisvoll. »Hätte ich auch machen sollen, ich meine wegbleiben. So etwas braucht wirklich kein Mensch.«

»Nee, mir haben die Schreie schon gereicht.«

»Ja, stimmt. Wenn ich nur daran denke, läuft es mir immer noch eiskalt den Rücken herunter.«

»Noch Kaffee?«

»Nein, danke.« Lea überlegte kurz, ob sie Konrad noch auf seinen Moralischen ansprechen sollte, entschied sich dann aber dagegen. Sie war ohnehin schon spät dran. »Ich muss los«, sagte sie stattdessen und stand auf. »Ich will noch schnell einen kurzen Stopp bei Kanzi und Kojo einlegen und dann nach Thaore. Post holen und einige Einkäufe erledigen.«

»Soll ich mitkommen?«

»Nein, ich nehme Alemee mit. Ich hatte es ihr versprochen, noch bevor sich ihr Zahn entzündet hatte.«

»Ich meinte eigentlich zu Kanzi und Kojo.«

»Nein, ich komm schon klar. Kümmere du dich bitte mit Tembo um die Drainage. Die Arbeit muss ja trotz allem weitergehen.«

»Gut, aber dann sag mir wenigstens, wie es den beiden geht.«

»Kanzi ist immer noch nicht aufgewacht. Das macht mir langsam Sorgen. Kojo wird wieder, braucht aber bestimmt drei bis vier Wochen, bis die Wunde einigermaßen abgeheilt ist.«

»Ich werde für beide beten.«

»Ja, mach das. Die beiden können jede Hilfe gebrauchen.«

Als Lea bereits an der Tür angelangt war, fiel Konrad noch etwas ein. »Ach Lea, fast hätte ich es vergessen. Hast du meine Cap gesehen? Ich meine das grüne, mit dem *K* vorne drauf.«

Lea blieb abrupt stehen, drehte sie sich wie in Zeitlupe um und hob zur Entschuldigung die Hände. »Sorry Konrad. Es ging alles so schnell und irgendetwas musste ich dir ja unter dein Kinn halten.«

Konrad brauchte eine Sekunde, um zu begreifen, was Lea gesagt hatte. »Nein, nicht mein Cap.« Sein Gesicht war starr vor Entsetzen.

Selbst als Lea in die Pedale trat, musste sie immer noch lachen. Der Gesichtsausdruck von Konrad war aber auch zu köstlich gewesen, als er realisiert hatte, was mit seiner Cap passiert war. Er hatte die Augen weit aufgerissen und sämtliche Farbe war aus seinem Gesicht gewichen.

Die alte Patme riss sie aus ihren Gedanken. »Guten Morgen, Lea.«

»Hallo, Patme.« Die alte Frau saß wie immer vor ihrer Hütte, schien diesmal aber keine Hirse, sondern irgendetwas anderes zu zerstampfen. Lea hob kurz die Hand, bevor sie zwischen zwei Hütten nach links abbog. Es gab hier keine befestigten Wege, dafür aber jede Menge Trampelpfade. Wie ein Spinnennetz durchzogen sie das gesamte Dorf.

Nach dreihundert Metern hatte Lea die Hütte von Kanzi erreicht. Er lebte zusammen mit seinem jüngeren Bruder Buma am nördlichen Rand des Dorfes. Die Tür stand offen. Lea stellte das Fahrrad ab und ging hinein. Die Sonne fiel herein und sorgte für ausreichend Helligkeit. Lea fiel ein Stein vom Herzen als sie sah, dass Kanzi wieder bei Bewusstsein war. Sesuna, seine Mutter, kniete neben ihm und flößte ihrem Sohn gerade ein wenig von dem Brei ein, den die Tük zu jeder Mahlzeit aßen. Lea hatte ihn schon öfter probiert, konnte sich aber nicht dafür erwärmen. Der Brei aus Hirse schmeckte irgendwie muffig. Das war aber alles nebensächlich, weil im Moment nur eines zählte und das war Kanzis Gesundheitszustand und der hatte sich zweifellos verbessert. »Hallo Kanzi, ich bin so froh, dass es ihr dir besser geht.«

»Hallo Lea.«

Sesuna lächelte und rückte ein Stück zur Seite. »Danke, dass du dich um meinen Sohn gekümmert hast.«

Lea hockte sich neben sie und berührte kurz ihren Arm. »Das habe ich doch gerne gemacht.«

Unterdessen versuchte sich Kanzi ein wenig aufzurichten, wurde aber sogleich von einem heftigen Schmerz erfasst.

Geistesgegenwärtig drückte Lea den Verletzten zurück. »Das lässt du besser bleiben. Du hast eine schwere Gehirnerschütterung. Und jetzt halt den Kopf still, ich möchte dich genauer untersuchen.« Leas Ton hatte etwas Befehlsmäßiges und duldete keinen Widerspruch.

»Ja, ist gut.«

Lea nahm sich Zeit und betrachtete die Naht von allen Seiten, während sie peinlichst darauf achtete, dass ihr Gesichtsausdruck nichts von dem widerspiegelte, was ihr gerade durch den Kopf ging. Es war das reinste Chaos und reichte von: Gott sei Dank, die Wunde hat sich nicht entzündet, bis oh fuck, dass hätte ja Konrad in seinem Suff-Kopf besser hingekriegt.

»Und?« fragte Kanzi schließlich, nachdem er die Ungewissheit nicht mehr aushielt. »Was sagst du, werde ich wieder gesund?«

Lea räusperte sich. Sie brauchte noch einen Moment, um ihre Gedanken zu sortieren. Schließlich entschied sich für eine zweigeteilte Antwort. »Ja, du wirst wieder gesund, aber leider auch eine hässliche Narbe davontragen.«

»Wie groß?«, hakte Kanzi ein.

»Leider ziemlich groß. Sie reicht fast von einer Seite zur anderen.« Zur weiteren Klarstellung zeichnete Lea die Größe mit dem Finger auf ihrer eigenen Stirn nach.

Kanzi presste die Lippen zusammen und schloss für eine Sekunde die Augen.

»Hier«, sagte Lea, ohne weiter auf die Narbe einzugehen und hielt Sesuna eine Packung mit Tabletten hin. »Davon muss du deinem Sohn jeden Morgen und jeden Abend zwei Stück in den Brei tun. Sie schützen ihn vor dem inneren Feuer.«

»Ist das ein Zauber?«

»Ja, ein Zauber.« Lea hatte mit der Frage gerechnet und sich für diese Antwort entschieden. Alles andere wäre zu kompliziert geworden. Außerdem war es ihrer Ansicht nach auch nicht gelogen. Es kam eben, wie so häufig, nur auf die Perspektive an.

Als Lea wieder auf ihr Fahrrad stieg, war sie mit sich und der Welt zufrieden. Kanzi war auf dem Weg der Besserung und wenn sie es sich richtig überlegte, war ihr die Naht doch ganz gut gelungen. Jedenfalls wenn man berücksichtigte, dass sie vorher noch nicht einmal eine Socke gestopft hatte. So, nun schnell zu Kojo, überlegte Lea weiter und trat in die Pedale. Nala sah Lea als erste. Sie saß noch genauso da, wie am Abend zuvor und starrte vor sich hin, sodass es beinahe den Anschein hatte, als ob sie die ganze Nacht vor der Hütte zugebracht hatte.

»Hallo Nala, du bist ja immer noch ganz blass. Hast du etwa die ganze Nacht hier gesessen?«

Keine Antwort

»Pass auf, ich lege Kojo jetzt schnell einen neuen Verband an und dann reden wir und ich kümmere mich um dich. Okay?«

Wieder reagierte Nala nicht. Sie schien immer noch unter Schock zu stehen.

Lea streichelte ihr mit der Hand über den Kopf und betrat die Hütte. Zu ihrer Überraschung sah sie Patme an Kojos Seite sitzen. Sie war gerade damit beschäftigt, Kojo einen klebrigen Brei auf den Rücken aufzustreichen.

»Hallo Patme, was machst du hier?«

»Amari hat mich gebeten, Kojos Rücken zu versorgen.«

Das verstehe wer will, dachte Lea. Erst foltern sie ihn und dann versorgen sie seine Wunden.

Patme schien Leas Gedanken zu erraten. »Strafe und Vergebung gehören für uns zusammen, das ist Teil unserer Tradition.«

»Verstehe«, antwortete Lea, ohne wirklich überzeugt zu klingen. »Dann hielt sie ihr die Tube mit der Salbe hin. »Hier, nimm die Salbe. Sie wirkt entzündungshemmend und schmerzstillend.«

Patme lächelte verständnisvoll. »Deine Salbe ist bestimmt gut, aber glaub mir, unser Heilmittel ist besser.«

Lea war versucht zu intervenieren, überlegte es sich dann aber anders. Es hatte sich schon häufiger als richtig erwiesen sich nur dann einzumischen, wenn ihre Hilfe auch erwünscht war. »Ich gehe dann mal.«

»Warte kurz«, antwortete Patme und quälte sich hoch. »Ich möchte dir noch etwas sagen.«

»Okay.«

Patme nahm ihre Hände in die ihren und blickte Lea tief in die Augen. »Du bist eine tolle Frau, Lea. Allein deinem Mut und deiner Entschlossenheit ist es zu verdanken, dass Kanzi noch lebt. Allein deshalb wirst du immer einen Platz in meinen Herzen haben.«

Lea schluckte und wusste gar nicht, was sie sagen sollte.

»Und jetzt mach, dass du rauskommst.«

Lea nickte und trat vor die Tür. Beschwingt stieg sie auf ihr Fahrrad und hätte Nala beinahe vergessen. »Nala?« Doch sie war nicht mehr da.

24

Nach einem mehr oder weniger ereignislosen Tag sah Buma das Nashorn als erstes. Das Monstrum hatte im Schatten einer großen Schirmakazie gelegen und rappelte sich gerade auf. Vermutlich fühlte es sich von ihnen gestört oder betrachtete sie schlimmstenfalls sogar als Eindringlinge in sein Territorium. Oh, oh, dachte Buma, wenn das mal keinen Ärger gibt. Und richtig: das Nashorn tänzelte bereits aus dem Schatten heraus und stellte sich ihnen in den Weg. Buma erkannte sofort, dass es sich um ein Breitmaulnashorn und noch dazu um einen alten Bullen handelte. Die schiere Größe, gepaart mit dem großen, angeschlagenen Horn ließ keinen anderen Rückschluss zu. Der Bulle hatte ganz offensichtlich schon viele Kämpfe bestritten. Buma blieb abrupt stehen und warnte die anderen. »Kifaru.«

Einer nach dem anderen verharrte daraufhin in der Bewegung.

Buma schätzte, dass die Distanz zwischen ihnen und dem Nashorn gerade einmal fünfzig Meter betrug. Das war wirklich nicht viel, wenn man berücksichtigte, dass ein Nashorn, trotz seiner mächtigen und gleichzeitig plumpen Erscheinung, viel schneller laufen konnte als sie.

»Sieht nicht gut aus«, raunte Tajeu der Gruppe zu, »der Bursche scheint richtig sauer zu sein.« Das Nashorn stampfte gerade mit dem Fuß auf und wog den Kopf abwechselnd nach links und rechts.

»Und weit und breit ist kein Baum in der Nähe, auf den wir klettern können«, fügte Dorme leise an.

»Wir bilden einen Klumpen, schnell«, flüsterte Buma. Aus Erfahrung wusste er, dass ihnen vielleicht noch dreißig Sekunden blieben, bis das Nashorn davontrottete oder auf sie zulaufen würde.

»Einen was?«, fragte Kiano, nachdem er glaubte sich verhört zu haben.

»Einen…egal, rückt einfach dicht an mich heran und macht genau das, was ich euch sage.«

Schnell gruppierten sich daraufhin alle vier um Buma und warteten auf das, was gleich passieren würde. Man konnte die Spannung in der Luft beinahe knistern hören.

Kurz darauf hatte sich das Nashorn entschieden. Es stampfte ein letztes Mal mit dem Fuß auf und griff an. Mit jedem Schritt schien der Boden unter ihnen ein wenig mehr zu beben.

»Auf mein Kommando rennen wir seitlich auseinander.« Das Nashorn war jetzt noch dreißig Meter entfernt, dann zwanzig. Unruhe machte sich breit.

»Buma?«

»Noch nicht, wartet.«

Nio bewegte sich und wurde von seinem Bruder festgehalten.

Buma schätzte die Entfernung aufs Neue ab. Noch fünfzehn Meter, noch zwölf, noch zehn. Der Lärm war jetzt ohrenbetäubend und Buma glaubte bereits, das weiße im Auge des Nashorns zu erkennen. Dann schrie er »jetzt« und alle stoben auseinander, während das Nashorn nur eine Sekunde später genau die Stelle durchpflügte, an der die Löwenjäger soeben noch gestanden hatten. Der Bulle bremste abrupt ab und riss seinen massigen Körper herum, blieb dann aber verwirrt stehen, weil er sich ganz offensichtlich nicht entscheiden konnte, welchem der Eindringlinge er hinterherjagen sollte. Zu guter Letzt trottete er einfach wieder zurück und ließ sich im Schatten der Schirmakazie nieder.

Obwohl seine Lunge bereits brannte, dachte Nio nicht im Traum daran, sein Tempo zu drosseln. Zu groß waren der Schock und die Angst, die ihn nach vorne trieben. Er traute sich noch nicht einmal einen Blick über seine Schulter zu werfen, sonst hätte er längst gemerkt, dass das Nashorn weder ihm noch einem der anderen Löwenjäger folgte.

»Nio«, rief Dorme immer und immer wieder, doch sein Bruder hörte ihn nicht. »Verdammt nochmal!«

Tajeu zog ihn am Arm. »Lass gut sein Dorme. Dein Bruder wird es schon noch früh genug merken, spätestens wenn er am Rand der Welt angekommen ist. Und jetzt komm.«

»Sehr witzig.« Gemeinsam gingen sie in einem großen Bogen um die Schirmakazie herum. Kiano und Buma warteten schon.

»Wo ist Nio?«, fragte Buma.

»Der läuft immer noch um sein Leben«, frotzelte jetzt auch Dorme. »Es würde mich nicht wundern, wenn er gleich vom Rand der Welt herunterfällt.«

Zehn Minuten später war Nio wieder an ihrer Seite und die Löwenjäger zogen weiter auf der Suche nach dem Golgath. Von Nios Angst war nichts mehr zu spüren, das Gegenteil war sogar der Fall. Er wirkte jetzt regelrecht euphorisiert und hörte gar nicht mehr auf zu reden. »Wir hätten alle tot sein können. Das war wirklich unglaublich, sogar der Boden hat gebebt. Das glaubt uns keiner, wenn wir nach Hause ...«

»Eins verstehe ich nicht«, ging Kiano dazwischen. »Warum mussten wir bis zur letzten Sekunde warten und sind nicht gleich auseinandergelaufen? Was sollte dieses waghalsige Manöver?« Die Frage war zweifelsohne an Buma gerichtet.

»Weil sich der alte Bulle dann in aller Seelenruhe einen von uns ausgeguckt hätte. Deshalb mussten wir auf diese List zurückgreifen und den Bullen verwirren und aus dem Konzept bringen. Ich dachte, ihr habt gewusst, was ich vorhatte.«

Kiano, Dorme und Nio schüttelten daraufhin mit dem Kopf.

»Na, dann wisst ihr es eben jetzt«, fügte Tajeu an. »Und jetzt lasst uns einen Zahn zulegen, wir haben viel Zeit verloren.«

25

Linus stützte sich mit den Händen auf der Reling ab und blickte lange auf die tiefblaue See hinaus. Am Horizont sah er einen dünnen Streifen, vermutlich die Küste Südenglands. Es war frisch, aber nicht unangenehm. Ein leichter Wind wehte von Süden herüber. Gerade zogen Schweinswale an der Steuerbordseite vorbei. Im Rhythmus ihrer Bewegungen atmete er tief ein und wieder aus, tief ein und wieder aus. Sein Puls beruhigte sich und jegliche Anspannung fiel von ihm ab. Der Traum war wirklich heftig, aber auch irgendwie befreiend gewesen. Sein imaginäres Treffen mit seinen Kameraden beschäftigte ihn am meisten. ›Gaben ihm seine Kameraden wirklich keine Mitschuld an ihrem Tod? Hatte er wirklich die ganze Zeit so falsch gelegen? Es schien beinahe so. Andererseits war es nur ein Traum, ein Trugbild, das rein gar nichts zu bedeuten hatte. Aber warum hatte sich dann alles so echt, so real angefühlt, so ganz anders als seine üblichen Träume, nicht so verschwommen und chaotisch? Oder war es am Ende gar kein Traum den er durchlebt hatte, sondern etwas Magisches?‹ Unweigerlich musste er an Harry Potter denken. Konnte es sein, dass der Hubschrauber so etwas wie ein Portschlüssel war, der ihn durch Raum und Zeit transportiert hatte? Nein, Quatsch, dachte er, so etwas gab es nicht. Linus musste jetzt sogar ein wenig schmunzeln. Eher zufällig blickte er auf seine Uhr und musste zu seiner Überraschung feststellen, dass nicht mehr als zehn Minuten vergangen waren, seit er in den Hubschrauber hineingeklettert war. Wie war das möglich, nach alldem was er in den letzten Stunden erlebt hatte? Umso mehr fragte er sich, was Robin wohl dazu sagen würde. Vielleicht sollte er sie anrufen. Linus blieb noch lange an der Reling stehen und grübelte, ohne auch nur eine Antwort auf seine Fragen zu erhalten. Eines aber wusste er: Er würde wieder in den Hubschrauber klettern. Er wollte wieder zurück nach Tansania, auch wenn dieser Teil seines Traumes ein Wechselbad der Gefühle in ihm ausgelöst hatte. Angefangen bei seinem Streifzug durch die Savanne, über das Nashorn, das sich ihnen in den Weg gestellt hatte, bis hin zu der Folter, der er beigewohnt hatte. Und dann war da auch noch Lea gewesen, die er gerne noch ein wenig länger begleitet hätte. Er fühlte sich einfach wohl in ihrer Nähe.

Auf dem Weg zurück in seine Kabine spürte Linus einen unbändigen Hunger. Er überlegte kurz, wann er das letzte Mal etwas Richtiges gegessen hatte, konnte sich aber nur an das eine Brötchen erinnern, das er zum Frühstück zu sich genommen hatte. War das wirklich erst heute Morgen gewesen? Linus konnte es angesichts der ganzen Erlebnisse kaum glauben. Schlussendlich war es aber auch egal. Sein Magen knurrte und er musste etwas dagegen tun. Kurzerhand bog er in Richtung Messe ab und sah sich plötzlich dem Kapitän gegenüber. Er saß allein in einer Ecke und löffelte eine Suppe. Sonst war niemand zu sehen, auch nicht in der Kombüse. Linus nahm sich einen tiefen Teller aus dem Regal und füllte zwei Kellen von dem Eintopf hinein, der auf dem Herd leise vor sich hin köchelte. Das Zeug duftete köstlich. »Darf ich mich setzen?«

»Natürlich.«

Linus nahm Platz und begann den Reiseintopf in sich hineinzulöffeln, während er darauf wartete, dass der Kapitän ihn auf den Vorfall im Maschinenraum ansprach. Doch es kam nichts. Anscheinend hatte der Filipino ihn nicht verpetzt. »Wirklich lecker, was ist das?«, fragte Linus, nur um überhaupt irgendetwas zu sagen.

»Ein philippinisches Nationalgericht und heißt…«, Sánchez überlegte einen Moment…, »Adobo. Ein Pott davon, steht fast immer auf dem Herd.«

»Kommt der Koch auch von den Philippinen?«

»Ja, so wie die gesamte Mannschaft, wenn man von mir und Romanov absieht.«

»Einen Matrosen habe ich schon kennengelernt oder besser gesagt versehentlich erschreckt, als ich mir den Maschinenraum angesehen habe.« Das entsprach zwar nicht ganz der Wahrheit, war aber auch nicht komplett gelogen. Schließlich hatte er den Maschinist ja tatsächlich erschreckt, auch wenn es sicherlich kein Versehen gewesen war.

»Machen Sie sich keine Sorgen, meine Mannschaft ist hart im Nehmen und ganz besonders Dodong.«

›Dodong war also sein Name.‹ In dem Moment kam ihm eine Idee. »Ich würde mich gerne entschuldigen und ihm als Wiedergutmachung etwas schenken. Vielleicht eine Stange Zigaretten.«

Sánchez überlegte einen Moment. »Warum nicht? Zigaretten kann Dodong immer gebrauchen. Wenn Sie wollen, können Sie eine Stange bei uns im Shop kaufen. Er öffnet jeden Morgen für eine Stunde, zumeist direkt nach dem Frühstück.«

»Das mach ich gerne, wo finde ich denn den Shop?«

»Gleich um die Ecke.«

Linus runzelte die Stirn. Er konnte sich nicht erinnern so etwas wie einen Shop gesehen zu haben.

Der Kapitän sah das und musste lachen. »Es handelt sich dabei um unseren Erste-Hilfe-Raum. Sie müssen nur nach dem Aufkleber mit dem roten Kreuz Ausschau halten.«

Jetzt grinste auch Linus. »Okay, dass mache ich.«

»Wir haben ihn für unsere Mannschaft eingerichtet«, erklärte Sánchez weiter. »Sie können sich dort für kleines Geld mit allem eindecken, was man auf einer langen Seereise wie dieser im Allgemeinen so braucht. Bier, Schnaps und Zigaretten eingeschlossen.«

Linus nickte unmerklich. »Warum arbeiten hier eigentlich so viele Filipinos? Hat das einen bestimmten Grund?«

»Weil die Filipinos nicht nur gute Seeleute sind, sondern auch für weniger als die Hälfte des üblichen Lohns arbeiten. Als nächstes sind Romanov und ich dran. Für uns beide ist es die letzte Fahrt. Der Reeder, dieser geldgeile Halsabschneider, hat uns einfach vor die Tür gesetzt.«

»Oh, das tut mir leid.«

Sánchez presste die Lippen aufeinander und starrte weiter auf seinen Teller. »Für mich ist das kein Problem, ich hätte sowieso bald abgemustert, für meinen Ersten dagegen schon. Aber er wird schon irgendwo unterkommen. Er ist jung und einer der besten Seeleute, mit denen ich je zur See…« Sánchez stockte kurz … »aber behalten Sie das bitte für sich. Ich habe sowieso schon zu viel erzählt.«

»Selbstverständlich.«

»Aber jetzt mal zu Ihnen«, wechselte Sánchez das Thema. »Was treiben Sie so, wenn Sie nicht gerade wochenlang auf einem Containerschiff einmal um die halbe Welt fahren?«

Linus überlegte kurz, was er sagen sollte, und entschied sich dann für die Wahrheit. Alles andere hätte sich, angesichts der Offenheit mit der Sánchez ihm von seiner Kündigung berichtet hatte, nicht richtig angefühlt. Nur von seinen Träumen erzählte er verständlicherweise nichts. Dreißig Minuten später war er am Ende angelangt. »So jetzt wissen Sie, warum ich hier bin und in Tansania ein neues Leben anfangen will.«

Sánchez hatte ihn kein einziges Mal unterbrochen. Stattdessen stand er auf und ging an den Kühlschrank, holte zwei Flaschen Bier heraus, öffnete beide und drückte eine davon Linus in die Hand.

Linus grinste und prostete Sánchez zu.

»Salut«, antwortete Sánchez und nahm einen großen Schluck.

Nach dem zweiten Bier, Sánchez wollte gerade aufstehen, fiel Linus noch etwas ein. »Darf ich Sie noch etwas fragen, bevor Sie gehen?«

Sánchez setzte sich wieder hin. »Nur zu.«

»Ich würde gerne jemanden anrufen, bekomme hier aber keinen Empfang. Gibt es da irgendeine Alternative?«

»Na klar, wir haben ein Satellitentelefon an Bord. Sie können gleich mitkommen. Ich wollte sowieso gerade auf die Brücke.«

Fünf Minuten später stand Linus auf der Brücke und ließ sich von Kapitän Sánchez erklären, wie das Satellitentelefon funktioniert.

»Es ist ganz einfach und funktioniert ähnlich wie ein Handy. Sie müssen nur den roten Knopf drücken und dann die Nummer eintippen, aber bitte mit Länderkennung.«

Linus nickte und wählte die Nummer seiner Therapeutin. Es dauerte ein wenig länger, bis es klingelte. Nach dem dritten Freizeichen meldete sich eine Stimme. *»Dies ist der Anschluss von Dr. Robin Capelli. Ich bin zurzeit leider nicht erreichbar, rufe Sie aber gerne zurück, wenn Sie mir eine Nachricht hinterlassen. Ich wünsche Ihnen noch einen schönen Tag.«* Linus war enttäuscht, dass sich nur der Anrufbeantworter gemeldet hatte. Damit hatte er nicht gerechnet. Er überlegte kurz, ob er ihr eine Nachricht hinterlassen sollte, entschied sich dann aber dagegen. Zurückrufen konnte sie ihn ohnehin nicht. Ein wenig frustriert beendete er die Verbindung.

»Hat es nicht geklappt?«, fragte der Kapitän. Er stand direkt neben Linus und hatte mitbekommen, dass er nichts gesagt hatte.

»Doch schon, aber es hat sich nur der Anrufbeantworter gemeldet.«

Sánchez klopfte Linus auf die Schulter. Offensichtlich war ihm seine Enttäuschung anzusehen. »Ist doch kein Problem. Kommen Sie einfach später wieder und versuchen es noch einmal.«

»Das mache ich gerne.«

26

Alemee rutschte ganz aufgeregt auf dem Beifahrersitz umher und konnte kaum glauben, wie schnell sie fuhren. Die Landschaft flog nur so an ihnen vorbei. Ihre Gedanken überschlugen sich. Genauso musste sich ein Gepard fühlen, wenn er seiner Beute hinterherjagte. Umso mehr bedauerte sie, dass Kiano nicht an ihrer Seite war. Sie hätte dieses Erlebnis gerne mit ihm geteilt. ›Wo er und die anderen Azizi nur steckten?‹ Sie waren jetzt schon mehrere Tage unterwegs, ohne dass sie auch nur ein Lebenszeichen von ihnen gehört hatten. ›Ob es ihnen gut ging?‹ Doch jetzt war nicht die Zeit sich Sorgen zu machen. »Schneller Lea, schneller.«

Lea blickte kurz auf den Beifahrersitz und musste grinsen. So oder so ähnlich reagierten alle Tük, wenn sie das erste Mal in einem Auto saßen. Die Geschwindigkeit berauschte sie. Nur Nala schien eine Ausnahme zu bilden. Sie saß auf der Rückbank und starrte gedankenverloren auf ihre Hände. Sie hatten sie kurz zuvor am Straßenrand aufgegabelt und sie kurzerhand mitgenommen.

»Bitte Lea, nur noch ein bisschen schneller.«
»Nein Alemee, das reicht. Wir fahren bereits siebzig und das ist auf einer Piste wie dieser schnell genug. Vielleicht später, wenn wir eine befestigte Straße erreichen.«
»Schade.«
»Und jetzt hör bitte auf zu zappeln. Das lenkt mich nur ab und wir bauen am Ende noch einen Unfall.«

Alemee murmelte daraufhin etwas Unverständliches, tat dann aber worum Lea sie gebeten hatte und ließ sich in den Sitz zurückfallen, jedoch ohne die Finger ihrer rechten Hand wieder einzufahren. Sie ragten die ganze Zeit aus dem offenen Seitenfenster und spielten mit dem Fahrtwind, während sie Lea die nächste Frage stellte: »Lea, ist siebzig Stundenkilometer so schnell, wie ein Gepard laufen kann?«

Lea musste schmunzeln. Sie hatte mal wieder nicht daran gedacht, dass Zeiten und Maßeinheiten, wie so vieles andere auch, im Leben der Tük keine Rolle spielten. »Nicht ganz, dafür ist ein Gepard aber auch nicht so stark und ausdauernd wie unser Land Rover. Deshalb würden wir ihn früher oder später auch überholen und weit vor ihm in Thaore ankommen.«

»Verstehe.« Kaum ausgesprochen bahnte sich bereits die nächste Frage ihren Weg an die Oberfläche. »Dann ist Thaore weit entfernt, ich meine weiter als zwei oder drei Tagesmärsche?«

Lea musste kurz überlegen. »Auf jeden Fall, eher vier oder fünf, aber auch nur, wenn man so schnell rennt, wie ihr es für gewöhnlich tut. Sonst braucht man noch länger.«

»Und wie ist Thaore so?«

»Ganz anders als euer Dorf, aber das habe ich dir ja schon so häufig erzählt. Am besten du wartest es einfach ab, wir sind ja bald da.«

»Wann ist bald?«

»In ungefähr drei...«, Lea hielt kurz inne und überlegte, »wenn die Sonne hoch am Himmel steht.«

Alemee nickte und gab endlich Ruhe.

Lea genoss die Fahrt in dem alten klapprigen Geländewagen und die Möglichkeit ihre Gedanken zu ordnen, bis sie erneut in den Rückspiegel schaute und Nala auf der Rückbank kauern sah. ›Was in ihr wohl vorging?‹ Sie hatte Nala beinahe vergessen, nachdem sie die ganze Zeit kein Sterbenswort gesagt hatte. Besorgt beobachtete sie die junge Frau, die in ihrer Schönheit und Anmut Alemee in nichts nachstand. Auch sie hatte ein ausgesprochen symmetrisches Gesicht, hohe Wangenknochen und eine Haarpracht, die nahezu jede europäische Frau vor Neid erblassen ließ. Noch immer blickte sie geistesabwesend auf ihre Hände und schien im Stillen jetzt sogar die eine oder andere Träne zu vergießen. »Nala, willst du uns nicht endlich erzählen, wo du hinwolltest, als wir dich so mutterseelenallein am Straßenrand angetroffen haben?«

Nala zuckte nur mit den Schultern.

»Möchtest du mir vielleicht sonst irgendetwas erzählen? Es würde dir bestimmt guttun.«

»Ja, mach das«, mischte sich Alemee jetzt ein. »Du kannst Lea vertrauen.«

Doch wieder antworte Nala nicht, sondern schüttelte stattdessen nur den Kopf.

Lea nahm sich vor, ihr Glück noch einmal auf dem Rückweg zu versuchen. Vielleicht brauchte Nala einfach nur mehr Zeit.

Alemee war ganz aus dem Häuschen, als sie durch die staubigen Gassen von Thaore liefen. Alles sah hier tatsächlich ganz anders aus. Die Hütten waren viel größer und höher und aus einem Material, wie Alemee es noch nie zuvor gesehen hatte. Einige waren sogar so groß, dass selbst der größte Elefant dagegen ganz klein und mickrig wirkte.

»Lea, Thaore ist wirklich unglaublich.«

Lea musste lachen. »Ja, das stimmt. Im Vergleich zu den großen Städten dieser Welt ist Thaore aber winzig klein.« Genau genommen war das sogar untertrieben, weil Thaore nicht größer war als eine Kleinstadt mit gerade einmal zwölftausend Einwohnern. Sie bestand aus einer Reihe von asphaltierten Straßen, an denen sich links und rechts eher niedrige Wohn- und Geschäftshäuser aneinanderreihten.

»Wirklich?«

»Ja, wirklich, es gibt Städte, da stoßen die Häuser bis an das Dach der Welt.«

»Kommst du aus so einer Stadt?«

»Ja, Köln, so heißt die Stadt, ist viel größer, im Vergleich zu den ganz großen Städten, wie New York oder Singapur aber immer noch ziemlich klein.«

»Verstehe.«

Nala sagte immer noch kein Wort. Mit hängendem Kopf trottete sie Lea und Alemee hinterher, ohne der Stadt auch nur einen Blick zu schenken. Ursprünglich wollte sie sogar im Wagen sitzen bleiben. Lea musste erst ein Machtwort sprechen, um sie zum Aussteigen zu bewegen.

In der folgenden Stunde erledigte Lea ihre Besorgungen. Sie leerte das Postfach, gab einige Sendungen auf und kaufte ein, was ihnen der Unimog nicht mitgebracht hatte oder schlimmer noch, geklaut wurde. Schon jetzt wusste Lea, dass sich Tembo über das Bier und den Whiskey am meisten freuen würde, während sie sich auf die Chips freute, die sie eingekauft hatte.

Anschließend telefonierte sie mit ihrem Sektionsleiter, Thommy Fleedwood, und tauschte sich mit ihm über die neuesten Entwicklungen aus. Er war froh von ihr zu hören und wusste selbst zu berichten, dass das neue Satellitentelefon bereits auf dem Weg zu ihnen war.

Überdies hatte es sich in jedem Fall ausgezahlt, dass sie nicht allein gefahren war, weil es doch mehr zu schleppen gab, als sie ursprünglich erwartet hatte. Am Ende mussten sie dreimal laufen, bis sie alle Einkäufe ins Auto eingeladen hatten. »So, das wäre geschafft«, sagte Lea schließlich, nachdem sie das letzte Päckchen im Kofferraum verstaut hatte. »Was haltet ihr davon, wenn wir uns zur Belohnung eine Limonade und auch etwas zu Essen gönnen?«

Alemee klatschte vor Freude in die Hände. »Oh ja, bitte.«

Nala zeigte dagegen immer noch keine Reaktion. Sie wirkte auf Lea wie eine wandelnde Tote. ›Was ging in der jungen Frau nur vor?‹ Spätestens jetzt glaubte sie nicht mehr daran, dass ihr Verhalten ausschließlich mit ihrem Mann zu tun hatte, auch wenn seine Folter schon ziemlich heftig gewesen war. »Dann los, wir suchen uns ein Lokal.«

Wenige Minuten später saßen Lea, Alemee und Nala im Schatten eines Coca-Cola-Sonnenschirms und tranken ihre Ingwer-Limonade. Die Bedienung des kleinen Restaurants brachte gerade das Essen, dass Lea für alle bestellt hatte. Schon jetzt war sie gespannt, wie es Alemee und Nala schmecken würde.

»Dreimal Pilau«, sagte die Bedienung auch schon und stellte den dreien die Teller vor die Nase.

Alemee blickte fragend auf ihren Teller und schien nicht zu wissen, was sie davon halten sollte. »Was ist das, Pilau?«

»Orientalischer Reis mit Rindfleisch und Gemüse. Das ist ein Gericht, das hier in Tansania sehr viel und gerne gegessen wird, allerdings weniger im Inland, sondern mehr an der Küste. Es schmeckt sehr gut.« Lea liebte Pilau und freute sich über die Abwechslung, zumal weder Tembo noch Konrad und schon gar nicht sie selbst besonders gut kochen konnten.

Alemee beugte den Kopf über das Gericht und rümpfte die Nase. »Ich weiß nicht, ob ich das mag. Es riecht so anders als unser Essen.«

»Das liegt an den exotischen Gewürzen. Sie verleihen dem Gericht einen besonderen Geschmack. Probiere es wenigstens.«

»Ja, ist gut.« Daraufhin steckte sich Alemee widerwillig ein wenig von dem Pilau in den Mund und kaute skeptisch darauf herum.

Gespannt beobachtete Lea Alemees Gesichtsausdruck. War er anfangs eher kritisch und verkrampft, entspannte er sich zusehends, bis sogar ein leichtes Lächeln auf ihren Lippen lag.

»Lecker«, sagte Alemee schließlich und griff erneut mit den Fingern zu, ohne das Besteck zu beachten, das die Bedienung neben jeden ihrer Teller gelegt hatte.

Nala schien es ebenfalls zu schmecken, obwohl sie immer noch nichts sagte.

Als sie fertig gegessen hatten und Lea gerade bezahlen wollte, fiel ihr Blick rein zufällig auf das Internetcafé auf der anderen Seite des Marktplatzes. In dem Moment kam ihr eine Idee. »Wollt ihr noch eine Limonade?«

Alemee nickte heftig mit dem Kopf.

»Die Rechnung und bitte noch zwei Limonaden.«

»Kommt sofort.«

»Hört mir bitte mal kurz zu. Ich muss da drüben noch etwas erledigen.« Zur Klarstellung zeigte Lea mit dem Finger auf das Internet-Café. »Dauert nicht lange, vielleicht zehn Minuten. Ihr bleibt so lange hier sitzen, okay?«

»Wie lang sind zehn Minuten?«

Lea ärgerte sich über sich selbst. Sie hatte schon wieder vergessen, dass die Tük mit Zeitangaben nichts anzufangen wussten. Sie kannten keine Uhren, sondern teilten ihren Tag einzig und allein nach dem Verlauf der Sonne ein. »Nicht lange, ich bin zurück, bevor ihr eure Limonade ausgetrunken habt.«

»Okay.«

Die Bedienung brachte die Rechnung und die beiden Limonaden.

Fünf Minuten später saß Lea vor einem alten Rechner und gab den Namen *Linus Christiansen* bei Google ein. Ihr neuer Kollege war ihr nicht mehr aus dem Kopf gegangen, seit sie sein Bild gesehen und von ihm geträumt hatte. Lea war neugierig und wollte wissen, mit wem sie es zu tun bekam. Die Verbindung war schlecht und deshalb dauerte es eine Weile, bis der alte Bildschirm eine Trefferliste ausspuckte. Lea konnte sich nicht erinnern, wann sie das letzte Mal vor einem Röhrenmonitor gesessen hatte. Es musste Jahre zurückliegen. Der erste Eintrag war gleich ein Volltreffer. Es war ein Artikel der Kieler Nachrichten und erzählte von dem Martyrium das Linus in Afghanistan erlebt hatte, vom Leid und Tod, das ihm widerfahren war. Mit weit aufgerissenen Augen sog Lea Zeile für Zeile in sich auf. Es war wirklich schlimm, was dort geschrieben stand und langsam dämmerte es Lea, was Linus in Tansania suchte. Er wollte vergessen, alles hinter sich lassen und ein neues Leben anfangen und damit genau dasselbe, was sie selbst gewollt hatte. Lea klickte weiter und las den nächsten Artikel und danach den nächsten und nächsten, bis ihr Alemee auf die Schulter klopfte.

»Die Limonade war alle und du bist nicht gekommen und da...«

»Es tut mir so leid, Alemee, ich habe die Zeit vergessen. Gib mir noch eine Minute, ich muss nur noch schnell etwas nachschauen.« Alemee nickte, während sie ihren Mail-Account öffnete und in aller Eile ihre Nachrichten überflog. Glücklicherweise war nichts dabei, was sie sich genauer anschauen musste.

Bevor Lea den Motor startete, beugte sie sich nach rechts und kramte im Handschuhfach nach einer Kassette mit ihren Lieblingshits. Sie hörte fast immer Musik, wenn sie Auto fuhr oder über irgendetwas nachdenken wollte. Und heute musste sie beides, Auto fahren und nachdenken. »Da ist sie ja«, sagte sie mehr zu sich selbst und steckte die Kassette in den Schlitz. Nur eine Sekunde später erklang *Hello* von Adele aus den vier Lautsprechern des alten Land Rovers. Der Klang war zwar nicht besonders gut, aber besser als gar nichts.

»Was ist das, wer singt da?«, platzte es aus Alemee heraus. Sie saß auf der Rückbank und blickte wie wild in alle Richtungen.

Selbst Nala zeigte sich überrascht. Sie legte das rechte Ohr an die Box der Beifahrertür und lächelte für einen Moment.

Lea musste lachen. »Das kommt hier aus dem Kassettenrekorder und ist ein Zauber, den ich aus meiner Heimat mitgebracht habe.« Lea hatte sich längst abgewöhnt den Tük alles erklären zu wollen, weil es in vielerlei Hinsicht keinen Zweck hatte. Sie verstanden es einfach nicht. Deshalb war sie irgendwann dazu übergegangen alles mit einem Zauber zu erklären, sobald etwas die Vorstellungskraft der Tük überstieg. Und Stimmen, die quasi aus dem Nichts erschienen gehörten definitiv dazu.

Alemee hielt jetzt ebenfalls ein Ohr an eine der Boxen. »Das ist der beste Zauber, den du je gemacht hast.«

Nach einer Weile, sie waren vielleicht fünfzig Kilometer gefahren, drehte Lea die Musik ein wenig leiser. Alemee war gerade eingeschlafen. Sie hatte immer wieder in den Rückspiegel geschaut und Alemee dabei beobachtet, wie ihr langsam aber sicher die Augen zugefallen waren. Jetzt lag sie halbsitzend und halbliegend auf der Rückbank und schien fest zu schlafen.

Nala zeigte dagegen keinen Anflug von Müdigkeit. Sie saß neben ihr auf dem Beifahrersitz und blickte stur geradeaus. Und leider war auch das Lächeln, das kurzzeitig ihre Lippen umspielt hatte, längst wieder verschwunden. Es war an der Zeit, einen neuen Versuch zu starten. »Alemee schläft, willst du mir vielleicht jetzt erzählen, was dich so betrübt. Ist es wegen deinem Mann?« Nala sprang nicht darauf an. Ganz offensichtlich war sie immer noch nicht bereit sich ihr zu öffnen. ›Aber vielleicht, wenn sie es mit mehr Nachdruck versuchte.‹ »Nala, komm schon, du kannst mir vertrauen. Es wird dir guttun mit jemanden zu sprechen. Wie soll ich dir sonst helfen?«

»Mir kann niemand helfen.«

»Das weißt du doch gar nicht. Lass es mich doch wenigstens versuchen.« Die Worte schienen zu wirken, weil Nala plötzlich unschlüssig auf ihrer Unterlippe herum kaute. Lea wusste, dass sie Nala jetzt nicht drängen durfte.

Einige Kilometer später war es dann endlich so weit und Nala ließ die Katze aus dem Sack. »Ich bin schwanger.« Kaum ausgesprochen, legte sie die Hände vor ihr Gesicht und fing bitterlich an zu schluchzen. Dicke Tränen liefen ihr über die Wangen.

Das ist es also, dachte Lea und versuchte die Tragweite der drei Worte abzuschätzen. »Ist Kojo der Vater?«

»Ich glaube nicht.«

Lea hätte vor Schreck beinahe die Bremse durchgetreten. ›Kojo hatte demnach richtig gelegen, als er seine Frau der Untreue bezichtigt hatte. Nur beweisen konnte er es nicht.‹ »Wer kommt denn noch in Frage, Yero?«

Nala schüttelte den Kopf.

»Willst du mir sagen, wer es ist?«

Ohne darauf zu antworten, stellte Nala eine Gegenfrage. »Kannst du das Baby wegmachen?«

Wieder musste Lea schlucken. »Nein, das kann ich nicht.«

»Aber du kannst doch zaubern oder etwa nicht?«

Lea drehte sich kurz zu Nala um. »Nala, so einfach ist das nicht, außerdem...«

»Ich habe doch gesagt, dass mir niemand helfen kann«, unterbrach Nala sie.

»Das habe ich nicht gesagt. Ich brauche nur etwas Zeit, um darüber nachzudenken.« Und je länger Lea das tat, je mehr kam sie zu der Überzeugung, dass ein

Schwangerschaftsabbruch gar nicht nötig war. Nala musste nur lernen mit ihrem Geheimnis zu leben und Kojo das Kind als sein eigenes verkaufen. »Wie lange bist du schon schwanger?«

»Seit zwei Monden.«

»Hast du in der Zeit auch bei Kojo gelegen?«

»Vielleicht ein- oder zweimal.«

»Demnach könnte es also auch sein Kind sein?«

»Ja, schon, aber...« Nala zögerte.

»Dann hat er doch keinen Grund anzunehmen, dass das Kind nicht sein eigenes ist. Du darfst ihn nur nicht zweifeln lassen. Dann wird alles gut.«

Nala schüttelte resigniert den Kopf. »Nein, wird es nicht, weil alles viel komplizierter ist. Du kannst das nicht verstehen, wie solltest du auch.«

Lea versuchte es erneut. »Nala, du wärst nicht die erste, die ihrem Mann ein fremdes Kind unterjubelt. Versuche doch einfach damit zu leben und denke vor allem an dein Kind.«

Nala wollte noch etwas erwidern, stockte dann aber, weil Alemee just in diesem Moment wieder aufwachte.

Alemee rekelte sich und steckte den Kopf zwischen Fahrer- und Beifahrersitz nach vorne. »Ich muss eingeschlafen sein. Worüber redet ihr gerade?«

»Über die Musik, die Lea hervorgezaubert hat. Wir wollten sie gerade wieder lauter drehen.«

»Oh, ja bitte.«

Lea drehte die Musik erneut lauter, wohlwissend das Nala sich jetzt wieder in ihr Schneckenhaus zurückziehen würde. Das Gespräch konnte sie auch noch später fortsetzen.

27

Je länger die Azizi nach Nordosten in Richtung Kenia vorrückten, je mehr veränderte sich die Landschaft. Durchsetzten bisher nur vereinzelte Bäume das Grasland, nahm die Anzahl der Schirmakazien und Affenbrotbäume mit jedem Kilometer weiter zu. Wie Pickel auf der Haut eines Pubertierenden durchzogen sie zwischenzeitlich die nicht enden wollende Savanne. Gleichzeitig rückte der Angriff des Nashorns mehr und mehr in den Hintergrund und wurde von anderen Gesprächsthemen überlagert. Tajeu und Kiano redeten gerade über die Zeit, die sie nach ihrer Rückkehr in ihrem Dorf erwartete.

»Ich werde Alemee zur Frau nehmen«, sagte Kiano gerade im Brustton der Überzeugung. »Sie ist die richtige für mich.«

»Das klingt ja beinahe so, als ob ihr euch schon einig seid. Hast du mit ihr etwa schon gesprochen?«

»Das nicht. Nala hat mir aber verraten, dass sie sich nichts sehnlicher wünscht.«

Tajeu knuffte ihn freundschaftlich in die Seite. »Du bist ein echter Glückspilz.«

»Und wen willst du in deine Hütte holen, wenn wir wieder zu Hause sind?«

»Niemanden, weil ich nicht wieder nach Hause gehe.« Tajeu überlegte einen Moment. »Zumindest nicht für lange Zeit. Ich bin kein Bauer und will auch keiner werden. Die Feldarbeit liegt mir einfach nicht im Blut.«

Kiano schaute ihn entgeistert an. »Aber was willst du sonst machen?«

»Ich will als Fährtenleser für eine Safari-Lodge arbeiten, so wie mein Cousin dritten Grades. Ich habe ihn letztes Jahr auf einer Familienfeier im Nachbardorf getroffen.«

»Und das geht so einfach?«

»Nein, natürlich nicht. Aber er will ein gutes Wort für mich einlegen und das auch nur, wenn ich die vor uns liegende Prüfung bestanden habe.«

»Verstehe.« Kiano dachte einen Moment nach und presste kurz die Lippen aufeinander. »Hast du den anderen schon von deinem Plan erzählt?«

»Nein, das habe ich nicht und du wirst das auch nicht tun, hörst du? Zumindest nicht, bevor wir diesen verfluchten Golgath erledigt haben.«

»Nein natürlich nicht, das ist deine Sache.«

Unterdessen war Buma an der Spitze ihrer Formation stehen geblieben und zeigte mit seinem rechten Arm nach vorne. »Seht ihr den Grüngürtel da vorne? Direkt dahinter fließt der Oran.«

Jetzt sah auch Dorme den dünnen grünen Faden, der sich von Nord nach Ost schlängelte. »Dann ist die Grenze zu Kenia auch nicht mehr weit, vielleicht noch ein oder zwei Tagesmärsche, irgendwo dort drüben am anderen Ufer.«

»So weit war ich noch nie von zu Hause entfernt«, sagte Nio und wurde auf einmal ganz kleinlaut. »Wo der Golgath nur hinwill?«

»Wir können ihn ja fragen, wenn wir ihn endlich gestellt haben«, antwortete Buma und setzte sich wieder in Bewegung.

Die anderen folgten ihm erst langsam und dann immer schneller, als ob sie es gar nicht abwarten konnten das Ufer des Oran zu erreichen. Ähnlich wie der Mara floss auch der Oran grenzüberschreitend durch Tansania und Kenia, verlief aber viel weiter östlich. Davon abgesehen waren sich beide Flüsse sehr ähnlich, auch wenn der Oran bei Weitem nicht die gleiche Berühmtheit erlangt hatte. Beide waren die Lebensader für Abertausende von Tieren, ohne die ein Überleben in der Trockenzeit kaum möglich wäre. Sie waren die Garanten für die Artenvielfalt in der einzigartigen Savanne Ostafrikas.

Unweit der Uferzone ging Buma in die Knie und studierte die Spuren, die der Golgath hinterlassen hatte. »Er hat hier geruht und ist dann erst nach links gegangen, bevor er wieder umgedreht und dann nach Osten weitergelaufen ist.«

»Dann nach Osten«, erwiderte Tajeu und übernahm die Führung, ohne auch nur eine Sekunde an Bumas Analyse zu zweifeln.

Entlang des Oran begegneten ihnen viele verschiedene Tiere. Impalas und andere Antilopenarten, jede Menge Gnus, Zebras, Elefanten, aber auch Warzenschweine und Flusspferde. Nashörner gehörten glücklicherweise nicht dazu. Leider aber auch nicht der Golgath. Er schien ihnen immer ein, zwei Schritte voraus zu sein.

Buma glaubte sogar, dass sich der Vorsprung wieder auf mehr als fünf Stunden vergrößert hatte, seit sie den Oran erreicht hatten. »Den Spuren nach zu urteilen ist der Golgath wirklich schnell unterwegs. Es hat beinahe den Anschein, dass er auf der Flucht vor uns ist.«

»Ja, das stimmt«, pflichtete Dorme ihm bei. »Es scheint beinahe so, als ob er um sein Leben rennt.«

»Jetzt nicht mehr« entgegnete Tajeu und verlangsamte sein Tempo, bis er ganz zum Stehen kam. »Die Spuren enden hier.«

Buma lief auf und kniete sich neben Tajeu. »Tatsächlich, aber wie ist das möglich, der Golgath kann sich doch nicht in Luft auflösen?« Zwischenzeitlich suchten alle Löwenjäger nach irgendeinem Hinweis.

Schließlich war es Nio, der die entscheidende Entdeckung machte. »Hier unten, direkt in der Böschung, ist so etwas wie ein Abdruck. Könnte sein, dass...«

»Wo genau?«, unterbrach ihn Buma und machte einen Satz die Böschung herunter.

»Dort neben dem...«, Nio stockte für den Bruchteil einer Sekunde, »...hier ist noch einer, direkt am Wasser und da noch einer.« Nios Stimme überschlug sich jetzt beinahe, während er mit dem Zeigefinger seiner rechten Hand auf den dritten Abdruck zeigte. »Hier, schau.«

Buma beugte sich zu Nio herunter und blickte der Reihe nach von einem Abdruck zum nächsten, bevor er seine Augen über den Fluss schweifen ließ und die Mundwinkel zu einem feinen Grinsen verzog. »Dieses Schlitzohr hat allem Anschein nach die Seite gewechselt.«

Dorme schüttelte ungläubig den Kopf. »Nie im Leben, Löwen hassen das Wasser und würden niemals durch einen Fluss schwimmen, wenn es nicht unbedingt nötig ist.«

»Mag sein, aber so wie es aussieht hat der Golgath genau das getan. Er ist die Böschung heruntergesprungen und mit zwei Sätzen direkt hier in den Fluss gewatet.«

Nio hatte genug gehört und setzte bereits einen Fuß in das Wasser.

»Hey, wo willst du hin?«, fragte sein Bruder entgeistert. Dorme stand mit Tajeu und Kiano noch immer oberhalb der Böschung und blickte auf seinen Bruder und Buma herab.

»Na, wohin wohl? Über den Fluss, dem Golgath hinterher.«

»Du spinnst wohl oder hast du noch nichts von Krokodilen gehört? Von den Biestern wimmelt es hier nur so.«

Kaum das Dorme das Wort Krokodile ausgesprochen hatte, quiekte Nio und machte einen Satz nach hinten. »Warum sagt mir das keiner?«

Nicht nur Dorme musste plötzlich lachen. So gelöst die Stimmung in diesem Moment auch war, so angespannt wurde sie, nachdem die Azizi realisiert hatten, in welche ausweglose Lage sie der Golgath gebracht hatte.

»Na super«, sagte Tajeu und spuckte aus. »Ich fasse die Situation nochmals zusammen, nur für den Fall, dass ich irgendetwas nicht mitbekommen habe. Entweder wir lassen uns von den Krokodilen auffressen oder wir geben uns geschlagen und die Jagd nach dem Golgath auf.«

Buma trat vor Wut einen kleinen Stein ins Wasser. »Ja genau, so oder so sind wir die Dummen. Man könnte fast meinen, dass uns der Golgath verhöhnen will.«

»Wir könnten auf dieser Seite weiter den Fluss entlanglaufen und hoffen, dass der Golgath irgendwann erneut die Seite wechselt und wir seine Spur wieder...« Dorme wurde immer leiser, bis er den Satz schließlich ganz abbrach. Ganz offensichtlich schien er selbst nicht an das zu glauben, was er gerade gesagt hatte.

Kiano presste die Lippen aufeinander und musste an Alemee denken. Was würde aus ihnen beiden werden, wenn er unverrichteter Dinge wieder in das Dorf zurückkehrte? Wäre sie enttäuscht und noch viel wichtiger: würde sie auf ihn warten, bis er die nächste Gelegenheit bekam, um sich auszuzeichnen oder würde sie einen anderen heiraten? Kiano wusste es nicht. Dafür war er sich sicher, dass es viele junge Männer gab, die nur darauf warteten, dass er versagte. Sie würden ihre Chance wittern und versuchen die Situation zu ihrem Vorteil auszunutzen. Sie würden Alemee bezirzen, ihr den Hof machen und vielleicht, ja vielleicht, würde sie dem Werben eines ihrer Verehrer irgendwann nachgeben. Allein die Vorstellung ließ Kiano erschaudern. Kurzentschlossen schritt er an die Stelle an der Nio soeben noch einen Fuß in den Fluss gesetzt hatte und watete hinein. Alle anderen beobachteten ihn, sagten diesmal aber kein Sterbenswort. Es schien beinahe so, als ob sie nur darauf gewartet hatten, dass einer den ersten Schritt machte. Fuß um Fuß setzte Kiano nach vorne, während sein Blick auf der Wasseroberfläche umherhuschte. Er kam sich beinahe wie die Impala vor, die sie am Vorabend erst ins Wasser gescheucht und dann getötet hatten. Nur mit dem Unterschied, dass Tajeu hier nirgendwo lauerte, sondern womöglich eines oder mehrere dieser grünen urzeitlichen Monster. Umso erleichterter war er, dass ihm das Wasser selbst in der Flussmitte nur bis zur Hüfte ging. Der Golgath hatte sich zweifelsohne die perfekte Stelle für eine Überquerung des Oran ausgesucht. Kiano lächelte jetzt sogar ein bisschen, auch wenn das rettende Ufer noch ein ganzes Stück entfernt war. Noch ungefähr fünf Schritte schätzte Kiano die Entfernung ein. Noch vier, noch drei, noch…

»Hinter dir«, schrien auf einmal mehrere seiner Begleiter aufgeregt durcheinander, ohne zu sagen um was oder wen es sich handelte.

Kiano wirbelte herum und sah einen Baumstamm auf sich zu treiben, nein keinen Baumstamm, schoss es ihm durch den Kopf, weil Baumstämme weder quer zur Strömung treiben noch blinzeln können. Und dieser Baumstamm hatte definitiv gerade geblinzelt. Angetrieben von seinem Überlebensinstinkt hob Kiano den Speer hoch über seinen Kopf, packte mit beiden Händen zu und rammte dem Krokodil die metallene Spitze mit aller Wucht in sein rechtes Auge. Fast augenblicklich fing das Krokodil wie wild an zu rollen und riss Kiano den Speer aus den Händen, der immer noch im Kopf des Ungetüms steckte. Fasziniert beobachtete Kiano das Krokodil, bis es von zwei seiner Artgenossen attackiert wurde. Sie waren, wie aus dem Nichts, aus dem Wasser aufgetaucht und verbissen sich sofort in das verletzte Tier. Wasser spritzte und noch mehr Blut vermischte sich mit der grünbraunen Brühe des Oran. Kiano erwachte aus seiner Starre, drehte sich um und hechtete aus dem Wasser.

Buma erfasste die Situation als Erster. »Das ist unsere Chance. Die Krokodile sind mit sich selbst beschäftigt. Schnell über den Fluss.«

Nur eine Minute später waren alle Azizi wohlbehalten auf der anderen Seite des Oran angekommen. Sie alle waren aufgekratzt und redeten wild durcheinander, bis es Buma irgendwann zu bunt wurde und er sich lautstark zu Wort meldete. »So, dass reicht jetzt, sonst steigt Kiano die ganze Lobhudelei noch zu Kopf. Außerdem müssen wir weiter. Der Golgath wartet nicht auf uns.«

Alle nickten oder verstummten, während Nio weiter munter drauflos plapperte. Er schien Buma gar nicht gehört zu haben. »Man Kiano, das war echt klasse, wie du den Speer in das Krokodil hineingestochen hast. Das werde ich nie…«

»Nio«, unterbrach ihn sein Bruder und rollte mit den Augen. »Wir wollen weiter. Komm schon.«

»Ja gleich, lass mich nur noch kurz…«

»Du kannst es mir auf dem Weg erzählen«, ging dieses Mal Kiano dazwischen und klopfte Nio auf die Schulter. »Sonst verlieren wir noch den Anschluss.«

Erst da registrierte Nio, dass die anderen schon einige Schritte Vorsprung hatten und nickte Kiano dankbar zu, aber nur um im nächsten Moment weiter auf Kiano einzureden.

28

Als Linus am nächsten Morgen die Augen öffnete, war er erleichtert und enttäuscht zugleich. Erleichtert, weil er von keinem seiner üblichen Albträume heimgesucht wurde, enttäuscht, weil keiner seiner Träume ihn auch nur in die Nähe seiner neuen Heimat gebracht hatte. Genau genommen konnte er sich überhaupt nicht daran erinnern, dass er geträumt hatte. Merkwürdig, sehr merkwürdig, dachte Linus und wusste nicht, was er davon halten sollte. Umso mehr hatte er das Bedürfnis mit Robin zu sprechen. Ja, er würde es noch einmal versuchen, am besten jetzt gleich.

Auf der Brücke lief er beinahe dem Ersten Offizier in die Arme. Es war eine gute Gelegenheit, um sich bei ihm zu bedanken, denn für Linus stand längst fest, dass Romanov derjenige gewesen sein musste, der ihn nach seiner ersten unerwarteten Konfrontation mit dem Hubschrauber gefunden und in seine Kammer zurückgebracht hatte. »Guten Morgen, Herr Romanov, endlich treffen wir uns wieder. Ich wollte mich schon die ganze Zeit bei Ihnen bedanken. Sie wissen schon, für die Sache auf dem Unterdeck.«

Romanov winkte ab. »Ach, das war doch nicht der Rede wert. Ich habe sie gerne herumgeführt.«

Offensichtlich wusste Romanov nicht, wovon er sprach. ›Vielleicht war es doch jemand anderes gewesen, der ihn in seine Kammer gebracht hatte, vielleicht Dodong? Womöglich würde er sich nicht nur entschuldigen, sondern auch bedanken müssen. Er würde vorsichtshalber zwei Stangen Zigaretten kaufen.‹

»Sie möchten bestimmt telefonieren?«, fragte Romanov in die aufsteigende Stille hinein. »Der Kapitän hatte sie schon angekündigt.«

»Ja genau. Ich hoffe, es passt gerade.«

»Na klar, kommen Sie, ich hole den Knochen.«

»Den Knochen?«

»Sorry, ich meine das Satellitentelefon. Wir nennen das Ding manchmal so, wegen der Form.«

»Danke.« Romanov drückte ihm den Knochen in die Hand und verließ die Brücke, vermutlich um ihm ein wenig Privatsphäre zu gönnen.

Diesmal hatte Linus mehr Glück. Robin ging bereits nach dem zweiten Freizeichen ans Telefon. Es war sieben Uhr in der Früh.

»Capelli!«

»Hallo Robin, ich bin's, Linus.«

»Endlich, wir haben uns schon Sorgen gemacht.«

»Das müsst ihr nicht, mir geht es eigentlich ganz gut.«

»Du hast gut reden. Was meinst du, was hier los ist? Du kannst doch nicht einfach aus dem Krankenhaus verschwinden, ohne Bescheid zugeben.« Robins Stimme überschlug sich jetzt fast.

»Sorry, aber darüber hatte ich nicht nachgedacht. Ich bin aufgewacht und dann einfach gegangen. Du kennst ja meine Aversion gegen Krankenhäuser.«

»Ja schon, aber,...« Robin hielt kurz inne und setzte neu an. »Wo bist du jetzt eigentlich, zuhause bist du jedenfalls nicht.«

»Nein, da war ich nur kurz. Ich bin jetzt auf der Dünkirchen und auf dem Weg nach Tansania, so wie ich, nein wir, es geplant haben.«

»Ja, aber das war vor deinem Unfall. Du bist gar nicht in der Verfassung für solch eine Reise, das muss dir doch klar sein.«

»Mir geht es wirklich gut, glaub mir. Ich bin nur ein wenig verwirrt und brauche deinen Rat.« Bis dahin war Linus ziellos auf der Brücke herumgelaufen, ließ sich in Erwartung einer Antwort, jetzt aber auf den nächstbesten Stuhl fallen. Den Steuermann schien es nicht zu stören.

»Am Telefon mach ich das eigentlich nicht so gerne, ich meine Ratschläge erteilen. Aber erzähl doch erst einmal, worum es hier eigentlich geht.«

»Um meine Träume, sie sind so anders als sonst. Viel realistischer und nicht mehr so düster und chaotisch.«

»Interessant, erzähl weiter.«

»Alles hat hier auf dem Schiff angefangen. Erst habe ich gedacht, dass es die Vorfreude auf Tansania ist, die sich in meinen Träumen eingenistet hat, doch spätestens als die Sache mit dem Hubschrauber passiert ist, habe ich dann an mir bzw. an meinem Verstand gezweifelt.«

»Stopp, jetzt komme ich nicht mehr mit. Von was für einem Hubschrauber redest du? Ich denke, du bist auf einem Containerschiff?«

»Bin ich auch, aber auf einem ConRo-Schiff und das hat nicht nur Container, sondern auch Autos und andere Fortbewegungsmittel geladen.«

»Und dazu gehört auch ein Hubschrauber«, zählte Robin eins und eins zusammen.

»Ganz genau. Ich bin vor Schreck fast umgekippt, nachdem ich das Ding rein zufällig im Bauch des Schiffes entdeckt hatte.«

»Das kann ich mir lebhaft vorstellen, nach alldem was du in Afghanistan erlebt hast. Aber was hat das mit deinen Träumen zu tun?«

»Eine ganze Menge. Der Hubschrauber ist mit mir davongeflogen, kaum dass ich mich in die Kabine hineingesetzt hatte.«

»Er hat was getan?« Robin schien es gar nicht glauben zu können.«

»Na ja, vermutlich nicht wirklich, obwohl sich alles so wahrhaftig, so echt angefühlt hat. Da waren das Knattern und Schrappen des Rotors, die Vibrationen, der Himmel, einfach alles.« Linus hielt einen Moment inne und überlegte. »Deshalb muss ich das Ganze geträumt haben, verstehst du, was ich meine? Eine andere Erklärung gibt es nicht, außer...« wieder stockte Linus, »...ich bin verrückt geworden.« Die letzten Worte hatte Linus nur noch geflüstert.

»Das halte ich für sehr unwahrscheinlich, allein schon, weil du zu dieser Selbstreflexion sonst gar nicht fähig wärst. Menschen, die den Verstand verlieren, können das für gewöhnlich nämlich nicht.«

Linus fiel ein Stein vom Herzen, obgleich er noch nicht restlos überzeugt war. »Das erklärt aber noch nicht, warum sich alles so real angefühlt hat, nicht so chaotisch und verschwommen wie meine üblichen Träume. Außerdem war ich gar nicht müde, als ich in den Heli geklettert bin. Wie kann ich da geträumt haben?«

Robin schien kurz zu überlegen. »Ich denke, dass es auch kein gewöhnlicher Traum war, der dich überwältigt hat, jedenfalls nicht im engeren Sinne. Aber erzähl doch erst einmal weiter, bevor ich mich an eine endgültige Prognose heranwage. Insbesondere würde mich interessieren, wohin der Hubschrauber dich gebracht hat.«

»In das Land, in das ich nie wieder zurückkehren wollte, nach Afghanistan.«

»Und da hast du es mit der Angst bekommen?«, hakte Robin ein. Sie schien keineswegs überrascht zu sein.

»Nein, eigentlich nicht. Außerdem hatte ich gar keine Zeit darüber nachzudenken, weil Torben und Claas plötzlich in dem Hubschrauber saßen. Sie waren von einer Sekunde auf die andere da, einfach so.«

»Torben und Claas«, wiederholte Robin. »Jetzt bin ich aber wirklich gespannt, was deine beiden Kameraden von dir wollten.«

»Mir mitteilen, dass ich keine Schuld an ihrem Tod trage und ich endlich alles hinter mir lassen soll, damit auch sie ihren Frieden finden können.«

»Und hast du getan, worum deine Freunde dich gebeten haben?«

»Ja, irgendwie schon, schließlich habe ich es meinen Freunden ja auch versprochen.«

»Das ist doch mal ein Schritt in die richtige Richtung. Jetzt musst du mir nur noch sagen, wie du dich dabei fühlst.«

Linus horchte kurz in sich hinein und musste zu seiner Überraschung feststellen, dass es ihm tatsächlich besser ging. Er fühlte sich erleichtert und von einer schweren Last befreit. »Gut«, sagte er deshalb. »Ich kann es gar nicht richtig beschreiben, aber ich fühle mich wirklich gut, so gut wie schon lange nicht mehr.«

»Das ist doch wundervoll. Was Besseres hätte dir doch gar nicht passieren können.«

»Ja, aber es war doch nur ein Traum oder etwa nicht? Ich verstehe das alles nicht, auch nicht das, was danach passiert ist.«

»Deine Reise war demnach noch nicht zu Ende?«

»Nein, der Hubschrauber ist wieder gestartet, kaum dass ich mich von meinen Kameraden verabschiedet hatte und hat mich direkt nach Tansania katapultiert.«

Anschließend berichtete Linus in allen Einzelheiten, wohin es ihn verschlagen hatte. Angefangen bei seiner Begegnung mit den Löwenjägern, über die Folter, der er beigewohnt hatte, bis hin zu seinem Treffen mit Lea. »Sie ist wirklich eine unglaubliche Frau. Ich freue mich schon jetzt sie kennenzulernen«, schob er schnell noch hinterher.

»Was für eine Odyssee«, kommentierte Robin die Schilderungen ihres Patienten. Sie schien es wirklich ehrlich zu meinen.

»Wie man's nimmt«, antworte Linus und musste beinahe lachen. »Aber jetzt sag schon, was hältst du von alldem?«

Stille.

Robin schien erneut einen Moment zu überlegen. »Wie ich schon sagte, ich glaube nicht, dass du geträumt hast, zumindest nicht im klassischen Sinne. Ich glaube eher, dass dich der Hubschrauber in eine Art Trancezustand versetzt hat. Er hat dabei die Rolle eines Schalters übernommen und dein Bewusstsein auf eine unterbewusste, transzendente Ebene gehoben.«

Linus ließ die Worte auf sich wirken. »Klingt irgendwie plausibel, so wie du das analysierst, aber sicher bist du dir nicht, oder?«

»Nein, aber letzten Endes kommt es doch darauf auch gar nicht an. Viel wichtiger ist doch der therapeutische Effekt, der damit verbunden ist.

Verstehst du, was ich dir damit sagen will? Linus, ich erkenne dich gar nicht mehr wieder. Es scheint beinahe so, als ob du aus dem Schatten herausgetreten bist, der deine Seele die ganze Zeit verdunkelt hat.«

Nachdem Robin das Gespräch beendet hatte, blickte Linus noch lange aus dem großen Panoramafenster hinaus und versuchte seine Gedanken zu ordnen. Was hatte Robin gerade noch gesagt? »*Eine Art Schalter, der mein Unterbewusstsein auf eine transzendente Ebene gehoben hat.*« Dann stimmte es also doch, dass der Hubschrauber am Ende so etwas wie ein Portschlüssel war, nur, dass er nicht seinen Körper, sondern ausschließlich seinen Geist auf eine Reise geschickt hatte. Ja, das ergab irgendwie Sinn. Erst jetzt registrierte Linus, dass die See im Vergleich zu den letzten Tagen deutlich kabbeliger war. Erste kleine Schaumkronen waren bereits zu sehen. ›Ob das die Vorboten eines Sturmes waren?‹ Unweigerlich musste Linus an seinen selbstmörderischen Ausflug mit dem Kajak denken. Die Unruhe, die ihn dazu getrieben hatte, war ebenfalls verschwunden. Zweifelsohne war das ein weiterer Beweis für das, was Robin zuletzt gesagt hatte. Ja, es stimmte: er war aus dem Schatten herausgetreten.

Linus rutschte vor Schreck das Satellitentelefon aus der Hand, als Romanov sich neben ihn stellte und räusperte. Er versuchte noch nachzugreifen, bekam den Knochen aber nicht mehr in die Finger. Scheppernd krachte das Telefon auf den Boden. Linus machte ein zerknirschtes Gesicht. »Oh Mist, das tut mir leid.«
»Mein Fehler, ich wollte Sie nicht erschrecken.« Romanov bückte sich, hob den Knochen wieder auf und wog das Telefon in der Hand.

Linus blickte schuldbewusst zu Romanov. »Ich hoffe das Telefon ist nicht kaputt?«

Romanov schüttelte den Kopf. »Nein, keine Sorge, der Knochen hält einiges aus.«

Linus atmete vor Erleichterung hörbar durch und zog die Lippen zu einem schiefen Lächeln zusammen. »Ich war so tief in Gedanken, dass ich Sie gar nicht gehört habe.«

Jetzt lächelte auch Romanov. »Ja, das habe ich gesehen. Ich hoffe, es ist alles in Ordnung?«

Linus blickte jetzt wieder aufs Wasser und überlegte kurz. »Ja, es ist alles in Ordnung, genau genommen ging es mir schon lange nicht mehr so gut.«

Romanov folgte seinem Blick und ließ sich mit seiner Antwort ebenfalls ein wenig Zeit. »Es zieht ein Sturm auf, in spätestens zwei Stunde ist da draußen die Hölle los. Es ist besser, wenn Sie dann in ihrer Kabine sind.«

»Ja, ich geh dann mal lieber zurück«, antwortete Linus, obwohl er eigentlich von hier aus zum Hubschrauber wollte.

»Ach, noch etwas!«, rief Romanov hinterher.

Linus blieb abrupt stehen und drehte sich mit fragendem Gesichtsausdruck zu Romanov um. »Ja?«

Romanov legte die rechte Hand auf den grauen Ledersessel auf dem Linus gerade noch gesessen hatte und zwinkerte ihm zu. »Wenn ich Ihnen noch einen Tipp geben darf, dann setzen Sie sich das nächste Mal doch lieber auf einen anderen Stuhl. Der Chef mag es nämlich gar nicht, wenn die Passagiere *Kapitän* spielen.«

Linus starrte von Romanov zum Sessel und dann wieder zu Romanov und verzog die Lippen zu einem verschmitzten Lächeln, bevor er die rechte Hand zum Schwur erhob und es Romanov versprach.

29

Zurück im Dorf parkte Lea den Land Rover unweit ihres Zeltes und verabschiedete sich von den beiden jungen Frauen. Während Alemee ihr vor Dankbarkeit um den Hals fiel, nickte Nala ihr nur kurz zu und war in der Dunkelheit verschwunden, noch bevor Lea irgendetwas zu ihr sagen konnte.

Selbst Alemee blickte ihr jetzt nachdenklich hinterher. »Ich hoffe, dass Kiano und ich glücklicher werden als Nala und Kojo.«

»Du und Kiano?«

Alemee schlug sich mit der flachen Hand auf den Mund, ganz so als ob sie erst jetzt begriff, was sie gerade gesagt hatte.

»Dann will er dich heiraten, wenn er wieder von der Jagd zurück ist?«

Verlegen blickte Alemee auf den Boden und zeichnete mit dem rechten Fuß einen Kreis in den sandigen Boden. »Ich wünsche mir nichts sehnlichster.«

»Aber gefragt hat er dich noch nicht?«

»Das nicht, ich weiß aber, dass er mich sehr gerne mag. Er sucht immer meine Nähe und macht mir ständig kleine Geschenke.« Alemee strahlte jetzt über das ganze Gesicht, so wie es nur Verliebte taten, wenn sie über ihren Liebsten sprachen.

Jetzt lächelte auch Lea und fasste sie bei den Händen. »Ich mag Kiano sehr. Er ist ein guter Junge und genau der Richtige für dich. Ihr werdet ganz bestimmt glücklich miteinander.« Bei dem Wort *glücklich* wurde Lea wieder ernst und blickte Alemee tief in die Augen.

»Alemee, weißt du wohin Nala wollte, als wir sie am Straßenrand aufgegabelt haben?«

Alemee schüttelte den Kopf. »Nein, meine Schwester spricht nicht mehr mit mir, seit die Sache mit Kojo passiert ist. Ich glaube aber, dass sie weglaufen wollte. Sie scheint vor irgendetwas Angst zu haben.«

Lea presste die Lippen zusammen und nickte, ohne zu erwähnen, dass sie an Nalas Schwangerschaft dachte. Stattdessen sagte sie:»Ich werde nochmals mit Nala und Kojo reden. Vielleicht gibt es ja irgendetwas was ich tun kann, damit die beiden wieder Vertrauen zueinander bekommen.«

»Ja, bitte mach das. Wenn jemand Nala helfen kann, dann du.«

Lea blieb allein in der Dunkelheit zurück und grübelte, was sie von alldem halten sollte. Noch mehr fragte sie sich allerdings, was in Gottes Namen sie geritten hatte, Nala zur Lüge anzustiften. Wie sollte sie Kojo jemals wieder in die Augen sehen können? Andererseits hatte sie noch nicht einmal den Hauch einer Idee, was sie Nala sonst hätte vorschlagen können. Ehebruch war bei den Tük ein schweres Verbrechen und wurde hart bestraft. Gar nicht auszudenken, womit Nala rechnen musste, wenn bekannt wurde, dass sie das Kind eines anderen in sich trug. Je länger sie darüber nachdachte, je besser konnte sie die Verzweiflung nachvollziehen, die Nala ausstrahlte. Was konnte sie nur tun, um ihr zu helfen? Plötzlich kam ihr Nalas Frage nach einer Abtreibung wieder in den Sinn. Sie könnte mit Nala noch einmal nach Thaore fahren und dort zu einem Arzt gehen. Ja, das wäre eine Option, obwohl... Lea brachte den Gedanken nicht zu Ende, weil Tembo in diesem Moment um die Ecke kam.

»Habe ich doch richtig gehört, dass hier draußen jemand ist. Was machst du hier, ich meine warum kommst du nicht rein?«

»Ich wollte gerade die Einkäufe reintragen.«

»Ach richtig, du warst ja heute in Thaore.«

»Ja, ich musste einiges besorgen.«

Tembo hatte bereits die Distanz zwischen ihnen überbrückt und machte sich an der Kofferraumtür zu schaffen. »Ich hoffe, du hast auch Bier einge..., oh da ist es ja und noch dazu meine Lieblingssorte.« Tembo strahlte im Schein der Kofferraumbeleuchtung über das ganze Gesicht.

Nachdem Tembo und Lea alle Einkäufe ausgeladen und verstaut hatten, setzten sie sich an den Küchentisch und genehmigten sich die letzten beiden eisgekühlten Biere, die der Kühlschrank noch zu bieten hatte.

Erst jetzt merkte Lea wie müde und erschöpft sie war. Der Tag war lang, anstrengend und ereignisreich gewesen. Außerdem plagten sie nach der langen Autofahrt starke Rückenschmerzen, die einfach nicht abklingen wollten. Intuitiv legte sie die Füße auf den Stuhl neben sich und lauschte mit geschlossenen Augen der Stimme von Bob Marley, die gerade aus ihrem neuen Weltempfänger herüberwehte, den sie in Thaore gekauft hatte. Der Klang war zwar nicht perfekt, aber besser als gedacht.

Unterdessen war Tembo von seinem Stuhl aufgestanden und machte sich erneut am Kühlschrank zu schaffen. Es klirrte und klapperte.

»Was machst du?«, fragte Lea, ohne die Augen zu öffnen.

»Ich stelle noch schnell ein paar Bierflaschen ins Eisfach. Die Pullen werden sonst nicht schnell genug kalt.«

»Gute Idee«, antwortete Lea, nachdem ihr gerade klar geworden war, dass sie heute noch viel zu besprechen hatten. ›Aber nicht nur mit Tembo, sondern auch mit...,...wo war Konrad eigentlich?‹ Lea warf einen kurzen Blick auf ihre Swatch und stellte zu ihrer Überraschung fest, dass die Zeit schon weit fortgeschritten war. Es war schon nach neun. »Hast du eine Ahnung, wo Konrad sich um diese Zeit herumtreibt?«

»Das kannst du ihn selber fragen, er steckt gerade den Kopf durch die Tür.«

Konrad grüßte kurz und ging direkt auf das Waschbecken zu. Seine Hände und auch Teile seines Gesichtes waren ölverschmiert.

»Hallo Konrad! Wir haben uns schon gefragt, wo du steckst. Was hat dich aufgehalten?«

Konrad nahm die Seife von der Spüle und begann sich die Hände zu waschen. »Einer der Generatoren hatte den Geist aufgegeben. Die Benzinpumpe war verstopft und es hat ewig gedauert, bis ich das Ding ausgebaut, gereinigt und wieder eingebaut hatte.«

»Das liegt nur an deinen zwei linken Händen«, machte Tembo sich über ihn lustig und drehte seine Hände in der Luft.

»Sehr witzig, Tembo. Ich habe nie behauptet, dass ich ein guter Mechaniker bin. Nächstes Mal kannst du ja dein Glück versuchen oder...«, Konrad stockte kurz und schien zu überlegen, »gerne auch einer der Neuen, vorausgesetzt, wir bekommen überhaupt noch Verstärkung für unser Team.«

»Genau darüber wollte ich mit euch sprechen«, hakte Lea ein. »Ich habe in der ganzen Hektik vollkommen vergessen, euch über die beiden neuen Kollegen zu informieren, die Ben und James ersetzen werden.«

Keine zwei Minuten später reichte Lea den beiden die Personalbögen von Thea Allensbach und Linus Christiansen über den Tisch und sah zu, wie Konrad und Tembo die Unterlagen studierten.
»Die Frau gefällt mir«, sagte Tembo schließlich und legte den Bogen vor sich auf den Tisch.
»Ich wusste gar nicht, dass du auf Brünette stehst«, antwortete Lea und zwinkerte Tembo zu.
Tembo grinste und zwinkerte zurück. »Und wenn es sich dann auch noch um eine Krankenschwester handelt, die bereits als Entwicklungshelferin gearbeitet hat, dann erst recht.«
»Linus Christiansen, ist aber auch nicht von schlechten Eltern«, entgegnete Konrad und hielt Tembo den Personalbogen entgegen. »Der Kerl ist Hubschrauberpilot und war mehrmals in Afghanistan.«
Tembo verzog nachdenklich das Gesicht, griff dann aber doch zu. »Ich weiß nicht, die Jungs haben doch alle einen kleinen Dachschaden zurückbehalten.« Zur Bekräftigung seiner Aussage ließ er seine rechte Hand, ähnlich einem Scheibenwischer, vor den Augen hin- und hergleiten.
Lea schluckte und war sich auf einmal nicht mehr sicher, ob sie den anderen von ihrer Internetrecherche erzählen sollte. Am Ende entschied sie sich dagegen, weil die zusätzlichen Informationen, die sie sich über Linus besorgt hatte, Tembos These nur untermauern würden.

Unterdessen betrachtete Konrad seine Hände und schüttelte angewidert den Kopf. »Wenn er sich zukünftig um die Generatoren kümmert, ist es mir egal, ob er noch alle Tassen im Schrank hat. Hauptsache, ich muss mir nicht mehr die Hände schmutzig machen.«

»Das lässt sich regeln«, antwortete Lea und prostete Konrad zu. »Du musst dich nur gut mit der neuen Leiterin stellen. Du könntest ihr zum Beispiel ein neues Bier holen.«

»Das ist Erpressung«, gab Konrad mit gespielter Entrüstung zurück, stand dann aber auf und machte sich am Kühlschrank zu schaffen. »Was ist mit dir Tembo, willst du auch noch eins?«

»Habe ich jemals *nein* gesagt?«

»Nein.«

»Was fragst du dann so blöd. Aber bitte eines aus dem Eisfach. Die anderen sind mit Sicherheit noch nicht kalt genug.« Danach drehte sich Tembo zu Lea um und schaute sie neugierig an. »Bevor ich es vergesse, wann können wir denn mit unseren beiden neuen Kollegen rechnen?«

»In einer Woche fahre ich nach Dar Es Salaam und hole die beiden ab.«

Während Lea an ihrer zweiten Flasche Bier nippte, überlegte sie, ob sie Tembo und Konrad über ihr Gespräch mit Nala informieren sollte. Sie war unschlüssig und wusste die ganze Zeit nicht, was sie tun sollte. Schließlich kam zu dem Entschluss ihr Wissen zu teilen und gab sich einen Ruck, weil Nalas Schwangerschaft von so großer Tragweite war, dass Tembo und Konrad sogar ein Anrecht darauf hatten. Lea blickte abwechselnd zu Konrad und Tembo und passte den richtigen Moment ab. »Jungs, hört mir bitte noch einmal kurz zu. Es gibt noch ein anderes Thema, über das wir sprechen müssen.«

Den Ton den Lea anschlug, ließ Tembo aufhorchen. Er blickte zu ihr herüber und schien bereits zu ahnen, dass Lea etwas auf dem Herzen lag. »Was ist los?«

»Es geht um Nala. Wir waren zusammen in Thaore und da hat sie mir...«

»Wie in Thaore?«, unterbrach er sie. »Ich dachte, du hast Alemee mitgenommen?«

»Habe ich auch. Nala haben wir dann unterwegs aufgegabelt. Sie war total durch den Wind und wollte wohl Reißaus nehmen.«

Tembo nickte verständnisvoll. »Kein Wunder, nach allem was sie in den letzten Tagen durchgemacht hat.«

»Ja, das dachte ich auch, bis sie mir auf dem Rückweg erzählt hat, dass sie schwanger ist.«

Konrad ließ vor Schreck sein Heineken fallen. Allein dem weichen Holzboden war es zu verdanken, dass die Flasche nicht auseinanderbrach, sondern stattdessen quer durch die Wohnküche kullerte und eine Spur aus Bier hinterließ.

Tembo blickte irritiert von Lea zu Konrad und wieder zurück. »Jetzt versteh ich gar nichts mehr.« »Was ist denn so schlimm daran?«

»Normalerweise nichts, nur das Nala nicht weiß, wer der Vater ist.«

Es dauerte eine Weile bis Tembo kapierte, was das zu bedeuten hatte. »Dann stimmt es also doch, dass Nala und Yero ein Verhältnis haben.«

Lea presste die Lippen aufeinander und schüttelte den Kopf. »No.«

»Und so wie du reagiert hast, hast du gewusst, dass Kojo nicht der Vater ist«, murmelte Tembo und drehte sich zu Konrad um.

»Was, wie, ich habe gerade nicht richtig zugehört.« Sämtliche Farbe war zwischenzeitlich aus seinem Gesicht gewichen.

»Nun sag schon, woher wusstest du davon? Hast du Nala mit einem anderen Mann gesehen?«

»Ich, äh, ich…«, stammelte Konrad herum, bis er sich ganz offensichtlich sortiert hatte und doch noch einen ganzen Satz über seine Lippen brachte. »Ja, du hast recht, ich habe Nala mit einem anderen Mann gesehen. Aber es war dunkel und ich konnte nicht erkennen, um wen es sich handelte. Sie haben sich bei den Generatoren herumgeschlichen.«

Tembo blickte irritiert zu Konrad. »Aber dass es nicht Kojo war, konntest du erkennen?«

»Äh ja, er war viel kleiner, der Mann meine ich.«

Für einen Moment war daraufhin nur die Stimme von Ed Sheeran zu hören, die leise aus dem Lautsprecher des Weltempfängers durch den Raum waberte. »*Oh, i will hold on the afterglow*«, ertönte der Refrain gerade zum zweiten Mal aus der Box.

Lea lauschte dem Song und war erst wieder zu einem klaren Gedanken fähig, als Taylor Swift zu hören war. »Das war aber noch nicht alles: Nala hat mich gefragt, ob ich das Kind wegmachen kann.«

»Das Kind wegmachen?«, wiederholte Konrad die drei Wörter, ganz so, als ob er gar nicht glauben konnte, was Lea gerade gesagt hatte. »Du hast hoffentlich *nein* gesagt.«

»Was dachtest du denn? Natürlich habe ich *nein* gesagt. Außerdem könnte ich das gar nicht. Ich bin von Beruf Polizistin und keine Ärztin, schon vergessen?«

»Nein, natürlich nicht. Ich wollte ja nur, ich meinte…«

»Ist ja auch egal«, unterbrach ihn Lea. »Ich habe Nala stattdessen vorgeschlagen, Kojo das Kind einfach als sein eigenes unterzujubeln.«

Unterdessen war Tembo aufgestanden und auf dem Weg zum Kühlschrank, blieb dann aber stehen und drehte sich zu Lea. »So wie die Dinge stehen, bleibt ihr wohl auch nichts anderes übrig.«

»Das dachte ich auch. Das Problem ist nur, dass Nala davon nicht begeistert war. Sie sagte, dass alles noch viel komplizierter sei. Keine Ahnung, was sie damit gemeint hat.«

Tembo schmiss die Kühlschranktür wieder zu, die er zwischenzeitlich geöffnet hatte und drehte sich erneut zu Lea um. »Dann kann ihr niemand mehr helfen.«

Lea legte den Kopf in den Nacken und blickte an die Zeltdecke. Unermüdlich zog der Ventilator seine Kreise und sorgte für einen angenehmen Luftzug. Es hatte sich im Laufe des Abends zwar ein wenig abgekühlt, war aber immer noch ziemlich warm. »Was werden sie wohl mit ihr anstellen?«

»Sie werden Nala steinigen«, entgegnete Tembo mit bitterer Miene und nahm einen kräftigen Zug von seinem neuen Bier, das er soeben aus dem Kühlschrank herausgenommen hatte.

Jetzt war es Lea, die vor Schreck beinahe die Flasche fallen ließ. »Das meinst du doch nicht ernst, oder?«

Tembo setzte die Flasche ab und wischte sich mit der rechten Hand den Mund ab. »Sehe ich so aus, als ob ich Witze mache?«

»Nein, aber wie kommst du darauf, dass Nala mit einer so drakonischen Strafe rechnen muss? Sie hat doch schließlich niemanden umgebracht.«

»Weil Nala sich nicht nur der Unzucht schuldig gemacht, sondern zu allem Überfluss auch noch Amari angelogen hat. Das ist so ziemlich das Schlimmste, was sie hätte tun können.« Tembo hielt kurz inne und schien zu überlegen. »Und vergiss bitte nicht, was sie ihrem Mann damit angetan hat. Nur ihrer Falschaussage ist es zu verdanken, dass Kojo ausgepeitscht wurde.«

Lea überlegte einen Augenblick. »Moment mal, wenn ich mich richtig erinnere, dann hat sie das doch gar nicht. Amari hat sie gefragt, ob sie bei Yero gelegen hat und sie hat *nein* gesagt.«

Tembo schüttelte den Kopf. »Das ist Haarspalterei, glaub mir, sie ist am Arsch, so oder so.«

»Das dürfen wir nicht zulassen«, meldete sich Konrad plötzlich verzweifelt zu Wort. Er war aus seiner Starre aufgewacht und blickte flehentlich zwischen Lea und Tembo hin und her.

Lea überlegte einen Moment. »Dann ist es vielleicht doch das Beste, wenn sie die Schwangerschaft abbricht. Ich könnte mir ihr noch einmal nach Thaore fahren, noch bevor man ihren Bauch sieht und meinen Arzt bitten...«

»Den Teufel wirst du tun«, ging Tembo dazwischen. »Das geht uns nichts an, das ist eine Angelegenheit der Tük und nicht unsere.«

»Und wenn wir Nala wegbringen, irgendwohin wo sie in Sicherheit ist?«, schlug Konrad vor.

»Hast du mir eben nicht zugehört? Wir werden nichts dergleichen tun oder willst du alles, was wir hier aufgebaut haben, aufs Spiel setzen?«

»Nein, natürlich nicht, andererseits können wir doch nicht die Hände in den Schoss legen und dabei zusehen, wie Nala ermordet wird.«

Lea seufzte und plötzlich wurde ihr wieder bewusst, wie müde und ausgelaugt sie sich fühlte. Sie wollte nur noch ins Bett. »Jungs, es war ein langer Tag. Ich schlage vor, dass wir alle darüber schlafen und morgen weiterreden.«

Konrad nickte gedankenverloren, während Tembo den Kopf schüttelte und die Kühlschranktür erneut öffnete.

30

Nachdem die Azizi den Fluss überquert hatten, dauerte es nicht lange, bis die fünf jungen Männer die Fährte des Golgath wiederfanden. Doch anders als erhofft, hatte der Golgath die dicht bewachsene Uferzone schnell hinter sich gelassen und war weiter in Richtung Grenze marschiert. Mit jedem Schritt entfernten sich die Azizi damit nicht nur weiter von ihrem Dorf, sondern stießen auch ein Stück weiter in unbekannte Gefilde vor, da weder Tajeu noch Buma jemals so weit nach Nordosten vorgedrungen waren. Deshalb war es auch nicht verwunderlich, dass die Stimmung zusehends kippte, nachdem sie sich gerade noch euphorisch über Kianos Heldentaten ausgelassen hatten. Hinzu kamen ein quälender Durst und Hunger, der an ihnen nagte.

Tajeu blickte gerade in den Himmel und schätzte die Zeit ab, die bereits seit Sonnenaufgang verstrichen war. »Wir sollten eine Rast einlegen. Die Sonne hat den Zenit bereits überschritten.«

»Ja, es wird Zeit«, gab Buma ihm recht. »Mir knurrt der Magen und meine Kehle ist auch schon ganz ausgedörrt.«

Kaum ausgesprochen, bewegte sich Dorme zielstrebig auf den nächsten Baum zu und ließ sich in den Schatten fallen. Er war ganz offensichtlich am Ende seiner Kräfte. Die Strapazen und die Hitze der letzten Tage hatten aber nicht nur an ihm gezehrt, sondern an allen Löwenjägern. Sogar Nio wirkte müde und ausgelaugt.

Als alle saßen kramte Tajeu ein kleines Päckchen unter seinem grünen Bijuk hervor und legte alles auf ein kleines Tuch. »Ich habe noch ein wenig von der Impala und vielleicht fünf Hirsebällchen.« Bei letzteren handelte es sich genaugenommen um eine Mischung aus Hirse, Mais und Ziegenmilch, die die Frau zu kleinen Fladen formten und anschließend kochten, bevor sie sie mit Rinderfett bestrichen und auf einem heißen Stein kurz anrösteten.

»Und ich habe noch vier, nein drei«, entgegnete Dorme mit vollen Mund und legte die drei Hirsebällchen ebenfalls auf das Tuch. Alle anderen folgten seinem Beispiel und vervollständigten die Bestandsaufnahme. Am Ende blickten sie gemeinsam auf einen kleinen Berg Hirsebällchen, sechs Maiskolben, einige Brocken Brot und vier Stück von der Impala herunter.

Schließlich war es Tajeu der das sagte, was vermutlich alle anderen dachten. »Das ist weniger, als ich gehofft habe. Wir müssen dringend unsere Vorräte auffüllen.«

»Und unser Wasser«, ergänzte Kiano und wedelte zum Beweis mit seinem Wasserschlauch. Der Wasserschlauch war aus Ziegenleder und längst nicht mehr prall gefüllt.

»In meinem ist auch nicht mehr viel drin«, fügte Dorme an, trank einen kleinen Schluck und reichte den gegerbten Lederschlauch an seinen Bruder weiter.

Nio nickte dankbar und nahm ebenfalls einen kleinen Schluck, wohlwissend, dass sie mit dem verbleibenden Rest ihres Wasservorrates sparsam umgehen mussten. Denn schon als kleine Kinder hatte man ihnen allen eingetrichtert, dass frisches Wasser über Leben und Tod in der Savanne Afrikas entschied.

»Dann ist es abgemacht«, fasste Buma das Gehörte zusammen. »Wir unterbrechen die Jagd nach dem Golgath und füllen unsere Schläuche und unsere Vorräte auf.«

Anschließend teilten sie den kläglichen Rest ihres Proviants gerecht untereinander auf und aßen schweigend vor sich hin, bis Tajeu die Stille durchbrach. »Nio, kannst du genauso gut klettern, wie du rennen kannst?«

»Ich denke schon.«

»Dann sei doch bitte so nett und klettere auf den Baum. Vielleicht siehst du etwas, was uns hilft. Ein Wasserloch, eine mit Wasser gefüllte Senke oder vielleicht...«, Tajeu überlegte einen Moment, »...einen Baobab.« Letzteren hatte Tajeu erwähnt, weil Affenbrotbäume nicht nur hervorragenden Wasserspeicher waren, sondern in dieser Jahreszeit auch nahrhafte Früchte trugen.

»Geht klar«, antwortete Nio und kletterte die Schirmakazie hinauf.

»Wie ein Äffchen«, murmelte Tajeu und musste grinsen.

Oben angekommen steckte Nio seinen Kopf durch das grüne Blätterdach und blickte sich in alle Richtungen um. »Kein Baobab in Sicht und auch kein Wasserloch oder irgendetwas anderes, das unseren Hunger und Durst stillen kann. Das Einzige was ich sehe, ist ein altes Auto.«

»Ist gut, dann komm wieder herunter«, rief Buma in das Blätterdach hinauf.

»Okay.« Als Nio gerade wieder herunterklettern wollte, fiel sein Blick auf einen Kegel. Er war weit entfernt und in der flimmernden Luft nur unscharf zu erkennen. »Moment mal, da hinten ragt etwas aus dem Boden. Könnte ein Termitenhügel sein.«

Tajeu schloss vor Erleichterung für einen Moment die Augen.

Kurz darauf ließen die Azizi die Spur des Golgaths links liegen und marschierten in die Richtung, in der Nio den weißgrauen Kegel gesehen hatte. Die Mittagssonne brannte jetzt mit aller Kraft auf sie herunter.

Nio ging neben seinem Bruder und wirkte ein wenig nervös. »Hoffentlich habe ich mich nicht verguckt und wir laufen nicht umsonst in diese Richtung.«

»Ja, kann ich verstehen. Ich mache mir aber eher Sorgen, dass der Bau verlassen ist und wir nicht das Finden, wonach wir suchen.«

»Oje, daran habe ich noch gar nicht gedacht.«

»Es ist definitiv ein Termitenbau«, rief Buma in diesem Moment. »Ich bin mir ganz sicher.« Buma lief wie meistens an der Spitze und hatte den kegelförmigen Bau als erster gesehen.

Die Azizi liefen jetzt automatisch schneller und schneller, ganz so, als ob von dem Termitenbau eine magnetische Kraft ausging. Sie wurden förmlich von dem Hügel angezogen.

»Das Ding ist ja wirklich riesig«, stellte Tajeu auf halber Strecke fest und riss die Augen auf. Er konnte sich nicht erinnern, dass er schon einmal einen so riesigen Termitenhügel gesehen hatte.

»Ja, unglaublich!«, bestätigte Buma. »Selbst ein Elefant könnte sich dahinter verstecken.«

Völlig außer Atem kam schließlich auch Dorme vor dem turmähnlichen Gebilde zum Stehen und stellte zu seiner Erleichterung fest, dass der Bau noch voller Leben war.

Tausende, wenn nicht sogar Millionen gelblich-brauner Termiten flitzten auf und um den braunen Erdhügel herum. Gleichzeitig begann es bei dem Anblick auf seiner Haut zu kribbeln. Dorme hasste alle Krabbeltiere, seit er als kleines Kind in einen Ameisenhaufen gefallen war.

Nio wartete bereits auf ihn und strahlte über das ganze Gesicht. »Dorme schau nur, da drin muss es vor Larven nur so wimmeln.«

»Eher darunter«, schaltete sich Buma ein und zeigte mit der Hand an den unteren Rand des Erdkegels. »Die Nester sind meistens tief im Boden. Ungefähr hier.«

»Dann müssen wir eben graben«, sagte Nio mehr zu sich selbst und ließ sich nur eine Sekunde später auf die Knie fallen. Die vielen Termiten, die sofort von ihm Besitz ergriffen, schienen ihn nicht zu stören.

Buma folgte seinem Beispiel und begann neben Nio mit seinem Messer ein Loch in den Boden zu schaufeln. »Am besten wir teilen uns auf und ihr buddelt auf der anderen Seite.«

Tajeu und Kiano nickten und gingen um den Erdhügel herum.

Dorme schien dagegen zu zögern. Er presste die Lippen zusammen und stieg unschlüssig von einem Bein auf das andere.

»Dorme?«

»Ich frage mich gerade, ob es nicht besser wäre, wenn ich schon einmal ein Feuer mache. Wir könnten die Larven dann gleich rösten und verlieren nicht noch mehr Zeit.«

»Und ganz nebenbei musst du dich nicht mit den Termiten herumschlagen«, sprach Buma nur das aus, was Dorme vermutlich gerade noch gedacht hatte.

»Erwischt«, antwortete Dorme und musste grinsen.

»Alemee wird stolz auf dich sein, wenn sie von deiner Heldentat erfährt«, sagte Tajeu, nachdem er eine Weile neben Kiano vor sich hin geschaufelt hatte.

»Ja, vermutlich hast du recht.« Doch so wie es Kiano sagte, klang es nicht gerade euphorisch.

Tajeu war überrascht und irritiert zugleich. »Was ist los mein Freund? Du hast allen Grund dich zu freuen. Du hast Mut bewiesen, bald den Bauch voller Larven und Wasser finden wir ganz sicher auch noch. Alles läuft nach Plan.« Tajeu überlegte kurz. »Okay, die Jagd nach dem Golgath könnte besser laufen, aber sonst gibt es keinen Grund sich zu grämen.«

»Du hast gut reden. Du bist ja auch nicht derjenige, der seinen Speer verloren hat.«

»Speer?«

Kiano zuckte mit den Schultern und zog die Lippen zu einem gequälten Lächeln zusammen. »Ja, ich habe ihn in der ganzen Aufregung erst gar nicht vermisst. Ich glaube, er steckt noch in dem Krokodil oder was von ihm noch übrig ist.«

»Verstehe«, antwortete Tajeu und warf ohne es wollen, einen kurzen Blick auf seinen eigenen Speer, den er direkt neben sich in den Boden gerammt hatte. Der Speer war eine Schönheit, angefangen vom reich verzierten Holzstab, den sein Vater aus einem dreijährigen Flammenbaum herausgeschnitzt hatte, bis zu der geschmiedeten Klinge, die mit dem Stab quasi zu verschmelzen schien. Der Speer war perfekt ausbalanciert und in der Länge und Dicke genau auf ihn abgestimmt. Jeder Speer war ein Einzelstück, ein Kunstwerk und das Heiligtum eines jeden Azizi. Sie alle hatten den ihren kurz vor der Jagd nach dem Golgath im Rahmen einer feierlichen Zeremonie vom Ältestenrat erhalten und geschworen gut darauf aufzupassen. Ihn zu verlieren war eine bittere Angelegenheit, auch wenn in diesem Fall die Umstände alles andere als gewöhnlich waren. Ein bedrückendes Schweigen machte sich breit.

»Wir könnten dein Messer nehmen und daraus einen Speer fertigen«, sagte Tajeu schließlich. »Das ist zwar nicht das gleiche, aber immer noch besser als nichts.«

Kiano hörte auf zu graben und betrachtete sein Messer, das er soeben noch als Schaufel benutzt hatte. »Keine schlechte Idee, aber wie soll das gehen, ich meine so ganz ohne Werkzeug?«

»Mit viel Geschick und einigen Lederriemen, die wir aus der Haut der Impala fertigen, die wir erlegt haben.« Anschließend erklärte Tajeu seinem Freund, wie genau er das bewerkstelligen wollte.

Auf der anderen Seite des Hügels trieb Nio sein Messer immer und immer wieder in den harten Boden hinein. Die Arbeit war mühsam und er kam nur langsam voran. Erste Blasen hatten sich bereits an seinen Händen gebildet und waren aufgeplatzt. Wie Feuer brannten die offenen Stellen auf seiner Haut. Doch Nio biss die Zähne zusammen und ließ sich die Schmerzen nicht anmerken. Buma kam dagegen besser voran, wie Nio, nach einem Blick zur Seite, feststellen konnte. Gerade sah er wie Buma sein Messer mit beiden Händen packte, über den Kopf hob und mit aller Kraft nach unten schlug. Was für eine Kraft, dachte Nio, bevor er sich wieder auf sein eigens Loch konzentrierte. Auch er versuchte es jetzt mit beiden Händen.

»Ich bin durch«, schnaufte Buma im nächsten Moment und ließ das Messer fallen.

Nio folgte Bumas Blick und musste unweigerlich grinsen. So viele Larven hatte er noch nie auf einem Haufen gesehen. Es mussten mehr sein, als es Sterne am Himmel gab, die den riesigen Hohlraum ausfüllten.

Tajeu und Nio hatten Buma offensichtlich ebenfalls gehört und kamen um den Hügel herumgelaufen.

Nio grinste immer noch und winkte sie zu sich herüber. »Kommt und seht euch das Gewimmel an!«

Am Ende hatten die Azizi so viele Larven ausgegraben und geröstet, dass sie Schwierigkeiten hatten, den gesamten Vorrat zu verstauen, obwohl sie bereits so viele Larven in sich hineingestopft hatten, dass sie kaum noch laufen konnten.

31

Romanov hatte nicht übertrieben, der Sturm war wirklich gewaltig. Über Nacht hatte er sogar noch einmal zugelegt und sich in einen ausgewachsenen Orkan verwandelt. Das Schiff rollte hin und her und mehr als einmal hatte Linus geglaubt, dass sich die Dünkirchen nicht wieder aufrichten würde. Seit mehr als 20 Stunden lag Linus jetzt in seiner Koje und kämpfte gegen die andauernde Übelkeit an. Einen Kampf den er mittlerweile weit über zehnmal verloren hatte. Wie häufig genau, wusste er nicht mehr. Linus hatte irgendwann aufgehört zu zählen. Doch dann ließ der Sturm nach und Linus konnte der enge der Kabine und dem Geruch nach Erbrochenem entfliehen. Linus raffte sich auf und schleppte sich den schmalen Flur entlang. Im Treppenhaus angekommen hangelte er sich am Geländer entlang und erreichte endlich die Tür, die ihn nach draußen brachte. Gierig atmete er die salzige Luft ein und füllte seine Lungen immer und immer wieder.

Eine Stunde später saß Linus erneut in dem Hubschrauber und wartete mit klopfendem Herzen darauf, dass ihn der Helikopter erneut in Trance versetzte. Die Idee war ihm gekommen, nachdem sich die See weiter beruhigte und seine Übelkeit ganz verflogen war. Doch diesmal passierte nichts. Linus hörte noch nicht einmal das typische Geräusch des Rotors, das den Übertritt seines Geistes auf eine andere Ebene bisher angekündigt hatte. In seiner Verzweiflung drückte er sogar wild auf den Knöpfen des Cockpits herum, ohne dass etwas geschah. Eine Minute verging, dann noch eine, bis er schließlich akzeptierte, dass der Portschlüssel nicht mehr funktionierte. Enttäuscht griff er nach der Türklinke und wollte gerade aussteigen, als ganz plötzlich das Knattern und Schrappen doch noch zu ihm herüberwehten. Erst ganz leise und dann immer lauter, bis das Geräusch die gesamte Kabine erfasste und alles um ihn herum vibrierte. Na also, dachte Linus und ließ sich voller Genugtuung in den Pilotensitz zurückfallen und hoffte, dass ihn der Helikopter diesmal ohne Umwege nach Tansania bringen würde. Doch stattdessen brachte ihn der Portschlüssel an einen Ort, den er tief in seinem Innern immer am meisten gefürchtet hatte. Nein, nicht allein der Ort, überlegte Linus, sondern der Moment, der alles verändert hatte. Jahrelang hatte er vom Tod seiner Eltern und Schwester geträumt, war schweißgebadet aufgewacht, ohne wirklich zu wissen, was damals genau passiert war. Und jetzt saß er mit einem Mal neben seiner Schwester auf der Rückbank des Opel-Granadas und sah zu, wie der Wagen seiner Eltern in die Bestie fuhr. »Nein, nicht«, schrie er, doch weder seine Schwester noch seine Eltern konnten ihn hören, geschweige denn sehen. Auch spürte sein Vater nichts, als er verzweifelt mit den Händen gegen die Kopfstütze des Fahrersitzes trommelte. Die Hände glitten einfach durch den Sitz hindurch, genauso wie durch den Körper seiner Schwester, an der er rüttelte und schüttelte, um sich irgendwie bemerkbar zu machen. Sie zuckte nur ganz kurz, ganz so, als ob ihr ein kalter Schauer über den Rücken lief. Frustriert gab er schließlich auf und ließ den Alptraum über sich ergehen, wohlwissend, dass er die Vergangenheit sowieso nicht korrigieren konnte. Der Wagen war mittlerweile tief in der Röhre verschwunden, ohne dass der Verkehrsfluss ins Stocken geriet. Die weißen Kacheln der Tunnelwände flogen nur so an ihnen vorbei und alles schien in bester Ordnung zu sein. Seine Eltern unterhielten sich angeregt, während seine kleine Schwester mit ihrer Barbie spielte.

»Ob Linus heute wohl eine Chance hat?«, fragte seine Mutter gerade.

»Warum nicht?«, antwortete sein Vater. »Linus ist ein Kämpfer und Talent hat er auch. Das sagt mir jedenfalls sein Trainer, wann immer wir uns über den Weg laufen.«

»Ja, ich weiß, aber schließlich ist das nicht irgendein Rennen, sondern die Norddeutsche Meisterschaft. Da sind nur die Besten am Start.«

»Und Linus gehört dazu, ich meine zu den Besten, sonst hätte der Verband ihn doch gar nicht erst eingeladen. Hab doch einfach ein wenig mehr Vertrauen in unseren Sohn. Er ist zäh und lässt sich nicht so leicht abhängen.« Sein Vater blickte kurz nach rechts und nickte seiner Mutter aufmunternd zu.

»Du hast ja recht«, antwortete sie und berührte liebevoll seinen rechten Arm. »Ich möchte nur nicht, dass Linus traurig ist, wenn er am Ende leer ausgeht. Du weißt ja selbst, wie verdammt ehrgeizig er ist.«

»Linus gewinnt auf jeden Fall«, ging seine Schwester empört dazwischen und steckte die Barbie in Richtung Mittelkonsole. »Linus hat es mir und Stella versprochen. Habe ich recht, Stella?« Bei dem Namen *Stella*, bewegte sie die Puppe hin und her und deutete damit die Zustimmung der Puppe an. »Und außerdem ist Linus der stärkste Junge, den ich kenne.«

Komischerweise konnte sich Linus noch gut an das Versprechen erinnern, das seine Schwester ihm abgenommen hatte. Sie war zwei Tage vor der Regatta unter seine Decke geschlüpft und hatte ihn so lange gekitzelt, bis er es ihr schließlich versprochen hatte.

»Na, wenn das so ist«, antworte seine Mutter mit ernster Miene und drehte sich zu seiner Schwester um. »Dann muss ich mir ja keine Sorgen machen.«

»Nein, musst du nicht. Linus würde niemals sein Versprechen brechen.«

»Nein, das würde ich nicht«, flüsterte Linus und musste sofort an den Moment denken, an dem er auf dem Siegerpodest gestanden hatte und mit den Augen nach seiner Schwester Ausschau hielt. Der Gedanke daran ließ den Kloß in seinem Hals automatisch weiter anwachsen und auch das Piepen in seinen Ohren wurde wieder lauter. ›Würde dieser verdammte Tinnitus denn niemals wieder verschwinden?‹

»Oje, ein Stau«, wechselte sein Vater ganz plötzlich das Thema und trat auf die Bremse.

Seine Mutter blickte nervös auf ihre Armbanduhr. »Verdammter Mist, hoffentlich schaffen wir es noch rechtzeitig, sonst...« Mehr brachte sie nicht heraus, weil die Scheinwerfer des heranrauschenden Trucks den Innenraum des Opel-Granadas genau in diesem Moment in ein gleißendes Licht tauchten. Es war der Vorbote für einen gewaltigen Aufprall, der ihren Wagen auf die Größe einer Telefonzelle zusammenstauchte. Der Lärm war ohrenbetäubend. Seine Eltern und Schwester waren sofort tot, während er selbst plötzlich über dem Unfallort zu schweben schien. Die Wucht war so groß, dass gleich mehrere Wagen zusammengequetscht und über das Stauende hinweg katapultiert wurden. Überall war Feuer, Rauch und der Geruch nach verbranntem Fleisch. Genauso hatte sich Linus den Crash immer vorgestellt, nachdem er viele

Jahre später die Bilder der Tragödie zu Gesicht bekam. Noch schlimmer waren allerdings die vielen Schreie, die von überall herüberwehten. Kehlige und todbringende Schreie, die Linus niemals vergessen würde, auch wenn sie nur ein Teil seines verfluchten Alptraums waren. Erst danach hörte er endlich das ihm zwischenzeitlich wohlbekannte Schrappen und Knattern des Hubschraubers, das ihn endlich aus den Fängen der Bestie befreite und von einer Sekunde auf die nächste nach..., ›ja wohin eigentlich?‹ Linus kannte den Ort nicht, bis sein Blick auf eine riesige Kirche fiel, die sich zu seiner Rechten in der Abenddämmerung in die Höhe schraubte. ›War das nicht der Kölner Dom?‹ Linus war sich nicht zu hundert Prozent sicher, konnte sich aber noch gut an die beiden markanten Türme erinnern, die er vor vielen Jahren während eines eintägigen Trips besucht hatte. Die Kathedrale war wirklich beeindruckend. ›Aber warum hatte ihn sein Unterbewusstsein hierhergebracht?‹ Linus wusste es nicht. Er hatte weder einen Bezug zur Stadt Köln, noch den Wunsch verspürt hierher zu reisen. Okay, Köln hatte ihm damals ganz gut gefallen, aber das galt für viele Städte. Linus war irritiert und enttäuscht zugleich. Erneut blickte sich Linus auf der Domplatte um und suchte nach irgendeinem Anhaltspunkt. Er fand jedoch keinen, der ihm auch nur einen klitzekleinen Hinweis lieferte, warum ihn sein Traum zu so später Stunde nach Köln entführt hatte. Wie spät es genau war, vermochte Linus nicht zu sagen, zumal die Zeit in seinen Träumen ohnehin keine feste Größe war. Es musste aber schon später sein, weil selbst an einem zentralen und so belebten Ort wie diesem nur noch wenige Menschen zu sehen waren. Mangels Idee folgte er den wenigen gehetzt wirkenden Passanten und fand sich unvermittelt gegenüber dem Hauptbahnhof wieder. Ja, natürlich, dachte Linus. Hier war er damals angekommen, als er mit einem Freund das Auswärtsspiel des Hamburger SV gegen die Kölner Geißböcke besucht hatte. Aber das war eine andere Geschichte. Linus ging auf die Treppe zum Vorplatz zu und sah plötzlich zwei Gestalten aus dem Haupteingang des Hauptbahnhofes rennen. Beiden waren dunkel gekleidet und hatten ihre Gesichter unter Caps und Kapuzen versteckt, sodass Linus nicht sagen konnte, wie alt oder von welcher Nationalität die beiden Männer waren. Zudem trug einer der beiden eine Plastiktüte unter dem Arm. Im nächsten Moment hörte Linus eine Stimme aus dem Hauptbahnhof herausschallen. »Halt, stehen bleiben oder ich schieße!« Doch keiner der beiden Gestalten folgte dem Befehl. Die beiden Männer liefen einfach weiter und waren jetzt beinahe an der Treppe angelangt, von der er auf sie herabblickte. Dann bekam die Stimme, die er bis eben nur gehört hatte, ein Gesicht. Sie gehörte zu einem athletisch wirkenden Polizisten, der soeben durch die Tür des Bahnhofes ins Freie rannte. Es knallte. Der Polizist hatte seine Waffe gezogen und einen Warnschuss in die Luft gefeuert. »Halt, stehen bleiben«, rief er erneut. Ein zweiter Polizist, nein eine Polizistin, betrat die Bildfläche und schloss zu ihrem Kollegen auf. Am Fuß der Treppe griff der Mann ohne Plastiktüte plötzlich in die Bauchtasche seines Hoodies und zog seinerseits eine Pistole. Doch anders als der Polizist schoss er nicht in die Luft, sondern direkt auf den Polizisten. Eine Scheibe rechts neben der Bahnhofstür zersprang. Der Flüchtige hatte vorbeigeschossen. Der Polizist schoss zurück, traf aber nur das Treppengeländer. Von da aus prallte die Kugel ab und schlug seitlich in das Mauerwerk des Treppenaufgangs ein. Wieder knallte es und diesmal traf die Kugel menschliches Gewebe. Der Polizist ließ die Waffe fallen, fasste sich reflexartig mit der Hand an den blutenden Hals und schlug hart auf den Asphalt auf. Fast augenblicklich bildete sich rechts von seinem Kopf eine Blutlache, die größer und größer wurde. Linus vermutete, dass die Kugel die Halsschlagader getroffen hatte. Jetzt zog auch die Polizistin ihre Waffe und zielte auf den Flüchtigen, während sie selbst ins Visier genommen wurde. Fast gleichzeitig krachte es, ohne dass einer der beiden getroffen wurde. Die Kugeln flogen den beiden jetzt nur so um die Ohren, bis schließlich auch der Flüchtige zu Boden ging und die Treppe herunterkippte. Der Mann mit der Plastiktüte hatte zu dem Zeitpunkt längst das Weite gesucht. Linus konnte sehen, wie er über die Domplatte sprintete. Die Polizistin beugte sich jetzt über ihre Kollegen, nur um eine Sekunde später das Gesicht zu einer schmerzvollen Grimasse zu verziehen. Ganz offensichtlich hatte sie nur noch den Tod ihres Kollegen feststellen können. Das Bild, das sich Linus bot, wirkte gespenstisch, zumal sich jetzt auch noch der Vollmond in der riesigen Blutlache spiegelte. Kurz darauf schüttelte sich die Polizistin und hastete auf einen Passanten zu, der sich bis eben noch hinter einem Fahrradständer zusammengekauert hatte. Er war aschgrau im Gesicht und blickte mit offenem Mund und weit aufgerissenen Augen auf den toten Polizisten. »Haben Sie ein Handy?«

Der Passant nickte.

»Dann wählen Sie 112 und rufen einen«..., die Polizistin überlegte kurz und blickte zu dem Mann am Fuße der Treppe hinüber, »nein, besser zwei Notarztwagen.«

Der Mann zitterte immer noch am ganzen Körper, brachte dann aber doch ein einziges Wort heraus. »Ja.«

Die Polizistin fasste dem Mann beruhigend mit der Hand an den Arm. »Und anschließend rufen Sie die Polizei und erzählen meinen Kollegen, was passiert ist, okay?«

»Ja, ist gut.« Der Mittdreißiger schien jetzt wieder aus seiner Starre erwacht zu sein.

Unterdessen kam eine Passantin angerannt und gab sich als Ärztin zu erkennen. Im Beisein der Polizistin untersuchte sie den Mann mit dem Hoodie und schüttelte den Kopf. »Da ist nichts mehr zu machen. Der Junge ist tot. Der Schuss ging mitten ins Herz.«

Erst jetzt konnte Linus das Gesicht des Schützen sehen. Der Kerl war noch blutjung, höchstens zwanzig. Selbst sein Bart wollte noch nicht richtig sprießen. Die Polizistin schien davon ebenso überrascht zu sein. Anders war ihr entsetzter Gesichtsausdruck nicht zu deuten. Schlussendlich rappelte sie sich aber auf und hetzte dem Mann mit der Plastiktüte hinterher.

Am oberen Treppenabsatz blieb sie noch einmal stehen und drehte sich zu der Ärztin um. »Sagen Sie meinen Kollegen, dass ich den zweiten Flüchtigen verfolge. Sie sollen die gesamte Altstadt abriegeln.«

Erst da erkannte Linus, wer ihm da gerade gegenüberstand. Es war Lea Rosendahl. Linus hatte keine Zweifel. Sie war etwas jünger als auf dem Bild, das er vor einigen Tagen in den Finger hatte, aber sie war es, definitiv. Umso überraschter war Linus, dass Lea ihm für einen Moment irritiert in die Augen schaute. ›Hatte sie ihn womöglich gesehen?‹ Doch dann rannte Lea los. Linus blickte ihr nach und entschied sich ihr zu folgen, wurde aber von irgendeiner Kraft zurückgehalten. Irgendjemand schien an ihm herumzuzerren. Linus blickte sich um, sah aber niemanden.

Dann schlug ihm jemand unvermittelt ins Gesicht. Verdammt tat das weh. Und als ob das noch nicht bizarr genug war, hallte es plötzlich auch noch in seinem Kopf.

»Jetzt wachen Sie endlich auf, endlich auf, endlich auf, auf!«

›Wer hatte das gesagt?‹ Erneut drehte Linus sich um, sah aber noch immer niemanden, der ihn geschlagen oder zu ihm gesprochen hatte. ›Verdammt, wer war...‹, »aua«. Seine Wange brannte erneut wie Feuer, gefolgt von dem ihm wohlvertrauten Schrappen und Knattern, das ihn zurück auf die Dünkirchen brachte. Linus öffnete die Augen und sah Dodong gerade ein drittes Mal zuschlagen.

Dodong sah Linus blinzeln, hielt inne und packte stattdessen zu. »Schnell, wir müssen hier raus!«

Linus rieb sich mit den Händen durch sein Gesicht und versuchte, sich die letzten Fetzen seines Traumes aus dem Gesicht zu wischen. Alles war noch so präsent, als ob er mit einem Fuß noch immer auf der Kölner Domplatte stehen würde. Gerade hörte er den Glockenschlag des dicken Pitters läuten. »Ding, Dong«, machte es in einer Tour, bis er realisierte, dass es die geparkten Autos waren, die zwischen den Wellen gegeneinanderschlugen. Überall knarrte und schepperte es. Der Sturm hatte sich ganz offensichtlich nur eine Auszeit genommen.

»Nun machen Sie schon«, drängelte Dodong und riss Linus aus seinen Gedanken. »Wir haben nicht den ganzen Tag Zeit. Haben Sie nicht gehört, was ich...,...? Oh nein!«, beendete Dodong den Satz anders als gewollt, da sich genau in diesem Moment der Ferrari knarzend aus seiner Verankerung löste und in ein Geschoss verwandelte. Dodongs Augen weiteten sich und im Bruchteil einer Sekunde war sämtliche Farbe aus seinem Gesicht gewichen.

Irritiert folgte Linus Dodongs entsetztem Blick und sah den Ferrari wie in Zeitlupe auf den Hubschrauber zurasen. Angst hatte er komischerweise keine. Linus war eher überrascht und auch ein wenig enttäuscht, dass seine Reise ein so abruptes Ende nahm. Unfähig sich zu bewegen, schloss Linus die Augen und dachte an Lea, die er gerne noch ein wenig näher kennengelernt hätte.

32

Schwer atmend und schweißgebadet setzte Lea sich auf und rieb sich mit den Händen die letzten Fetzen ihres Traums aus den Augen. Die Erinnerungen waren noch ganz frisch. Der Kölner Dom schien immer noch zum Greifen nah. Wie so häufig war sie durch die Kölner Altstadt gelaufen und hatte versucht, den Flüchtigen mit der Plastiktüte einzuholen. Sie war ihm näher und näher gekommen und wollte gerade zupacken, als der Glockenschlag des dicken Pitter sie jäh aus ihrem Traum herausgerissen hatte. Doch diesmal war irgendetwas anders gewesen. Lea brauchte einen Moment um zu begreifen, was es war. Ja natürlich, dachte sie. Da war dieser Mann an der Treppe, nein, nicht dieser Mann, sondern Linus Christansen. Was hatte er dort gemacht und wie passte das alles zusammen? Und dann war da noch diese beängstigende Klarheit und Schärfe gewesen, mit der sie ihren Traum durchlebt hatte. Es hatte schon beinahe etwas von einem Kinofilm gehabt, nur mit dem Unterschied, dass sie Hauptdarstellerin und Zuschauerin in einer Person gewesen war. ›Verdammt noch einmal, was passierte hier gerade?‹

»Lea, ist alles okay?«, riss Konrad sie aus ihren Gedanken. Er lag nebenan in seiner Zeltkabine und hatte sie ganz offensichtlich keuchen gehört.

»Äh…, ja alles ok.« Lea brauchte eine Sekunde, um sich zu sortieren. »Ich habe nur schlecht geträumt.«

»Wieder derselbe Albtraum?«

»Habe ich jemals von etwas anderem geträumt, seit wir uns dieses Zelt teilen?« Lea hatte den anderen

Entwicklungshelfer ungefähr ein Jahr nach ihrer Ankunft über ihre Vergangenheit aufgeklärt und viel Empathie verspürt. Dafür war sie ihrem Kollegen unendlich dankbar.

»Nicht, dass ich wüsste.«

»Warum fragst du dann?«

»Ich weiß nicht, vielleicht, weil du noch lauter als sonst geschnauft und geschrien hast.«

»Tut mir leid, wenn ich dich gestört habe.«

»Kein Problem, ich konnte sowieso nicht schlafen.«

Lea überlegte, ob sie nachhaken sollte, entschied sich dann aber dagegen. Ihr fehlte, so kurz nach ihrem Traum, einfach die Kraft dafür. Stattdessen quälte sie sich aus dem Bett und beließ es bei einem kurzen: »Ich muss los.«

Zwei Minuten später stand Lea unter der Freiluftdusche gleich hinter dem Zelt und genoss das warme Wasser auf ihrer Haut, nachdem sie zuvor den Bypass von einem der Tanks geöffnet und den Durchlauferhitzer angeschaltet hatte. Sie atmete tief ein und wieder aus und ließ ihren Blick über die Savanne gleiten. Die Sonne ging gerade auf und verlieh der Landschaft einen goldenen Schimmer. Ihr Pulsschlag beruhigte sich und nicht zum ersten Mal hatte Lea das Gefühl, dass das warme Wasser ihr nicht nur den Schweiß, sondern auch die Schuldgefühle von der Haut abspülte. Nicht für immer, aber doch lang genug, um sie einigermaßen durch den Tag zu bringen. Lea schloss die Augen und vergaß die Zeit, während Liter um Liter der kostbaren Flüssigkeit an ihrem schlanken, sehnigen Körper herunterliefen. Schnell war der Boden gesättigt und alsbald hatte sich unter ihren Füssen ein kleiner See gebildet.

»Lea, Konrad?«, rief Tembo plötzlich. »Wo seid ihr?«

Lea öffnete die Augen, sammelte sich für einen Moment und drehte das Wasser ab. »Ich bin hier draußen, unter der Dusche. Ich komme gleich.« Lea schnappte sich ihr Handtuch, trocknete sich ab und tippelte um das Zelt herum. Unterdessen schien Tembo mit der Espresso-Maschine zu kämpfen. Das Fauchen und Zischen der Maschine war nicht zu überhören und erinnerte Lea an einen in die Ecke getriebenen Leoparden. Prima, dachte Lea, Kaffee ist jetzt genau das, was mir noch fehlt. Sie steckte den Kopf durch die Tür und warf Tembo ihre Bestellung entgegen. »Guten Morgen Tembo, für mich bitte einen Doppelten.«

Tembo drehte sich zu ihr um und zuckte mit den Schultern. »Tut mir leid, ich glaube, die Maschine ist kaputt.«

»Nein, ist sie nicht. Die alte Dame ist in letzter Zeit nur etwas störrisch und behält die schwarze Brühe gern für sich.«

»Und das bedeutet...?«

»...dass es schon etwas mehr Überzeugungskraft bedarf, um ihr den Kaffee abzuringen«, beendete Lea den Satz und schob sich an Tembo vorbei. »Warte, ich zeige es dir.« Eine Sekunde später haute Lea mit der flachen Hand gegen die rechte Seite des Gehäuses und sah zu, wie der Kaffee unter lautem Getöse in Tembos Tasse träufelte.

»Das hört sich aber nicht sehr gesund an.«

»Ja, stimmt. Eigentlich muss die alte Dame nur entkalkt werden, dann läuft sie wieder rund. Mir fehlte bisher einfach nur die Zeit.«

Plötzlich fing Tembo an zu lachen. Er lachte und lachte und kriegte sich gar nicht wieder ein.

Irritiert blickte Lea zu Tembo herüber und legte die Stirn in Falten. »Was ist denn daran so komisch?«

Tempo räusperte sich, bekam das Grinsen aber nicht aus dem Gesicht. »Ähm, nichts.« Dann wackelte er mit den Ohren, wie nur wenige es vermochten und sagte: »Schönes Handtuch, übrigens.«

Lea blickte fragend an sich herunter und bemerkte erst jetzt, dass sie ihr Handtuch rein zufällig so um ihren Körper drapiert hatte, dass die Ohren des aufgedruckten Elefanten direkt auf ihren Brüsten lagen und sich mit jedem Atemzug ein wenig auf und ab bewegten. Jetzt musste auch Lea lachen.

Lea war gedanklich längst wieder bei ihrem Traum angelangt, als sie auf dem Weg zu Kanzi war. Sie wollte einen Blick auf seine Wunde werfen, bevor sie sich mit Tembo bei den Feldern treffen würde. Sie hatte die Dorfmitte gerade links liegen lassen, als ihr eine Idee kam. Kurzentschlossen machte sie auf dem Absatz kehrt und steuerte auf Patmes Hütte zu. Die alte Frau saß, wie erwartet, vor ihrer Hütte und stampfte Hirse. Die neue Getreidemühle, die sie ihr geschenkt hatten, benutzte sie auch heute nicht. Verdammt nochmal, dachte Lea. War, es wirklich erst fünf Tage her, seit sie Patme an gleicher Stelle sitzen sah? Ihr kam es viel länger vor, nach alldem was in der Zwischenzeit passiert war. Da war die Sache mit Alemees Zahn, dann die Schlägerei auf dem Feld, Kanzis schwere Kopfverletzung, der Prozess, die anschließende Verurteilung von Kojo und nicht zuletzt die geheime Schwangerschaft von Nala. Lea überbrückte die letzten Meter und begrüßte die alte Frau. »Guten Morgen, Patme.«

Patme blickte auf und lächelte ihr zu. »Guten Morgen Lea, schön dich zu sehen.«

»Darf ich mich setzen?«

»Natürlich.« Patme machte eine einladende Handbewegung.

Lea setzte sich und schaute ihr eine Weile bei der Arbeit zu. Das rhythmische Auf und Ab des Mörsers, den Patme immer wieder in die steinerne Schüssel trieb, hatte schon beinahe etwas Hypnotisches. Weder Lea noch Patme sagte etwas. Dann fasste sich Lea ein Herz. »Patme, darf ich dich etwas fragen?«

»Alles, was du willst.«

»Auf dem Feld, da singen die Frauen immer wieder dieses eine Lied. Ich meine das Lied, das von unseren Träumen handelt.«

Patme nickte bedächtig. »*Nchi ya ndoto.*«

»Ja, genau das meine ich. Es geht mir nicht mehr aus dem Kopf.«

Die alte Frau drehte sich langsam zu Lea um, legte den Kopf ein wenig schief und musterte sie abwartend. »Möchtest du mir auch erzählen, warum das so ist?«

Lea druckste herum und suchte nach den richtigen Worten. »Es liegt an meinen Träumen, sie haben sich verändert und machen mir ein wenig Angst. Sie sind so klar und intensiv, als ob ich mich in einem…« Lea brach ab, nachdem ihr gerade noch rechtzeitig eingefallen war, dass Patme keine Ahnung hatte, was ein Film, geschweige denn ein Blockbuster war.

Patme schien sie aber auch so zu verstehen. Sie nahm Leas Hände und lächelte ihr verständnisvoll zu. »Du musst dich nicht fürchten, Lea, ganz im Gegenteil: Was du erlebst, ist ein Geschenk, eine Gnade, die nur wenigen zuteil wird. Die allermeisten finden das Traumland nie, ganz gleich, wie sehr sie sich danach sehnen oder danach suchen.«

Lea zog die Stirn in Falten und ließ die Worte von Patme auf sich wirken. »Und du? Hast du das Traumland jemals betreten?«

»Ja, aber das ist viele Jahre her. Meine Tochter war gerade gestorben. Wir haben uns dann eine Zeit lang getroffen, bis sie irgendwann der Meinung war, dass es Zeit ist, loszulassen.«

»Das tut mir leid. Wenn ich das gewusst hätte, dann hätte ich nicht gefragt.«

»Das ist schon in Ordnung. Meiner Tochter geht es gut, da wo sie jetzt ist.«

Lea überlegte, ob sie fragen sollte, wo dieser Ort ist, entschied sich dann aber dagegen. Stattdessen fragte sie etwas anderes. »Ist es immer so, dass die Zeit, die wir im Traumland verbringen, begrenzt ist?«

»Soweit ich weiß, ist das sehr unterschiedlich. Einige stellen die Verbindung nur für kurze Zeit her, andere, wie schon gesagt, nie und wieder andere wandeln ein Leben lang zwischen den Welten.«

Lea nickte und fragte sich, ob sie das wollte, ein Leben lang zwischen den Welten wandeln. Ihr immer wiederkehrender Traum war auch ohne diese Klarheit und Intensität schon heftig genug. Andererseits hatte sie das Gefühl, dass die Schuldgefühle nicht mehr ganz so präsent waren und nicht allein die Dusche dafür verantwortlich gewesen war. Und dann war da auch noch Linus Christiansen, zudem sie eine ganz besondere Verbindung aufgebaut hatte. Eine Verbindung die sie nicht mehr missen wollte.

33

Tags darauf hörte Tajeu ein Geräusch, das ihn aufhorchen ließ. Instinktiv verlangsamte er seinen Schritt, spitzte die Ohren und lauschte. Doch abgesehen vom Wind und dem weit entfernten Schrei eines Pavians hörte er nichts. ›Hatte er sich getäuscht?‹ Wieder lauschte er und diesmal drang ein Kichern an sein Ohr, das jeden Zweifel zerstreute. Hastig blickte er sich um und überlegte, was sie machen konnten.

»Was ist los?«, fragte Buma. Er lief direkt hinter ihm und hatte das Kichern ganz offensichtlich nicht gehört.

»Hyänen, dort links, irgendwo im hohen Gras.« Eine Sekunde später kam das erste Tier auch schon aus der Deckung, dann noch eines, bis schließlich sieben Tiere in einer Entfernung von vielleicht einhundert Schritten in ihr Sichtfeld traten.

Zwischenzeitlich waren alle Azizi stehen geblieben und hatten sich um Buma und Tajeu gruppiert und instinktiv ihre Speere und Messer in Richtung des Rudels gerichtet.

»Verdammt!«, knurrte Dorme. »Was machen wir denn jetzt?«

Tajeu nahm den einzigen Baum im Umkreis von mehreren hundert Schritten ins Visier und traf eine Entscheidung. »Zurück, wir müssen auf den Baum, eine andere Chance haben wir nicht.«

Kiano blickte skeptisch zwischen dem Rudel und dem zerzausten Baum hin und her. »Das ist ein langer Weg, das schaffen wir niemals.«

»Doch, wir müssen nur ein wenig Zeit gewinnen und die Biester von uns ablenken«. Dann griff Buma auch schon unter seinen Bijuk und holte vor den Augen seiner Freunde sein Bündel mit den Larven hervor und fing an seinen Vorrat breitflächig auf dem Boden zu zerstreuen.

Tajeu nickte und tat es ihm gleich, während er die anderen aufforderte, sich langsam und ohne Hast auf den Baum zuzubewegen.

»Nun macht schon!«, wiederholte Buma die Aufforderung, nachdem sich keiner von den dreien bewegte.

»Ist gut, aber beeilt euch«, antwortete Dorme und zog Kiano und Nio hinter sich her.

Die Hyänen wirkten dagegen immer noch ein wenig unschlüssig. Sie tänzelten in einiger Entfernung hin und her und schienen sich noch nicht einig zu sein, wie sie sich verhalten sollten.

Tajeu vermutete, dass die natürliche Scheu vor den Menschen sie noch davon abhielt auf sie zuzustürmen. Schnell setzte er seine Arbeit fort und blickte alsbald auf ein Meer von Larven herunter.

»Sie kommen«, sagte Buma nur eine Sekunde später und zupfte Tajeu an seinem Bijuk.

Tajeu nahm den Kopf hoch und sah das Rudel auf sie zulaufen. Das Bild war beängstigend und augenblicklich setzte sein Fluchtinstinkt ein. Er ließ den Beutel fallen und rannte los, schneller und immer schneller, während er sich immer wieder umblickte. Die Hyänen hatten die Stelle, an der sie die Larven verstreut hatten, jetzt fast erreicht, und...? Tajeu atmete erleichtert durch, denn die Tüpfel-Hyänen blieben zu seiner Freude tatsächlich stehen und fingen an, die gut riechenden Larven aufzupicken. Wie die Reiher auf einem See voller kleiner Fische, frohlockte er im Stillen und konnte sich ein Lächeln nicht verkneifen. Ihr Plan schien tatsächlich aufgegangen zu sein. Buma war jetzt vielleicht noch zehn Schritte von dem rettenden Baum entfernt, er selbst noch ungefähr zwanzig und langsam glaubte er, dass sie es schaffen könnten.

»Beeilt euch!«, schrie Dorme plötzlich. Er saß neben Nio auf einem dicken Ast und ruderte wild gestikulierend mit den Armen. »Eines von den Biestern scheint sich mit den Larven nicht mehr zufriedenzugeben.«

Tajeu drehte sich erneut um und sah tatsächlich eine der größeren Tüpfel-Hyänen auf sie zu rennen. Zu früh gefreut, dachte er und legte nochmals einen Zahn zu.

Unterdessen war Buma bereits am Stamm angelangt und warf Kiano seinen Speer entgegen, bevor er sich mit zwei, drei flinken Bewegungen den Stamm hochzog.

Noch zwei Schritte, dann kann ich mich auch..., doch Tajeu brachte den Gedanken nicht zu Ende, weil er just in dieser Sekunde die Hyäne hinter sich heranfliegen hörte. Er wirbelte herum und rechnete bereits mit dem Schlimmsten, als drei Speere unmittelbar vor der Hyäne in den Boden einschlugen. Die Hyäne schreckte zurück und schien mit sich zu hadern. Sie tänzelte hin und her und lachte auf eine unwirkliche Art.

»Worauf wartest du noch, zieh dich endlich hoch!«, schrie Dorme und erweckte Tajeu aus seiner Starre.

Eine Stunde später blickte Buma von links nach rechts und wusste nicht, ob er lachen oder weinen sollte. Lachen, weil das Bild, das sie gerade boten, nicht bescheuerter hätte sein können. Weinen, weil jede Minute, die sie auf dieser zerzausten Schirmakazie herumsaßen, den Vorsprung des Golgaths weiter vergrößerte. ›Aber was hätten sie anderes tun können?‹ Die Larven, die sie bei sich trugen, hatten die Tüpfel-Hyänen angezogen, wie die Scheiße ihrer Rinder einen Schwarm Fliegen. Am Ende hatten Sie noch Glück im Unglück gehabt, dass sie es überhaupt auf diesen halb abgestorbenen Baum geschafft hatten. Gar nicht auszudenken was passiert wäre, wenn das Rudel sie auf freier Fläche erwischt hätte. Buma hasste Hyänen. Sie waren hinterhältig, gefräßig und schienen in einer Tour zu kichern, wobei es ihm in dieser bizarren Situation regelrecht so vorkam, als ob die Hyänen sie auslachen würden.

Tajeu schien es ähnlich zu sehen. »Wenn ich es nicht besser wüsste, dann könnte man meinen, dass sich die Mistviecher über uns lustig machen.« Sein Gesicht war wutverzerrt und immer wieder spuckte er auf eines der Tiere herab, die jetzt allesamt um den Baum herumstromerten. Er saß rechts von Buma, während Dorme, Kiano und Nio auf zwei großen Ästen links von ihnen Platz genommen hatten.

Nio bewarf die Hyänen derweil mit kleinen Zweigen, ohne dass sich die Tiere davon beeindruckt zeigten. »Verdammt noch mal, geben diese Biester denn nie auf?«

»Nicht, bevor wir ihnen auch den Rest unserer Larven gegeben haben«, antwortete Buma.

Tajeu nickte zustimmend »Ja, es bleibt uns wohl nichts andres übrig, wenn wir nicht noch mehr Zeit verlieren wollen. Der Geruch der Larven ist zu verlockend.«

»Dann lasst uns doch einfach alles aufessen«, sagte Dorme und nestelte bereits an seinem Bijuk herum. »Was nicht mehr da ist, können die Hyänen auch nicht mehr riechen.«

»So funktioniert das nicht«, antwortete Tajeu und schüttelte leicht amüsiert den Kopf. »Die Hyänen wirken ausgehungert und ziehen nicht einfach wieder ab. Wir können schon froh sein, wenn sie sich mit unseren restlichen Larven zufriedengeben und nicht auch noch uns auf ihre Speisekarte setzen. Du hast ja selbst gesehen, was eines dieser Monster beinahe mit mir angestellt hat.«

»Ja, vermutlich hast du recht«, antwortete Dorme und warf den Hyänen seinen Beutel widerwillig vor die Füße.

34

Linus war auf dem Weg zum Erste-Hilfe-Raum. Er wollte unbedingt die beiden Stangen Zigaretten kaufen, die er Dodong schenken wollte. Eine als Zeichen der Entschuldigung und eine weitere aus Dankbarkeit, weil ihm der junge Filipino zu allem Überfluss auch noch das Leben gerettet hatte. Unter Einsatz seines eigenen Lebens und Aufbietung seiner gesamten Kraft hatte ihn Dodong buchstäblich in letzter Sekunde aus dem Cockpit gezogen, während sich die Motorhaube des Ferraris bereits in die Frontpartie des Hubschraubers gebohrt hatte. Das kreischende Geräusch des Aufpralls hatte Linus immer noch im Kopf.

Im Treppenhaus angekommen, warf Linus einen Blick durch das Fenster und war von dem Bild, das sich ihm bot, schockiert und fasziniert zugleich. Der Sturm war tatsächlich zurückgekehrt, auch wenn er ein wenig an Kraft verloren hatte. Eine haushohe Welle krachte gerade gegen das Schiff und überspülte das gesamte Oberdeck samt Container mit Wasser. Das riesige Schiff kam ihm mit einem Mal winzig klein vor. So klein, wie die berühmte Nussschale in der tosenden See. Linus blickte ein letztes Mal aus dem Fenster und hangelte sich weiter das Treppenhaus entlang, während die Übelkeit erneut von ihm Besitz ergriff.

Auf halben Weg kam ihm Romanov entgegen und grinste. Er schien den Seegang gar nicht zu bemerken. »Hallo Herr Christiansen, was treibt Sie den bei dem Wetter aus ihrer Kabine?«

Linus verzog das Gesicht zu einem schiefen Lächeln und beschränkte sich auf das Allernötigste, denn keinesfalls wollte er Romanov auf seine Uniform kotzen.

»Oh, dass trifft sich gut«, antwortete Romanov und setzte sich wieder in Bewegung. »Ich war sowieso gerade auf dem Weg in den Erste-Hilfe-Raum.«

Linus folgte ihm den Flur entlang und sah zu, wie Romanov die Tür zum Erste-Hilfe-Raum aufschloss und eintrat. Überall stapelten sich Kartons von unterschiedlicher Größe. Selbst auf dem spartanischen Krankenbett, das links in der Ecke stand, hatte irgendjemand Paletten mit Bierdosen abgestellt.

Der Erste Offizier blickte sich um und öffnete einige Kartons, bis er offensichtlich fand, wonach er suchte. »Ah, da sind Sie ja, wie viele Stangen Marlboro wollten Sie noch gleich?«

»Zwei.«

»Sonst noch etwas?«

»Nein..., oder doch«, korrigierte sich Linus im Bruchteil einer Sekunde. »Vielleicht noch etwas zu trinken, irgendetwas Hochprozentiges.«

Ohne zu suchen, griff Romanov in eine offene Kiste und nahm eine Flasche heraus. »Whisky, einer von den Besseren. Ich trinke ihn selber gerne. Hier nehmen Sie, geht aufs Haus.«

»Danke.«

»Die Zigaretten setze ich auf ihre Rechnung.«

»Okay.« Linus steckte den Hundert-Euro-Schein wieder ein.

Als Linus bereits auf dem Weg zurück in den Flur war, meldete sich Romanov nochmals zu Wort. »Warten Sie, ich habe noch etwas für Sie.«

Linus machte auf dem Absatz kehrt und sah zu, wie sich Romanov an einem kleinen Wandschränkchen zu schaffen machte. Am roten Kreuz, das auf der Tür aufgemalt war, erkannte Linus, dass es sich um den Arzneimittelschrank handeln musste.

Der Erste Offizier kramte eine kleine Schachtel heraus und warf sie Linus zu. »Hier nehmen Sie, das hilft gegen die Seekrankheit.«

Linus fing die Schachtel auf und zog die Stirn in Falten. »Wie kommen Sie darauf, dass ich so etwas brauche?«

»Schauen Sie doch mal in den Spiegel, dann erübrigt sich die Frage.«

Linus blickte in den kleinen Spiegel rechts neben der Tür und erschrak. Er sah aus, als ob er einen Frosch geküsst hatte, so grün war er im Gesicht.

»Wenn wir an Gibraltar vorbei sind, dann beruhigt sich die See. Halten Sie noch zwei, drei Stunden durch, dann wird es besser.«

Linus nickte erleichtert und verließ den Erste-Hilfe-Raum.

Das Wetter wurde nach einigen Stunden tatsächlich besser. Linus spürte dies am Auf und Ab der Wellen, die jetzt viel kleiner waren. Aus der Nussschale war wieder ein Schiff geworden und, wie erhofft beruhigte sich nicht nur das Wetter, sondern auch sein Magen. Die Übelkeit war zwar noch nicht ganz verschwunden, aber *Vomex* sei Dank, längst nicht mehr so schlimm. Linus saß bei einem Kamillentee in der Messe und dachte an den Hubschrauber, der ihn im wahrsten Sinne des Wortes in eine Welt entführt hatte, von der er bisher noch nicht einmal zu träumen gewagt hatte. Doch damit war es jetzt vorbei. Der Hubschrauber war nur noch Schrott und würde ihm als Transmitter nicht mehr zur Verfügung stehen. Die Erkenntnis traf ihn unvorbereitet und löste eine ungeahnte Traurigkeit in ihm aus, die er seit Beginn seiner Reise nicht mehr gespürt hatte. Es überraschte ihn deshalb auch nicht, dass sich sein Tinnitus mit aller Kraft zurückmeldete. Er war zwar die ganze Zeit da gewesen, aber mehr und mehr in den Hintergrund getreten. Nichtsdestotrotz raffte sich Linus auf und schleppte sich zur Spüle in der angrenzenden Kombüse, um sein Gesicht zu waschen. Das kalte Wasser tat ihm gut und weckte seine Lebensgeister. Zur Sicherheit nahm er noch eine Vomex-Tablette ein und verließ die Messe. Linus wollte endlich die beiden Stangen Zigaretten loswerden.

Wie erwartet, fand er Dodong im Maschinenraum. Der junge Filipino kontrollierte gerade das Monster, wie er den MAN Diesel-Motor bei seinem ersten Besuch insgeheim getauft hatte.

Dodong hob die Hand und lächelte.

Linus hob die beiden Stangen in die Höhe. »Hier für dich. Eine als Entschuldigung für meinen Ausraster hier im Maschinenraum und eine zweite für deine Rettungsaktion.«

Der junge Filipino strahlte und zeigte seine Zahnlücke in seinem ansonsten strahlenden Gebiss.

»Und schau, was ich uns noch mitgebracht habe!« Linus fasste in die Tüte, in der er auch die Zigaretten verstaut hatte und zog eine Flasche und zwei Gläser heraus. »Whisky, ich hoffe, du magst das Zeug.«

»Ich liebe Whisky.« Dodongs Augen leuchteten.

Linus schenkte ein, nicht zum ersten und nicht zum letzten Mal an diesem Tag.

35

Lars Beier stand an derselben Stelle, an der er sein Feuerzeug ins Wasser geworfen hatte und blickte auf das Meer hinaus. Der Kapitän hatte Wort gehalten. Es war tatsächlich wärmer geworden, seit die Dünkirchen Gibraltar hinter sich gelassen und Kurs auf das Mittelmeer genommen hatte. Nur vom Sturm hatte er nichts gesagt. Lars hatte viel Zeit in seiner Kabine verbracht, abwechselnd gegen die Sucht und die Übelkeit angekämpft und den Moment herbeigesehnt, an dem er wieder an Deck umherlaufen konnte. Umso mehr genoss er die friedvolle See, die sich jetzt von seiner schönsten Seite zeigte, mit klarer salziger Luft und Sonnenschein, der sein Gesicht erwärmte. Lars füllte seine Lungen erneut mit der kalten Luft und versuchte ausnahmsweise einmal an nichts zu denken.

»Hey.«

Lars zuckte zusammen. »Man, hast du mich erschreckt.«

Abiona Philippe stellte sich neben ihren Kabinennachbarn und stützte sich mit den Ellenbogen an der rostigen Reling ab. »Tut mir leid. Ich dachte, du hättest mich bemerkt.«

Lars schüttelte den Kopf und drehte sich zu Abiona Philippe um. »Hast du schon einmal so einen Sturm erlebt?«

»Nein. Ich dachte schon, der Spuk geht nie vorbei.«

»Ja, ging mir auch so«, antwortete Lars, während er in seine Tasche griff, ein Kaugummi herauszog und es sich in den Mund steckte.

Als Abiona das sah, verzog sie den Mund zu einem verschmitzten Lächeln. »Und hilft es?«

»Was meinst du?«

»Na, das Kaugummi, ich meine hilft es gegen die Sucht, gegen die Entzugserscheinungen?«

»Lars Beier schüttelte den Kopf. »Nicht wirklich, du hattest vermutlich recht, mit dem was du gesagt hast. Es gibt hier zu wenig Ablenkung.«

Abiona presste die Lippen aufeinander und nickte. »Wollen wir ein paar Meter laufen?«

»Ja, sehr gerne.« Gemeinsam schlenderten sie an der Backbordseite entlang in Richtung Bug.

Kurz darauf zeigte Abiona mit dem Finger nach vorne. »Schau mal, wir sind nicht die Einzigen, die sich nach draußen gewagt haben.« An der Spitze des Schiffes standen das Ehepaar Humboldt, zwei junge Frauen und Kapitän Sánchez.

Susanne Humboldt bemerkte die beiden als erstes, löste sich aus der Gruppe und ging ihnen entgegen. »Guten Morgen ihr zwei, der Kapitän zeigt uns gerade das Schiff. Kommt doch mit.«

Abiona blickte kurz zu Lars und zwinkerte ihm zu, bevor sie sich wieder zu Susanne Humboldt drehte. »Warum nicht, ein wenig Ablenkung wird uns guttun.«

»Na dann kommt, der Kapitän zeigt uns gerade den Anker. Der ist wirklich riesig.« Susanne Humboldt packte Abiona an der rechten Hand und zog sie hinter sich her.

Als die drei den Bug erreicht hatten, hielt der Kapitän inne, lächelte und stellte die Anwesenden untereinander vor. Zuerst Ann-Kathrin Meier und Tabea Wolters und anschließend Abiona Philippe und Lars Beier.

Tabea Wolters strahlte über das ganze Gesicht und lies die Hand von Abiona gar nicht mehr los. »Ich habe schon gehört, dass Sie an Bord sind, und wollte es gar nicht glauben. Ich freue mich so sehr, Sie kennenzulernen.«

»Ich freue mich auch sehr«, entgegnete Abiona freundlich, »würde mich aber noch mehr freuen, wenn Sie meine Hand wieder loslassen.«

Tabea Wolters lief rot an und zog die Hand zurück. »Oh, natürlich. Entschuldigen Sie bitte, ich wollte nicht aufdringlich sein.«

»Kein Problem, ich erlebe das nicht das erste Mal.«

Kapitän Sánchez nahm den Faden wieder auf, stellte sich mit dem Rücken zum Bug und blickte auf die Container, die sich vor ihm aufstapelten. »So und jetzt wieder zurück zu meiner Frage. Was glauben Sie, wie viele Container haben wir gerade geladen?«

Sebastian Humboldt gab als erstes eine Schätzung ab. »Vermutlich über fünfhundert, wenn nicht sogar das doppelte.«

»Nie im Leben«, entgegnete seine Frau, »maximal zweihundertfünfzig.«

Lars Beier kniff die Augen zusammen und blickte an der Backbordseite entlang. »Ich denke, dass es wenigstens zweitausend sind.«

»Und was meinen Sie, Frau Philippe, was denken Sie?« Sánchez blickte die junge Schauspielerin neugierig an.

Abiona zuckte mit den Schultern. »Keine Ahnung, vielleicht so um die zweihundert.«

Der Kapitän grinste und zeigte mit dem Finger auf Lars Beier. »Sie sind noch am dichtesten dran, liegen aber dennoch weit daneben. Es sind viertausend.«

»Viertausend«, wiederholte Lars Beier ungläubig, »das hätte ich nicht für möglich gehalten.«

»Stimmt, aber genau genommen sind das gar nicht so viele, weil es mittlerweile Containerschiffe gibt, die mehr als zwanzigtausend Container laden können.«

»Und was ist da drin, ich meine was hat die Dünkirchen geladen?«, fasste Sebastian Humboldt nach.

»Alles Mögliche. Vor allen Dingen aber chemische und pharmazeutische Produkte, Maschinen, elektronische Geräte, Lebensmittel und natürlich Autos.«

»Autos, sind die auch in den Containern?«

»Nein, die sind in den unteren Decks. Die Dünkirchen ist ein ConRo-Schiff, ich dachte, Sie wussten das?«

Sebastian Humboldt schüttelte den Kopf. »Nein, das wusste ich nicht, woher auch?«

»Das steht in dem Prospekt, der eigentlich mit dem Ticket versendet wird«, antwortete der Kapitän.

Sebastian Humboldt drehte sich zu seiner Frau. »War da ein Prospekt dabei? Ich habe keinen gesehen.«

Susanne Humboldt schüttelte den Kopf. »Nicht, dass ich wüsste.«

»Bei unseren Tickets auch nicht«, ergänzte Ann-Kathrin Meier. »Da bin ich mir ganz sicher.«

»Ist ja auch nicht so wichtig«, antwortete der Kapitän und setzte sich in Bewegung. »Als nächstes gehen wir in den Maschinenraum.«

Auf dem Weg zum Maschinenraum war das Wummern des Dieselmotors bereits zu hören und auch unter den Füßen zu spüren. Susanne Humboldt hatte fast den Eindruck, dass ein wenig Strom durch ihre Füße floss, so stark waren die Vibrationen, die vom Boden übertragen wurden. »Ganz schön laut hier.«

»Ja, aber kein Vergleich zu der Lautstärke, wenn ich die Tür geöffnet habe. Vielleicht ist es besser, wenn Sie sich die Ohren zu halten.«

Susanne Humboldt nickte und tat, worum sie der Kapitän gebeten hatte. Die anderen folgten ihrem Beispiel.

Sánchez öffnete die Tür und augenblicklich dröhnte es aus dem Maschinenraum heraus. Der Kapitän trat ein und setzte einen Fuß auf das Podest und warnte die Gruppe ein zweites Mal. »Bitte seien Sie vorsichtig, wenn Sie die Treppe heruntergehen. In den Stufen bleibt man schnell mit dem Absatz hängen.«

Unten angekommen blickte sich Sebastian Humboldt um und war von dem riesigen Reihendieselmotor beeindruckt. Insgesamt zählte er 14 Kolben, die auf und nieder gingen und beinahe etwas hypnotisches hatten. »Tack, Tack, Tack«, machte es in einer Tour, während der Motor von innen heraus zu schreien schien. Der Kapitän hatte nicht untertrieben, der Lärm war wirklich ohrenbetäubend.

Seine Frau schien das gleiche zu denken und stupste ihn von der Seite an. »Komm, wir gehen wieder raus, der Krach ist ja nicht auszuhalten.«

»Ja, gleich, ich will nur noch schnell ein paar Bilder machen.« Basti holte sein Handy heraus und machte einige Fotos, ließ es dann vor Schreck aber beinahe fallen, als ein Mann mit riesigen Ohren in sein Blickfeld trat. Wie aus dem Nichts war er hinter dem Motorblock hervorgesprungen und begann an einem der vielen Ventile zu drehen. Dann erschrak der Mann selbst, ließ seine Zahnlücke kurz hervorblitzen und war wieder hinter dem Motor verschwunden, noch bevor Basti reagieren konnte. ›Verdammte Scheiße, wer war das?‹

Als die Gruppe auf dem Weg zu den Parkdecks war ließ sich Kapitän Sánchez zwei Schritte zurückfallen und entschuldigte sich bei Sebastian Humboldt für seinen Seemann. »Ich hoffe, unser Maschinist hat Sie nicht erschreckt, als er plötzlich vor Ihnen aufgetaucht ist. Das war bestimmt nicht seine Absicht.«

»Ist schon okay, ist ja nichts passiert.« Zum Beweis hob Basti sein Handy in die Höhe und drehte es in seiner Hand. »Außerdem habe ich ihn mindestens genauso erschreckt, wie er mich. Er hat mich nicht gehört und ich ihn nicht. Der Lärm war schuld.«

Der Kapitän nickte erleichtert und setzte sich wieder an die Spitze. »Okay, von hier aus gehen wir zu den Auto-Decks. Dort warten einige Überraschungen auf uns. Mir nach, bitte.«

Auf dem Weg dorthin, fragte sich Basti immer wieder, was mit dem Mann nicht stimmte, der ihn bis auf die Knochen erschreckt hatte. Dann fiel es ihm wieder ein. Der Mann hatte riesige Ohren, Ohren, die ihn an..., ja an was eigentlich erinnerten? Ob er den Kapitän darauf ansprechen sollte? Nein eher nicht. Dann kam ihm eine Idee. Basti entsperrte sein Handy, öffnete die Foto-App und checkte das letzte Bild, das er im Maschinenraum gemacht hatte. Und tatsächlich war der Maschinist darauf zu sehen. Der Mann war, wie so viele andere Crew-Mitglieder auch, ein Filipino und hatte, Basti musste lachen, Ohrenschützer auf. Immer noch schmunzelnd steckte er das Handy weg und schloss wieder zu den anderen auf.

Lars Beier staunte nicht schlecht, als er das Parkdeck auf Ebene 2 betrat. Das Deck erinnerte ihn mehr an ein schwimmendes Parkhaus und weniger an ein Schiff. Hunderte verschiedener Fortbewegungsmittel standen hier Reihe an Reihe. Überwiegend alte Klapperkisten, dazwischen aber auch immer wieder das eine oder andere Neufahrzeug. So richtig begeistert war er aber erst, nachdem sie auf die unterste Ebene hinabgestiegen waren. Hier standen die mit Abstand außergewöhnlichsten Exponate. Lars sah mehrere Motorboote, sogar ein Flugzeug und zu seiner Freude einen knallroten Ferrari 308 GTS. Lars liebte dieses Modell, seit Magnum damit auf Hawaii durch die Gegend gebrettert war. So einen Ferrari würde er sich zulegen, wenn nach seiner Scheidung noch ein wenig von dem Ersparten übrig war. Ja, das würde er machen schwor er sich und streichelte wehmütig mit der Hand über die zerbeulte Motorhaube.

Unbemerkt stellte sich der Kapitän neben ihn und riss ihn aus seinen Gedanken. »Sieht ganz so aus, als ob Ihnen der Ferrari gefällt.«

»Wie, was...? Sorry ich habe gerade nicht richtig zugehört.«

»Ein echtes Schmuckstück, finden Sie nicht auch?«

»Ja, mein Traumauto. Irgendwann will ich so eines einmal mein Eigen nennen.«

36

Auf dem Weg zu Kanzis Hütte dachte Lea darüber nach, was ihr Patme über das Traumland erzählt hatte. *Nchi ya ndoto* war demnach tatsächlich mehr als ein Lied. Alles ergab plötzlich einen Sinn, auch wenn sie es noch nicht so recht glauben wollte. Doch bevor sie weiter darüber nachdenken konnte, wurde ihre Aufmerksamkeit auf ein hässliches Geräusch gelenkt, das sie nicht richtig einordnen konnte. Irgendetwas schien am östlichen Rand des Dorfes vorzugehen. Lea ging weiter in die Richtung und lief Nala und Tembo in die Arme, die aus entgegengesetzten Richtungen angelaufen kamen. Sie hatten den Tumult offensichtlich auch gehört. »Hast du eine Idee, was dahinten vor sich geht?«

Tembo zuckte mit den Schultern. »Keine Ahnung, hört sich aber nicht gut an, irgendwie zerstörerisch.«

Gemeinsam liefen sie weiter, während ihnen die ersten Tük entgegenkamen. Sie wirkten verängstigt und verstört, ganz so als ob sie vor etwas davonliefen.

Lea fasste eine junge Frau am Arm und hielt sie fest. »Elani, was ist los? Vor wem oder was rennt ihr davon?«

Elani war kaum in der Lage zu reden. Sie zeigte lediglich mit dem Finger in die Richtung, aus der die Geräusche kamen und schrie: »Golgath, Golgath!« Dann riss sie sich los und rannte davon.

Als Lea das hörte, lief es ihr eiskalt den Rücken herunter. ›Konnte es wirklich sein, dass ein Löwe in das Dorf eingedrungen war und noch dazu am helllichten Tage? Es schien beinahe so. Aber wenn es wirklich stimmte, wo waren dann die Azizi? Schließlich waren sie dem Golgath auf den Fersen oder etwa nicht?‹ Lea überlegte fieberhaft, was zu tun war und traf eine Entscheidung. »Tembo, sag den Männern Bescheid. Du findest sie auf den Feldern.«

»Ist gut.« Tembo lief los, blieb nach einigen Meter aber stehen und drehte sich fragend zu Lea um. »Und du, was machst du?«

»Ich hole mein Gewehr.« Dann sprintete sie auch schon los.

Drei Minuten später stand Lea völlig außer Atem in der Wohnküche ihres Zeltes und zog sich die Kette mit dem Schlüssel für den Waffenschrank über den Kopf. Sie hatte den Schlüssel samt Kette von James, ihrem Vorgänger, übernommen und seitdem um den Hals getragen. Mit zittrigen Fingern steckte sie den Schlüssel in das Schloss und öffnete die Tür. Der Schweiß lief ihr in Strömen herunter und hatte bereits ihr gesamtes Shirt durchnässt. Lea nahm die Winchester heraus, grabschte sich eine Handvoll Patronen und machte auf dem Absatz kehrt, drehte sich dann aber noch einmal um und steckte sich den alten Armee-Revolver in den Hosenbund. Den Schrank ließ sie offen. Auf dem Weg nach draußen griff sie den Autoschlüssel vom Haken, rannte weiter nach draußen und sprang in den Land Rover. Die Büchse stellte sie in den Fußraum auf der Beifahrerseite und steckte den Schlüssel in das Zündschloss. Der alte Geländewagen sprang jedoch nicht an. Der Motor erstarb, kaum dass sie am Schlüssel gedreht hatte. »Na, komm schon!«, schrie Lea und drehte erneut am Schlüssel. Diesmal heulte der Motor auf und Lea schloss vor Erleichterung für eine Sekunde die Augen. Sie haute den ersten Gang rein und lenkte den Land Rover um das Dorf herum. Die wenigen hundert Meter kamen ihr wie eine Ewigkeit vor. In der Nähe von Kanzis Hütte hielt sie den Wagen an und begann die sechs Patronen, die sie zuvor in die Mittelkonsole geworfen hatte, nacheinander in die Kammer zu drücken. Aus dem Augenwinkel sah sie, wie Konrad und einige Männer angelaufen kamen. Sie alle hatten sich mit Schaufeln, Spaten oder Spitzhacken bewaffnet und wirkten entschlossen und zum Kampf bereit. Lea stieg aus und gab Konrad mit den Armen zu verstehen, dass sie einen Halbkreis bilden sollten. Gemeinsam rückten sie vor.

Kanzi bekam die Wörter nicht zu fassen, die die ganze Zeit durch seinen Kopf waberten. Es war eine unverständliche Mixtur aus Schreien und Wörtern, die sich überlagerten und wie ein Echo an den Rändern seines Verstandes nagten. Doch dann, ganz plötzlich, schälte sich ein einziges Wort heraus, das alles übertönte und ihn erschaudern ließ. »Golgath, Golgath«, war jetzt das Einzige, was an seinem Bewusstsein kratzte und einem Messer gleich von innen gegen seine Schläfen stieß. Von unsäglichen Kopfschmerzen geplagt erwachte Kanzi langsam aus seinem Dämmerschlaf und fragte sich, ob er tatsächlich etwas gehört oder alles nur geträumt hatte. Intuitiv spitzte er die Ohren und horchte in die Stille hinein. Da war aber nichts, kein Schrei, rein gar nichts. Kanzi atmete erleichtert auf und schloss die Augen, riss sie aber sofort wieder auf, weil er plötzlich etwas spürte. Irgendetwas oder irgendjemand drückte gegen das Geflecht der Hütte, streifte daran entlang. Kanzi wusste sofort, dass es der Golgath war. Er hielt die Luft an und blickte sich hilfesuchend um. Aber er sah weder seinen Speer noch irgendetwas anderes, was er als Waffe hätte benutzen können. Als Nächstes hörte er ein Auto heranrauschen. Das konnte nur Lea, Tembo oder Konrad sein. Womöglich wollten sie ihm zu Hilfe kommen. Ja, ganz bestimmt, dachte er und schöpfte ein wenig Hoffnung.

Mit der Büchse im Anschlag, schlich Lea voran. Sie war hochkonzentriert und jederzeit bereit abzudrücken. Angst hatte sie keine, dafür hatte sie als ehemalige Polizistin schon zu viel erlebt. Es war eher die Anspannung vor dem Ungewissen, die ihr das Adrenalin durch den Köper spülte und ihren Herzschlag hämmern ließ. Nach zwanzig Metern sah Lea den leblosen Körper einer Tük-Frau auf dem Boden liegen. Sie pirschte sich heran und beugte sich über sie. Es war Maja, eine ältere Frau, die wie Patme, nicht mehr auf den Feldern arbeitete. Sie sah furchtbar aus. Der Golgath oder wer oder was auch immer in das Dorf eingedrungen war, hatte Maja die Kehle aufgerissen. Blut sickerte heraus und färbte die trockene Erde rot. Lea fühlte kurz den Puls, konnte aber nur noch den Tod der Frau feststellen. Plötzlich durchdrang ein markerschütternder Schrei die Stille. Lea erschrak, versuchte dann aber die Quelle zu lokalisieren. Er kam aus einer der Hütten, irgendwo rechts von ihr. Wieder schrie jemand. Nein, nicht irgendjemand, dachte Lea, das war Kanzi. Der Schrei kam aus Kanzis Hütte. Lea hatte keine Zweifel. Umso erleichterter war sie, als sich plötzlich Assane und Amari heranschlichen. Die beiden Mitglieder des Ältestenrates reihten sich in die Formation ein und hoben die Speere hoch über ihre Köpfe.

Immer noch geschwächt von seiner Kopfverletzung starrte Kanzi auf den Eingang seiner Hütte und hoffte, dass er sich alles nur eingebildet oder doch nur geträumt hatte. Es fiel ihm schwer den Kopf zu heben. Sekunde um Sekunde verstrichen und langsam glaubte er, dass alles nur seinem Fieberwahn entsprungen war. Kanzi begann unwillkürlich zu lächeln, bis der Löwe seinen Kopf durch den Vorhang aus dünnen Lederriemen steckte. Es war ein riesiges Männchen, das ihn aus einem bernsteinfarbenen und einem blauen Auge ansah. Daraufhin wimmerte Kanzi, dann schrie er. Es war ein kehliger und verzweifelter Ruf um Hilfe.

Davon unbeeindruckt packte ihn der Löwe und verbiss sich in sein rechtes Bein. Die Schmerzen waren höllisch, aber nichts im Vergleich zu den Qualen, als sein Schien- und Wadenbein krachend brachen. Der Schmerz raubte Kanzi den Atem und führte ihn an den Rand einer Ohnmacht, sodass er schon fast nicht mehr mitbekam, dass der Löwe ihn im Nacken packte, ihn heftig schüttelte und seine Halswirbelsäule brach.

Amari hatte in seinem langen Leben schon viel erlebt. Erbitterte Fehden mit anderen Stämmen, furchtbare Dürren und viele andere Tragödien, die Tod und Verderben über die Tük gebracht hatten. Doch niemals zuvor hatte er es mit einem Maglas, einem Menschenfresser, zu tun gehabt. Mit einem Golgath ja, aber niemals mit einem Menschenfresser. Ohnehin kam es selten vor, dass ein Löwe seine natürliche Scheu verlor und Jagd auf Menschen machte. Und wenn doch, dann waren es zumeist verletzte Tiere, die keine guten Erfahrungen mit Menschen gemacht hatten. Aber all das spielte gerade keine Rolle, weil es jetzt nur darauf ankam, dass Leben seines Stammes zu schützen. Entschlossen setzte er einen Fuß vor den anderen, bis er nur wenige Meter von Kanzis Hütte entfernt stehen blieb. Alle anderen folgten seinem Beispiel und verteilten sich um die Hütte, so wie es Amari mit einer kreisförmigen Bewegung seiner Hände vorgegeben hatte.

Ohne dass es einer Absprache bedurfte, hatte Amari das Kommando übernommen und Lea war froh darüber. Sie kniete jetzt direkt neben dem Ältesten und hatte den Eingang von Kanzis Hütte ins Visier genommen. Kanzis Schreie waren mittlerweile verstummt und es lag eine gespenstische Stille über dem Dorf. Die Hitze des Tages machte sich bemerkbar und der Schweiß brannte in ihren Augen. Lea dachte jedoch nicht daran den Finger vom Abzug zunehmen, sondern blinzelte die Tränen einfach weg. Die Zeit schien still zu stehen und obwohl die Szenerie nicht vergleichbar war, erinnerte Lea die unwirkliche Situation auf eigentümliche Weise an die Schießerei auf der Domplatte. Schnell schob sie den Gedanken beiseite und konzentrierte sich wieder auf ihre Aufgabe. Weitere Sekunden vergingen, ohne dass etwas passierte oder auch nur irgendein Geräusch aus der Hütte drang. Lea war irritiert und allmählich begann sie zu zweifeln, ob der Golgath überhaupt noch in der Hütte lauerte. Doch dann steckte der Löwe seinen Kopf durch den Eingang und blickte Lea aus ungewöhnlichen Augen an. Er wirkte unschuldig und friedlich, ja fast schon lustig, so wie er dastand mit seinem blutigem Bart und den Lederriemen des Vorhangs, die wie Rasta-Zöpfe über seiner Mähne hingen.

Amari holte aus und warf seinen Speer, verfehlte den Löwen jedoch um Haaresbreite. Der Speer surrte durch die Luft und blieb vibrierend in der Holzverstärkung des Eingangs stecken. Amari fluchte und zog sein Messer.

Das war ein Fehler, dachte Lea. Amari hätte warten müssen, bis der Löwe ganz aus der Hütte herausgetreten war. So war das Ziel einfach zu klein.

Der Löwe erschrak und zog den Kopf zurück, aber nur um Anlauf zu nehmen. Der Maglas preschte nach vorne und fiel über Amari her. Alles ging rasend schnell.

Lea selbst wurde von dem riesigen Männchen von den Beinen geholt und zwei, drei Meter nach hinten geschleudert. Halbsitzend und halbliegend musste sie mitansehen, wie sich der Maglas zuerst auf Amari und anschließend auf Assane stürzte, noch bevor er seinen Speer gegen den Löwen erheben konnte. Die Kraft des Löwen war gewaltig, da ein einziger Streich mit der Pranke ausreichte, um Assane aufzuschlitzen. Assane schrie vor Schmerzen.

Von Angst getrieben ließen einige Tük ihre Werkzeuge und Speere fallen und rannten davon, während Tembo und einige andere zur Salzsäule erstarrten.

Lea selbst tat weder das eine noch das andere, sondern blickte sich suchend nach der Winchester um. Erleichtert vom Anblick der Waffe machte sich Lea lang, packte zu und feuerte, bis die letzte Patrone den Lauf verlassen hatte. Der Löwe taumelte fiel aber nicht, sondern nahm sie seinerseits ins Visier. Brüllend und schwankend setzte er eine Tatze vor die andere und blickte Lea aus hasserfüllten Augen an. Augen die unterschiedlicher nicht sein konnten. Instinktiv zog Lea den Revolver aus dem Hosenbund hervor und feuerte, einmal, zweimal, dreimal, bis der Löwe direkt vor ihren Füssen zusammenbrach. Von dem Hass und der tödlichen Glut war in den Augen des Maglas jetzt nichts mehr zu sehen. Er wirkte jetzt wieder friedlich und Lea tat es beinahe leid, dass sie das Leben dieser königlich wirkenden Raubkatze beendet hatte.

37

Nachdem die Hyänen alle Larven aufgefressen und endlich abgezogen waren, kletterten die Azizi vom Baum und nahmen die Spur des Golgaths wieder auf. Die Stimmung war am Boden, da sie den Hyänen nicht nur ihren gesamten Proviant an Larven überlassen mussten, sondern auf der Suche nach dem Golgath auch viel Zeit verloren hatten. Zeit, die die Distanz zwischen ihnen und ihrer Beute weiter vergrößert hatte. Es kam aber noch schlimmer, weil sich kurz darauf, die Vorboten eines Gewitters am Horizont ankündigten, die nichts Gutes erahnen ließen. Alles fing mit einigen harmlosen, weit entfernten Quellwolken an, die sich binnen kürzester Zeit auftürmten und in ein dunkles bedrohlich wirkendes *grau* verfärbten.

Tajeu sah das Unheil als erster kommen. »Der Himmel gefällt mir gar nicht, da braut sich etwas zusammen.«

Dorme folgte seinen Blick und verzog das Gesicht zu einer Grimasse. »Ja, sieht ganz so aus, wir sollten zusehen, dass wir uns einen Unterschlupf suchen.« Weit und breit war jedoch nichts zu sehen, was ihnen Schutz bieten konnte, wenn man von den Blätterdächern vereinzelter Bäume absah, die sich wie Regenschirme über der Savanne verteilten.

Kiano sprach schließlich aus, was vermutlich alle dachten. »Sieht ganz so aus, als ob wir uns unter einem der Bäume verkriechen müssen. Was haltet ihr von dem großen Baobab da drüben?« Seine Hand zeigte nach

Westen und niemand widersprach. Die Entscheidung war gefallen.

Nach zweihundert Metern blieb Buma plötzlich stehen und schaute skeptisch zwischen der aufziehenden Gewitterfront und dem Baum hin und her. Ihm gefiel nicht, was er sah. Dann hatte er einen Geistesblitz.
»Wartet mal, mir ist da gerade eine Idee gekommen.«
»Hat das nicht Zeit, bis wir den Baum erreicht haben?«, antwortete Dorme und machte einen Bogen um Buma herum. Er hatte offensichtlich nicht vor stehen zu bleiben.
»Nein, hat es nicht und jetzt wartet, verdammt nochmal.« Ein Azizi nach dem anderen blieb daraufhin stehen und blickte sich neugierig zu Buma um.
»Nio, als du vorhin auf den Baum geklettert bist, da hattest du kurz ein altes Auto erwähnt, stimmt doch, oder?«
»Ja, wieso?«
»Was war das für ein Auto, ich meine kannst du es beschreiben?«
»Ja, klar, dass war genau so ein Ding, wie es Lea fährt, nur viel älter...«, Nio schien kurz zu überlegen, »...das Auto scheint schon lange da herumzustehen.«
»Verstehe, aber sag, hatte es noch ein Dach und Türen gehabt?«
Jetzt grinste Nio. Er hatte offensichtlich kapiert, worauf Buma hinauswollte. »Ja, hatte es.«
Bei seinem Bruder Dorme hatte es dagegen noch nicht *klick* gemacht. »Kann mir vielleicht mal jemand erklären, was das Ganze soll?«
»Das liegt doch auf der Hand, Dorme. Der Baum wird uns nicht schützen können, das Auto schon. Es ist der perfekte Unterschlupf.«

»Buma hat recht«, schaltete Tajeu sich ein. »Das ist kein kleines Gewitter, das da auf uns zurollt, sondern ein fettes Regengebiet. Es würde mich jedenfalls nicht wundern, wenn es stundenlang, wenn nicht sogar tagelang, regnet.«

Dorme blickte in den Himmel und presste die Lippen zusammen. »Ja, vermutlich habt ihr recht, uns bleibt wohl keine Wahl.«

Eine Stunde später saßen die Azizi in dem verlassenen und verwitterten Geländewagen und blickten in den Regen hinaus. Sie hatten es gerade noch rechtzeitig hineingeschafft, bevor sich der Himmel über ihnen verfinstert und der Regen eingesetzt hatte. Erst ganz langsam und dann immer heftiger, bis die Regentropfen laut auf das Dach trommelten. Die wenigen undichten Stellen hatten sie zuvor mit allem zugestopft, das sie im Innenraum finden konnten. Dorme und Buma saßen vorne, Tajeu, Nio und Kiano hinten.

»Was macht das Auto überhaupt hier?«, fragte Kiano, nachdem er eine Weile durch das beschlagende Seitenfenster hinausgeschaut hatte. Einzelne Tropfen Kondenswasser liefen von innen die Scheibe hinunter.

Tajeu zuckte mit den Schultern. »Keine Ahnung, aber vermutlich hat der Zauber nicht mehr funktioniert, der das Auto rollen lässt und der Fahrer hat den Wagen einfach hier stehen gelassen.« Dass er damit den Nagel auf den Kopf getroffen hatte, konnte er nicht wissen. Genauso wie ihnen verborgen blieb, dass es sich um ein ausgedientes Fahrzeug einer Safari-Lodge handelte, weil keiner von Ihnen den Schriftzug lesen konnte, der auf beiden Türen stand.

Buma hörte gar nicht richtig zu. Er hatte die Hände auf das Lenkrad gelegt und träumte vom Fahren. In

Gedanken sah er sich durch die Savanne brausen, an Baobabs und Schirmakazien entlang, durch Herden von Gnus und Zebras hindurch, bis sie den Golgath zur Strecke gebracht hatten. Ein leichtes Lächeln umspielte seinen Mund.

Tajeus Befürchtungen hatten sich bestätigt. Es regnete jetzt seit vier Stunden, ohne Aussicht auf Besserung. Was gut für das Land und seine tierischen Bewohner war, war für die Azizi eine Katastrophe. Der Himmel hatte seine Schleusen geöffnet und sämtliche Spuren vernichtet. Die Stimmung war endgültig am Boden. Hatten sie anfangs noch miteinander gesprochen und sich gegenseitig Mut gemacht, war mittlerweile das große Schweigen ausgebrochen. Keiner traute sich das Unvermeidliche auszusprechen, bis es aus Tajeu herausplatzte. »Die Jagd ist vorbei, der Regen hat alle Spuren weggespült, wir werden den Golgath nicht mehr finden.«

Buma atmete hörbar auf und seufzte. »Ja, du hast recht, es ist Zeit umzukehren.«

»Nein«, schluchzte Nio, »wir dürfen nicht umkehren! Nicht bevor wir den Golgath zur Strecke gebracht haben. Was sollen sonst die anderen von uns denken.« Dicke Tränen liefen über sein Gesicht.

Dorme drehte sich zu seinem Bruder um und versuchte ihn zu besänftigen. »Nio, glaub mir, wir sind alle traurig und frustriert. Bei dem Wetter hat es aber keinen Sinn, das musst du doch einsehen. Wir versuchen es in einigen Wochen wieder, wenn die Regenzeit vorbei ist, versprochen.«

Doch Nio schüttelte nur den Kopf, öffnete die hintere rechte Tür und rannte in den Regen hinaus.

38

Wann immer Dodong frei oder Pause hatte, traf sich Linus mit dem jungen Maschinisten, um Schach zu spielen. Mal trafen sie sich in der Kombüse, mal in seiner Kabine, oder so wie gerade auf dem Vorschiff. Linus hatte gerade das Spielbrett aufgeklappt und wartete auf Dodong, der ihm seinen Rückzugsort, gleich hinter der Ankerwinsch, nach ihrem zweiten Treffen gezeigt hatte. Die Temperaturen waren für einen Tag im November angenehm warm und Linus genoss die Sonne auf seiner Haut. Das Mittelmeer war friedlich und zeigte sich, anders als zuletzt, von seiner schönen Seite. Gerade fuhren sie an der Südspitze Italiens vorbei und Linus glaubte auf der Steuerbordseite die Umrisse Maltas zu erkennen. Im nächsten Moment hörte er ein Geräusch und sah, wie sich Dodong auf der Backbordseite an den Containern vorbeiquetschte. »Hallo Dodong.« Dodong war für ihn in den letzten Tagen so etwas wie ein Freund geworden, nachdem sie eher zufällig ihre gemeinsame Leidenschaft für das Schachspiel entdeckt hatten. Linus hatte das Spiel während seiner Zeit in Afghanistan lieben gelernt, Dodong in jungen Jahren von seinem Onkel. Beide waren gute Spieler, Dodong aber noch einen Tick besser.

»Hallo Linus, bereit für die nächste Niederlage?« Dodong setzte sich auf ein Stück Styropor und grinste Linus an. Seine Zahnlücke blitzte hervor.

»Abwarten«, antwortete Linus und zog seinen Bauer auf E4. Das Spiel hatte begonnen.

Nach einer halben Stunde rutschte Linus unruhig auf seinem provisorischen Sitzkissen hin und her und überlegte, wie er sich aus seiner misslichen Situation befreien konnte. Dodong hatte gerade seine Dame geschlagen und so wie es aussah, war er in drei Zügen matt. Doch ihm fiel partout nichts ein. Ohnehin hatte er Schwierigkeiten, sich zu konzentrieren. Linus war mit seinen Gedanken bei Lea und fragte sich, ob er Dodong von seinen Träumen erzählen sollte. Er zauderte und kaute auf seiner Unterlippe herum. Das Ganze war ihm irgendwie peinlich. Mangels einer besseren Idee zog Linus einen seiner Bauern ein Feld nach vorne.

Dodong schien zu spüren, dass Linus etwas beschäftigte. »Was ist los Linus, du wirkst abwesend?«

»Es ist nichts.«

»Das kannst du wem anders erzählen. Ich sehe doch, dass irgendetwas in dir arbeitet.«

Linus räusperte sich und gab sich schließlich einen Ruck. »Es geht um den Hubschrauber, aus dem du mich herausgezogen hast. Er hat bei mir etwas ausgelöst, als ich mich hineingesetzt habe.«

»Ich verstehe nicht, was du meinst.« Dodong stellte seinen Springer wieder auf das Feld zurück, von dem er die Figur aufgenommen hatte und schaute Linus fragend an.

»Es ist nicht so einfach zu erklären. Ich begreife es ja selber kaum.«

»Versuch es einfach.«

Linus sortierte seine Gedanken und suchte nach den richtigen Worten. »Also gut, ich habe dir doch erzählt, dass ich in Afghanistan als Hubschrauberpilot stationiert war.«

»Ja, du hattest das kurz erwähnt, dann aber abgeblockt, als ich nachgefragt habe.«

Linus drehte die Dame in seinen Fingern, die Dodong ihm geklaut hatte und atmete hörbar aus. »Ja, ich weiß, ich rede einfach nicht gerne darüber. Die Erinnerungen sind zu schmerzhaft.«

Dodong blickte lange auf die See hinaus, bevor er antwortete. »So etwas in der Art hatte ich mir schon gedacht, nachdem du mich im Maschinenraum angegriffen hast.«

»Das tut mir wirklich leid, ich wollte…«

»Hey, alles gut, du musst dich nicht noch einmal entschuldigen, einmal reicht«, unterbrach ihn Dodong. »Erzähl mir lieber, was passiert ist. Du musst Schreckliches erlebt haben.« Dodong blickte erwartungsvoll zu Linus und zündete sich eine Zigarette an.

Linus nickte, straffte die Schultern und erzählte Dodong in alle Einzelheiten, was ihm und seinen Kameraden in Afghanistan widerfahren war.

Dodong zog an seiner Zigarette und hörte Linus aufmerksam zu. Der Rauch verharrte immer wieder kurz in der Luft und wurde dann über Bord geweht. Als sich Dodong gerade eine dritte Zigarette aus der Schachtel herausgenommen hatte, kam Linus schließlich zum Ende.

»So, jetzt kennst du die gesamte Geschichte. Mehr gibt es über Afghanistan nicht zu sagen.«

Wieder ließ sich Dodong mit seiner Antwort Zeit. Er griff zum Feuerzeug, entzündete die Zigarette und inhalierte tief. »Du bist wahrhaftig durch die Hölle gegangen. Umso mehr danke ich dir, dass du mir davon erzählt hast. Ich weiß diesen Vertrauensbeweis wirklich sehr zu schätzen.«

»Du bist der erste dem ich davon erzählt habe, meine Therapeutin nicht mitgezählt.«

»Das ist gut, ich meine, dass du dir helfen lässt, um das Ganze zu verarbeiten. Alleine schafft man das nicht.«

»Ja, das ist wohl so. Es hat aber eine Weile gedauert, bis ich das kapiert habe. Robin, so heißt meine Therapeutin, war auch diejenige, die mich zu dieser Reise überredet hat. Ich wäre sonst nicht hier und auch nicht auf dem Weg nach Tansania.«

»Aber warum bist du nicht geflogen, das wäre doch viel einfacher und vor allen Dingen schneller gewesen?«

Jetzt war es Linus, der auf die See hinausblickte. Das Meer glitzerte und Linus sah nicht zum ersten Mal einen Delfin längsseits des Schiffes vorbeiziehen. Er hatte das unbestimmte Gefühl, dass es derselbe war, der ihn in der Kieler Förde gerettet hatte. ›Ob er ihn verfolgte oder womöglich so etwas wie ein Schutzengel war?‹

»Linus?«

Linus schüttelte den Gedanken ab und blickte Dodong wieder an. »Entschuldige, was hattest du gleich noch gefragt?«

»Warum du nicht geflogen bist.«

»Weil ich seit der Notlandung mit dem Hubschrauber wahnsinnige Angst vor dem Fliegen habe.«

»Aber hineinsetzen ist kein Problem, sonst hättest du dich doch nicht...«

»Eigentlich schon«, unterbrach er Dodong. »Aber als ich den Hubschrauber dann hier zufällig entdeckt habe, habe ich mir gedacht, dass das eine Fügung des Schicksals ist und ich meine Angst überwinden muss.«

»Und deshalb hast du dich in die Kiste hineingesetzt«, schlussfolgerte Dodong.

»Ganz genau, aber nur um eine Sekunde später in eine Art Trance zufallen.«

»Trance, was bedeutet das?«

Linus überlegte kurz und zog die Stirn in Falten. Er wusste ja selbst nicht genau, was ihm widerfahren war und entschied sich deshalb für die vermeintlich einfachste Beschreibung. »Ich denke, dass es so etwas wie ein Traum war, nur viel klarer und intensiver.«

»Gut oder schlecht, der Traum meine ich?«

»Gut«, antwortete Linus ohne groß zu überlegen. »Definitiv gut. Selbst die Sequenzen, die mich nach Afghanistan zurückversetzt hatten, hatten im Nachhinein etwas befreiendes gehabt.«

Dodong zählte eins und eins zusammen. »Und deshalb willst du dich wieder in den Hubschrauber setzen.«

»Ganz genau, aber so wie der Hubschrauber jetzt aussieht, geht das ja leider nicht mehr. Du hast den Hubschrauber doch selbst gesehen. Das Ding ist nur noch Schrott.«

»Ja, stimmt. Aber warum setzt du dich nicht einfach in das alte Flugzeug auf Ebene 2 oder muss es unbedingt ein Hubschrauber sein?«

»Flugzeug, Ebene 2?« Linus glaubte sich verhört zu haben.

»Genau genommen ist es eine alte Cessna. Ich habe geholfen, sie reinzubringen. Komm, ich zeige sie dir.«

Nur wenige Minuten später stand Linus ungläubig vor der Maschine und traute seinen Augen nicht. Vor ihm stand das Modell, das er einst mit seinem Vater zusammengebaut hatte und jetzt zur Erinnerung an ihn unter seiner Küchendecke baumelte. Selbst die vierstellige Nummer, die auf der Tragfläche prangte, stimmte. Nein, das ist nicht das Modell, nicht die Miniaturausgabe, überlegte er weiter, sondern die echte

Maschine. Aber wie war das möglich? Linus war fassungslos.

»Du wirkst verunsichert, hast mir wohl nicht geglaubt und es jetzt doch mit der Angst bekommen.«

»Nein, das ist es nicht.«

»Dann rein mit dir, oder brauchst du die Extra-Einladung?«

39

Wenige Stunden nachdem der Maglas über die Tük hergefallen war, war die kleine Regenzeit endgültig über die Savanne hereingebrochen. Die Luft hatte sich verflüssigt und wie ein tröstender Schleier über das Dorf gelegt, ganze drei Tage lang. Die Tük hatten sich in ihre Hütten zurückgezogen und trauerten um die Toten auf ihre ganz eigene Art. Sie stimmten ein Lied nach dem anderen an und mehr als einmal hatte Lea den Eindruck gehabt, dass sich der Chor mit dem Regen zu etwas Magischen zusammenfügte. Lea lag die meiste Zeit in ihrem Bett und lauschte den Liedern, die von überall herüberwehten. Es waren keineswegs nur Klagelieder, sondern das ganze Repertoire, das die Tük ihr Eigen nannten. Gerade sang das gesamte Dorf *Nchi ya ndoto*, während Lea an Linus Christiansen dachte. Wie schön wäre es, wenn er schon hier wäre, wohlwissend, dass es noch mehrere Tage dauern würde, bis er und Thea Allensbach in Tansania eintreffen würden. Gleichzeitig fragte sie sich, ob ihr Projekt überhaupt noch eine Zukunft hatte, nach alldem, was in den letzten Tagen passiert war. Sie musste sich unbedingt mit der Zentrale abstimmen und dann mit dem Ältestenrat sprechen, oder besser gesagt, mit dem, was davon noch übrig war. Ja, das musste sie, am besten jetzt gleich. Doch ihr fehlte die Kraft. Die Glieder wurden ihr schwer und sie schlief ein und fand sich augenblicklich im Traumland wieder.

Konrad und Tembo standen vor dem Zelt und blickten nach oben. Es hatte endlich aufgehört zu regnen und so wie es aussah würde es eine Weile trocken bleiben. Der Himmel klarte auf und vereinzelte blaue Flecken blitzten bereits zwischen den Wolken hervor.

»Das wurde aber auch Zeit«, knurrte Konrad, während er seinen Blick über den durchweichten Boden schweifen ließ. »Noch einen Tag und die Zelte wären abgesoffen.«

»Ja, das hätte uns noch gefehlt. Mir reicht es auch so schon.« Tembo hatte seine Hände in die Hüften gestemmt und folgte mit den Augen Konrads kritischen Blick. Der Boden war gesättigt und überall hatten sich Pfützen gebildet. »Nur gut, dass wir die Drainage noch halbwegs fertiggestellt...«

»Da kommt Alemee«, unterbrach Konrad seinen Freund und Weggefährten und stupste ihn mit dem Ellbogen an. »Bin gespannt, was sie dieses Mal von uns will.«

Wieder folgte Tembo Konrads Blick und sah zu, wie sich Alemee leichtfüßig einen Weg zwischen den Pfützen zu ihnen herüberbahnte. »Vermutlich schickt sie der Ältestenrat. So wie zuletzt schon einmal.«

Alemee überbrückte die letzten Meter, blieb atemlos vor Konrad und Tembo stehen und lächelte die beiden an.

Neugierig blickte Tembo auf Alemee herunter. »Hallo Alemee, schön dich zu sehen.«

»Ja, schön dich zu sehen«, wiederholte Konrad die kurze Begrüßung. »Was können wir für dich tun?«

»Der Ältestenrat schickt mich. Ich soll euch ausrichten, dass wir heute Abend die Toten in das Land unserer Ahnen schicken. Ihr sollt kommen und Lea natürlich auch.«

»Oh!« Tembo wirkte überrascht, da die Tük normalerweise unter sich blieben, wenn sie ihre Toten ins Jenseits brachten.

Konrad ging es ähnlich. Er riss die Augen auf und konnte kaum glauben, was er da gerade gehört hatte. »Ist das eine Einladung?«

Alemee kratzte sich am Kopf und schien kurz zu überlegen. »Ich glaube schon.« Dann drehte sie sich um und rannte in die Richtung, aus der sie gekommen war.

Immer noch ungläubig schüttelte Tembo den Kopf und blickte Alemee hinterher. »Wie wollen die nur das Holz trocken kriegen?«

»Keine Ahnung. Komm wir gehen rein und sagen es Lea.«

Wann immer Lea Linus Christiansen in ihren Träumen traf, fühlte sie sich wohl in ihrer Haut. Sie hatte das Gefühl sich nicht verstellen zu müssen, nicht die Starke spielen zu müssen, sondern einfach sie selbst sein zu können. Dass es sich nur um einen Traum handelte, störte und irritierte sie nicht mehr, seit sie mit Patme über das Traumland gesprochen hatte. Sie empfand es jetzt ausschließlich als Privileg dort hinzureisen und Kraft tanken zu können. Gerade fuhr sie mit Linus in ihrem klapprigen Land Rover durch die Savanne. Sie lenkte den Land Rover in den Sonnenuntergang hinein und erzählte Linus, was sich in den letzten Tagen zugetragen hatte. Doch noch bevor sie am Ende angelangt war, hörte sie hinter sich ein Geräusch und blickte in den Rückspiegel. Zu ihrer Überraschung sah sie jedoch nicht die Rückbank, sondern sich selbst in ihrem Bett liegen. Augenblicklich trat sie auf die Bremse und sah ungläubig dabei zu, wie Tembo und Konrad an ihr Bett traten. Konrad strich ihr sanft über den Arm und redete auf sie ein. Sie verstand nicht alles, vermutete aber, dass es sich um einen vorsichtigen Weckruf handelte. Oh nein, dachte sie, nicht jetzt, dass ist zu früh. Dann hörte sie sich plötzlich selber reden. Die Wörter kamen nicht von hinten, sondern entsprangen direkt in ihrem Kopf. »Lasst mich in Ruhe, haut ab«, hallte es aufs Neue nach. Doch es war bereits zu spät. Der Land Rover, nebst Linus, verschwanden und Lea fand sich augenblicklich in ihrem Bett wieder. Der Duft von frischen Kaffee drang in ihre Nase. Lea blinzelte, öffnete die Augen und sah Konrad und Tembo jetzt tatsächlich neben ihrem Bett stehen. Tembo hielt ihr einen Kaffeebecher entgegen, während Konrad weiter auf sie einredete.

»Jetzt komm schon Lea, wach endlich auf. Wir müssen mit dir reden.«

Lea drehte sich demonstrativ weg und wiederholte die Worte, die immer noch durch ihr Unterbewusstsein waberten. »Lasst mich in Ruhe, haut ab.«

»Nein, das geht nicht. Alemee war hier und hat uns zur Totenzeremonie eingeladen.«

Augenblicklich riss Lea die Augen auf und drehte sich zu den beiden um. »Wann?«

»Heute Abend«, antworteten beide wie aus einem Munde.

40

Drei Tage mussten die Azizi in dem Auto ausharren, bis der Regen endlich nachließ und sie sich auf den beschwerlichen Heimweg machen konnten. Ihre Knochen waren steif und bis auf Nio klagten alle über starke Rückenschmerzen. Noch schmerzvoller war aber die Gewissheit, dass sie unverrichteter Dinge in das Dorf zurückkehren würden. Nur Nio schien sich noch immer nicht damit abfinden zu wollen und redete weiter auf die Gruppe ein. »Wir könnten uns aufteilen und dadurch unsere Chancen erhöhen, den Golgath doch noch aufzuspüren. Kommt schon, lasst es uns wenigstens versuchen.«

Buma schüttelte den Kopf und verzog die Mundwinkel zu einem schiefen Grinsen. »Nio, wie lange bist du durch den Regen gelaufen und hast nach dem Golgath gesucht?«

»Zwei Tage.«

»Und hast du auch nur eine einzige Spur gefunden?«

»Nein.«

»Damit ist doch alles gesagt.«

Kiano biss sich derweil auf die Lippe. Er war hin- und hergerissen. Einerseits wusste er, dass Buma recht hatte, andererseits musste er immerzu an Alemee denken. Was würde sie sagen, wenn sie ohne den Golgath nach Hause kämen? Würde sie ihn trotzdem noch zum Mann nehmen oder einen anderen Bewerber vorziehen, der seine Fähigkeiten bereits unter Beweis gestellt hatte?

Nio blickte sich verzweifelt um. »Kiano, sag du doch auch mal was.«

Kiano räusperte sich und blickte zwischen Nio und Buma hin und her. »Vielleicht hast du recht, wir brauchen nur ein wenig Glück.«

»Glück, das wir bisher nicht hatten«, konterte Tajeu Kianos Einlassung. »Der Golgath ist vermutlich längst weitergezogen und außerhalb unserer Reichweite.«

»Und deshalb ist es besser, wenn wir nach Hause gehen und es erneut versuchen, sobald der Golgath dort wieder auftaucht«, entgegnete Buma in einem fast schon genervten Ton.

»Wer sagt denn, dass der Golgath wiederkommt?«, hielt Nio dagegen. Er hatte die Arme jetzt demonstrativ vor der Brust verschränkt und blickte Buma herausfordernd an.

»Das ist er doch bisher immer. Die Rinder sind einfach zu verlockend und noch dazu leichte Beute.«

Das Argument schien zu verfangen, weil Nio plötzlich nicht mehr so sicher wirkte. Man konnte förmlich sehen, wie es in seinem Kopf ratterte und die Entschlossenheit aus seinen Gesichtszügen wich. Dann drehte er sich einfach um und ging in die Richtung, aus der sie ursprünglich gekommen waren.

Nach einigen Kilometern übernahm Tajeu die Führung und führte die Gruppe an der Schirmakazie vorbei, auf der sie sich vor den Hyänen in Sicherheit gebracht hatten. Ihr unfreiwilliger Zwischenstopp kam ihm noch immer absurd und unwirklich vor, so wie mittlerweile die gesamte Jagd, die so ganz anders verlaufen war, als er sich in seinen kühnsten Träumen vorgestellt hatte. Es gab sogar Momente, da wusste er nicht mehr, ob er wach war oder träumte. Alles schien miteinander zu verschwimmen, seit sie sich in das Auto geflüchtet hatten. Tajeu war in sich gekehrt und dermaßen mit sich selbst beschäftigt, dass er die Ranthu gar nicht kommen sah, die unweit ihrer Position aus dem hohen Gras heraustraten.

Buma dagegen schon. Er ging direkt hinter Tajeu und legte seinen Freund eine Hand auf die Schulter und sagte nur ein Wort. »Ranthu.«

Mehr war nicht nötig, um Tajeu ins Hier und Jetzt zurückzuholen. Er blieb stehen und beäugte die Gruppe von zehn jungen Männern, die ebenfalls stehen geblieben waren und zu ihnen herüberblickten. Sie waren in ähnliche Tücher gewickelt und bis an die Zähne bewaffnet. »Sieht ganz so aus, als ob wir nicht die einzigen sind, die auf der Jagd sind.«

»Ja, scheint so«, presste Buma zwischen den Zähnen hervor, während er seinen Speer noch fester umschloss. Seine Anspannung und Nervosität waren offensichtlich. Tajeu konnte ihn gut verstehen. Es ging ihm ganz ähnlich, denn Tük und Ranthu waren alles andere als Freunde und gingen sich normalerweise aus dem Weg. Umso überraschter war er, als die Ranthu direkt auf sie zuliefen. Instinktiv setzte er einen Fuß nach vorne, spannte die Muskeln an und senkte seinen Speer.

Die anderen taten es ihm gleich und machten sich auf einen Angriff gefasst, bis Dorme merkte, dass irgendetwas nicht stimmte. »Ich glaube, zwei oder drei von ihnen sind verletzt.«

Tajeu sah es jetzt auch. Zwei von ihnen trugen zerrissene Bijuks und konnten nicht mehr ohne Hilfe gehen. »Du hast recht. Es sieht beinahe so aus, als ob sie von einem Raubtier angefallen wurden.«

»Vielleicht von den Hyänen, die auch uns nachgestellt haben«, entgegnete Dorme.

»Ja, vielleicht.« Tajeu entspannte sich langsam und drehte die Speerspitze nach oben.

Die Ranthu kamen langsam näher und blieben in einer Entfernung von vielleicht fünf Metern vor den Tük stehen. Der größte von ihnen, vermutlich ihr Anführer, ergriff das Wort. »Seid gegrüßt, Tük.«

»Seid auch ihr gegrüßt«, antwortete Buma, der keine Probleme hatte den Ranthu zu verstehen, da viele Wörter in beiden Sprachen die gleiche oder eine ähnliche Bedeutung hatten. Nicht wenige Ranthu behaupteten deshalb, dass die Tük und die Ranthu dieselben Vorfahren hatten oder schlimmer noch, die Tük in grauer Vorzeit von den Ranthu verstoßen wurden. Buma wurde jedes Mal wütend und fühlte sich in seinem Stolz verletzt, wenn er auch nur daran dachte, zumal es keine Beweise dafür gab, die Ranthu aber nicht daran hinderte, diese Ungeheuerlichkeit immer wieder zu verbreiten. Doch gerade war dafür kein Platz in seinem Kopf. Buma schüttelte den Gedanken ab und fragte sein Gegenüber, was sie von ihnen wollten.

Der Ranthu zeigte mit dem Arm auf die Anhöhe hinter ihnen. »Wir haben euch von Weitem gesehen und uns entschlossen, euch zu warnen.«

Buma kniff die Augen zusammen. »Zu warnen, wovor?«

»Wir sind, nein, wir waren auf Löwenjagd«, antwortete der Anführer, »wurden am Ende aber selbst zu Gejagten. Es ist möglich, dass der Löwe noch in der Nähe ist.«

»Deshalb die Verletzungen«, entgegnete Buma und blickte zu den beiden Verwundeten hinüber.

Der Anführer nickte und schloss für eine Sekunde die Augen. »Der Löwe hat uns im hohen Gras aufgelauert und uns angegriffen, noch bevor wir überhaupt reagieren konnten.«

»Er war wie ein Geist«, flüsterte einer der Verletzten. »Er war auf einmal da und dann auch schon wieder weg. Alles ging so verdammt schnell.«

Wie ein Geist, wiederholte Buma im Stillen und musste unweigerlich an den Golgath denken. Konnte es sein, dass es sich um ein und denselben Löwen handelte? Fragen über Fragen gingen ihm durch den Kopf und verlangten nach Antworten. »Was war das für ein Löwe, ich meine habt ihr einen bestimmten Löwen gejagt?«

Der Anführer nickte. »Eigentlich sind es sogar zwei, die wir zur Strecke bringen wollten. Zwei Brüder, die immer wieder über unser Dorf herfallen. Zuerst nur über unsere Rinder, später aber auch über...« Der Anführer musste schlucken und brachte den Satz nicht zu Ende.

»Brüder, durch und durch böse«, ergänzte der Mann neben ihm und spukte angewidert aus. Wie alle anderen Ranthu war er groß und sehnig und trug wenigstens fünf Ketten um den Hals.

Wieder nickte der Anführer, der ähnliche Ketten trug und sein Gesicht mit roten und gelben Tupfen bemalt hatte. »Ja, richtig, aber nur einer von beiden hatte uns aufgelauert. Sonst wären wir vermutlich alle tot.«

»Wie könnt ihr euch so sicher sein, dass es nicht irgendein Löwe war?«, fasste Buma nach und blickte den Anführer argwöhnisch an.

Der Anführer hielt den Zeigefinger seiner rechten Hand an sein eigenes rechtes Auge. »Es sind die Augen, die die Brüder so unverwechselbar machen. Das eine ist bernsteinfarben, so wie das aller Löwen, das andere strahlend blau.«

»Und der Löwe, der euch angegriffen hat, hatte ein blaues Auge«, zählte Buma eins und eins zusammen und presste die Lippen aufeinander.

»Ja, wir haben es zwar nicht alle gesehen, aber Isoke und Jabba sind sich ganz sicher.« Der Anführer zeigte auf zwei junge Krieger, die links von ihm standen und daraufhin heftig nickten.

Dann stimmt es also doch, schoss es Buma durch den Kopf. Seine Intuition hatte ihn nicht getäuscht. Sie waren auf der Jagd nach demselben oder besser gesagt, denselben Löwen. Spätestens als der Ranthu die unterschiedlichen Augen erwähnte, war die Sache für Buma klar gewesen. Nur mit zwei Löwen hatte er nicht gerechnet. Es konnte aber kein Zufall sein, dafür waren derartige Abnormitäten zu selten. Buma überlegte kurz, ob er sein Wissen für sich behalten sollte, entschied sich dann aber dagegen. Es war nur fair, den Ranthu die gleiche Offenheit entgegenzubringen. »Auch wir sind nicht zufällig hier, sondern ebenfalls auf der Jagd und nach alldem, was du uns berichtest hast, nach denselben Löwen.«

Der Anführer zog die Stirn in Falten und schaute Buma ungläubig an. »Wie kann das…, wie ist das…«, stammelte er überrascht.

»Auch unser Dorf wurde mehrfach von einem Löwen heimgesucht, der gerüchtweise ein blaues Auge haben soll«, klärte Buma ihn auf. »Allerdings hatten wir bisher keine Ahnung, dass es zwei Löwen sind, die unsere Rinder gerissen haben.«

Der Ranthu kniff die Augen zusammen und ließ sich mit seiner Antwort Zeit. Ganz offensichtlich war er noch nicht restlos überzeugt. »Wo ist euer Dorf?« fragte der Ranthu schließlich.

Buma zeigte in die Richtung, aus der sie ursprünglich gekommen waren. »Ungefähr vier Tagesmärsche von hier.«

»Dann kann es stimmen. Wir kommen aus der entgegengesetzten Richtung, haben aber nur drei Tage gebraucht. Sieben Tagesmärsche sind für einen Löwen keine große Entfernung. Vermutlich pendeln die Zwillinge zwischen unseren Dörfern hin und her.«

»Ja, es sieht ganz danach aus.«

»Gut, dann ist alles gesagt«, antwortete der Anführer und machte Anstalten zu gehen. Seine Leute setzten sich ebenfalls in Bewegung.

»Wartet.«

Der Anführer verharrte in der Bewegung und drehte sich zu Buma um.

»Wir möchten euch danken. Ihr hättet uns nicht warnen müssen. Das war sehr nett von euch.«

»Ihr hättet dasselbe getan.«

»Ich bin mir da nicht so sicher, vielleicht«, antworte Buma ehrlich.

Der Anführer lächelte, bevor er antwortete und sich endgültig umdrehte. »Passt auf euch auf.«

Während die Ranthu sich umdrehten und von ihnen entfernten, überschlugen sich die Fragen in Kianos Kopf. Er war hin- und hergerissen und wusste nicht, was er von alldem halten sollte. Konnte es wirklich stimmen, dass es mehr als einen Golgath gab? Und wenn ja, wo war dann der andere Zwilling abgeblieben? Noch schlimmer fand er aber die Vorstellung, dass es sich bei den beiden nicht nur um Rinder-, sondern auch um Menschenfresser handeln sollte. Ein kalter Schauer lief ihm über den Rücken.

Für Dorme schien die Sache dagegen klar zu sein. »Ihr glaubt diesen Schwachsinn doch wohl hoffentlich nicht?«

»Warum sollten die Ranthu uns anlügen?«, entgegnete Buma und blickte der Gruppe nachdenklich hinterher.

»Weil es Ranthu sind«, antwortete Dorme und spuckte aus. »Ich glaube diesen Viehdieben jedenfalls kein Wort.« Dass die Ranthu hin und wieder das Vieh anderer Stämme rauben, war nicht von der Hand zu weisen. Die Tatsache war ihrem Glauben geschuldet, da sie fest davon überzeugt waren, das Engali, ihr Gott, ihnen alle Rinder auf Erden überlassen hat und sie sich folglich bei anderen Stämmen frei bedienen konnten.

»Ich schon«, entgegnete Tajeu trotz der Fehde, die zwischen den beiden ethnischen Volksgruppen über viele Generationen hinweg immer wieder aufflammte. »Oder hast du schon vergessen, dass zwei von ihnen verletzt waren?«

»Das hat nichts zu bedeuten«, schnaubte Dorme verächtlich und spuckte erneut aus. Er hatte allen Grund die Ranthu zu hassen, nachdem seinem Vater in früher Jugend, während eines Kampfes mit einem Ranthu, ein Auge ausgestochen wurde.

»Am Ende spielt es keine Rolle, ob sie die Wahrheit gesagt haben oder nicht«, mischte sich Buma jetzt erstmals in den kleinen Schlagabtausch ein. »Jedenfalls nicht für unsere Entscheidung, die wir getroffen haben.«

»Natürlich spielt es eine Rolle«, echauffierte sich Dorme und wollte gerade zu einer Begründung ansetzen, als Buma ihm das Wort abschnitt.

»Nein, tu es nicht, Dorme und jetzt beruhige dich endlich.«

»Aber...«

»Nichts aber«, unterbrach Buma diesmal Nio, der ganz offensichtlich das Bedürfnis hatte, seinem Bruder Dorme beizustehen. Buma drehte sich jetzt zu den beiden um und blickte die Brüder nachsichtig an. »Jetzt überlegt doch mal. Es macht wirklich keinen Unterschied, weil es doch in jedem Fall die richtige Entscheidung ist, jetzt ins Dorf zurückzukehren. Ich will mir jedenfalls nicht vorstellen, dass unser Dorf von einem oder gar von zwei Löwen angegriffen wird, während wir hier herumstehen und diskutieren.«

Auf dem Weg nach Hause hatte Nio wieder dieses unbestimmte Gefühl, dass jemand oder etwas sie beobachtete. Nicht so klar wie zuletzt als er diesen Mann, diesen Weißen, auf dem Felsen gesehen hatte und alle anderen ihn für verrückt erklärten. Unweigerlich drehte sich Nio immer wieder um, bis sein Bruder Dorme ihn zur Seite nahm.

»Was ist Nio, siehst du wieder Gespenster oder hast du womöglich sogar den Golgath gesehen?«

»Nein, es ist nichts«, antwortete Nio und schüttelte das merkwürdige Gefühl ab. Er hatte keine Lust wieder zum Gespött seiner Freunde zu werden.

41

Nur wenige Sekunden nachdem sich Linus in die alte Cessna gesetzt hatte, begann sich die Welt um ihn herum zu verflüssigen. Selbst Dodong, der ihn neugierig aus einer der Seitenscheiben anschaute, löste sich langsam auf und wurde durch eine imaginäre Öffnung irgendwo unter ihm davongespült. Linus schrie vor Entsetzen, hörte anstelle seiner eigenen Stimme aber nur ein undeutliches Kauderwelsch, ganz so, als ob er mit dem Kopf Unterwasser steckte. Automatisch fühlte er sich an den Tag zurückversetzt, als er mit dem Kajak gekentert und kopfüber in die Fluten der Kieler Förde eingetaucht war. Noch schlimmer wog aber die Erkenntnis, dass ihn nichts an das erinnerte, was der Hubschrauber in Gang gesetzt, geschweige denn mit ihm angestellt hatte. Dann war er selber dran. Er hatte das Gefühl zu zerfließen und ganz mit seiner Umwelt zu verschmelzen, bis schließlich nichts mehr von ihm übrig war und sein Körper samt Flugzeug durch eine Art Strudel gezogen wurde. Umso überraschter war er, als er sich nur einen Moment später auf dem Beifahrersitz von Leas Auto wiederfand. Lea steuerte den Land Rover gerade in den Sonnenuntergang hinein und erzählte ihm von den Geschehnissen der letzten Tage, als ob es das Selbstverständlichste der Welt wäre und sie schon ewig gemeinsam durch die Savanne fuhren. Linus brauchte eine Weile, um zu begreifen, dass der Portschlüssel funktionierte, seine Trance aber anders eingeleitet wurde. Andere Hardware, anderer Übergang, schlussfolgerte Linus und musste beinahe über sich selbst lachen. Dann besann er sich eines Besseren und konzentrierte sich ganz auf seine Gesprächspartnerin. Schnell klebte er an ihren Lippen, insbesondere als Lea ihm vom Angriff des Löwen erzählte, den sie abwechselnd als Golgath und dann wieder als Maglas bezeichnete. Linus war verwirrt. »Sorry Lea, aber jetzt komme ich nicht mehr mit. Was hat euch denn nun angegriffen, ein Golgath oder ein Maglas? Und was ist überhaupt ein Maglas?« Er wusste zwar aus seiner Begegnung mit den Azizi, was ein Golgath ist, hatte aber noch nie von einem Maglas gehört.

»Oh, entschuldige. Im Unterschied zu einem Golgath, tötet ein Maglas nicht nur Rinder und anderes Viehzeug, sondern auch Menschen.«

»Menschen?« Linus war wie vom Donner gerührt und konnte, nein wollte nicht glauben, was er gerade gehört hatte.

Lea lief eine Träne über das Gesicht. »Alles ging so verdammt schnell. Der Löwe hatte zuerst Maja und Kanzi getötet und sich anschließend auf Amari, den Dorfältesten, gestürzt. Ich selbst wurde durch die Wucht nach hinten katapultiert. Das Geräusch von den brechenden Knochen werde ich nie vergessen.«

»Ja, ich weiß«, antwortete Linus und musste unweigerlich an seine Erlebnisse in Afghanistan denken, die sich fest in sein Gedächtnis eingebrannt hatten.

Lea nickte kaum merklich, ohne Linus dabei anzusehen. »Das war aber noch nicht alles. Denn als Nächstes musste ich mit ansehen, wie die Bestie Assane von oben bis unten aufgeschlitzt hat. Seine ganzen Eingeweide quollen heraus, seine Leber, seine Gedärme...« Lea brachte den Satz nicht zu Ende.

»Was ist?« Linus blickte fragend zur Seite und sah wie Lea mit weit aufgerissenen Augen in den Rückspiegel schaute, bevor sie mit aller Macht auf die Bremse trat. Linus wurde nach vorne geschleudert und wollte sich gerade umdrehen, als wieder dieses merkwürdige Gefühl von ihm Besitz ergriff. Der Innenraum schien sich mit Wasser zu füllen und ihm die Luft zu nehmen. Schnell blickte er sich um, sah aber nichts, was dort nicht hingehörte. Die Rückbank war leer und auch hinter dem Auto war nichts zu sehen, was Leas Reaktion gerechtfertigt hätte. ›Was hatte sie gesehen und was hatte sie aus der Fassung gebracht?‹ Doch bevor er sie fragen konnte, verflüssigte er sich erneut und ehe er sich versah, fand er sich keine zwanzig Meter von den Azizi entfernt wieder. Linus war enttäuscht, aber auch neugierig, weil die Azizi nicht allein waren. Sie schienen sich gerade von einer anderen Gruppe zu verabschieden. Linus nahm an, dass es sich um Ranthu handelte. Nur einen Augenblick später drehten sich die Ranthu tatsächlich um und zogen in entgegengesetzter Richtung davon. Linus musste nicht lange überlegen und blieb bei den Azizi, die an Ort und Stelle blieben und hitzig miteinander diskutierten. Dorme spuckte gerade aus und zweifelte an der Aufrichtigkeit der Ranthu, während Tajeu ihnen ganz offensichtlich Glauben schenkte. Dann mischte sich Buma ein und sagte: »Jetzt überlegt doch mal. Es macht wirklich keinen Unterschied, weil es doch in jedem Fall die richtige Entscheidung ist, jetzt ins Dorf zurückzukehren. Ich will mir jedenfalls nicht vorstellen, dass unser Dorf weder von einem noch von zwei Löwen angegriffen wird, während wir hier herumstehen und diskutieren.« Wenn du wüsstest, dachte Linus und versuchte sich zum wiederholten Male bemerkbar zu machen. Doch wie zuletzt sah und hörte ihn niemand. Nur Nio blickte immer wieder kurz in seine Richtung, ganz so, als ob er seine Anwesenheit spürte, ihn aber nicht zu greifen bekam. Während er weiter mit den Armen wedelte, traf ihn auf einmal die Erkenntnis, dass er gar nicht wusste, wie die Geschichte weiterging. Er wusste aus Leas Erzählung nur, dass der Maglas vier Tük getötet hatte, aber nicht, ob die Tük den Löwen zu guter Letzt auch zur Strecke gebracht hatten. Wenn er doch nur eine Minute länger mit Lea zugebracht hätte, dann hätte er…, ja, was eigentlich?, überlegte er weiter. Er hätte es gewusst, aber sein Wissen am Ende doch nicht teilen können, weil niemand ihn hören oder sehen konnte. Frustriert senkte Linus die Arme.

42

Mit Beginn der Dämmerung machten sich Lea, Tembo und Konrad auf den Weg in die Dorfmitte. Alle drei hatten ihre Chelsea-Boots aus Leder gegen halbhohe Gummistiefel eingetauscht. Mit jedem Schritt schlürfte und schmatzte es unter ihren Füßen und mehr als einmal glaubte Tembo, dass er gleich im Boden feststecken oder seinen Schuh verlieren würde. Weit und breit war kein Tük mehr zu sehen. Den Fußspuren nach zu urteilen, hatten sich die Dorfbewohner ganz offensichtlich bereits auf den Weg gemacht.

»Habe ich euch schon gesagt, dass ich die Regenzeit hasse«, grummelte Tembo vor sich hin.

»Ungefähr tausendmal«, antwortete Lea trocken. »Zuletzt mit Beginn der großen Regenzeit im April.«

»Und danach so ziemlich jeden Tag, bis der Regen wieder aufgehört hat...«, Konrad hielt inne und überlegte kurz, ...»ich glaub, dass war dieses Jahr irgendwann in der letzten Maiwoche.«

»Ach wirklich, daran kann ich mich gar nicht erinn...« Tembo brachte den letzten Satz nicht zu Ende, weil er just in diesem Moment auf dem glitschigen Untergrund ausrutschte. Die drei Holzscheite, die er vor der Brust trug, flogen in hohem Bogen in die Luft und ehe er sich versah, saß er auf seinem Hosenboden. Die Situation war urkomisch und nicht nur Tembo selbst musste daraufhin lachen.

Lea tat die kleine Aufheiterung gut und die Anspannung in ihrem Inneren löste sich ein wenig, genauso wie der Knoten, der sich in ihrem Hals nach dem Angriff des Löwen immer wieder aufs Neue gebildet hatte. Lea schüttelte amüsiert den Kopf und sammelte die drei Holzscheite ein, die Tembo fallen gelassen hatte. Sie hatten sie mitgenommen, nachdem sie sich daran erinnert hatten, dass es zu den Sitten und Gebräuchen der Tük gehörte, dass alle die an einer Totenzeremonie teilnahmen, ein Stück trockenes Holz für das Feuer mitbringen mussten.

Konrad hielt Tembo die Hand entgegen und half ihm hoch. »Komm mein Freund, wir müssen uns beeilen, das Feuer brennt schon.«

Lea schaute überrascht in Richtung Dorfmitte und sah tatsächlich eine dünne Rauchfahne aufsteigen.

Fünf Minuten später waren sie nach einem Zickzacklauf um die Pfützen endlich in der Dorfmitte angelangt. Das Feuer brannte jetzt lichterloh und die ganze Dorfgemeinschaft hatte sich, wie vermutet, bereits halbkreisförmig um das Feuer versammelt.

Alemee wartete bereits auf die drei. Sie lief ihnen ein Stück entgegen, fasste Lea an die Hand und sagte: »Kommt mit, sonst verpassen wir Patmes Ernennung zur neuen Dorfältesten.«

Lea zog die Augenbrauen zusammen und blickte verdutzt zu Konrad und dann zu Tembo herüber, der jetzt wieder die drei Holzscheite trug. Sie hatte bisher keinen Gedanken daran verschwendet, dass mit dem Tod von Amari auch ein neuer Dorfältester bestimmt werden musste. Doch jetzt, wo sie darüber nachdachte, erschien es ihr nur logisch. Allerdings war sie immer davon ausgegangen, dass dieses Amt nur von Männern bekleidet werden durfte. Zudem war Patme mit Sicherheit nicht die Älteste im Dorf. Alt ja, aber nicht so alt wie ein halbes Dutzend anderer Tük, die ihr spontan in den Sinn kamen.

Tembo schien ihre Gedanken zu erraten. »Der oder die Dorfälteste muss nicht wirklich, anders als der Name es vermuten lässt, der oder die älteste unter den Alten sein. Entscheidend sind Lebenserfahrung, Weisheit und Autorität.«

»Und von allem hat Patme mehr als genug«, ergänzte Konrad auf dem Weg in den Halbkreis. »Sie ist wirklich eine gute Wahl.«

»Die Beste«, antwortete Lea, während sie an die vielen tiefgründigen Gespräche denken musste, die sie mit Patme geführt hatte.

Alemee zog Lea jetzt regelrecht hinter sich her und steuerte auf eine kleine Lücke in der ersten Reihe zu, die man ganz offensichtlich für sie freigehalten hatte.

Einige Tük, die in unmittelbarer Nähe standen, verneigten sich vor ihr und raunten: »*Simba Kateli*«, was so viel wie Löwentöter bedeutete. Erst ganz leise und dann immer lauter, bis dass gesamte Dorf die Worte in einer Art Singsang wiederholte. Das Ganze hatte beinahe etwas Spirituelles.

Lea fühlte sich geschmeichelt und zugleich peinlich berührt und blickte verlegen auf den Boden. Dann teilte sich der Halbkreis und der Gesang erstarb. Gebannt blickte Lea in die Richtung und sah wie der neue Ältestenrat, begleitet von einem rhythmischen Trommeln, langsam durch die Schneise schritt. Alle fünf trugen weiße Bijuks, die im Widerschein des Feuers strahlend leuchteten. Patme ging als letztes, ohne den Blick auch nur ein einziges Mal nach links oder rechts zu lenken. Sie hatte etwas Würdevolles und wirkte kein bisschen aufgeregt. Die Fünf reihten sich im Schein des Feuers vor der Menge auf und schienen auf etwas zu warten. Lea blickte sich um, konnte aber nicht erkennen worauf, bis sich ein Junge aus dem Halbkreis löste und vor den Ältestenrat trat. Lea kannte ihn, konnte sich aber gerade nicht an seinen Namen erinnern. Tiglo oder so ähnlich. Er holte tief Luft und stimmte ein Lied an, das Lea noch nie zuvor gehört hatte. Seine Stimme war so rein und klar, dass sie ihre Tränen nur mit Mühe zurückhalten konnte. Er sang von Tansania, den Jahreszeiten, den Tieren, dem Kreislauf des Lebens und zu Leas Überraschung *von Nchi ya ndoto,* dem Traumland, in das alle Tük hinüberwechselten, wenn das Leben zu Ende ging. Erst jetzt verstand Lea, dass das Traumland noch weit mehr war als der Ort, für den sie ihn gehalten hatte. Natürlich, dachte Lea. Patmes Tochter war gestorben und deshalb konnte die alte Frau einen Blick hineinwerfen. Aber warum sie selbst? Lea fand keine Antwort auf die Frage, hatte aber auch keine Zeit groß darüber nachzudenken, weil ihre Aufmerksamkeit ganz von allein auf den Maglas gelenkt wurde, den vier Krieger in ihren roten Bijuks gerade auf einer Art Trage hereintrugen. Der Maglas hatte die Augen offen und wenn Lea es nicht besser gewusst hätte, dann hätte sie geschworen, dass der Löwe sie mit seinem stahlblauen Auge fixierte. Ein Schauer lief ihr den Rücken herunter und Lea musste sich kurz schütteln.

»Ganz schön spooky«, raunte Tembo ihr zu. »Man könnte fast den Eindruck gewinnen, dass das Biest noch lebt.«

»Yep« Mehr brachte Lea nicht heraus, weil sie mit ihren Gedanken schon bei den Toten war, die direkt dahinter hereingetragen wurden. Die ersten beiden Toten waren von Kopf bis Fuß in weiße Tücher eingewickelt, der dritte in ein gelbes und der vierte

Leichnam in ein rotes Tuch. Damit war klar, dass Amari und Assane, gefolgt von Maja und Kanzi hereingetragen wurden. Wie der Maglas wurden alle vier langsam am Feuer vorbeigeführt und direkt neben dem Löwen aufgebahrt. Kurz darauf schloss sich die Schneise zu ihrer Rechten, aber nur, um an anderer Stelle wieder aufzugehen. Neugierig blickte Lea nach links und sah eine Frau, einen Mann, ein kleines Mädchen und einen Jungen aus dem neuen Durchgang hinaustreten. Sie gingen eng beieinander und schienen irgendetwas zu tragen oder festzuhalten, ohne das Lea erkennen konnte, um was es sich handelte. Zudem trugen sie auffällig bunte Bijuks, wie Lea sie noch nie zuvor gesehen hatte.

Alemee schien zu erahnen, was Lea dachte, und lieferte die Erklärung gleich mit. »Das sind die *Nassari*, sie wurden gestern auserwählt, um Patme zur neuen Dorfältesten zu krönen. Jeder von ihnen steht stellvertretend für einen Teil unserer Gemeinschaft. Deshalb eine Frau, ein Mann, ein Junge und ein Mädchen.«

Lea nickte bloß, während sie gebannt und fasziniert dabei zusah, wie die kleine Gruppe, immer noch dicht gedrängt, um das Feuer herumtanzte.

Der Junge stimmte indessen ein neues ihr gut bekanntes Lied an und diesmal sangen alle mit. Der Gesang war so kraftvoll und durchdringend, dass Lea Stein und Bein geschworen hätte, dass die feuchte Luft ein wenig vibrierte.

»Wow«, sprach Tembo nur das aus, was Lea sah, hörte und fühlte. »Ich glaube wir sind die ersten Gäste, die an einer Zeremonie wie dieser teilnehmen dürfen.«

Lea nickte kaum merklich. »Ja, nur schade, dass wir keinen Fotoapparat, oder besser noch eine Videokamera dabeihaben.«

»Ja, stimmt, anderseits glaube ich nicht, dass die Tük damit einverstanden gewesen wären«, wisperte Tembo.

»Auch wieder wahr.« Nach der vierten oder fünften Runde ebbte der Gesang ab und eine gespenstische Stille legte sich über die Szenerie, die nur durch das Knistern des Feuers durchbrochen wurde. Die Spannung war jetzt zum Greifen nah und Lea fragte sich, was als Nächstes passieren würde.

Die Antwort gab Patme, als sie kurz darauf auf die Knie fiel und sagte: »Brüder, Schwestern, Tük, ich bin bereit euch zu dienen, zu führen und für euch zu sterben.«

Daraufhin steuerten die Nassari auf Patme zu und reckten gemeinsam Amaris silbernen Stirnreif in die Höhe, den sie bis dahin mit ihren Leibern verborgen hatten.

Lea erkannte den Stirnreif sofort an dem grünblauen Opal, der in der Mitte des Stirnreifes eingearbeitet war und auf unnatürliche Weise von innen heraus zu glühen schien. Natürlich, dachte sie, mit Amaris Tod geht der Stirnreif auf die neue Dorfälteste über. Der Stirnreif gehört jetzt Patme.

»Dann soll der Stirnreif dir gehören«, antworteten die Nassari wie aus einem Munde und setzten Patme den Stirnreif vorsichtig auf den Kopf.

Patme konnte immer noch nicht glauben, was gerade mit ihr passierte. Nicht im Traum hätte sie damit gerechnet, dass die Dorfgemeinschaft ausgerechnet sie zur Dorfältesten wählen würde. Sie hatte zwar gewusst, dass viele ihren Rat und ihre Meinung zu schätzen wussten, aber hatte es niemals für möglich gehalten, dass sich die meisten Tük ausgerechnet sie als Nachfolgerin von Amari wünschten. Entsprechend groß war ihre Überraschung als sie heute Morgen die vielen Steine vor ihrer Hütte vorgefunden hatte, die ihr die Dorfbewohner in der Nacht, als Zeichen ihrer Wahl, vor die Tür gelegt hatten. Sie selbst hatte ihren Stein Jabal hingelegt, der jetzt ihr Stellvertreter war. Sein Steinhaufen war am zweitgrößten gewesen, im Vergleich zu ihrem aber noch nicht einmal halb so groß. Überdies haderte sie immer noch ein wenig mit sich selbst, weil sie fürchtete, dass die Fußstapfen die Amari hinterließ, zu groß für sie waren. Doch Patme war klug genug, um sich ihre Unsicherheit nicht anmerken zu lassen. Sie rang sich sogar zu einem kleinen Lächeln durch, als sie aufstand und die Arme in Richtung Himmel hob um die Toten zu verabschieden, die gerade auf dem Weg ins *Nchi ya ndoto* waren. Auch das war ein Teil des komplizierten Rituals, das es einzuhalten galt.

Während Patme zu Amari, Assane, Maja und Kanzi sprach, musste Lea unweigerlich an Linus Christiansen denken. Konnte es sein, dass sie sich die ganze Zeit mit einem Toten im Traumland unterhalten hatte, so wie Patme ihre tote Tochter dort besucht hatte? Möglich wäre es nach alldem, was sie gerade Neues über *Nchi ya ndoto* in Erfahrung gebracht hatte. Anderseits erschien ihr der Gedanke absurd, weil Linus in ihren Träumen alles andere als tot gewirkt hatte. Außerdem war er gerade auf dem Weg nach Tansania. Sie hatte es doch schwarz auf weiß in dem Brief gelesen, den Linus an James Turner geschickt hatte. Sie meinte sich sogar daran erinnern zu können, dass er mit einem Containerschiff unterwegs war. Ja so war es, daran hatte sie keine Zweifel. Er würde am 04. November in Dar es Salaam eintreffen und sie würde ihn abholen. Alles andere war Blödsinn und eine Ausgeburt ihrer Fantasie. Lea schüttelte den Gedanken ab und konzentrierte sich wieder auf Patme, die jetzt zu den vier Leichen herüberging. Doch zu ihrer Überraschung blieb sie nicht stehen, sondern wendete sich dem Maglas zu, zog ein Messer aus ihrem Bijuk und schnitt dem Löwen die Augen aus.

»Warum hat sie das gemacht?«, flüsterte Konrad. Er war offensichtlich ebenso überrascht.

»Weil von einem blinden Löwen im *Nchi ya ndoto* keine Gefahr mehr ausgeht«, raunte Alemee zurück.

»Ich wusste gar nicht, dass auch Tiere ins Traumland wechseln können«, entgegnete Lea leise.

Alemee konnte sich ein Grinsen nicht verkneifen. »Du weißt noch so vieles nicht.«

Lea wollte gerade etwas sagen, biss sich dann aber auf die Zunge. Keinesfalls wollte sie sich nachsagen lassen, die Zeremonie zu stören.

Der Maglas machte Alemee Angst, auch wenn sie das niemals zugeben würde. Sie hatte gestern von ihm geträumt. Der Löwe hatte den Azizi aufgelauert und Kiano auf bestialische Weise getötet. Sie war daraufhin schweißgebadet aufgewacht und hatte kein Auge mehr zugemacht. Wäre der Maglas nicht tot und die Azizi nicht weit weg, hätte sie geschworen, dass sie eine Vision, eine Art Vorahnung, gehabt hatte. So aber wusste sie, dass es nur ein böser Traum gewesen war. Heftig und realitätsnah, aber doch nur ein Albtraum. Trotzdem war Alemee froh als Patme die Anweisung gab, den Maglas dem Feuer zu übergeben. Sicher ist sicher, dachte sie. Die vier Männer, die den Maglas hereingetragen hatten, packten die vier Enden der Bahre an und kippten diese samt Löwe seitwärts in das hell lodernde Feuer. Das Ganze sah angesichts des Gewichts alles andere als elegant aus und anders als erwartet, fing der Löwe nicht gleich Feuer, sondern hielt der Hitze lange stand. Es sah beinahe so aus, als ob ihm die Flammen nichts anhaben konnten, bis er nach einer gefühlten Ewigkeit dann doch noch vom Feuer verzehrt wurde. Dunkler Qualm stieg auf, schlich durch die Reihen und augenblicklich roch es nach verbranntem Fleisch. Alemee lief ein kalter Schauer über den Rücken, während Konrad etwas murmelte, das sie nicht verstand. Alemee nahm sich vor ihn später zu fragen, was das Wort *Teflon* zu bedeuten hatte. Sie kannte den Ausdruck nicht. Anschließend konzentrierte sie sich auf Patme, die jetzt zu den vier Toten hinüberging und jedem von ihnen ein kleines Bündel unter die Tücher schob, das ihr von den Angehörigen angereicht wurde. Alemee wusste, dass darin persönliche Geschenke enthalten waren, die die Toten im Traumland an die Lebenden erinnern sollten. Unterdessen stimmte Tiglo *Nchi ya ndoto* an und Alemee sang aus voller Kehle mit. Aber nicht nur sie, sondern auch Lea, die jede Zeile zu kennen schien. Wie eine echte Tük, dachte Alemee und musste insgeheim ein kleines bisschen schmunzeln.

Das Lied das Tiglo angestimmt hatte, hörte Patme kaum. Es ging in dem Rauschen unter, das von innen heraus an ihre Ohren drang. Sie kannte das und schrieb es ihrer Nervosität und Anspannung zu, die von ihr Besitz ergriff, nachdem der Maglas lange Zeit nicht brennen wollte. Sie hatte es bereits geahnt, als sie dem Löwen die Augen ausgestochen hatte. Sein Fell war einfach zu nass gewesen. Die Erklärung war so einfach wie banal, änderte aber nichts daran, dass die Dorfbewohner darin ein schlechtes Omen sahen. Umso erleichterter war sie, als das Feuer auf die Leichen übersprang, obwohl ihre Tücher genauso feucht waren, wie das Fell des Löwen. Erst sanft, dann immer aggressiver leckten die Flammen an dem feuchten Stoff, bis die Tücher lichterloh in Flammen standen. Der Übertritt ins *Nchi ya ndoto* war gelungen. Patme atmete durch und entspannte sich mit jedem Atemzug ein wenig mehr.

43

Einige Stunden nachdem die Azizi das schützende Auto verlassen hatten, erreichten die Löwenjäger die Furt, über die sie den Fluss vor vier Tagen aus der entgegensetzten Richtung überquert hatten. Doch abgesehen von den unverdaulichen Resten des Krokodils, die seine Artgenossen dort hinterlassen hatten, erinnerte nicht viel an die ehemals seichte Stelle. Der Regen hatte das Ufer ansteigen lassen und den Oran in einen reißenden Fluss verwandelt. »Was machen wir denn jetzt?«, fragte Kiano und blickte verzweifelt zu dem gegenüberliegenden Ufer hinüber. »Da kommen wir doch niemals lebend rüber.«

»Nein, ganz sicher nicht«, pflichtete Tajeu ihm bei. »Der Fluss ist viel zu tief und die Strömung unberechenbar. Wir sind ertrunken, noch bevor wir die Flussmitte erreicht haben.« Die Einschätzung war mehr als realistisch, weil die Tük allesamt nicht schwimmen konnten. Sie hatten es einfach nie gelernt.

»Und wenn wir das Ufer entlanggehen, vielleicht finden wir dann eine andere Stelle, die…«

»Das bringt nichts«, unterbrach Dorme seinen Bruder. »Der Regen hat den Fluss überall anschwellen lassen.«

Nio blickte daraufhin trotzig zwischen den Azizi hin und her. »Aber wir können doch nicht warten, bis die Regenzeit vorbei ist. Das kann noch Wochen dauern.«

»Uns wird schon etwas einfallen«, entgegnete Buma, obwohl es alles andere als überzeugend klang. »Doch jetzt lasst uns erstmal das Lager für die Nacht herrichten. Es wird schnell dunkel und da sollte das Feuer bald brennen.«

Am nächsten Morgen war Kiano früh wach. Er lag auf dem Rücken, hatte den Kopf weich auf seinem Bündel gebettet und blickte in den wolkenverhangenen Himmel. Ein Geier flog gerade über ihn hinweg und begann unweit ihres Lagers zu kreisen. Vermutlich hatte ein Raubtier in der Nacht Beute gemacht und der Geier wartete auf seine Chance, sich einen Bissen von den Überresten zu holen. Kiano beobachtete den Geier eine Weile, während seine Gedanken ganz von alleine wieder den Weg zu Alemee zurückfanden. Wenn es doch nur eine Möglichkeit geben würde, diesen verdammten Fluss zu über... In dem Moment kam ihm eine Idee. Natürlich, warum bin ich nicht gleich darauf gekommen, dachte Kiano, sprang auf und schnappte sich seinen provisorischen Speer, den er während ihres regenbedingten Zwischenstopps in dem alten Auto aus seinem Messer und einem halbwegs geraden Ast einer Schirmakazie gefertigt hatte.

»Hey, wo willst du hin?«, rief ihm Tajeu leise hinterher und rappelte sich ebenfalls auf. Die anderen schliefen entweder noch oder taten zumindest so.

»Ich bin gleich wieder da, ich will nur schnell etwas nachsehen.«

Als Kiano kurz darauf zurückkam, waren alle Azizi bereits wach und damit beschäftigt einen Teil der Larven in der Glut zu rösten, mit denen sie sich auf dem Rückweg aufs Neue eingedeckt hatten.

»Und?«, fragte Tajeu, »Warst du erfolgreich?« Wie selbstverständlich war er davon ausgegangen, dass Kiano seine Notdurft verrichtet hatte.

»Äh, nein«, antwortete Kiano, aber nur um im nächsten Moment selbst zu grinsen. »Aber dafür weiß ich, wie wir über den Fluss kommen.«

Wie auf Kommando drehten sich daraufhin alle Azizi zu Kiano um und blickten ihn erwartungsvoll an.

»Na ja«, fuhr Kiano fort und blickte hinter sich und zeigte mit der rechten Hand in die Richtung, aus der er gerade gekommen war. »Es ist nur eine Idee, aber wenn wir es schaffen, den alten Baum, der dort drüben liegt, hierher zu ziehen, dann können wir uns daran festhalten und auf die andere Seite treiben lassen.«

Nio war begeistert und wollte gleich in die Richtung rennen, aus der Kiano gekommen war.

»Warte.«

Nio blieb stehen und blickte sich zu Buma um. »Was ist?«

»Die Idee ist gar nicht schlecht, aber was ist mit den Krokodilen?«

Wieder musste Kiano grinsen. »Auch dafür habe ich eine Lösung. Da hinten liegen die Überreste eines Büffels. Wir holen ihn, legen ihn an den Rand des Wassers und überqueren in aller Ruhe den Oran, während sich die Krokodile über den Kadaver hermachen.«

Buma zögerte kurz, verzog die Lippen dann aber seinerseits zu einem Lächeln und zwinkerte Kiano zu. »Klingt gar nicht so schlecht, dein Plan.«

»Gar nicht so schlecht, gar nicht so schlecht«, wiederholte Nio die Worte in seiner ungestümen Art. »Kiano, das ist der beste Plan, den ich je gehört habe.«

Eine halbe Stunde später hievten die Azizi den vom Blitz getroffenen und entwurzelten Stamm einer alten Schirmakazie an den Rand des Oran und schnappten nach Luft. Die Schlepperei hatte allen viel Kraft gekostet.

»So, das wäre geschafft«, sagte Kiano und ließ sich in das feuchte Gras fallen. »Jetzt müssen wir nur noch den Büffel holen und dann kann es losgehen.«

»Das erledigen wir«, antwortete Dorme, rappelte sich auf und blickte seinen Bruder ungeduldig an. »Nun komm schon, Nio.«

Nio verdrehte die Augen, tat dann aber, wozu ihn sein Bruder aufgefordert hatte.

»Wartet, ich komme mit!«, rief Buma den beiden hinterher und raffte sich ebenfalls auf. »Es könnte gefährlich werden.«

Angeführt von Dorme pirschten die drei auf den toten Büffel zu und sondierten die Lage, bis Dorme schließlich Entwarnung gab. »Wir haben Glück! Bis auf ein paar Schakale und einigen Geiern ist weit und breit nichts zu sehen, was uns in die Quere kommen könnte.«

»Dann lasst uns die Biester vertreiben, bevor sie den Kadaver vollständig abgenagt haben«, antwortete Buma und gab seine Deckung auf. Die beiden anderen folgten seinem Beispiel und liefen laut schreiend und wild mit ihren Speeren fuchtelnd auf die Schakale und Geier zu, die ihrem Fluchtinstinkt folgend das Weite suchten.

»Das war ja einfacher als gedacht«, sagte Dorme und blickte zufrieden auf den halben Büffel herunter, während die Schakale und Geier in sicherer Entfernung um die drei herumtänzelten.

Buma nickte und verscheuchte mit der rechten Hand die Fliegen, die zu hunderten um den Kadaver schwirrten. »Stimmt, aber trotzdem sollte wir uns beeilen. Wer weiß, wer von den Aasfressern die

Witterung bereits aufgenommen hat und auf dem Weg hierher ist.«

»So wie der Kadaver bereits stinkt, sicher eine ganze Menge«, antwortete Dorme und packte den Büffel gemeinsam mit Buma bei den Hinterläufen, während Nio sorgsam die Umgebung beobachtete.

Kiano schaute fasziniert dabei zu, wie ein Krokodil nach dem anderen aus dem Oran auftauchte, um sich im Streit mit seinen Artgenossen ein Stück von dem Büffel zu sichern. Kiano zählte sieben, nein acht Exemplare, die sich zwischenzeitlich in das Tier verbissen hatten und sich abwechselnd immer wieder um ihre eigene Achse drehten. Kiano wusste, dass es Teil ihrer Technik war, weil es so einfacher für sie war, einzelne Fleischstücke herauszureißen.

»Nun komm schon Kiano, wir können den Baumstamm nicht mehr lange halten.« Die anderen Azizi hatten den Baumstamm in einer Entfernung von vielleicht zwanzig Metern bereits ins Wasser geschoben und waren kurz davor abzutreiben.

»Ich bin schon unterwegs.« Kiano sprintete los, sprang die Böschung hinunter und klammerte sich gerade noch rechtzeitig an der Schirmakazie fest, bevor der Baum samt den anderen Azizi von der Strömung mitgerissen wurde. Doch anders als erhofft, gelang es ihnen nicht, den Baumstamm auf die andere Seite des Oran zu manövrieren. »Ihr müsst mehr mit den Beinen schlagen, sonst schaffen wir es nicht!«, rief Kiano den anderen verzweifelt zu. Die Hände konnte sie nicht einsetzen, weil sie nicht nur sich selbst, sondern auch ihre Speere festhalten mussten.

Nach mehr als zwei Kilometern hatten sie es dann endlich geschafft und die andere Seite des Oran erreicht. Erschöpft, aber glücklich, krabbelten sie die Böschung hinauf und ließen ihren Gefühlen freien Lauf. Sie lachten und brüllten vor Freude, soweit dies ihre Kräfte überhaupt noch zuließen.

Nio hätte ewig so liegen bleiben können, wenn er nicht schon wieder den Verdacht gehabt hätte, dass irgendjemand oder irgendetwas sie beobachtete. Es war eher ein Gefühl und nicht wirklich greifbar, aber doch so präsent, dass Nio immer wieder um sich schaute. Gerade eben glaubte er den Schatten eines Mannes zu erkennen, der rechts von ihm auftauchte und wieder verschwand. Dorme hatte recht, ich sehe wirklich Gespenster, dachte Nio und versuchte das Gefühl abzuschütteln, bevor die anderen etwas merkten und er erneut zum Gespött seiner Freunde wurde.

Später machte sich Nio große Vorwürfe, weil er den Moment verpasst hatte, seine Freunde vor dem Maglas zu warnen. Der Löwe trat aus dem Unterholz nahe der Uferzone hervor und griff sofort an. Tajeu hatte noch nicht einmal die Zeit seinen Speer zu heben, als das mächtige Löwenmännchen auf ihn zustürmte und mit der Pranke erwischte. Tajeu schrie und wurde von der Wucht zur Seite geschleudert. Alles ging so verdammt schnell.

Danach drehte sich der Maglas zu Dorme um und schnappte zu. Erst einmal, dann ein zweites Mal, bevor Nio reagieren konnte und seinen Speer auf den Löwen abfeuerte. Der Speer zischte jedoch um Haaresbreite vorbei und landete hinter dem Löwen irgendwo im hohen Gras.

Buma machte es besser und traf den Maglas an der Flanke. Der Löwe jaulte auf und ergriff instinktiv die Flucht und war so schnell im Grüngürtel des Oran verschwunden, wie er zuvor aufgetaucht war.

Tajeu stöhnte auf und bewegte sich, während Dorme keinen Laut von sich gab. Er lag regungslos auf dem Rücken und überall war Blut, so viel Blut.

»Dorme, Dorme!«, schrie Nio und robbte zu seinem Bruder hinüber. Doch tief in seinem Innern wusste er bereits, dass sein Bruder in das Traumland hinübergewechselt war.

Im nächsten Moment trat der Maglas erneut aus dem Grüngürtel heraus und blickte die Azizi aus seinen verschiedenfarbigen Augen an. Anders als beim ersten Mal versuchte er jedoch erst gar nicht den Überraschungseffekt für sich zu nutzen, sondern stand einfach nur so da, ausdruckslos und ohne jede Regung.

Ohne jede Spur von Furcht stand Nio auf, zückte sein Messer und schrie: »Komm doch her und hol mich, du Bestie!«

Kiano schien ebenfalls keine Angst zu verspüren und stellte sich neben Nio, streckte seinen provisorischen Speer nach vorne und schlug in die gleiche Kerbe: »Ja, komm her und friss meinen Speer.«

»Und mein Messer«, ergänzte Buma, der ebenso wie Nio nicht mehr im Besitz seines Speeres war. Die Lanze steckte immer noch in der Flanke des Löwen, fiel aber in dieser Sekunde zu Boden, als sich der Löwe erneut auf die Azizi zubewegte.

Mit weit aufgerissenen und hasserfüllten Augen beobachtete Nio, wie der Löwe ihn mit seinem stahlblauen Auge fixierte und immer näherkam. Erst ganz langsam und dann immer schneller und schneller, bis er ganz plötzlich wieder abbremste und fluchtartig die Bühne verließ. Zurück blieb die Silhouette eines Mannes, die wie aus dem Nichts aufgetaucht war und sich genauso schnell wieder verflüchtigte. »Habt ihr das gesehen?«, stammelte Nio und blickte ungläubig zwischen Buma und Kiano hin und her.

»Ja, unglaublich, irgendetwas muss ihn verscheucht haben.«

»Nein, nicht irgendetwas, sondern...« Nio brach ab, weil er sich auf einmal selbst nicht mehr sicher war, ob er wirklich die Umrisse eines Mannes gesehen hatte oder doch nur den Schatten eines kreisenden Geiers im sich wiegenden Gras.

44

Wie immer stand der Kapitän selbst am Steuerrad, als die Dünkirchen die Mündung des Suezkanals passierte. Und wie immer war er nervös und angespannt, angesichts der Herausforderung, die vor ihnen lag und selbst erfahrene Seeleute wie ihn schnell ins Schwitzen brachte. Gründe gab es viele: Die enge Fahrrinne, der dichte Verkehr und der Wind, die den zweihundert Kilometer langen Suezkanal schnell in eine Giftschlange verwandeln konnte. Doch heute überwog die Freude an der Schönheit der *Kobra*, wie Sánchez die Verbindung zwischen Europa und Asien gerne nannte. Seine Augen leuchteten und seine Lippen umspielte ein kleines wehmütiges Lächeln, angesichts seiner letzten Durchfahrt durch den Suezkanal.

Romanov schien seine Gedanken zu erraten und seufzte. »Das war es dann fast. Komisches Gefühl, oder?«

»Ja, in der Tat, aber irgendwie bin ich auch froh, dass dieses Kapitel endet. Es ist an der Zeit, mehr als zwei Jahrzehnte Container-Schifffahrt sind genug.«

»Ja, geht mir auch so. Wird höchste Zeit, dass ich sesshaft werde und mich intensiver um meine Familie kümmere.«

Sánchez blickte sich interessiert zu Romanov um. »Das klingt nach einem Plan.«

»Nicht wirklich, es ist eher eine Idee. Ich will mich als Hafenlotse bewerben, wenn wir wieder zurück in Hamburg sind.«

»Als Hafenlotse, der Gedanke gefällt mir. Ich könnte mit Hansen sprechen und ein gutes Wort für Sie einlegen.«

Romanov strahlte über das ganze Gesicht. »Ja, das wäre großartig.«

»Na, dann will ich mal sehen, was ich für Sie tun kann.«

»Jetzt?«

»Ja, sicher. Viel Zeit bleibt ja nicht mehr.« Sánchez trat zur Seite und überließ Romanov das Steuerrad, der beherzt zupackte.

Eine Minute später tippte Sánchez die Nummer von Hansen in das Satellitentelefon ein und wartete darauf, dass sein alter Freund am anderen Ende der Welt seinen Anruf entgegennahm.

Nach dem vierten Klingeln nahm der Lotse ab. »Peter Hansen am Apparat.«

»Hallo Peter, hier spricht Victor, Victor Sánchez.«

»Hallo Victor, was verschafft mir die unerwartete Ehre deines Anrufes?«

»Es geht um Romanov, meinen Ersten Offizier. Er hat mir gerade mitgeteilt, dass er sich als Hafenlotse bewerben will und hat mich gebeten, ein gutes Wort für ihn einzulegen.«

»Das musst du nicht, ich meine ein gutes Wort für ihn einlegen. Er hat auch so gute Chancen. Romanov bringt alles mit, was ein Lotse braucht. Er soll sich einfach bei mir melden, wenn er wieder in Hamburg ist.«

»Das klingt gut und wird Romanov freuen.«

»Das glaube...«, Hansen stockte kurz und setzte neu an. »Aber sag mal, kannst du denn so ohne Weiteres auf ihn verzichten?«

Sánchez druckste herum, gab sich dann aber einen Ruck. »Ja, das kann ich, weil es unsere letzte gemeinsame Fahrt ist. Unser Reeder, dieser geldgierige Grieche, hat uns beiden gekündigt. Wir werden durch kostengünstige Seeleute ersetzt, wie schon zuvor unsere gesamte Mannschaft. In Dar es Salaam gehen wir beide von Bord.«

Hansen seufzte hörbar. »Das tut mir wirklich leid, Victor. Kann ich dir irgendwie helfen?«

»Nein, dass musst du nicht. Ich habe schon etwas Neues, auch wenn ich mich an den Gedanken erst selbst noch gewöhnen muss.«

»Na, da bin ich jetzt aber mal gespannt, wohin es dich verschlägt.«

»Wie es der Zufall will, hat mir einer der Gäste auf unserem Schiff das Steuerrad auf seiner neuen Yacht angeboten.«

»Auf einer Yacht?« Hansen klang überrascht. »Ist das nicht eine Nummer zu klein für dich?«

»Na, ja, die *Window*, so heißt das Schiff, ist achtundzwanzig Meter lang und alles andere als eine Nussschale.«

»Wow, jetzt verstehe ich auch, warum der Eigner das Schiff nicht selbst steuert. Aber sag, was macht so ein Mann auf der Dünkirchen?«

»Er hat sein Unternehmen gerade an seinen Sohn übergeben und erfüllt sich mit seinem Bruder einen lang gehegten Traum. Die beiden wollten als junge Männer immer gemeinsam zur See fahren.«

»Klingt nach einem ganz normalen Typen.«

»Ja, Matthias Gistol, so heißt der Mann, ist ein echt netter Kerl und trotz seines Erfolges mit beiden Beinen auf dem Boden geblieben. Wir haben uns in den letzten zehn Tagen ein wenig angefreundet und da hat er mir gestern völlig überraschend den Vorschlag gemacht.«

»Vorschlag ist gut, das klingt eher nach einem Wink des Schicksals. Etwas Besseres hätte Dir doch gar nicht passieren können.«

Sánchez grinste. »Ja, das Angebot kommt genau zur passenden Zeit und scheint genau das Richtige für meine alten Tage zu sein.« Die letzten Worte wurden jedoch von einem Rauschen begleitet, sodass Sánchez sich nicht sicher war, ob sein Freund alles verstanden hatte. »Peter, bist du noch dran?«

»Ja, bin ich, aber die Verbindung scheint gleich abzureißen.«

»Ja, scheint so, deshalb lege ich jetzt besser auf und melde mich wieder, wenn wir in Dar es Salaam festgemacht haben. Okay?«

»Ja, mach das bitte, ich habe noch tausend Fragen.«

Romanov ging es ähnlich. Er hatte die ganze Zeit über Lautsprecher mitgehört und wusste gar, nicht was er zuerst fragen sollte. Ihn dürstete geradezu danach mehr über das Schiff und Matthias Gistol zu erfahren, von dem er nur wusste, dass er eine Firma für Fenster und Fassadenbau aufgebaut hatte.

Sánchez legte derweil das Satellitentelefon zur Seite und grinste Romanov an. »So wie es aussieht, haben wir jetzt wohl beide Grund zur Freude.«

»Allerdings.« Romanov schüttelte ungläubig den Kopf. Er hatte zwar mitbekommen, dass der Kapitän sich mit den Gistol-Brüdern gut verstand, aber nicht wie gut. Genauso wenig wie er mitbekommen hatte, dass sie ganz offensichtlich einen Multimillionär oder gar Milliardär an Bord hatten.

45

Als Lea am nächsten Morgen aufwachte, lag sie eine Weile einfach nur so da, starrte an die Decke des Zeltes und ließ den gestrigen Tag Revue passieren. Alles wirkte so unwirklich und einen kurzen Moment fragte sie sich, ob sie alles nur geträumt hatte. Doch dann fand sie die Trennlinie zwischen Traum und Wirklichkeit und war beinahe enttäuscht, dass der Teil, in dem sie Linus getroffen hatte, nicht real gewesen war. Sie hatte sich ihm so nah und verbunden gefühlt, dass sie es gar nicht abwarten konnte, bis er endlich eintraf und sie ihm von Angesicht zu Angesicht in Dar es Salaam gegenüberstand. Noch drei, nein zwei Tage rechnete sie nach, bevor ihre Gedanken weiter zur Totenzeremonie wanderten, die einen tiefen Eindruck bei ihr hinterlassen hatte. Hatten sie die Tük wirklich *Simba Kateli* gerufen? Ja, sie war sich sicher und musste unwillkürlich lächeln. Und dann war da noch dieser Junge, Tiglo, der sie mit seiner Stimme verzaubert und ihr *Nchi ya ndoto* noch ein Stück nähergebracht hatte.

Das Lächeln verging Lea, als sie in den Wohnbereich wechselte und auf dem Esstisch einen handgeschriebenen Brief von Konrad fand. Er hatte ihn so platziert, dass sie ihn gar nicht übersehen konnte. Der Schrift nach zu urteilen, hatte Konrad ihn in aller Eile geschrieben. Ungläubig und mit zitternden Händen las Lea Zeile für Zeile und konnte, nein wollte nicht glauben, was dort geschrieben stand.

Liebe Lea,

wenn du diesen Brief liest, bin ich zusammen mit Nala auf dem Weg nach Dar Es Salaam. Ich habe keinen anderen Ausweg gesehen, nachdem sie, nein du, mir erzählt hast, dass sie ein Kind von mir erwartet. Es tut mir leid, dass ich dir so viel Ärger bereite und dich und Tembo in dieser schwierigen Situation allein lasse. Ich habe das so nicht gewollt, denke aber, dass es in Anbetracht der Umstände für alle so das Beste ist. Vielleicht ist es ein kleiner Trost, wenn ich dir sage, dass ich Nala liebe und für sie und unser gemeinsames Kind sorgen werde.

Dein Freund und Kollege
Konrad

P.S.

Ich schicke dir später eine Whats-App mit den Standortkoordinaten des Land Rover, damit du weißt, wo ich den Wagen abgestellt habe.

Lea legte den Brief zur Seite, während ihr tausend Gedanken durch den Kopf gingen. Wie konnte sie so dumm gewesen sein. Die Hinweise waren doch eindeutig. Die Blicke zwischen den beiden, die Tuschelei, Konrads Schwermut, sein plötzlicher Hang zum Alkohol. Sie hätte doch nur eins und eins zusammenzählen müssen. Lea ärgerte sich über sich selbst und schlug sich intuitiv mit der flachen Hand gegen die Stirn. Dann wanderten ihre Gedanken an den

Tag zurück, an dem sie Nala vorgeschlagen hatte, ihr Kind als das von Kojo auszugeben. Wenigstens verstand sie jetzt besser, warum Nala davon nicht begeistert war, sondern das Kind lieber abtreiben wollte. Es lag an der Hautfarbe des Kindes, die die Wahrheit - für alle sichtbar - ans Licht gebracht hätte. Zuletzt fragte sie sich, wie sie mit der Information umgehen sollte. Wie werden Patme und all die anderen reagieren? Vielleicht würde man sie sogar...

Plötzlich kam Tembo hereingestürzt und durchbrach Leas Gedanken. Er wirkte aufgewühlt und hielt ebenfalls einen Brief in der Hand. Tembo blickte zu Lea und dann zu dem Brief, der direkt neben ihr lag. »Du hast also auch einen bekommen.« Es war mehr eine Feststellung und weniger eine Frage.

Lea nickte kaum merklich.

»Dieser Hurensohn! Ich würde ihm am liebsten den Hals umdrehen.« Tembo trat vor Wut gegen einen der Stühle, der daraufhin quer durch den Wohnbereich schlitterte.

Lea stand auf und straffte die Schultern. Sie hatte eine Entscheidung getroffen. »Ich muss mit Patme sprechen.«

Tembo blickte unsicher zu Lea herüber. »Und was willst du ihr sagen?«

»Die Wahrheit, was sonst.«

Wie immer saß Patme vor ihrem Haus und stampfte Hirse. Nichts erinnerte mehr daran, dass sie gerade zur Dorfältesten gewählt wurde. Sie hatte ihren weißen Bijuk wieder gegen einen gelben eingetauscht und ging ihrem Tagwerk nach, ganz so, als ob sich nichts verändert hätte.

Lea ging auf sie zu und musste erneut an den Tag zurückdenken, an dem sie Patme gefragt hatte, warum sie die neue Getreidemühle nicht benutzt. Der Tag schien eine Ewigkeit her zu sein, obwohl doch erst 10 Tage vergangen waren. Zehn Tage, in denen sich alles geändert hatte. Lea seufzte und begrüßte die alte Frau.
»Hallo, Patme.«

Patme blickte auf und lächelte. »Hallo Lea, schön dich zusehen. Ich wollte ohnehin mit dir sprechen, komm setz dich.«

Lea setzte sich und überlegte, wie sie anfangen sollte und entschied sich nicht direkt zur Sache zu kommen. »Ich wollte mich bei dir bedanken, dass wir gestern dabei sein durften. Die Zeremonie war wirklich beeindruckend.«

»Das war doch selbstverständlich, nach alldem, was du für uns getan hast. Wer weiß wie viele Tük noch gestorben wären, wenn du den Maglas nicht erschossen hättest. Wir müssen uns deshalb bei dir bedanken und nicht umgekehrt.«

»Nein wirklich nicht, dass war reiner Selbsterhaltungsinstinkt. Außerdem hatte ich ein Gewehr.«

Patme schüttelte den Kopf. »Sei nicht immer so bescheiden. Du hast allen Grund stolz auf dich zu sein, Gewehr hin oder her.« Eine kurze Pause trat ein.

»Patme?«

»Ja.«

»Da gibt es noch etwas, worüber ich mit dir sprechen muss.«

»Ich weiß.«

Nanu, dachte Lea, was hat das denn nun wieder zu bedeuten? Sie wurde einfach nicht richtig schlau aus der alten Frau. Lea räusperte sich und fing an zu erzählen. »Als ich heute Morgen aufgewacht bin, habe ich einen Brief von Konrad gefunden. Das sind diese weißen Blätter, auf denen wir uns Nachrichten hinterlassen. Ich habe dir mal eine gezeigt, vielleicht erinnerst du dich?« Lea hielt kurz inne und wartete auf eine Reaktion.

Doch Patme dachte ganz offensichtlich nicht daran, etwas zu sagen oder zu fragen. Sie hatte zwar aufgehört Hirse zu stampfen, blieb ansonsten aber stumm und blickte Lea abwartend an.

»Ist ja auch egal, jedenfalls hat er mir geschrieben, dass er zusammen mit Nala das Dorf verlassen hat und auch nicht wiederkommt.« Wieder machte Lea eine Pause und diesmal antwortete Patme.

»Das ist gut, ich war mir nicht sicher, ob er meinen Rat befolgen würde.« Patme wirkte regelrecht erleichtert.

Lea riss die Augen vor Überraschung auf. »Das heißt, du weißt von dem Kind? Ich meine, dass Konrad der Vater ist.«

Patme nickte. »Ich hatte es vermutet und Konrad dann gestern Abend nach der Zeremonie darauf angesprochen. Er hat es erst vehement abgestritten, dann aber alles zugegeben, nachdem ich ihm gesagt habe, dass ich die beiden zusammen gesehen habe.«

»Aber was werden die anderen sagen, wenn sie davon erfahren?«

»Niemand wird davon erfahren, jedenfalls nicht von mir«, antwortete Patme und suchte Blickkontakt. »Und du und Tembo werdet es auch keinem erzählen, hörst du.«

»Aber...«

»Kein aber«, unterbrach sie Lea, »sonst wird man euch hier nicht mehr haben wollen, ganz gleich, was ihr für uns getan habt.« Patme ergriff jetzt Leas Hände. »Lea, wir brauchen euch, das wissen wir beide. Wir sind noch nicht so weit, um allein klarzukommen. Verstehst du, was ich dir sagen will?«

»Ja, natürlich, aber irgendetwas müssen wir deinen Leuten erzählen, sonst ziehen sie von allein die richtigen Schlüsse.«

»Ich werde dem Ältestenrat und allen die es hören wollen erzählen, dass Nala nach dem Konflikt mit ihrem Mann nur noch wegwollte und ich Konrad gebeten habe, sie nach Idris zu meiner Schwester zu bringen.«

»Nach Idris?«

»Das ist eine Lodge am Rande der Serengeti. Meine Schwester ist vor vielen Jahren dorthin gegangen, um sich als Hausmädchen zu verdingen.«

Lea blieb skeptisch. »Ich weiß nicht, das klingt doch alles sehr seltsam. Schon deshalb, weil sich Nala nicht verabschiedet hat und Konrad nicht mehr wiederkommt.«

»Erzähl einfach, dass Konrad durch einen der beiden Neuen ersetzt wird, von denen du mir erzählt hast. Wann kommen sie noch gleich?«

»In zwei Tagen.«

»Na, siehst du.« Patme schien zufrieden zu sein und fing wieder an Hirse zu stampfen. Offensichtlich war das Gespräch für sie zu Ende.

Seit Lea losgezogen war, um mit Patme zu sprechen lief Tembo vor dem Zelt auf und ab. Er war nervös und rechnete insgeheim damit, dass Patme das Projekt beenden würde, sobald sie von Konrads und Nalas Verhältnis erfahren würde. Tembo war immer noch außer sich und kickte vor Wut einen Stein nach vorne. ›Wie konnte Konrad ihnen das nur antun? Wie konnte er nur gegen die wichtigste Regel verstoßen, ganz gleich, ob er Nala liebte oder nur begehrte? Dieser Hurensohn hatte alles aufs Spiel gesetzt, was sie hier in den letzten 4 Jahren gemeinsam aufgebaut hatten. Warum nur, ja warum nur, hatte er seinen Schwanz nicht in seiner Hose lassen können?‹ Tembo kickte einen weiteren Stein zur Seite. Dann sah er Lea und wusste, dass er sich keine Sorgen mehr machen musste. Sie strahlte und streckte den Daumen nach oben. Ihre Mission war demnach noch nicht zu Ende.

Lea überbrückte die letzten Meter und ließ sich wortlos in Tembos Arme fallen. Die Anspannung fiel von ihr ab und sie begann zu schluchzen.

Tembo umschloss sie mit beiden Armen und streichelte ihr wortlos über den Kopf, bis er es vor Neugierde nicht mehr aushielt. »Was hat sie gesagt?«

Lea löste sich aus der Umarmung, trocknete ihre Tränen und musste lachen. »Das glaubst du nie.«

»Nun erzähl schon.«

»Sie hat mir erzählt, dass sie Konrad zur Rede gestellt hat, nachdem sie ihn mit Nala gesehen hat und dass sie es selbst war, die ihn daraufhin überredet hat mit Nala fortzugehen.«

»Nicht dein Ernst.«

»Und ob das mein Ernst ist. Sie war klug genug, um zu wissen, dass hier sonst früher oder später alles den Bach heruntergehen würde und wir am Ende alle die Leidtragenden wären.«

Jetzt griente Tembo und wackelte unwillkürlich mit den Ohren. »Sehr schlau eingefädelt von dem alten Mädchen, Respekt.«

»Ja, Patme ist wirklich unglaublich.«

Tembo kickte einen weiteren Stein durch die Gegend. »Und was machen wir jetzt?«

Lea überlegte kurz, bevor sie ohne eine Spur von Zweifel in ihrer Stimme antwortete. »Genau das was Patme gesagt hat. Wir machen einfach weiter wie bisher, sobald ich die beiden Neuen aus Dar Es Salaam abgeholt habe.«

»Okay und wann fährst du?«

»In zwei Tagen.«

46

Schweißüberströmt und nach Luft schnappend erwachte Linus urplötzlich hinter dem Steuerrad der Cessna und brauchte einen Moment um den Traum, der sich mehr und mehr in einen Alptraum verwandelt hatte, zu verarbeiten. Alles hatte so schön begonnen, angefangen von der gemeinsamen Zeit, die er mit Lea in ihrem Land Rover verbracht hatte, bis zu seinem langen Streifzug mit den Azizi, der sie nach einer Weile zurück an den Oran geführt hatte. Selbst das waghalsige Manöver, das die Azizi über den Fluss gebracht hatte, war aufregend und spannend gewesen. Doch dann hatte sich alles geändert. Der zweite Maglas war auf der Bildfläche erschienen und hatte einen Azizi verletzt und den anderen sogar getötet. Den Geruch des Löwen hatte er immer noch in der Nase. Und womöglich wäre auch Nio ums Leben gekommen, wenn er sich dem Löwen in einer Verzweiflungstat nicht in den Weg gestellt hätte. Bei dem Gedanken lief es ihm immer noch eiskalt den Rücken herunter. Traum hin oder her. Umso mehr quälte ihn die Frage, ob der Löwe ein zweites Mal zurückgekommen war, weil es ihn genau in dem Moment auf die Dünkirchen zurückgespült hatte, als der Maglas durch ihn hindurch gelaufen war.

Kurzentschlossen packte er das Lenkrad und wartete darauf, dass ihn der Portschlüssel erneut nach *Nchi ya ndoto* brachte. Den Namen für das Traumland hatte er von Lea aufgeschnappt, während sie in seinem Traum gemeinsam in den Sonnenuntergang hineingefahren waren. Zu seiner Freude klappte es auch, jedoch nicht so, wie Linus es erwartet hatte. Alles ging viel zu schnell. Das Wasser stürzte förmlich über ihn herein, genauso wie die Bilder und Sequenzen, die an ihm vorbeirasten. Es schien beinahe so, als ob er alles noch einmal im Schnelldurchlauf durchleben würde, bis es ihn ganz plötzlich an einen Ort spülte, den er noch nie zuvor in seinen Träumen besucht hatte. Und dennoch wusste Linus sofort, dass es sich um ein Krankenhauszimmer handelte. Nicht das aus Kandahar und auch kein anderes in dem er schon einmal gelegen hatte, aber definitiv ein Krankenhauszimmer. ›Aber warum war es hier so verdammt hell?‹ Seine Augen brannten und nur mit Mühe widerstand er dem Drang, sie erneut zu schließen. Einzelne Tränen blinzelte er einfach weg. Plötzlich bewegte sich eine Frau in einem weißen Anzug in sein Blickfeld, lächelte und streichelte ihm behutsam über den Kopf. ›Was wollte die Frau von ihm?‹ Linus versuchte etwas zu sagen, brachte aber keinen Ton heraus. Seine Zunge fühlte sich taub an und gehorchte ihm nicht. Wie ein Fremdkörper, ein totes Stück Fleisch, lag sie schwer in seinem Mund. Dann ging die Tür auf und zwei weitere Personen kamen hereingestürmt. ›Wo zum Teufel war er und was in Gottes Namen wollten die von ihm?‹ Fragen über Fragen waberten durch seinen Kopf. Als nächstes hörte er Stimmen, ohne etwas zu verstehen. ›Sprachen sie mit ihm oder über ihn?‹ Unruhig huschten seine Augen hin und her. Irgendetwas blendete ihn. ›War das eine Taschenlampe?‹ Eine der beiden Neuen, Linus glaubte eine Frau zu erkennen, beugte sich jetzt dicht zu ihm herunter und sagte etwas. Doch wieder verstand er nichts, sondern hörte nur ein Rauschen, bevor sich alles um ihn herum in Dunkelheit hüllte. ›Hatte jemand das Licht ausgeschaltet?‹

Als die Tür aufging, drehte sich die Krankenschwester um und strahlte über das ganze Gesicht. »Linus ist wirklich aufgewacht. Sehen sie selbst.«

Ungläubig schüttelte Dr. Bernd Mommsen den Kopf und blickte auf seinen Patienten herunter. »Wenn ich es nicht mit eigenen Augen sehen würde, würde ich es nicht glauben.« In all den Jahren hatte er so einen Fall noch nicht erlebt. Der Mann war praktisch klinisch tot gewesen, eine lebende Leiche, als man ihn vor zwei Wochen hierhergebracht hatte. Das EEG hatte null Komma null mehr angezeigt.

»Ja, unglaublich, aber wahr«, antwortete Dr. Annett Bernstein, beugte sich zu Linus Christiansen herunter und kontrollierte die Reaktion seiner Pupillen mit einer kleinen Taschenlampe. Der Reflex war nicht perfekt, aber den Umständen entsprechend gut. Linus hatte seine Augen immer noch geöffnet und blickte ihr jetzt direkt ins Gesicht. »Herr Christiansen, können Sie mich hören?« Keine Reaktion. Sie versuchte es aufs Neue. »Herr Christiansen, hören Sie mich?« Wieder schien er durch sie hindurchzusehen. »Wir müssen ein neues EEG machen, dann wissen wir mehr.«

»Ja, das sollten wir«, antworte Dr. Mommsen. »Bereiten Sie bitte alles vor.«

Die Krankenschwester nickte und begann sogleich damit, die Kopfhaut des Patienten mit Elektroden zu verkabeln. Seine kurzen rasierten Haare waren schon fast zu lang dafür.

Keine fünf Minuten später blickten die beiden Neurologen ungläubig auf den Bildschirm des EEG-Gerätes und folgten mit den Augen dem rhythmischen

Wellenmuster der fünf verschiedenen Stromkurven. Alles schien mit einem Mal beinahe normal zu sein.

Dr. Bernstein gewann als erstes die Fassung zurück. »Das grenzt an ein Wunder, so etwas habe ich in dreißig Jahren noch nicht erlebt.«

»Ja, das ist wirklich verrückt, wir müssen Dr. Capelli und diesen Sven, Sven sowieso informieren.« Dr. Mommsen fiel der Nachname offensichtlich gerade nicht ein.

»Sven Reinders,« komplettierte die Krankenschwester den Namen. »Der alte Mann heißt Sven Reinders.«

Mit einer Hand war Dr. Bernstein bereits an der Tür und drückte die Klinke herunter. »Ich übernehme das.«

Von irgendwo her hörte Robin die Stimme von Frank Sinatra herüberwehen. Sie spitzte die Ohren und versuchte die Quelle von *My Way* zu orten. Die Stimme kam ganz eindeutig von unten. Hastig lief sie die Treppe hinunter, ohne zu wissen in welchem Raum sie ihr Handy abgelegt hatte. Sie verharrte auf der letzten Stufe und horchte erneut. Frankys Stimme kam eindeutig aus der Küche. Robin überbrückte die letzten Meter und wäre beinahe über Bruno gestolpert, der es sich direkt vor der Küchentür bequem gemacht hatte. Robin stieg über den schlafenden Labrador hinweg und fand ihr Handy schließlich auf dem Küchentresen wieder. Sie nahm das iPhone in die Hand und machte sich auf den Anruf eines Patienten gefasst. Andernfalls hätte sich Bob Marley und nicht Frank Sinatra gemeldet. Auf die Idee ihre eingehenden Anrufe anhand des *Klingeltons* zu unterscheiden, war sie vor einigen Jahren gekommen. So wusste sie immer schon vorher, ob der Anruf privater oder eher geschäftlicher Natur war. »Dr. Capelli am Apparat.«

»Dr. Capelli, hier spricht Dr. Annett Bernstein.«

»Oh, Frau Dr. Bernstein, mit Ihnen habe ich jetzt gar nicht gerechnet. Geht es um Linus, ist er etwa...?«, Robin brachte den Satz nicht zu Ende, auch wenn sie mit dem Ableben ihres Patienten beinahe täglich gerechnet hatte. Die Sache setzte ihr ungemein zu, viel mehr, als sie es sich insgeheim eingestehen wollte, nachdem sich zwischen ihr und Linus im Laufe der Therapie schleichend eine Art Freundschaft entwickelt hatte. Sie wusste, dass das unprofessionell war, konnte es jetzt aber auch nicht mehr ändern.

»Ja, es geht um Herrn Christiansen, er ist, er ist...«, wie soll ich es Ihnen am besten sagen..., am besten Sie setzen sich erst einmal.«

»Nun sagen Sie es schon und spannen mich nicht mehr länger auf die Folter. Ich weiß ohnehin, worauf das Ganze hier hinausläuft.«

»Nein, ganz bestimmt nicht. Herr Christiansen ist nicht verstorben, er ist aufgewacht und wieder bei Bewusstsein. Tut mir leid, wenn ich Sie auf eine falsche Fährte gebracht habe. Das war bestimmt nicht meine Absicht.«

Stille.

»Frau Dr. Capelli, haben Sie mich gehört?«

»Äh, Entschuldigung, ich musste erst mal begreifen, was Sie mir gerade gesagt haben.«

»Ja, das verstehe ich, wir begreifen es ja selber kaum.«

»Aber wie ist das möglich?« Einem inneren Zwang folgend war sie immer wieder ins Krankenhaus gefahren, hatte sich an das Bett ihres Freundes gesetzt und immer mal wieder einen Blick auf die Ergebnisse der neuesten EEG-Aufzeichnungen geworfen. Bestand anfangs noch ein wenig Hoffnung, waren zuletzt fast gar keine Hirnaktivitäten mehr nachweisbar gewesen.

»Ehrlich gesagt haben wir keine Erklärung dafür. Sie haben ja selbst die Untersuchungsergebnisse gesehen. Das Ganze grenzt an ein Wunder.«

»Wie geht es ihm denn? Ich meine, konnten Sie schon mit ihm sprechen?«

»Nein, noch nicht, dafür war er noch zu schwach. Sein neuestes EEG sieht aber fabelhaft aus, ganz so, als ob der Unfall nie passiert und Herr Christiansen nie ins Koma gefallen wäre.«

Robin überlegte einen Moment. »Ich setze mich gleich ins Auto und komme zu Ihnen.« Glücklicherweise war Samstag und sie hatte keine Termine.

»Warten Sie doch bis morgen. Dann sollte er auch ansprechbar sein und wir können besser abschätzen, ob sein Gehirn nachhaltig Schaden genommen hat.«

»Ja, vermutlich haben Sie recht. Ich komme dann so gegen neun.«

»Ja, ist gut. Dr. Mommsen wird dann auch da sein. Er hat am Sonntag Dienst und wird Sie gegen neun aus der Eingangshalle abholen.«

»Oh, das ist gut und danke nochmal.«

»Keine Ursache, das habe ich gerne gemacht. Waren ja gute Nachrichten.«

»Ja, definitiv.« Robin lief jetzt eine Träne über die Wange.

»Ach, noch etwas! Können Sie mir die Nummer von Sven Reinders geben. Wir möchten ihn ebenfalls informieren, haben aber keine Nummer von ihm.«

»Die habe ich leider auch nicht. Ich weiß aber, wo ich ihn finde. Wenn Sie einverstanden sind, dann informiere ich ihn.« Robin hatte Sven Reinders im

Krankenhaus kennengelernt. Der alte Mann war fast immer da, wenn er nicht gerade im Ruderclub zu tun hatte.

»Ja, sehr gerne, er wird sich bestimmt freuen.«

»Oh ja, dass wird er, ganz bestimmt.«

Nachdem Robin aufgelegt hatte, konnte sie ihre Tränen nicht mehr länger zurückhalten. Sie nahm die Hände vor ihr Gesicht, fing hemmungslos an zu weinen und hätte vermutlich lange nicht aufgehört, wenn nicht ihre kleine Tochter an ihrer Seidenbluse gezogen hätte.

»Mami, warum weinst du denn, tut dir irgendetwas weh?«

»Nein, mein Schätzchen, Mami freut sich nur so.«

»Aber dann musst du doch nicht weinen.«

Robin trocknete sich mit dem Ärmel ihrer Bluse die Tränen ab und musste lachen. »Nein, muss ich nicht. Komm, wir fahren jetzt zum Ruderclub. Ich will dir jemanden vorstellen.«

»Kommt Papa auch mit?«

»Ich weiß nicht, aber wir können ihn ja mal fragen.«

47

Joe, die eigentlich Jolie hieß, rutschte unruhig auf der Rücksitzbank hin und her, bevor sie den Kopf in Richtung Mittelkonsole steckte und fragte. »Mama, wer ist eigentlich dieser Sven?«

Robin überlegte kurz, bevor sie sich zu ihrer Tochter umdrehte. »Ich denke, er ist so etwas wie ein Freund. Ich habe ihn im Krankenhaus kennengelernt.«

»Da, wo du immer hinfährst?«

»Ja, genau.«

»Und was macht der Mann da?«

»Er besucht einen Patienten, genauso wie ich.«

»Und wer ist dieser Patient?«

»Ein gemeinsamer Freund, du hast ihn schon bei uns gesehen.«

»So, wir sind da«, wechselte ihr Mann, Guiseppe, das Thema, blinkte nach rechts und fuhr auf den Parkplatz des Ruderclubs. Seppi, wie Robin ihren Mann nannte, war das Kind italienischer Einwanderer, die in den frühen Siebzigern aus Apulien nach Deutschland eingewandert waren. Seine Eltern hatten sich im wahrsten Sinne des Wortes den Buckel krumm gearbeitet, damit es ihren Kindern einmal besser ging. Seppi hatte geliefert und war Staatsanwalt geworden, vermutlich der bestaussehende und bestgekleidete in ganz Norddeutschland.

Robin stieg aus, schlug den Fellkragen ihrer Jacke hoch und blickte sich um. Es war nicht mehr so kalt wie Ende Oktober, aber immer noch ungemütlich.

Derweil ging ihr Mann um das Auto herum, öffnete die Kofferraumklappe und befreite Bruno aus seiner

Hundebox, die Robin aus Sicherheitsgründen in die Familienkutsche hatte fest einbauen lassen. Der Hund, der bisher keinen Mucks von sich gegeben hatte, sprang aus dem Kofferraum und kam schwanzwedelnd auf sie zu. Seppi folgte ihm, nahm ihn an die Leine und drehte sich zu seiner Frau. »Hast du eine Ahnung, wo wir diesen Sven finden?«

»Nein, aber er arbeitet hier als Hausmeister. Es sollte deshalb nicht so schwer sein, ihn aufzuspüren.«

»Und wie sieht Sven aus?« Joe hüpfte aufgeregt auf und ab.

»Er ist schon etwas älter, so um die siebzig, hager und trägt eine blaue Wollmütze. Ich habe ihn noch nie ohne gesehen.«

Schon flitzte Joe los. »Mir nach.«

Seppi gab Bruno jetzt etwas mehr Leine und blickte seiner Tochter hinterher. »So und jetzt bitte nochmal in Ruhe. Linus ist also tatsächlich aufgewacht.« Seppi hatte Linus im Verlauf seine Therapie kennengelernt, den ersten Patienten seiner Frau überhaupt. Es war nicht geplant und eigentlich auch ein No-Go, aber eines, das er nicht bereute. Dazu war Linus einfach zu nett.

»Ja, Dr. Bernstein, das ist eine der behandelnden Ärzte, hat mich vorhin angerufen und mich informiert.«

»Und wird er wieder gesund, ich meine so richtig?«

»Das lässt sich noch nicht sagen, aber das EEG sieht wohl ganz normal...« Robin brach abrupt ab und blickte ihrer Tochter hinterher. »Joe, bleib bitte in Sichtweite.«

Joe drehte sich um und verdrehte die Augen.

»Dann hoffen wir mal, dass das dicke Ende nicht doch noch kommt und Linus nicht...« Auch Seppi sprach den Satz nicht zu Ende, sondern ließ seinen rechten Zeigefinger an seiner Stirn kreisen.

»Bei dir ist das Glas immer halb leer.«

»Nein, überhaupt nicht, ich bin nur gerne auf alles vorbereitet.«

In dem Moment kamen ihnen zwei Männer entgegen und Robin fragte sie kurzentschlossen, ob sie wüssten, wo Sven Reinders zu finden sei.

Der größere der beiden drehte sich um und zeigte mit der Hand den Weg entlang. »Versuchen Sie es in seiner Werkstatt. Sie ist gleich dort drüben, immer an der Bootshalle entlang.«

»Danke.«

Nachdem sie sich einige Meter von den beiden Männern entfernt hatten, nahm Guiseppe den Faden wieder auf. »Du hast noch gar nicht erzählt, in welcher Beziehung dieser Sven zu Linus steht.«

»Er ist ein alter Freund der Familie Christiansen. Er und der Großvater von Linus sind gemeinsam zur See gefahren.«

Unterdessen machte Joe auf dem Absatz kehrt und rannte zu ihren Eltern zurück. »Ich glaube, ich habe Sven gesehen. Er ist in Richtung Förde gegangen.«

Robin lächelte ihre Tochter an. »Gut, dass wir dich dabeihaben.«

Als Joe wieder einige Meter zwischen sich und ihre Eltern gebracht hatte, fuhr Robin fort. »Es gibt aber noch einen anderen Grund, warum Sven beinahe jeden Tag ins Krankenhaus geht.«

Guiseppe blickte neugierig zu seiner Frau herüber. »Und der wäre?«

»Er gibt sich die Schuld an der Tragödie, weil er Linus nicht daran gehindert hat, mit dem Kajak rauszufahren. Er war an dem besagten Tag hier, war nach seiner eigenen Aussage aber nicht beharrlich genug, um Linus von seiner Ausfahrt abzuhalten.«

»Oh, dann wird die Nachricht Sven bestimmt aus den Schuhen hauen.«

»Ja, vermutlich und deshalb ist es vielleicht besser, wenn Joe und du ein wenig Abstand haltet.«

»Ja, ich denke du hast recht. Joe, komm doch bitte mal her.«

Zwei Minuten später ging Robin festen Schrittes auf Sven Reinders zu. Er stand mit dem Rücken zu ihr, rauchte und blickte gedankenverloren auf die Ostsee hinaus. Robin holte noch einmal tief Luft, bevor sie sich bereit machte. »Hallo Sven.«

Sven ließ den Rauch seiner Roth-Händle entweichen und drehte sich um. »Hallo Robin, das ist ja eine Überraschung. Was machst du hier?«

»Ich muss mit dir reden, es geht um Linus, er ist aufgewacht.«

Sven riss die Augen auf, ließ seine Kippe fallen und wäre vermutlich zusammengebrochen, wenn Robin ihn nicht aufgefangen hätte. Tränen liefen über sein Gesicht.

Guiseppe hatte seine Tochter an die Hand genommen und sah aus einiger Entfernung zu, wie Robin auf den alten Mann zu spazierte. Bruno hatte brav Sitz gemacht und blickte Robin leise winselnd hinterher. Beruhigend tätschelte Seppi dem Labrador über den Kopf. »Entspann dich Bruno, Frauchen kommt gleich wieder.«

»Papa, warum dürfen wir nicht mit?«

»Weil Mami mit Sven erst noch etwas Wichtiges besprechen muss.«

»Aber sie wollte mir Sven doch vorstellen.«

»Schätzchen, dass macht sie auch gleich, hab einfach noch ein wenig Geduld.«

»Oh manno, immer muss ich Geduld haben.« Joe stampfte vor Wut mit dem Bein auf.

Doch Guiseppe hörte nicht mehr zu, sondern beobachtete voller Anspannung, wie seine Frau jetzt direkt hinter Sven stand und der alte Mann sich kurz darauf umdrehte. Er wirkte überrascht, aber nur um im nächsten Moment in ihre Arme zu sinken. Seine Frau war demnach direkt zur Sache gekommen.

»Weint der Mann auch, weil er sich so freut?«

»Wieso auch?«

»Weil Mami vorhin auch geweint hat.«

»Ach, hat sie...?« Guiseppe hielt kurz inne, »...ja der Mann freut sich auch, dass es Linus wieder bessergeht.«

Eine halbe Stunde später verabschiedeten sich die drei von dem alten Mann und machten sich wieder auf den Weg zurück zum Auto.

Joe drehte sich noch einmal um und winkte ihm zu. »Tschüss, Sven.«

Sven lächelte und winkte zurück. »Tschüss, Joe.«

Robin nahm die Hand ihres Mannes. »Puh, das war echt emotional.«

Seppi nickte und drückte ihre Hand. »Absolut und jetzt ab nach Hause, wir haben uns einen Drink verdient.«

»Ja, das ist eine gute Idee, ich könnte tatsächlich einen...«, doch dann zögerte Robin und blieb kurz stehen. »Nein, noch nicht nach Hause, ich möchte noch kurz bei Linus vorbeischauen.«

»Doch ins Krankenhaus?«

»Nein, nicht ins Krankenhaus, sondern zu seinem Haus. Er wohnt hier gleich um die Ecke.«

»Ich weiß, ich habe ihn einmal dort abgesetzt, schon vergessen? Ich frage mich nur, was du da willst?«

»Das sag ich dir, wenn wir dort sind.«
Seppi zuckte mit den Schultern. »Du bist der Boss.«

Zielsicher steuerte Seppi das Auto durch die Straßen der Kieler Nordstadt und hielt direkt vor dem alten Kapitänshaus an. »So und jetzt?«

»Na was wohl? Wir gehen hinein und sehen uns ein wenig um.«

Seppi drehte den Kopf zur Seite und zog die Augenbrauen hoch. »Wie hinein? Du hast doch gar keinen Schlüssel oder etwa doch?«

»Nein, habe ich nicht, aber ich weiß, wo einer liegt.«

Seppis Stimme überschlug sich. »Wir können doch da nicht so einfach hineinspazieren. Das grenzt ja an einen Einbruch.«

»Ach Quatsch, Linus hätte bestimmt nichts dagegen und jetzt kommt.« Auf dem Weg zur Tür blickte sich Robin kurz um und stellte zufrieden fest, dass sie von niemanden beobachtet wurden, wenn man von Bruno absah, der ihnen durch die Heckscheibe des Familien-Vans aufmerksam hinterherblickte. Schnell bückte sie sich, hob den abgewetzten Abtreter ein wenig an und nahm den einzelnen Schlüssel triumphierend in die Hand. »Da ist er.«

Ihr Mann hatte offensichtlich gehofft, dass sie leer ausging. »Willst du das wirklich machen?«

Anstatt zu antworten, steckte Robin den Schlüssel ins Schloss, drehte daran und öffnete die Tür. Sie trat, gefolgt von ihrem Mann und ihrer Tochter, ein.

»Kannst du mir wenigstens sagen, was du hier willst?«

Robin zuckte mit den Schultern. »Ich suche nach irgendetwas, das Linus vielleicht gerne bei sich hätte.«

»So etwas wie meine Puppe?«

»Ja, genau«, antwortete Lea und streichelte ihrer Tochter über den Kopf. »Komm, wir sehen zuerst in der Küche nach.« Doch nichts fiel in ihr Blickfeld, was ihre Neugierde weckte.

»Schau mal, da hängt ein Flugzeug an der Decke.« Joe zeigte mit dem Finger darauf. »Vielleicht will er das?«

»Nein, das glaube ich nicht. Lasst uns ins Wohnzimmer gehen.« Robin wechselte das Zimmer und wurde sofort fündig, ohne dass sie zuvor wusste, wonach sie eigentlich gesucht hatte. »Ich glaube, über sein Notebook würde er sich freuen.« Robin machte einen Schritt auf den Tisch zu und drückte Seppi das Notebook in die Hand, der es nur widerwillig entgegennahm. »Schau doch mal nach dem Ladekabel, vielleicht findest du es.«

Seppi wirkte nicht begeistert, fing dann aber an danach zu suchen.

Ihr nächster Blick fiel auf einen Berg Papier, der sich auf dem gesamten Tisch verteilte. Robin griff zu und nahm ein Prospekt der Dünkirchen in die Hand, danach einen Brief von ihrem Freund James Turner, der als Entwicklungshelfer in Tansania arbeitete und sie überhaupt erst auf die Idee gebracht hatte, Linus in das Camp zu schicken. Robin überflog einige Zeilen und legte den Brief dann wieder weg, aber nur um einige Fotos in die Hand zu nehmen, die aus dem Haufen hervorblitzten. Alle Bilder wirkten abgegriffen und ließen darauf schließen, dass Linus sie schon tausendmal in die Hand genommen hatte. Interessant, wirklich interessant, dachte Robin. Von ihrer beruflichen Neugierde gepackt, nahm sie als nächstes ein Notizbuch in die Hand, auf das Linus in Druckbuchstaben *Mein neues Leben* geschrieben hatte. Robin blätterte darin und war überrascht, wie akribisch und professionell sich Linus auf die Reise vorbereitet hatte. Robin schätzte, dass Linus wenigstens einhundert Seiten des Ringbuches gefüllt hatte. Viele davon waren mit handschriftlichen Notizen versehen, einige aber auch mit Zeitungsartikeln, Grafiken, Skizzen und Bildern beklebt. Sie war wirklich beeindruckt. Gleiches galt für das Vokabelheft, von dem sie annahm, dass es sich um Suaheli handelte. Linus hatte dort ebenfalls feinsäuberlich hunderte von Seiten gefüllt. Links standen die deutschen Wörter und rechts die Übersetzung. *Hallo* stand in der ersten Zeile und daneben das Wort *Habari*.

»Können wir jetzt los?«, riss Seppi sie aus ihren Gedanken. Seine Ungeduld war offensichtlich.

»Ja gleich, aber hilf mir erst einmal all das hier einzupacken.«

»Du willst das alles mitnehmen?«

»Ja, ich muss es mir heute noch in Ruhe anschauen.«

Seppi schüttelte den Kopf, tat aber schließlich, worum seine Frau ihn gebeten hatte.

48

Als Robin am nächsten Morgen das Krankenhaus betrat, wartete Sven bereits in der Eingangshalle. Er wirkte ruhelos und trat von einem staksigen Bein auf das andere. Viel war noch nicht los, vermutlich weil die meisten Patienten und Besucher es am Sonntag etwas langsamer angehen ließen. »Guten Morgen, Sven.«

»Moin Robin, schön dich zu sehen.«

»Ich hoffe, du hast ein wenig Schlaf gefunden, du siehst müde aus.«

Sven Reinders schüttelte den Kopf. »Ehrlich gesagt nein, ich war zu aufgeregt.«

»Ja, das kann ich gut verstehen. Mir selbst ging es auch nicht anders.« Dass sie die halbe Nacht die Unterlagen studiert hatte, die sie aus Linus Wohnung mitgenommen hatte, ließ sie unerwähnt.

Im nächsten Moment kam Dr. Mommsen auf die beiden zugeeilt. Er erinnerte Robin immer ein wenig an ihren Vater, was nicht nur an seiner Glatze lag, sondern vor allen Dingen seinem dicken Bauch geschuldet war, den er wie eine Schwangere vor sich hertrug.

»Frau Dr. Capelli, Herr Reinders, schön dass sie gekommen sind.« Er lächelte die beiden an und gab zuerst Robin und dann dem alten Sven die Hand.

Es entstand ein komischer Moment der Stille, in dem Robin und Sven den Neurologen erwartungsvoll anblickten.

Dr. Mommsen räusperte sich und blickte sich um. »Ich schlage vor, dass wir zuerst in mein Büro gehen. Es gibt Neuigkeiten und die besprechen wir besser nicht hier.«

Sven riss vor Schreck die Augen auf. »Er ist doch nicht...«

»Nein, nein«, unterbrach Dr. Mommsen den alten Mann und hob beschwichtigend die Hände. »Es geht ihm gut, viel besser als gestern Abend, aber es ist...«, Mommsen überlegte kurz, bevor er weiter sprach..., »kompliziert.«

»Kompliziert?«, wiederholte Sven. »Was hat das denn nun wieder zu bedeuten?«

Dr. Mommsen blickte sich erneut um, bevor er antwortete. »Das lässt sich nicht mit wenigen Worten erklären. Wie gesagt, es ist besser, wenn wir in mein Büro gehen.«

Während sich Dr. Mommsen hinter seinen Schreibtisch quetschte, spürte er bereits die bohrenden Blicke von Dr. Capelli und Sven Reinders, die ihm gegenüber Platz genommen hatten. Dr. Mommsen ließ sich in seinen Stuhl fallen und überlegte, wie er anfangen sollte. »Wie schon gesagt, geht es Herr Christiansen heute bereits deutlich besser. Er ist bei vollem Bewusstsein und auch in der Lage zu sprechen.«

»Das ist doch wunderbar!«, antwortete Sven Reinders und klatschte vor Freude in die Hände.

»Ja, es ist wirklich unglaublich, er scheint fast wieder der Alte zu sein. So einen spontanen Heilungsverlauf eines Koma-Patienten habe ich in dreißig Berufsjahren noch nicht erlebt.«

Robin kniff die Augen zusammen und musterte Dr. Mommsen. »Sie sagten »*fast wieder der Alte zu sein.* Was meinten Sie damit?«

»Linus begreift nicht, was eigentlich mit ihm passiert ist. Er hat zwar noch eine Erinnerung an den Unfall, will aber nicht akzeptieren, dass er fast zwei Wochen lang im Koma gelegen hat.«

Robin entspannte sich ein wenig, blieb aber wachsam. »Ist das nicht ein Stück weit normal, dass Koma-Patienten nach der Aufwachphase kein Zeitgefühl mehr haben?«

»Ja, das stimmt. Viele Patienten hadern mit der Zeit, die vergangen ist, seit sie ins Koma gefallen sind, insbesondere wenn mehrere Monate oder Jahre dazwischen liegen.«

»Und wo liegt dann hier das Problem?«

»Herr Christiansen zweifelt nicht daran, dass zwei Wochen vergangen sind, sondern nur daran, wo und wie er die Zeit verbracht hat.«

Robin fühlte sich zunehmend genervt, dass sie Dr. Mommsen jedes Wort aus der Nase ziehen musste. »Und was heißt das jetzt genau?«

»Herr Christiansen ist fest davon überzeugt, dass er seine Reise nach Tansania angetreten hat und er sich auf einem Schiff befindet, das ihn dorthin bringt.«

Sven Reiners hörte auf mit seiner Mütze zu spielen und blickte Dr. Mommsen eindringlich an. »Wenn Sie uns damit sagen wollen, dass Linus verrückt geworden ist, dann legen Sie die Karten endlich auf den Tisch.«

Dr. Mommsen biss sich auf die Unterlippe und schien zu überlegen. »So würde ich das nicht bezeichnen. Es ist eher eine kognitive Störung, die vermutlich durch den Sauerstoffmangel während seines Unfalls induziert wurde.«

Robin legte Sven ihre Hand beschwichtigend auf den Unterarm und blickte Dr. Mommsen jetzt ebenfalls direkt in die Augen. »Mir ist klar, dass es für eine

Prognose eigentlich noch zu früh ist, aber dennoch würde es mich, nein uns, interessieren, was Sie davon halten.«

Wieder schien Dr. Mommsen kurz zu überlegen. »Das ist zum heutigen Zeitpunkt schwer zu sagen. Es handelt sich aber ganz offensichtlich um eine schwere Psychose, die mit einem totalen Realitätsverlust einhergeht. So schwer, dass er auf uns losgegangen ist und wir ihn sedieren mussten, kaum dass er das Bewusstsein wiedererlangt hatte.«

Sven musste schlucken. »Das ist ja furchtbar, aber sagen Sie, wird er wieder richtig gesund? Ich meine halten Sie es für möglich, dass er wieder ganz der Alte wird?«

Diesmal brauchte Dr. Mommsen nicht lange überlegen. »Das menschliche Gehirn ist für uns immer noch ein Rätsel und deshalb werde ich mich diesbezüglich auch nicht festlegen. Aber ja, ich halte es nicht für ausgeschlossen und wenn nicht, gibt es ja immer noch Medikamente.«

Robin hielt nicht viel von Psychopharmaka, auch wenn sie manchmal alternativlos waren. Sie veränderten die Menschen und ihre Persönlichkeit und nicht selten genug stellen sie die Patienten einfach nur ruhig. ›Was war das für ein Leben?‹ Robin brannte deshalb noch eine andere Frage unter den Nägeln. Sie wollte sich selbst eine Meinung bilden, zumal sie noch eine ganz andere Vermutung hatte. Doch die behielt sie erst einmal für sich. »Sie können sicherlich verstehen, dass wir das alles erst einmal verdauen müssen. Aber nichtsdestotrotz würden wir Linus gerne sehen. Ich hoffe, das ist nach alldem was wir gerade gehört haben, heute noch möglich?«

»Ja, absolut! Wir halten es sogar für wichtig, dass er schnell Kontakt zu Personen bekommt, denen er vertraut.«

»Dann los«, antwortete Robin und war bereits im Begriff aufzustehen.

49

Mit klopfenden Herzen drückte Robin vorsichtig die Klinke des Krankenzimmers herunter, öffnete die Tür einen Spalt breit und riskierte einen Blick auf ihr *Sorgenkind*, wie sie Linus insgeheim vor geraumer Zeit getauft hatte.

Sven stand direkt hinter ihr und knetete vor Aufregung wieder seine blaue Mütze zwischen den Fingern. »Und ist er wach?«

»Nein, er scheint zu schlafen.« Vorsichtig öffnete Robin die Tür und trat ein. Sven folgte dicht auf. Mit Ausnahme des rhythmischen Piepens des Pulsoximeters war es ganz still im Raum. Gemeinsam stellten sie sich vor das Bett und blickten lange auf ihren Freund herab. Er atmete ganz ruhig und sah, abgesehen von einer gesunderen Gesichtsfarbe, nicht anders aus als die Wochen zuvor. Robin war nervös und spürte ihren Puls bis zum Hals schlagen. »Hallo Linus, bist du wach?«

Linus regte sich, ließ seine Augen aber geschlossen.

»Linus, ich bin es Robin, hörst du mich?«

Immer wieder fragte sich Linus, was gerade mit ihm passierte und wie das alles zusammenpasste. Er verstand es nicht und hoffte inständig, dass es sich erneut um einem bösen Traum handelte und ihn die Cessna gleich wieder auf die Dünkirchen zurückbringen würde. Doch insgeheim wusste er, dass das nicht geschehen würde, weil sich alles so anders, so falsch anfühlte, fast so, als ob man seinen Kopf in Watte gepackt hatte. Linus hatte Schwierigkeiten seine

Gedanken festzuhalten und driftete immer wieder weg. Plötzlich hörte er aus der Ferne eine Stimme an sein Ohr dringen. ›War das Lea? Nein, Leas Stimme hörte sich anders an.‹ Die Stimme meldete sich erneut und diesmal ergaben die Worte einen Sinn. ›Mein Gott, das war Robin.‹ Mühsam und unter Aufbietung seiner gesamten Kraft öffnete er die Augen und sah eine, nein zwei Personen, vor sich stehen. Sie waren noch ganz unscharf, aber definitiv da. »Robin, bist du das?« Seine Stimme war nicht mehr als ein Krächzen.

»Ja, Linus, ich bin hier und Sven auch.«

»Sven?« Linus stellte seine Augen scharf und sah den alten Mann jetzt tatsächlich vor sich stehen. Er hatte seine blaue Mütze zwischen den Händen und lächelte. Erst da realisierte Linus, dass er wieder in dem verfluchten Krankenzimmer lag. Die Erleichterung, die er gerade noch gespürt hatte, wich nackter Angst. ›Waren die beiden Teil der Verschwörung, die hier gerade gegen ihn im Gange war?‹ »Was geht hier vor?«

Ohne es zu merken, knetete Sven seine Mütze zwischen den Fingern und blickte sorgenvoll auf den Jungen herab. Ihm war ein Stein vom Herzen gefallen, als Robin ihm die frohe Botschaft übermittelt hatte, dass Linus von den Toten zu den Lebenden zurückgekehrt war. Doch nach dem Gespräch mit Dr. Mommsen war er sich auf einmal nicht mehr sicher, ob er sich darüber freuen sollte. Was half es dem Bengel, wenn er ein Dasein in der Irrenanstalt fristen musste, vollgepumpt mit Medikamenten, die ihn ruhigstellten, oder schlimmer noch, aus ihm eine Art Zombie machten. Dann doch lieber tot sein, dachte er. Andererseits hatte Mommsen eine Heilung für möglich gehalten. Seine Gedanken überschlugen sich. Umso mehr fieberte er dem Moment entgegen, in dem Linus die Augen öffnete. Er wollte endlich wissen, wie schlimm es um Gustavs Enkelkind bestellt war. Gut nur, dass sein Freund und Weggefährte dieses Drama nicht mehr miterleben musste. Sven schüttelte den Gedanken ab und konzentrierte sich ganz auf Robin, die jetzt zu Linus sprach. Er hatte ihr gerne die Führung überlassen, schließlich war sie die Expertin. Dann wiederholte Linus zuerst Robins und dann seinen Namen und blickte zu ihm herüber.

Robin ging um sein Bett herum und berührte Linus Hand. »Du bist mit deinem Kajak gekentert und wärst fast ertrunken. Weißt du das denn nicht mehr?«

»Doch schon, aber seitdem ist viel passiert oder hast du vergessen, was wir gemeinsam geplant haben?«

»Aber Linus, du hast deine Reise nicht angetreten, du warst die ganze Zeit hier, hier im Krankenhaus. Du hast zwei Wochen im...«

»Das ist unmöglich«, ging Linus barsch dazwischen und setzte sich ein wenig auf. Das Adrenalin, das seinen Körper durchströmte, begann sich für alle sichtbar gegen die Sedierung durchzusetzen. »Ich war auf der Dünkirchen, zwei Wochen lang, dafür gibt es Zeugen. Wir beide haben sogar telefoniert oder willst du auch das Abstreiten?«

Robin schüttelte den Kopf. »Nein, Linus, das haben wir nicht. Das hast du nur geträumt. Du warst die ganze Zeit hier im Krankenhaus, hier in diesem Zimmer. Sven und ich haben dich beinahe jeden Abend besucht, während du im Koma gelegen hast.«

»Ihr also auch«, antworte Linus verächtlich.

Robin ignorierte die letzte Bemerkung. »Am besten du erzählst uns von Anfang an, was deiner Meinung nach passiert ist, dann kannst du uns immer noch zum Teufel jagen.«

»Was soll das bringen? Ihr steckt doch eh alle unter einer Decke.«

»Komm schon, was hast du zu verlieren?«

»Nichts, aber…«, in dem Moment sah Linus, wie dem alten Sven eine Träne die Wange herunterlief, »…also gut.«

Robin zog sich einen Stuhl heran und setzte sich neben Linus. »Woran kannst du dich erinnern, nachdem du mit dem Kajak gekentert bist?«

»Ich bin in einem Krankenhauszimmer aufgewacht.«

»An die Rettungsaktion selbst kannst du dich demnach nicht erinnern?«

Linus schien zu überlegen und schüttelte dann ein wenig den Kopf. »Nein, ich glaube nicht.«

»Okay, dann zurück zum Krankenzimmer. War das dieses Zimmer hier?« Robin machte mit der rechten Hand eine kreisförmige Bewegung.

Linus blickte sich um, soweit ihm dies vom Bett aus möglich war. »Nein, das Zimmer sah aus, wie das in Hamburg.«

»Du meinst dein Zimmer im UKE, von dem du mir erzählt hast?«

»Ja, genau.«

»Okay und dann?«

»Bin ich abgehauen und nach Hause gegangen.«

»Nur, dass ich dich richtig verstehe: Du bist da einfach herausspaziert, ohne dass dich jemand aufgehalten hat?«

»Was soll das, willst du jeden Satz von mir in Frage stellen?«

»Nein, natürlich nicht, bitte erzähl weiter.«

Linus war hin- und hergerissen, gab sich dann aber einen Ruck. »Na gut, ich bin dann, wie gesagt, zu mir nach Hause und da habe ich dann mein Ticket und all das andere Zeug gefunden, das mich an meine Reise erinnert hat.«

»Und dann bist du los, hast deine Sachen geschnappt und bist in den Hamburger Hafen gefahren.«

Linus nickte unmerklich. »Ich hatte Glück, dass ich die Dünkirchen noch erwischt habe. Fünf Minuten später und der Pott wäre ohne mich ausgelaufen.«

»Verstehe.« Robin überlegte kurz, bevor sie weiterredete. »Und wie war deine Zeit auf der Dünkirchen so?«

»Das habe ich dir doch bereits erzählt, als wir telefoniert haben.«

Robin blickte zu Sven, der immer noch am Bettende stand. »Aber Sven nicht.«

»Na ja, überwiegend ereignislos, wenn ich von meinen Träumen absehe, aber deshalb habe ich dich ja auch angerufen.«

»Dazu kommen wir noch. Erzähl mir doch erst einmal, wen du auf dem Schiff so alles getroffen hast.«

»Oh, eine ganze Menge. Da war natürlich Kapitän Sánchez und der Erste Offizier, Oleg Romanov.«

Robin nahm ihre Tasche, die sie neben dem Stuhl abgelegt hatte, kramte darin und zog einen Prospekt der Dünkirchen hervor, blätterte auf die Innenseite und zeigte auf zwei Fotos. »Meinst du die beiden hier?«

»Ja genau, dass sind der Kapitän und sein Erster Offizier.«

»Und wen noch, ich meine, wen hast du außer den beiden noch kennengelernt?«

»Wie gesagt eine ganze Menge, da war zum Beispiel…«, Linus überlegte kurz, nur um dann zufrieden zu grinsen, »...Dodong. Er arbeitete dort im Maschinenraum und ist nebenbei ein ausgezeichneter Schachspieler.«

»Dodong«, wiederholte Sven, »so wie...«

Robin hielt kurz die Hand hoch und brachte Sven zum Schweigen. »Erzähl uns lieber von den anderen Gästen. Du warst doch nicht der einzige Reisende bei insgesamt sechs Kabinen, oder etwa doch?« Während sie das sagte, tippte Robin mit dem Finger erneut auf den Prospekt.

»Nein natürlich nicht, da waren noch mehr, nur erinnere ich mich gerade nicht an ihre Namen.«

Robin zuckte mit den Schultern. »Merkwürdig, du verbringst fast zwei Wochen auf See und erinnerst dich an keinen einzigen Namen deiner Mitreisenden?«

Linus fasste sich an sein Ohr. Das Piepen war wieder stärker geworden, seit man ihn hierher verschleppt hatte. »Das liegt an meinem Tinnitus. Er lässt mich keinen klaren Gedanken mehr fassen.«

Robin brauchte einen Moment um zu begreifen, was Linus meinte. »Oh, das ist kein Tinnitus, sondern der Patientenmonitor. Er überwacht deine Vitalwerte.«

»Welcher Patientenmonitor?«

»Na, der hier.« Robin zeigte mit der Hand an das rechte Kopfende des Bettes. »Das Pulsoximeter hat einige Male richtig verrückt gespielt, seit du hier eingeliefert wurdest.«

Linus blickte ungläubig nach rechts und öffnete den Mund, brachte aber keinen Ton heraus.

Robin war zufrieden. Linus war blass geworden und ganz offensichtlich hatte ihn die Erklärung für seinen angeblichen Tinnitus aus dem Konzept gebracht. Das Gespräch lief besser als erwartet. »Okay, wechseln wir das Thema und reden über deine Träume. Kannst du dich daran noch erinnern?«

»Ja, kann ich, und zwar an jedes Detail.« Mit einem Lächeln auf den Lippen, fing Linus an zu erzählen.

Robin war von der Klarheit und der Struktur der Träume beeindruckt, die Linus jetzt seit einer halben Stunde wiedergab. Nichts daran erinnerte sie an die Träume ihrer anderen Patienten, geschweige denn an ihre eigenen, an die sich entweder gar nicht oder nur bruchstückhaft erinnern konnte. Linus erweckte dagegen beinahe den Eindruck, als ob er zwei Wochen im Kino und nicht im Koma zugebracht hatte. Soweit sie es beurteilen konnte, musste es sich dabei um eine Art luziden Traum gehandelt haben, der auf einer Kombination früherer Erinnerungen und den Unterlagen basierte, die sie bei Linus zu Hause gefunden hatte und jetzt neben ihr in ihrer Tasche lagen. Noch mehr faszinierte Robin aber der therapeutische Effekt, der ganz offensichtlich damit verbunden war. Linus schien von einer schweren Last befreit und beinahe ein anderer Mensch zu sein. So hatte sie sich Linus immer ohne seine posttraumatische Belastungsstörung vorgestellt. Seine Augen leuchteten, seine Stimme war fest und klar und nicht so träge und teilnahmslos, wie so häufig während ihrer Sitzungen. Selbst Joe war die Schwermut aufgefallen, die Linus wie einen Mantel mit sich herumgetragen hatte.

»So und was hältst du davon?«, fragte Linus als er zum Ende gekommen war. Er schien wirklich an Robins Meinung interessiert zu sein.

»Vermutlich hast du so etwas wie einen luziden Traum gehabt. Das ist ein Klartraum, indem sich der Träumende nicht nur darüber bewusst ist, dass er träumt, sondern sogar aktiv in den Traum eingreifen kann. Der Träumende ist quasi der Regisseur und Hauptdarsteller in seinem eigenen Traum.«

»Kennst du jemanden, ich meine außer mir, der schon einmal einen..., wie hast das gerade eben noch genannt...«

»...luziden Traum gehabt hat?«

»Ja, genau.«

»Nein, aber ich habe darüber etwas in meinem Studium mitbekommen. Ich kann dir bei Gelegenheit gerne mehr darüber erzählen, muss mich aber erst selbst wieder einlesen.«

»Ja, mach das bitte.«

»Ist gut, aber wenn du mich fragst, und das hast du ja, ist es doch gar nicht so wichtig, was mit dir passiert ist. Ich für meinen Teil würde sogar meinen Frieden damit schließen, wenn dich eine Horde kleiner grüner Männchen entführt hat, weil für mich nur wichtig ist, wen ich hier vor mir sitzen habe, und das ist nicht der Linus, den ich die letzten Monate kennen gelernt habe, sondern ein anderer Linus, ein besserer Linus. Du hättest dich selbst mal sehen müssen, wie deine Augen geleuchtet haben und mit welcher Begeisterung du gerade über Tansania, über die Tük und vor allen Dingen von Lea erzählt hast. Selbst deine Erlebnisse in Afghanistan sind dir so leicht wie nie über deine Lippen gegangen. Es scheint beinahe so, als ob sich deine Depressionen in Luft aufgelöst haben.« Robin blickte Linus jetzt direkt in die Augen. »Verdammte Scheiße, ich erkenne dich kaum mehr wieder.«

Plötzlich ließ Linus den Anflug eines Lächelns erkennen. »Ich war fast geneigt dir zu glauben, aber gerade eben hast du dich verraten.«

Robin war jetzt ehrlich überrascht. »Wie meinst du das?«

»So etwas in der Art hast du mir bereits am Telefon mitgeteilt. Das kann doch kein Zufall sein und ist doch der Beweis dafür, dass wir miteinander telefoniert haben oder etwa nicht?«

Ohne darauf zu antworten, blickte Robin auf ihre Uhr. »Linus es ist spät und es war alles ein bisschen viel. Laß uns morgen weiterreden. Okay?«

»Das überlege ich mir noch, ich muss darüber nachdenken.« Linus schien mit sich zu hadern und nichts mehr zu wissen, was richtig und falsch war.

»Ja, tue das.« Robin stand auf und ging in Richtung Zimmertür, blieb dann aber stehen. »Ach, bevor ich es vergesse, ich habe noch ein paar Unterlagen für dich. Vielleicht hast du noch Kraft genug und schaust sie dir an und wenn nicht heute, dann vielleicht morgen.« Anschließend kippte sie den Berg Papier einfach auf die Bettdecke, bevor sie das Notebook auf dem kleinen Rollcontainer ablegte, der direkt neben dem linken Kopfende stand.

Sven schaute von einem zum anderen, ohne dass er wusste, was er davon halten sollte. Er war hin- und hergerissen, ob er bleiben oder ebenfalls gehen sollte. Schließlich folgte er Robin, aber nur um sie zur Rede zu stellen, kaum dass sie die Tür des Krankenzimmers hinter sich geschlossen hatten. »Was sollte das denn und warum bist du so überstürzt aufgebrochen?«

»Das bin ich doch gar nicht, es war einfach nur der richtige Zeitpunkt. Es liegt jetzt an Linus alle Puzzleteile richtig zusammenzusetzen.«

»Dann ist er deiner Meinung nach also nicht verrückt?«

»Nein, keineswegs.«

»Und was ist dann mit ihm los?«

»Das kann ich auch nicht so genau sagen, aber es geht ihm besser und nicht schlechter, so viel ist mal sicher.«

»Den Eindruck hatte ich auch, zumindest als er über seine Träume sprach. So habe ich ihn lange nicht mehr erlebt.«

»Genau das meinte ich.«

»Und wie geht es jetzt weiter?«

»So wie ich es gesagt habe. Wir geben ihm ein bisschen Zeit und schauen uns dann an, wie er das Ganze verarbeitet.«

»Gut, dann bis morgen. Sagen wir wieder so gegen neun?«

»Elf ist besser, ich muss Joe vorher noch zum Reiten bringen.«

»Auch gut.« Sven wollte sich gerade umdrehen und gehen, als ihm noch etwas einfiel. »Warum hast du mich eigentlich unterbrochen als Linus Dodong erwähnte und ich die Verbindung zu ihm herstellen wollte?«

»Weil ich glaube, dass es ihm hilft, wenn er selbst herausfindet, wer sich unabsichtlich und ohne es zu merken, in seine Träume hineingeschlichen hat.«

50

Nachdem Robin und Sven gegangen waren, zog Linus die Unterlagen zu sich heran und begann sie nacheinander durchzugehen. Er hatte sie schon häufig in der Hand gehabt und kannte den Inhalt nahezu auswendig. Daran konnte er sich jetzt wieder erinnern. Zuerst nahm er die Fotos in die Hand und ließ sie durch seine Hände gleiten. Zuletzt das Bild von Lea, das ihm mit einem Mal so vertraut vorkam. Eine große Sehnsucht erfüllte ihn, so wie er sie bisher nur gespürt hatte, wenn er an seine Eltern und Schwester dachte. Anschließend nahm er seinen Arbeitsvertrag in die Hand und fragte sich, was in Lea vorgegangen ist, nachdem sie realisiert hatte, dass er seinen Job nicht antreten würde. Hatte es ihr einen Stich versetzt oder war sie einfach zur Tagesordnung übergegangen? Nein, ganz sicher nicht überlegte er, bis er begriff, dass es nur seine und nicht ihre Träume waren, in denen sie einander begegnet waren. Frustriert legte er den Arbeitsvertrag zur Seite und blätterte gedankenverloren in seinem Notizbuch herum, bis ihm die Augen immer schwerer wurden und schließlich ganz zufielen.

Einige Stunden später begann die Nachtschicht von Dodong Phan. Er war das Kind vietnamesischer Flüchtlinge und studierte Medizin im zwölften Semester. Er war 32 Jahre alt, ledig und finanzierte sich seinen Lebensunterhalt und sein Studium als Krankenpfleger auf der neurologischen Abteilung des städtischen Krankenhauses. Seit zwei Jahren arbeitete

Dodong ausnahmslos in der Nacht. Studium und Arbeit ließen sich so besser in Einklang bringen. Überdies liebte er die Ruhe und Stille, die in der Nacht in das Krankenhaus einkehrte und die Hektik des Tages verdrängte. Wo Licht war, war aber auch Schatten, weil Dodong im Laufe der Zeit immer einsamer und schrulliger geworden war und irgendwann sogar angefangen hatte, mit sich selbst zu sprechen. Er war sich dessen durchaus bewusst, sah sich aktuell aber außerstande, diesen Tick, der nicht selten bei seinen Mitmenschen für Gelächter sorgte, abzustellen. Vielleicht später hoffte er zuweilen, wenn er sein Studium endlich abgeschlossen und eine Familie gegründet hatte. Doch gerade dachte Dodong sowieso an etwas anderes. Er wollte endlich wissen, ob der Patient auf Zimmer zehn wirklich wieder bei Bewusstsein war. Seine Kollegin hatte ihm während des Schichtwechsels davon erzählt, so richtig glauben konnte er es jedoch nicht. Umso schneller erledigte Dodong den Teil seiner Aufgaben, die keinen Aufschub duldeten, bevor er endlich einen Blick in das Zimmer warf, in dem er in den letzten zwei Wochen so viel Zeit verbracht hatte. Er hatte an Linus Bett gesessen, mit ihm geredet oder einfach nur für sein Studium gelernt. Und tatsächlich war Linus wach. Er saß in seinem Bett und blätterte in einem Notizbuch, das ihm nur Herr Reinders oder Frau Dr. Capelli mitgebracht haben konnten. Jemand anders kam nicht in Frage, weil sie die beiden die Einzigen waren, die Linus in den letzten zwei Wochen besucht hatten. Dodong räusperte sich, nachdem Linus ihn offensichtlich nicht gehört hatte.

Linus blickte auf und sah einen jungen Mann auf ihn zukommen. »Wer sind Sie?«

»Mein Name ist Dodong Phan und ich arbeite hier auf der Station als Krankenpfleger.«

»Dodong, aber das ist ...?« Linus wurde blass und augenblicklich wurde das Piepen wieder lauter.

»Hey, was ist mit Ihnen?« Dodong machte zwei Schritte auf den Monitor zu und sah wie das Pulsoximeter verrückt spielte. Sofort drehte sich Dodong um und eilte zur Tür, blieb dann aber stehen, als ihm der Patient hinterherrief.

»Bitte bleiben Sie. Es geht mir schon wieder besser.«

Dodong drehte sich erneut um und registrierte, dass der Alarmton des Patientenmonitors tatsächlich leiser wurde. Linus Puls musste sich demnach wieder im Rahmen der zulässigen Parameter bewegen. Zögerlich trat er wieder an das Bett heran.

Linus hatte sich von dem Schock erholt und musterte den jungen Mann, der so gar keine Ähnlichkeit mit dem Dodong hatte, der ihm in den letzten zwei Wochen so ans Herz gewachsen war. »Dodong ist also Ihr Name.«

Dodong Phan nickte langsam. »Was habe ich denn gesagt oder getan, dass Sie so aus der Fassung gebracht hat?« Der junge Krankenpfleger wirkte angespannt und verunsichert und schaute immer wieder auf den Patientenmonitor.

Linus atmete hörbar aus. »Es war Ihr Name, er hat mich an jemanden erinnert.«

»Oh, ich hoffe es ist jemand, mit dem Sie gute Erinnerungen verbinden?«

»Ja, doch, aber jetzt erzählen Sie erst einmal, was mit mir passiert ist. Ich kann mich nur an Bruchstücke erinnern.«

Dodongs Gesichtsausdruck spiegelte jetzt Erstaunen wider. »Hat Ihnen das denn noch niemand erzählt?«

»Doch schon, aber vieles verstehe ich noch immer nicht. Ich bin ganz durcheinander und weiß nicht, was ich davon halten soll.« Dann lächelte Linus plötzlich ein wenig und streckte Dodong die rechte Hand entgegen. »Ich heiße übrigens Linus, Linus Christiansen.«

Dodong schlug ein und lächelte jetzt ebenfalls. »Ja, ich weiß.«

Linus hielt seine Hand fest und suchte Blickkontakt. »Bitte nenn mich einfach Linus, okay?«

»Gerne«, antwortete Dodong und löste den Händedruck, aber nur um den Stuhl zu sich heranzuziehen, auf dem er in den letzten vierzehn Tagen so häufig gesessen hatte. »Kannst du dich denn wenigstens noch an den Unfall erinnern, der dich hierher gebracht hat?«

Linus nickte. »Ja, ich war mit dem Kajak in der Förde und bin dann vom Sturm überrascht worden.«

Jetzt war es Dodong der nickte. »Du sahst furchtbar aus, als der Rettungswagen dich eingeliefert hat. Deine Haut war ganz grau und deine Körpertemperatur war unter 35 Grad gesunken.«

»Klingt ganz schön dramatisch.«

»Das ist noch untertrieben. Du kannst froh sein, dass du noch lebst. Wir mussten dich mehrfach reanimieren, nachdem dein Herz aufgehört hatte zu schlagen.«

Linus schluckte und bekam eine Gänsehaut. Davon hatten weder die Ärzte noch Robin etwas erzählt. Noch schlimmer wog aber die Erkenntnis, dass ihm Robin allem Anschein nach die Wahrheit gesagt hatte. »Ich war also die ganze Zeit hier?«

Dodong wirkte jetzt regelrecht überrascht und amüsiert zugleich. »Ja, natürlich, wo solltest du denn sonst gewesen sein? Du hast zwei Wochen im Koma gelegen.«

Hatte Linus bis dahin noch ein Fünkchen Hoffnung gehabt, dass es doch noch eine andere Erklärung für den inneren Konflikt gab, den er seit einigen Stunden mit sich austrug, hatte er jetzt die Bestätigung, dass er und nicht die anderen, die ganze Zeit falsch gelegen hatte. Die Gewissheit war ganz langsam in ihm gereift, drohte ihn aber dennoch emotional zu übermannen. Linus vergrub sein Gesicht in seinen Händen und schüttelte den Kopf. »Dann stimmt es also doch und ich habe alles nur geträumt. Alles war nur eine Ausgeburt meiner kranken Phantasie.«

»Wovon sprichst du?«

»Von meinen Träumen. Sie waren so real und intensiv, dass ich nicht wahrhaben wollte, dass ich die letzten zwei Wochen hier im Krankenhaus gelegen habe.«

»Jetzt verstehe ich auch, warum mich meine Kollegin vor dir gewarnt hat«, antwortete Dodong und zeigte sich selbst einen Vogel. »Sie meinte, du wärst ein wenig sonderlich, wenn du verstehst, was ich meine.«

»Ja, das war ich«, antwortete Linus und rang sich ein gequältes Lächeln ab. »Aber so langsam komme ich wieder in die Spur.«

Dann beugte sich Dodong neugierig nach vorne. »Aber sag, wo hast du denn geglaubt, wo du bist, als du wieder bei Bewusstsein warst?«

»Auf einem Containerschiff, so wie ich es...«, Linus musste auf einmal gähnen, »ursprünglich geplant hatte.«

»Auf einem Containerschiff«, wiederholte Dodong die letzten Worte ungläubig. »Was hat dich denn dort hingezogen?«

»Ich war auf dem Weg nach..., nein ich wollte nach Tansania«, korrigierte Linus sich selbst, nachdem er für eine Sekunde erneut verdrängt hatte, dass er alles, was in den letzten vierzehn Tagen passiert war, nur geträumt hatte.

»Containerschiff, Tansania, das klingt wirklich spannend, bitte erzähl weiter.« Die Neugierde stand Dodong jetzt regelrecht ins Gesicht geschrieben.

Linus spürte auf einmal eine bleierne Müdigkeit. »Lass uns das bitte auf Morgen verschieben, wenn das für dich okay ist. Ich bin jetzt einfach zu müde.«

Dodong nickte, konnte seine Enttäuschung aber nicht ganz verbergen. »Ja ist gut, ich muss sowieso meine Runde machen.« Dann stemmte er sich mit den Händen von den beiden Armlehnen ab und stand auf.

In dem Moment fiel Linus noch etwas ein. »Warte, eine Sache würde ich dann doch gerne noch wissen.«

Dodong ließ sich wieder zurück in den Stuhl fallen und blickte Linus erwartungsvoll an.

»Du spielst nicht zufällig Schach, oder...?«

»Woher weißt du...?«, Dodong machte eine kurze Pause, bevor er mit leuchtenden Augen weitersprach, »...jetzt begreife ich, du hast doch etwas mitbekommen, während ich hier bei dir gewesen bin. Das gibt es doch gar nicht.« Gleichzeitig haute sich Dodong vor Freude mit beiden Händen auf die Oberschenkel, ganz so, als ob er gerade ein kniffeliges Rätsel gelöst hatte.

Linus begriff dagegen noch nicht worauf Dodong anspielte. »Geht es vielleicht ein bisschen genauer?«

Dodong druckste herum. Das Ganze schien ihm auf einmal irgendwie peinlich zu sein. »Na ja, es ist so: Manchmal ist es hier in der Nacht ganz schön einsam und langweilig und da habe ich mir irgendwann angewöhnt meine freie Zeit bei den Koma-Patienten zu verbringen.«

»Um was zu tun?« Linus war sich auf einmal nicht mehr sicher, ob der unschuldig dreinblickende Kerl, der ihm die ganze Zeit gegenübersaß, noch alle Tassen im Schrank hatte.

»Alles Mögliche. Manchmal erzähle ich ihnen von meinem Studium, von der Arbeit hier auf der Station oder von dem, was mich sonst so beschäftigt. Koma-Patienten sind gute Zuhörer, wie du dir vielleicht vorstellen kannst.«

»Mir auch, ich meine warst du auch bei mir?«

Dodong zuckte entschuldigend mit den Schultern. »Du bist, sorry nein, du warst unser einziger Koma-Patient.«

Linus entspannte sich ein wenig und konnte sich den Anflug eines Grinsens nicht verkneifen. »Meinen eigenen Erfahrungen nach sind wir Koma-Patienten aber schlechte Schachspieler.«

Dodong zwinkerte Linus zu. »Ja, das stimmt und deshalb bin ich auch dazu übergegangen gegen meinen Computer zu spielen, wenn wir alles Wichtige besprochen hatten.«

In Linus Kopf fügten sich jetzt die letzten Mosaiksteine zusammen, während er seine Stirn unbewusst in Falten legte. »Ich glaube du hast recht, mit dem, was du vorhin gesagt hast. Ich muss von dem, was du mir ins Ohr geflüstert hast, etwas mitbekommen haben. Anders ist es nicht zu erklären, warum ausgerechnet ein Kerl namens Dodong durch meine Träume gewandelt ist.«

»Ich?«

»Nein, nicht du, aber jemand mit demselben Namen. Ein netter Kerl übrigens und noch dazu ein ausgezeichneter Schachspieler.«

»Dann nimmst du mir meine nächtlichen Besuche nicht übel?« Die Verunsicherung stand Dodong jetzt sichtbar ins Gesicht geschrieben.

Linus schüttelte überrascht den Kopf. »Nein, warum sollte ich? Alles ist gut, mach dir keine Sorgen.«

Dodong nickte erleichtert und stand auf, verharrte dann aber in der Bewegung und fügte noch eine Frage an. »Würde es dir etwas ausmachen, wenn das Ganze unter uns bleibt? Ich möchte keinen Ärger bekommen.«

»Kein Problem, das bleibt unser kleines Geheimnis, versprochen.« Und als ob das noch nicht ausreichen würde, verschloss Linus seine Lippen mit einem imaginären Reisverschluss.

»Danke«, gab Dodong erleichtert zurück und hastete aus dem Zimmer.

51

Am anderen Ende der Welt wartete Lea in Sichtweite der Dünkirchen ungeduldig darauf, dass Linus Christiansen die Gangway herunterkam. Sie war ganz aufgeregt und konnte es gar nicht mehr erwarten, endlich dem Mann von Angesicht zu Angesicht gegenüberzustehen, der sie so häufig in ihren Träumen besucht hatte. Dann regte sich endlich etwas und ein Mann kam die Treppe herunter. Es war allerdings nicht Linus, sondern dem Äußeren nach zu urteilen der Kapitän. Lea war gespannt, was als Nächstes passieren würde. Der Kapitän ging von Bord, aber nur um die Taue zu kontrollieren, mit denen die Dünkirchen am Kai festgemacht hatte. Er schien zufrieden zu sein und stellte sich schließlich wieder an den Fuß der Gangway und sprach irgendetwas in sein Walkie-Talkie, das er die ganze Zeit in der Hand gehalten hatte. Lea vermutete, dass er *grünes Licht* gab und die Passagiere gleich die Gangway herunterkommen würden. Und tatsächlich kam nur einen Augenblick später einer nach dem anderen die Stufen herunter und verabschiedete sich herzlich von dem Kapitän und ebenso herzlich von den anderen Mitreisenden. Ganz offensichtlich verstanden sie sich prima und hatten sich während der knapp dreiwöchigen Überfahrt gut verstanden. In einer der Frauen glaubte Lea die Schauspielerin Abiona Philippe zu erkennen. ›Was sie hier wohl zu suchen hatte?‹ Linus war zu ihrer Enttäuschung aber nicht dabei. Vielleicht war er ja noch an Bord und verspätete sich. Ja vielleicht, hoffte sie inständig und blickte sehnsuchtsvoll die

Gangway hinauf. Doch Linus kam nicht, auch nicht, als die Passagiere längst gegangen oder abgeholt wurden. Zuletzt Abiona Philippe, die gerade in eine luxuriöse Limousine einstieg. Zurück blieb der Kapitän, der ihr kurz nachblickte, bevor er sich wieder der Gangway zuwendete und auf die erste Stufe trat. Lea fasste sich ein Herz und machte einige schnelle Schritte auf die Gangway zu. »Bitte warten Sie.«

Der Kapitän blieb stehen, blickte sich um und sah Lea fragend an. »Ja, bitte?«

»Ich warte auf Herrn Christiansen und habe ihn nicht die Gangway herunterkommen sehen. Ist er vielleicht noch an Bord?«

Kapitän Sánchez schüttelte den Kopf. »Nein, tut mir leid, Herr Christiansen hat die Reise erst gar nicht angetreten. Keine Ahnung, was passiert ist.«

»Oh«, war das Einzige, was Lea herausbrachte, obwohl sie insgeheim mit der Antwort gerechnet hatte. Enttäuscht und frustriert verabschiedete sie sich und ging zu ihrem Land Rover zurück, den sie unweit der Kaianlage geparkt hatte.

Auf dem Weg zurück ins Hotel hatte sich Lea wieder einigermaßen gefangen und überlegte was sie als Nächstes tun sollte. Schließlich griff sie zu ihrem Handy und rief das dritte Mal innerhalb von zwei Tagen den zuständigen Sektionsleiter für Tansania, Thommy Fleedwood, an. Erst heute Morgen waren sie die Geschehnisse im Dorf nochmals durchgegangen und hatten überlegt, wie sie mit dem plötzlichen Abgang von Konrad umgehen sollten. Am Ende war es Lea selbst, die vorgeschlagen hatte, erst einmal abzuwarten und zu sehen wie sich die beiden Neuen machten. »*Dann können wir immer noch entscheiden, ob bzw. wann wir weitere Verstärkung an Bord holen*«, hatte sie argumentiert. Doch jetzt war alles anders und sie waren nicht mehr zu viert, sondern nur noch zu dritt und das war definitiv einer zu wenig. Lea drückte die Wahlwiederholungstaste und wartete darauf, dass sich Thommy Fleedwood am anderen Ende der Leitung meldete. Und das tat er dann glücklicherweise auch. Lea fiel ein Stein vom Herzen.

»*Hilfe für* Afrika, Thommy Fleedwood am Apparat.«
»Hallo Thommy, ich bin's nochmal, Lea.«
»Ja Lea, was gibt's?«
»Es geht um Linus Christiansen, den anderen Neuen. Er ist nicht gekommen.«
»Was heißt, »*nicht gekommen?* Kannst du dich vielleicht mal etwas klarer ausdrücken?«
»Was ist daran nicht zu verstehen? Er war nicht auf dem Schiff. Ich komme gerade vom Hafen.«
»Bist du dir sicher?«
Lea stöhnte. »Thommy, ich habe den Kapitän gefragt und die Antwort war eindeutig. Linus ist in Hamburg gar nicht erst an Bord gegangen.«
»Fuck«, war das Einzige, was Thommy dazu sagte. Dann herrschte Stille.
»Thommy, bist du noch dran?«
»Äh, ja bin ich, ich musste das erst einmal verdauen.«
»Ja, das ging mir auch so.« Dass sie sich aus anderen Gründen immer noch ganz mitgenommen fühlte, erwähnte Lea dagegen nicht. Was hätte sie auch sagen sollen? Sie verstand es ja selbst nicht.

Thommy Fleedwood war enttäuscht, obwohl er gleich ein komisches Gefühl gehabt hatte, als sich der ehemalige Soldat vor einem halben Jahr auf Vermittlung von James Turner bei ihnen vorgestellt hatte. Deshalb hatte er ihn auch gegoogelt und Dinge über ihn in Erfahrung gebracht, die seine Intuition bestätigt hatten. Der Kerl hatte wirklich Schlimmes durchgemacht und schien nicht geeignet zu sein, um als Entwicklungshelfer zu arbeiten. Umso mehr ärgerte er sich über sich selbst, dass er sein Bauchgefühl ignoriert hatte und ihm dennoch eine Stelle in Tansania angeboten hatte. Doch jetzt war es nicht mehr zu ändern und er musste zusehen, wo er so schnell Ersatz für diesen Irren herbekommen sollte. »Ich werde dir jemanden anderen schicken«, sagte er schließlich. »Es kann aber ein, zwei Monate dauern.«

»Und wenn Linus doch noch kommt...?«

»...kann er gleich wieder gehen«, vollendete Thommy den Satz. »Wir können niemanden gebrauchen, der es noch nicht einmal für nötig hält uns kurz über seine geänderten Reisepläne zu informieren.«

»Ja, vermutlich hast du recht«, antwortete Lea ein wenig zögerlich und musste an die vor ihnen liegenden Herausforderungen denken. Was sie jetzt brauchte, war wirklich ein Team, auf das sie sich zu einhundert Prozent verlassen konnte. Sonst würde sie die Last der Verantwortung nicht mehr lange tragen können. Wenn doch wenigstens dieses verfluchte... »Thommy, wir brauchen jetzt endlich dieses verfluchte Satellitentelefon«, sprach Lea ihren letzten Gedanken laut aus.

»Ja, ich weiß. Ich bin auch dran, aber das Scheiß-Ding ist irgendwo auf dem Transport verloren gegangen.«

»Dann schick halt ein anderes.«

»Du bist gut. Weißt du, was diese Dinger kosten?«

»Nein, das ist mir aber auch scheißegal. Sieh einfach zu, dass so ein Gerät an den Laden kommt. Muss ja kein neues sein.«

»Ja, okay, ich tue was ich kann. Es, wird aber trotzdem noch zwei, drei Wochen dauern. Bis dahin muss es auch so gehen.«

»Ja, das ist mir klar. Ich melde mich dann aus Thaore, wenn es Wichtiges zu berichten gibt.«

»Ja, tue das und danke nochmals für deinen Einsatz.«

Zwanzig Minuten später war sie zurück im Holiday Inn und lief ihrer neuen Kollegin, Thea Allensbach, in der Hotel-Lobby direkt in die Arme. Sie hatte sie gestern am Flughafen von Dar es Salaam abgeholt und anschließend mit ihr einen netten Abend verbracht. Lea war ihre neue Kollegin sofort sympathisch gewesen. Besonders gefiel ihr die hemdsärmelige, zupackende und fröhliche Art der erfahrenden Krankenschwester und Entwicklungshelferin, die so leicht nichts aus der Fassung bringen konnte. Selbst dann nicht, als sie ihr von den Geschehnissen im Dorf berichtet hatte. Sie hatte nur mit den Schultern gezuckt und gesagt: »*Dann ist es ja gut, dass ich hier bin.*« Äußerlich war Thea dagegen das komplette Gegenteil von dem, was sie verkörperte. Sie war zierlich, wirkte unscheinbar, kurzum so wie jemand an den man sich selbst auf den zweiten Blick nicht erinnerte.

Thea Allensbach zog überrascht die Augenbrauen hoch, als sie Lea ohne Begleitung auf sie zukommen sah. »Nanu, wo ist denn die Verstärkung, die du abholen wolltest?«

»Linus ist nicht gekommen«, antwortete Lea und öffnete die Handflächen zu einer entschuldigenden

Geste. »Er hat die Reise erst gar nicht angetreten. Mehr wusste der Kapitän auch nicht zu berichten.« Lea hatte Thea am Abend zuvor von Linus erzählt, verständlicherweise aber nichts von ihren Träumen. Das war ihr bei aller Sympathie dann doch zu privat, zu intim gewesen.

»Das ist wirklich schade«, entgegnete Thea aber nur um im nächsten Moment schon wieder Zuversicht auszustrahlen. »Aber vielleicht ist er ja doch mit dem Flugzeug gekommen und schon längst im Dorf.«

»Ja, vielleicht«, antworte Lea, obwohl sie nicht wirklich daran glaubte. Nicht zuletzt, weil Linus weder sie noch Thommy darüber informiert hatte. Sie konnte sich einfach keinen Reim darauf machen, außer...

»Wollen wir?«, riss Thea sie aus ihren Gedanken und war bereits im Begriff aufzustehen.

»Gib mir noch fünf Minuten«, antworte Lea und fasste Thea beschwichtigend auf den Arm. »Ich will noch schnell meine Mails checken. Vielleicht hat Linus mir ja eine Nachricht hinterlassen.« Der Gedanke war ihr gerade erst gekommen, nachdem sie sich daran erinnert hatte, dass sie ihren Account das letzte Mal in Thaore besucht hatte. Das war jetzt, Lea rechnete im Kopf nach, mehr als eine Woche her, seit sie mit Alemee und Nala dort gewesen war.

Thea nickte und bestellte sich noch einen Kaffee, während sich Lea auf die Suche nach einem öffentlich zugänglichen Computer machte.

Kurz darauf loggte sich Lea in den Computer ein, den ihr der Concierge freundlicherweise überlassen hatte und begann ihre Mails zu checken. Die ersten beiden waren Werbung, die dritte von ihrer Mutter, die vierte von ihrer Bank und die fünfte von Dr. Robin Capelli. Der

Name kam ihr irgendwie bekannt vor, ohne dass sie wusste, woher. Dann machte es klick und sie erinnerte sich daran, dass sie den Namen auf dem Brief gelesen hatte, den Linus an James Turner verschickt hatte. Schnell öffnete sie die Nachricht und begann zu lesen:

Sehr geehrte Frau Rosendahl,

leider muss ich Ihnen mitteilen, dass Linus Christiansen einen schlimmen Unfall gehabt hat und deshalb seine Stelle als Entwicklungshelfer in Tansania nicht antreten kann. Ich hoffe, meine Nachricht erreicht Sie noch rechtzeitig, damit Sie sich nicht umsonst nach Dar es Salaam begeben. Es tut mir leid, dass ich keine besseren Nachrichten überbringen kann und

verbleibe mit freundlichen Grüßen

Dr. Robin Capelli.

Lea blickte wie betäubt auf die Nachricht herab und war keines klaren Gedanken mehr fähig. Linus hatte einen Unfall, Unfall, Unfall, war das Einzige, was einem Echo gleich durch ihren Kopf waberte.

Am Ende war es der Concierge, der sie auf den Boden der Realität zurückbrachte. »Sie sind ganz blass geworden, möchten Sie vielleicht ein Glas Wasser?«

»Was, wie? Nein danke, ich muss sowieso los.«

Thea Allensbach wusste sofort was die Stunde geschlagen hatte, als sie Lea mit hängenden Schultern durch die Lobby schreiten sah. Die junge Frau war kalkweiß im Gesicht und wirkte angeschlagen. »Lass mich raten: Du hast keine guten Nachrichten erhalten?«

Lea schüttelte den Kopf und ließ sich neben Thea auf die Couch fallen. »Nein, Linus hatte einen Unfall und wird nicht...« Lea wurde schlecht und ihr Mageninhalt drängte nach oben. Geistesgegenwärtig beugte sich Lea nach rechts und fing an zu würgen. Zeit, um die Toilette aufzusuchen blieb nicht mehr.

Eine Stunde später lenkte Lea den alten Land Rover über die staubigen Straßen Tansanias. Es war still im Auto. Nur das tiefe Brummen des Sechszylinders war zu hören, das hin und wieder vom Knarzen der Blattfedern durchbrochen wurde, wenn Lea es nicht mehr rechtzeitig schaffte, einem der Schlaglöcher auszuweichen. Schließlich war es Lea selbst, die das Schweigen durchbrach. »Tut mir leid, dass ich dir diese Peinlichkeit nicht ersparen konnte.« Den säuerlichen Geschmack von Erbrochenem schmeckte sie immer noch im Mund.

Thea, die die ganze Zeit aus dem Seitenfenster geschaut hatte, drehte sich jetzt zu Lea um. »Mach dir keinen Kopf, das kann jedem einmal passieren. Erst recht, wenn man so viel durchgemacht hat, wie du in letzter Zeit. Da ist es doch nur menschlich, wenn einem irgendwann die Galle überläuft.«

»Ja, aber nicht mitten in der Lobby eines so großen Hotels.« Immer noch peinlich berührt, schüttelte Lea unmerklich den Kopf und kniff die Lippen zusammen.

»Ach was, das kann man sich doch nicht aussuchen. Schade nur um das schöne Frühstück.«

Jetzt musste auch Lea ein wenig grinsen. Thea passte wirklich hervorragend in das Team. Auch Tembo würde sich auf Anhieb mit ihr verstehen. Im nächsten Moment fiel ihr ein, dass sie Thommy gar nicht mehr über die Mail von Dr. Capelli informiert und ihr auch nicht mehr geantwortet hatte. Noch dazu hatte sie die Nachricht von ihrer Mutter gar nicht mehr gelesen. Verdammter Mist, dachte sie und schlug vor Wut mit den Händen auf das Lenkrad. Wie kann man nur so doof sein?

»Was ist?«

»Ich habe vergessen, Thommy über die Nachricht von Dr. Capelli zu informieren. Er weiß zwar, dass Linus nicht an Bord des Schiffes gewesen ist, aber nichts von seinem Unfall.«

Thea zuckte kurz mit den Schultern. »Dann halt doch kurz an und informiere ihn jetzt.«

»Das bringt nichts. Hier draußen gibt es kein Netz und jeder Umweg würde uns zu viel Zeit kosten. Der Rückweg ist eh schon lang genug. Ich muss warten, bis ich das nächste Mal in Thaore bin.«

»Thaore?« Thea drehte den Kopf und blickte Lea fragend an.

»Das ist die nächstgelegene Stadt unseres Dorfes. Wir fahren dort hin und wieder hin, um unsere Vorräte zu ergänzen.« Anschließend fragte Thea noch dies und das, ohne das Gespräch noch einmal auf Linus zu lenken. Lea vermutete, dass sie absichtlich einen Bogen um ihn machte und war ihr wirklich dankbar dafür. Ja, sie passte wirklich gut ins Team.

52

Die Sonne war schon längst untergegangen, als Lea und ihre neue Kollegin, Thea Allensbach, nach einer beschwerlichen Fahrt über Stock und Stein endlich in Sichtweite des Dorfes gelangten. Lea drehte das Radio ein wenig leiser und lächelte, als sie die Vielzahl verschieden großer Feuerstellen in einer Entfernung von vielleicht fünf Kilometern immer wieder vor ihnen aufflackern sah. Ähnlich einer Schar Glühwürmchen, die ihnen den Weg wiesen, dachte Lea. »Siehst du die kleinen Lichtpunkte dahinten aufblitzen?«

»Ja, sehe ich, was ist das?«

»Das ist unser Dorf, in zehn Minuten sind wir da.«

»Und ich dachte schon, wir kommen nie an«, antwortete Thea erleichtert und schaute auf ihre Uhr. Seit ihrer Abfahrt in Dar es Salaam waren mittlerweile mehr als zehn Stunden vergangen. Zehn Stunden in denen sie miteinander geredet, geschwiegen oder wie zuletzt Musik gehört hatten.

»Ja, es reicht«, stimmte Lea ihr zu und musste gähnen. »Ich bin hundemüde und froh, wenn ich endlich die Augen zu machen kann.« Die Rückfahrt über die sandigen Pisten war anstrengend gewesen und forderte jetzt ihren Tribut.

»Ja, geht mir auch so«, entgegnete Thea. »Der lange Flug und die Zeitumstellung stecken mir immer noch in den Knochen.« Thea war vor zwei Tagen in München losgeflogen und nach einem Zwischenstopp in London erst gestern in Dar es Salam gelandet.

»Du schläfst übrigens bei mir«, antwortete Lea, nachdem ihr eingefallen war, dass sie mit Thea noch nicht über die neue Zeltaufteilung gesprochen hatte.

»Was heißt bei dir?«, hakte Thea leicht amüsiert nach, »schlafen wir etwa in einem Bett?«

Lea musste lachen. »Dass nicht, aber wir teilen uns ein Hauszelt.«

»Oje, ich hasse Camping«, antwortete Thea und verdrehte Augen.

»Keine Angst, die Dinger sind mehr Haus als Zelt und werden dir ge...« Lea brach ab und trat mit voller Wucht auf die Bremse, weil just in dieser Sekunde irgendetwas vor das Auto sprang. Der Land Rover kam auf der Sandpiste ins Schlingern und wäre beinahe umgekippt. Alles ging viel zu schnell, sodass Lea nur intuitiv reagieren konnte, während Thea aus voller Kehle schrie.

Nachdem der Wagen endlich zum Stehen gekommen war, blickte sich Lea hektisch in alle Richtungen um, sah aber weder im Lichtkegel vor ihnen noch in der Dunkelheit hinter ihnen irgendetwas. »Hast du das eben gesehen?«

»Ja, da war ein rotes Tier, direkt vor uns, aber ich glaube nicht, dass wir es erwischt haben.«

Lea legte die Stirn in Falten und blickte ungläubig zu ihrer neuen Kollegin hinüber. »Ein rotes Tier, bist du dir sicher?«

»Ich glaube schon«, antwortete Thea, während sie ebenfalls die Umgebung absuchte, aber auch nichts sah, wenn man die im Wind wiegenden Gräser nicht mitzählte. Vermutlich war das auch der Grund, warum sie ihre eigene Aussage schließlich relativierte. »Ach, ich weiß auch nicht, alles ging so verdammt schnell.«

»Was machst du da?«, schrie Lea plötzlich, bevor Thea die Beifahrertür ganz geöffnet hatte. »Mach bloß die Tür wieder zu oder willst du uns umbringen?«

Thea erschrak, zog die Tür wieder ran und drehte sich schuldbewusst zu Lea um. »Tut mir leid, ich wollte doch nur nachschauen und...« In dem Moment tauchte das Gesicht eines jungen Mannes in der linken Seitenscheibe auf und erschreckte Thea zu Tode. Ein langes und schrilles »Aah«, war das Einzige, was sie jetzt noch herausbrachte.

Lea drehte den Kopf ruckartig zur Seite und konnte kaum glauben, wer dort vor ihr stand. »Buma, bist du das?«

Buma nickte, während seine Augen unsicher umher huschten. Der Schrei von Thea hatte seine Wirkung nicht verfehlt.

Lea öffnete die Tür und war über den Anblick von Buma erschreckt. Er wirkte ausgezehrt und gehetzt. »Was machst du hier?«

»Wir sind auf dem Weg nach Hause und haben das Auto gehört.«

Erst da fiel Lea wieder ein, dass er zu den Azizi gehörte und mit einer Handvoll junger Männer zur Löwenjagd aufgebrochen war. Das musste jetzt ungefähr zwei Wochen her sein, zwei Wochen, in denen sich die Ereignisse überschlagen hatten. »Wo sind die anderen?«

»Dort drüben.« Buma zeigte mit dem Finger in die Dunkelheit.

»Dann hol sie, wir nehmen euch mit.«

Buma nickte, verschwand in der Dunkelheit und kam kurz darauf mit den anderen zurück.

Lea sah vier Azizi aus der Dunkelheit auftauchen. Zuerst Tajeu, der leicht humpelte, gefolgt von Kiano, Nio und Buma, der jetzt die Nachhut bildete. ›Aber wo war der fünfte Azizi, wo war Dorme, Nios Bruder?‹ Im Schein der Rücklichter musterte Lea die vier und erschrak erneut über den Anblick der sich ihr bot. Alle vier wirkten erschöpft und niedergeschlagen und von der Entschlossenheit und dem Übermut, den alle am Tag ihres Aufbruchs in ihren roten Bijuks ausgestrahlt hatten, war nichts mehr zu spüren. Fragen über Fragen entsprangen in ihrem Kopf und verlangten nach Antworten. »Was ist mit Dorme? Ich sehe ihn nirgendwo.«

»Mein Bruder ist tot«, antwortete Nio, ohne jede Gefühlsregung. Seine Tränen waren offensichtlich längst versiegt und einer bleiernen Schwermut gewichen. Er schien beinahe durch Lea hindurchzugucken.

Lea wurde blass und ergriff instinktiv Nios Hände. »Oh Nio, dass tut mir wirklich sehr leid.«

Nio nickte kaum merklich und presste die Lippen zusammen, bevor er antwortete. »Dorme ist jetzt an einem besseren Ort.«

Ohne weiter darauf einzugehen, ließ Lea die Hände des Jungen los und drehte sich fragend zu den anderen Azizis um. »Was ist denn überhaupt passiert?«

Kiano machte einen halben Schritt nach vorne und blickte Lea im Schein der Rücklichter an. »Wir sind von einem Löwen angegriffen worden, als wir gerade den Oran überquert hatten. Der Golgath, nein, der Maglas muss uns aufgelauert haben, nachdem er uns die ganze Zeit an der Nase herumgeführt hat.«

»Von einem Löwen?« Lea musste unweigerlich an den Maglas denken, der für die Tragödie in dem Dorf verantwortlich war.

»Ja, aber nicht von irgendeinem Löwen, sondern von einem der Brüder, die unser Dorf regelmäßig heimgesucht haben.«

»Moment mal«, hakte Lea ein, »soll das etwa heißen, dass es mehr als einen Löwen gibt, der es auf uns und unsere Rinder abgesehen hat?«

»Leider ja«, meldete sich Buma jetzt wieder zu Wort und erzählte Lea in allen Einzelheiten, was sie von den Ranthu erfahren hatten.

Lea schüttelte die ganze Zeit ungläubig den Kopf, verlor aber jeden Zweifel, als Buma die beiden unterschiedlichen Augen des Löwen erwähnte und erzählte dann ihrerseits, was für eine Tragödie sich in der Abwesenheit der Azizi in dem Dorf zugetragen hatte.

»Dann ist es also wahr«, fügte Nio an, der wie sein Bruder nicht so recht daran geglaubt hatte, dass die Ranthu die Wahrheit gesagt hatten.

»Ja, aber leider ist das noch nicht alles«, fuhr Lea fort und musste mehrmals schlucken, bevor sie weitersprach. »Der Löwe ist dann weiter in das Dorf eingedrungen und hat zuerst Maja, dann Kanzi und zuletzt Amari und Assane getötet.«

Bei dem Namen Kanzi riss Buma die Augen auf und schrie: »Das ist nicht wahr, du lügst!«

Erst da erinnerte sich Lea daran, dass Kanzi der Bruder von Buma war. »Buma, ich wünschte du hättest recht, aber leider ist es nicht so.«

Auf der Rückfahrt ins Dorf fiel Lea ein, dass sie Thea noch gar nicht vorgestellt hatte. Sie hatte die ganze Zeit im Auto gesessen und keinen Mucks gesagt. Es wurde Zeit, dass sie das nachholte, auch wenn der Zeitpunkt nicht der beste war. »Hört mal zu Jungs, dass ist übrigens Thea, meine neue Kollegin. Sie ist eine Heilerin und kann euch helfen, wenn ihr Schmerzen oder Fieber habt.«

»*Habari*«, antwortete Thea, was so viel wie *Hallo* bedeutet, bekam von der Rückbank aber keine Antwort.

Lea versuchte erneut ein Gespräch in Gang zu bringen. »Tajeu, was hältst du davon, wenn sich Thea nachher deine Schulter anguckt? Du hast bestimmt Schmerzen.«

Tajeu blickte weiter gedankenverloren in Richtung der Lichter, die jetzt schon sehr nah waren. »Nein, das ist nicht nötig.«

»Ist schon gut«, entgegnete Thea als Lea zu einer Erwiderung ansetzen wollte. »Ich denke, wir lassen die Jungs jetzt einfach in Ruhe.«

Gesagt, getan hüllte sich Lea in Schweigen, bis sie das Dorf erreicht hatten und die Azizi aus dem Auto sprangen. Zuletzt Nio, den sie mangels Platz in den Kofferraum verfrachtet hatte. Von da aus lenkte Lea den Wagen um das halbe Dorf herum und parkte den alten Land Rover direkt neben dem angrenzenden Camp und eilte zu Tembos Zelt, das von innen hell erleuchtet war. Lea öffnete die Tür und trat ein. »Hallo Tembo, ich bin wieder zurück.« Doch weder war er zu sehen, noch bekam sie eine Antwort. Lea durchquerte den Raum und blieb kurz vor Tembos Schlafkammer stehen und machte sich ein weiteres Mal bemerkbar. »Tembo?« Keine Reaktion. Daraufhin öffnete Lea die Tür zu Tembos Schlafkammer, fand aber nur ein leeres Bett vor. ›Wo Tembo nur war?‹ Lea blickte auf ihre Uhr. Es war bereits nach elf.

»Du musst Thea sein«, meldete sich Tembo plötzlich von hinten, während er seine dreckigen Hände sorgsam an seiner Hose abwischte und auf seine neue Kollegin zuging.

Thea lächelte und streckte Tembo ebenfalls die Hand entgegen. »Tembo, freut mich dich kennenzulernen.«

»Ganz meinerseits. Schön, dass du da bist.«

»Wieder der Generator«, spekulierte Lea und zeigte auf Tembos Hände.

»Ja, ich wollte gerade ins Bett gehen, als das Licht aus...«, plötzlich hielt Tembo inne, blickte sich um und stutzte. »Wolltest du nicht auch Linus in Dar es Salaam einsammeln, ich sehe ihn nirgendwo?«

Lea seufzte, steuerte auf den Kühlschrank zu und nahm drei Bier heraus. »Linus hatte einen Unfall und wird seine Stelle nicht antreten. Mehr weiß ich auch nicht.«

»Uns bleibt auch nichts erspart«, entgegnete Tembo und ließ sich auf einen der Stühle fallen.

Lea schob ihm und Thea ein Bier über den Tisch und setzte sich den beiden gegenüber. »Das ist aber leider noch nicht alles.«

»Wie, noch nicht alles?«, fragte Tembo überrascht und neugierig zugleich, während er seine Stirn in Falten legte und mal wieder unbewusst mit den Ohren wackelte.

Lea kannte das schon und hätte wie so häufig gelacht, wenn die Situation nicht so bitterernst gewesen wäre. So aber biss sie sich kurz auf die Lippen und begann Tembo von ihrer Begegnung mit den Azizi zu erzählen. Tembo hörte aufmerksam zu, bis Lea auf Dormes Tod zu sprechen kam.

Tembo schrie etwas Unverständliches in seiner Muttersprache und fegte die drei Bierflaschen vom Tisch, die er zuvor ausgetrunken hatte. Zwei davon landeten an der dicken Zeltplane und kullerten über den Holzboden, während die dritte laut klirrend an einer der tragenden Zeltstangen zerbrach.

Nicht nur Tembo selbst erschrak, sondern auch Thea, die irgendwann eingeschlafen war. Sie hob ihren Kopf ruckartig von der Tischplatte, öffnete die Augen und stammelte unzusammenhängendes Zeug. Ganz offensichtlich brauchte sie einige Sekunden, bis sie wieder wusste, wohin es sie verschlagen hatte.

»Oh, das tut mir leid«, entgegnete Tembo schuldbewusst und fasste Thea beschwichtigend auf den Unterarm. »Ich wollte dich nicht erschrecken.«

Thea stand auf und lächelte Tembo an. »Kein Problem, normalerweise bin ich nicht so schreck...«

»Komm, ich zeige dir deine Schlafkammer«, unterbrach Lea ihre neue Kollegin. Ihre eigene Müdigkeit war dagegen wie weggeblasen.

Wenig später machten sich Lea und Tembo auf den Weg ins Dorfzentrum. Sie wollten mit Patme sprechen und herausfinden, wie die Tük die Tragödie aufgenommen hatten und noch wichtiger, was die Tük jetzt tun wollten. Mit jedem Meter, den sie zurücklegten, zweifelte Tembo jedoch mehr und mehr am Wahrheitsgehalt der Geschichte, die die Azizi Lea erzählt hatten. Denn jetzt, wo er darüber nachdachte, klang doch alles sehr absonderlich und wurde von zu vielen Zufällen überlagert. ›Ob Lea wohl zwischenzeitlich ähnlich dachte?‹ »Glaubst du wirklich, was dir die Azizi über den Löwen erzählt haben?«,

»Was meinst du?«

»Ich meine den Teil mit der Augenfarbe. Glaubst du wirklich, dass es zwei sind und noch dazu Brüder, die so viel Leid über die Tük gebracht haben?«

Lea überlegte kurz, bevor sie antwortete. »Ja, ich glaube ihnen, denn als Thea und ich die Azizi aufgegabelt haben, wussten sie noch nichts von dem Angriff auf das Dorf und nichts von den verschiedenfarbigen Augen, die den Maglas so besonders, so unverwechselbar gemacht haben.«

Jetzt war es Tembo, der kurz über das nachdachte, was Lea gerade gesagt hatte. »Ja, du hast natürlich recht. Ich weiß auch nicht, wie ich darauf gekommen bin.«

Lea klopfte Tembo freundschaftlich auf die Schulter. »Ist schon okay. Es ist im Moment einfach alles zu viel, da kommt man schnell auf solche Gedanken.«

»Ja, ein echter Albtraum, schlimmer geht's nicht...«

»...und wir sind mittendrin«, vollendete Lea den Satz und presste die Lippen zusammen, aber nur um den Bruchteil einer Sekunde später zu lächeln, weil Alemee und Kiano in ihr Blickfeld rückten. Sie standen im Schein eines Feuers vor Alemees Hütte und hielten sich eng umschlungen.

Die drei anderen Azizi sahen Lea und Tembo, wie erwartet, im Dorfzentrum. Dicht umringt von dreidutzend Tük standen sie in der Nähe des großen Feuers und redeten lautstark durcheinander. Patme war ebenfalls anwesend. Sie stand etwas abseits und unterhielt sich mit Jabal, ihrem Stellvertreter. Lea hob die Hand als Zeichen, dass sie sie gesehen hatte und ging zu ihr herüber.

»Hallo Patme.«

»Hallo Lea, schön, dass du da bist, ich wollte dich eh gerade holen lassen.«

Lea wollte gerade antworten, als einige der herumstehenden Tük »*Simba Kateli*« riefen. Einmal angefangen stimmten immer mehr mit ein und riefen ihren neuen Namen. »*Simba Kateli, Simba Kateli*«, immer wieder und wieder.

»Jetzt hast auch du endgültig deinen Spitznamen weg«, flüsterte Tembo in den Sprechgesang hinein und wackelte kurz mit den Ohren.

»Sehr witzig«, antwortete Lea und verzog die Lippen zu einem schiefen Grinsen. Die Situation war ihr alles andere als angenehm.

Als der Sprechgesang langsam wieder abebbte, richtete Patme erneut das Wort an Lea. »Sie wollen, dass du mitkommst.«

»Wohin?«

»Auf Löwenjagd, natürlich, wohin denn sonst.«

Lea schien überrascht, während Tembo sogar regelrecht schockiert wirkte. Sämtliche Farbe war aus seinem Gesicht gewichen.

53

Nach drei Tagen ging es Linus allmählich besser. Er war zwar immer noch schwach und wackelig auf den Beinen, aber wenigstens wieder in der Lage allein auf die Toilette zu gehen. Wie hatte er den Moment herbeigesehnt, als man ihm endlich diesen Scheiß Katheter gezogen hatte. Aber auch vom Kopf her war er wieder klar. Er hatte endlich akzeptiert was mit ihm passiert war, obwohl noch immer eine ganze Reihe unbeantworteter Fragen durch seinen Kopf geisterten. Letzteres galt insbesondere für den Teil seiner Träume, die er in Tansania zugebracht hatte. Für einen kurzen Moment hatte er deshalb sogar in Erwägung gezogen mit Robin erneut darüber zu sprechen, es sich am Ende aber anders überlegt. Nicht, weil er ihr nicht mehr vertraute, sondern weil er zu dem Schluss gekommen war, dass es an der Zeit war, die Dinge wieder mit sich selbst auszumachen. Gerade beschäftigte ihn die Frage, was es mit *Nchi ya ndoto* auf sich hatte. Der Begriff hatte sich fest in sein Gedächtnis eingebrannt, seitdem ihm Lea in seinem Träumen begeistert davon berichtet hatte. Spontan griff Linus nach seinem Laptop und jagte den Begriff durch die Suchmaschine und wartete gespannt darauf, was passieren würde. Doch anfangs tat sich nichts, bis sich ganz langsam eine Trefferliste vor seinen Augen aufbaute. Das WLAN war einfach nur schlecht. Linus wählte den ersten Eintrag aus und begann mit weit aufgerissenen Augen Zeile für Zeile zu lesen. Nachdem was dort geschrieben stand, war der Begriff fest in der Mythologie der Tük verankert und bedeutete so viel wie Zwischenwelt, Traumland oder auch Land der Toten. Soweit so gut, dachte Linus und fragte sich, wie er sich an einen Begriff erinnern konnte, von dem er vor seinem Unfall noch nie etwas gehört hatte. Es sei denn, ja es sei denn, er hatte den Begriff vorher schon einmal gegoogelt und hatte es einfach nur vergessen. Ja, das wäre möglich, überlegte Linus weiter und begann sofort seinen Suchverlauf zu checken. Doch er fand keinen Hinweis, ganz egal wie lange er mit dem Finger auf der Pfeiltaste auch herunterscrollte. Irritiert klappte Linus den Laptop zu, aber nur um sich sogleich über sein Notizbuch herzumachen, das ihm Robin ebenfalls mitgebracht hatte. Linus konnte sich an vieles, wenn auch nicht alles erinnern, was er auf über einhundert Seiten zu Papier gebracht hatte. Einen Hinweis auf *Nchi ya ndoto* fand er jedoch auch hier nicht. Nachdenklich klappte Linus das Notizbuch zu und überlegte, welche Erklärung es noch für diesen ganzen Wahnsinn geben konnte. Blieben eigentlich nur noch die Zeitschriften übrig, die sich zu Hause auf seinem Tisch stapelten. Vielleicht hatte er etwas in einer Ausgabe der GEO, National-Geographic oder Life gelesen und den Inhalt unbewusst in seine Träume eingewoben. Ja, so muss es gewesen sein, war Linus sich auf einmal sicher. Alles andere hatte er schließlich ausgeschlossen.

Nein, er war sich überhaupt nicht sicher, musste Linus sich nach einer Weile eingestehen und haute mit den Fäusten auf die Bettdecke. Zu viele Fragen blieben unbeantwortet, zu viele Ungereimtheiten ungeklärt, zumindest wenn man rational und mit logischem Menschenverstand an die Sache heranging. Aber wer sagte, dass man das musste, schoss es Linus durch den Kopf. Vielleicht war er wirklich im Traumland, im Land der Toten gewesen und hatte alles selbst durchlebt, während er hier im Koma gelegen hatte. Dr. Mommsen, Dodong, Robin und selbst Sven hatten schließlich mehr als einmal erwähnt, dass man ihn mehr Tod als lebendig aus der Kieler Förde gezogen hatte. Was sagte Sven noch gleich: »*Keinen Pfifferling haben wir mehr auf dein Leben gegeben.*« Ja, das würde einiges, nein alles erklären, musste Linus sich eingestehen und konnte sich ein Lächeln nicht verkneifen. Gleichzeitig reifte in ihm die Erkenntnis, dass er endlich an den Ort wollte, wo seine Träume ihn bereits hingebracht hatten. Nach Afrika, nach Tansania, hinein in ein neues Leben.

Das Lächeln gefror in Robins Gesicht, als Linus ihr von seinem abenteuerlichen Plan erzählte. Sie war gut gelaunt für einen kurzen Abstecher ins Krankenhaus gefahren und konnte nicht glauben, was ihr dieser Halunke da gerade erzählte. Immer noch nach Fassung ringend versuchte sie ihn mit aller Macht von dieser absurden Idee abzubringen. »Linus, dass kannst du doch nicht ernst meinen. Du bist körperlich überhaupt nicht in der Lage nach Tansania zu reisen, geschweige denn dort als Entwicklungshelfer zu arbeiten. Schau dich doch nur mal an.« Zum Beweis schlug sie die Bettdecke zurück und zeigte auf Linus Körper, der während des Komas einen Großteil seiner Muskelmaske eingebüßt hatte. Die einstmals muskulösen Beine waren nur noch zwei dünne Stäbchen.

Linus stemmte sich mit den Ellenbogen ab und setzte sich ein wenig auf. »Ach, das wird schon, ein wenig Training und ich bin wieder der Alte.«

Robin war jetzt regelrecht erbost. »Jetzt hör mir mal zu du Witzbold. Du schätzt deinen Gesundheitszustand völlig falsch ein oder hast du schon vergessen, dass du zwei Wochen im Koma gelegen hast? Was du jetzt brauchst, ist Ruhe und eine mehrwöchige Reha. Außerdem ist alles schon arrangiert. In zehn Tagen geht es los, in eine Spezialklinik nach Heiligendamm.«

»Das kannst du vergessen!«, antwortete Linus und verschränkte seine dünnen Ärmchen trotzig vor seiner Brust. »In einer Woche bin ich auf dem Weg nach Tansania und sonst nirgendwo hin.«

Robin flehte jetzt beinahe. »Linus sei doch bitte vernünftig und übe dich wenigstens noch ein wenig in Geduld. Auf ein paar Monate kommt es doch nun wirklich nicht an. Deine Sturheit wird dir sonst noch das Leben kosten.«

Die Worte schienen bei Linus endlich die gewünschte Wirkung zu entfalten. Seine Entschlossenheit wich aus seinem Blick und Linus begann auf seiner Unterlippe herumzukauen. »Dann muss ich aber wenigstens Bescheid geben. Wie sieht das denn sonst aus?«

Milde lächelnd legte Robin ihrem Schützling die Hand auf den Unterarm. »Das habe ich längst erledigt. Deiner neuen Chefin habe ich bereits eine Mail geschrieben und mit deinem Ansprechpartner hier in Deutschland gerade eben erst telefoniert.«

»Woher weißt du von Lea?«

»Aus dem Brief, den dir James Turner geschickt hat. Ich habe ihn bei deinen Sachen gefunden und einen Blick hineingeworfen. Ich hoffe, das war okay?«

»Ja, natürlich, aber sag, was hat sie geantwortet?«

»Noch gar nichts, aber wenigstens habe ich eine Lesebestätigung erhalten«, antwortete Robin und zuckte beinahe entschuldigend mit den Schultern.

»Sie hat nicht geantwortet«, sagte Linus mehr zu sich selbst und wurde augenblicklich blass.

»Dafür hat sich der Sektionsleiter aus Hamburg aber sehr verständnisvoll gezeigt. Ich soll dir ausdrücklich seine besten Genesungswünsche aussprechen.«

»Und was ist mit meiner Stelle, hat er auch dazu etwas gesagt?«

»Nein, nicht wirklich«, flunkerte Robin. »Er hat nur erwähnt, dass du erst einmal wieder gesund werden sollst und sich alles andere dann ganz von alleine findet.« In Wahrheit war er zwar tatsächlich voller Verständnis gewesen, aber gleichzeitig nicht bereit gewesen, Linus die Stelle freizuhalten. Dafür war die Lage seiner Meinung nach in Tansania viel zu schwierig, ohne genau zu sagen, was er damit meinte. Robin hatte nochmals nachgefragt, aber keine Antwort erhalten.

Linus schien kurz zu überlegen, bevor er das Gespräch zur Freude von Robin auf ein weit weniger unverfängliches Thema lenkte.

»Ja, Dodong ist wirklich ein feiner Kerl«, antwortete Robin und war froh, dass sie wieder bei der Wahrheit bleiben konnte. Denn erstens war Dodong wirklich ein feiner Kerl und zweitens hasste sie es zu lügen, auch wenn es sich zuvor um eine Notlüge gehandelt hatte. Was hätte sie aber auch anderes sagen sollen, ohne Linus in Aufruhr zu versetzen. Umso erleichterter war Robin, als sie wenige Minuten später das Zimmer verließ, ohne dass Linus sie nochmals auf das Telefonat mit Thommy Fleedwood angesprochen hatte.

54

Später am Abend wurde Linus von einer eigentümlichen Unruhe erfasst. Eine Unruhe, die wie eine Welle durch seinen Körper lief und ihn aus dem Bett und auf den Flur hinaustrieb. Mühsam setzte er ein Bein vor das andere, während er unablässig über das Gespräch mit Robin nachdachte, das sie am Nachmittag geführt hatten. Sie hatte zweifelsohne recht, mit dem was sie gesagt hatte, da biss die Maus keinen Faden ab. Er war nur noch ein Schatten seiner selbst und kaum noch in der Lage einen Schritt vor den anderen zu setzen, geschweige denn als Entwicklungshelfer zu arbeiten. So war er mehr eine Belastung und definitiv keine Hilfe für Lea, die auch ohne ihn schon so viel durchgemacht hatte. Mit letzter Kraft schleppte sich Linus auf einen einzelnen Stuhl, der am Ende des Flures stand und starrte gedankenverloren auf die flackernde Flurbeleuchtung in dem ansonsten weißen und nach Desinfektionsmitteln riechenden Durchgang. Lange saß er einfach nur so da und ließ die Erinnerungen Revue passieren, die ihn unwiderruflich mit Lea und den Tük verbanden. Linus war sich mittlerweile sicher, dass Nchi ya ndoto tatsächlich existierte, auch wenn er alles andere als esoterisch veranlagt war. Und wenn dem so war, dann brauchte Lea jetzt seine Hilfe und nicht irgendwann in sechs Monaten. Nein, solange konnte und wollte er nicht warten. Es musste einen anderen, einen schnelleren Weg geben. Wenn er es doch nur irgendwie schaffen könnte, schneller in Form...

»Linus, was machst du denn hier draußen?«, riss ihn Dodong in dieser Sekunde aus seinen Gedanken.

»Ich, ich...«, in dem Moment kam ihm eine Idee, »ich brauche deine Hilfe.«

»Helfen, wobei?«, fragte Dodong und ließ sich mit dem Rücken an der Wand langsam auf den Boden gleiten.

»Hier rauszukommen, und zwar so schnell wie möglich. Du musst mir helfen wieder fit zu werden.«

»Ich verstehe nicht, was du...«, Dodong brach ab und setzte neu an. »...Hat dir denn noch niemand gesagt, dass du demnächst nach Heiligendamm verlegt wirst? Die sind auf Fälle wie dich spezialisiert und kriegen dich schon wieder hin.«

Linus schüttelte den Kopf und blickte Dodong im Schein der flackernden Neonröhre eindringlich an. »Die Zeit habe ich nicht, ich muss nach Tansania, jetzt.«

»Nach Tansania, davon wolltest du mir die ganze Zeit erzählen.«

In dem Moment merkte Linus, wie es ihn fröstelte. Die Kälte kroch von den kalten Fliesen in seine Beine und weiter unter das Engelshemd, das er so sehr hasste. »Ja, du hast recht, aber nicht hier. Lass uns zurück in mein Zimmer gehen.«

Fünf Minuten später lag Linus wieder in seinem Bett und begann Dodong von seinen Träumen zu erzählen. Er fing mit dem Tag an, als er die Dünkirchen vermeintlich betreten hatte, erzählte von seinen Streifzügen mit den *Löwenjägern* und beendete seinen Bericht über eine detailgetreue Beschreibung von seinen Begegnungen mit Lea Rosendahl.

Dodong saß wie immer auf dem Stuhl gegenüber dem Bett und sagte ausnahmsweise kein Wort. Er hatte die Hände vor den Lippen gefaltet, die Augen geschlossen und wirkte auch dann noch in sich gekehrt, als Linus längst zum Ende gekommen war.

»Und was sagst du?«, fragte Linus schließlich, als er die aufkeimende Stille nicht mehr aushielt.

Dodong öffnete die Lider und schaute Linus aus glasigen Augen an. »Der Ort, an dem du warst, heißt in meiner Sprache *Dất bên kia đường chân trời.* Meine Großmutter hat mir immer davon erzählt.«

»*Dất bên was?*«

»*Dất bên kia đường chân trời* bedeutet so viel wie...«, Dodong überlegte kurz und schien nach der richtigen Übersetzung zu suchen, »... *Reise hinter den Horizont.*«

»Dann glaubst du mir, dass es kein normaler Traum war, den ich in den letzten zwei Wochen...«, auch Linus suchte jetzt nach dem richtigen Worten, »...durchlebt habe?«

Mit einem Mal umspielte ein kleines Lächeln Dodongs Mundwinkel. »Ja, natürlich glaube ich dir, warum auch nicht, denn alles was du gesagt hast, ergibt für mich einen Sinn.«

»Wirklich?« Linus fiel ein Stein vom Herzen.

Dodong steckte seine Hand aus und fasste Linus an den Arm. »Linus, du warst so gut wie tot und hast die Chance bekommen, einen Blick hinter den Horizont zu werfen. Dieses Privileg bekommen nur die Wenigsten und wenn, dann führt in aller Regel kein Weg zurück.«

»Nur wenige?«

»Ja, denn nur diejenigen, die reinen Herzens sind, finden den Weg hinüber. Für die anderen geht es dagegen bergab.« Zur Untermalung zeigte Dodong mit dem Daumen nach unten.

»Das klingt ja so ein bisschen nach Himmel und Hölle.«

»Ja, durchaus«, antwortete Dodong, »auch wenn diese Begriffe in unserer Religion nicht verankert sind. Im Kern läuft es aber auf dasselbe hinaus.«

Linus war nie religiös gewesen, wusste aber, dass die Vorstellung von Himmel und Hölle im Christentum und Islam eine zentrale Rolle spielte, nicht aber im Buddhismus, der am weitesten verbreiteten Religion in Südostasien. »Demnach bist du kein Buddhist«, schlussfolgerte Linus und blickte Dodong fragend an.

»Nein und auch kein Christ oder Moslem, um deine nächste Frage vorwegzunehmen. Meine Familie und ich gehören einer sehr kleinen, weniger bekannten Religionsgemeinschaft an, die vorwiegend in der Bergregion Sapa praktiziert wird.«

»Verstehe.« Linus hatte noch tausend Fragen, besann sich dann aber wieder auf das Wesentliche. »Kann ich denn jetzt auf deine Hilfe zählen?«

»Wieder griff Dodong nach Linus Arm. »Ja, das kannst du. Ich werde dir helfen hier herauszukommen, auch wenn es mich meinen Job kostet.«

55

In den zehn darauffolgenden Tagen trainierten Linus und Dodong jede Nacht. Sie liefen den Flur rauf und runter, machten gemeinsam Gymnastik, Kräftigungsübungen und Atemtraining. War Linus am ersten Tag seines Trainings kaum in der Lage mehr als zweihundert Schritte zu gehen, waren es an Tag fünf bereits zweitausend Schritte und auch die beiden Hanteln die ihm Dodong besorgt hatte, konnte er jetzt viele Male stemmen. Er machte gute, ja sogar sehr gute Fortschritte, während sich die Ärzte langsam ein wenig Sorgen machten.

»Er schläft zu viel«, hörte er Dr. Mommsen im Halbschlaf an Tag sechs sagen. »Irgendetwas stimmt nicht mit ihm. Wir sollten nochmals einen vollumfänglichen Check machen.«

»Ja, das ist eine gute Idee«, antwortete Dr. Bernstein, »vielleicht haben wir irgendetwas übersehen. Gut möglich, dass seine Lunge doch größeren Schaden genommen hat.«

Wenn ihr wüsstet, dachte Linus und überlegte kurz, ob er den Ärzten reinen Wein einschenken sollte, entschied sich dann aber dagegen. Zu groß schätzte er das Risiko ein, dass sie genauso reagieren würden, wie es Robin getan hatte.

Einen Tag später trat Robin zusammen mit Sven und den Ergebnissen des Check-Ups vor sein Bett und schmiss ihm den Bericht auf die Bettdecke und sagte: »Hast du uns vielleicht etwas zu sagen?«

Linus blickte zwischen Robin und dem Haufen Papier hin und her. »Ich weiß nicht, worauf du hinauswillst«, antwortete er, obwohl er genau wusste, was die Stunde geschlagen hatte. Dr. Mommsen war erst heute Vormittag da gewesen und hatte sich euphorisch, aber auch erstaunt über seine körperliche Konstitution gezeigt. Was hatte er noch gleich gesagt: *»Herr Christiansen, Sie sind wirklich eine Ausnahmeerscheinung. Erst wachen sie gegen jede Wahrscheinlichkeit aus dem Koma auf und jetzt scheinen Sie auch noch im Schlaf ihre Kräfte zurückzugewinnen. Andere Patienten brauchen dafür Wochen, manchmal sogar Monate, um auf demselben Stand zu sein. Wie machen Sie das nur?«* Linus hatte daraufhin mit den Schultern gezuckt und den Ahnungslosen gespielt und Dr. Mommsen hatte nicht weiter nachgebohrt. Leider galt das nicht für seine Freundin und Therapeutin.

»Das weißt du ganz genau«, antwortete Robin und schlug die Decke zurück. Die einstmals durchtrainierten Beine waren zwar noch nicht wieder so muskulös wie früher, aber auch kein Vergleich mehr mit den dünnen Streichhölzern, zu denen sie sich während des Komas entwickelt hatten.

Linus blickte an sich herunter und war selbst überrascht, wie deutlich die Konturen seiner Oberschenkelmuskulatur bereits wieder zu erkennen waren, beließ es aber bei einen kurzen »Und?«

»Ist das alles, was dir dazu einfällt?«, echauffierte sich Robin. »Du hattest erst dreimal Physiotherapie, hast aber bereits Beine, die dich auf die Zugspitze tragen könnten. Kannst du mir das vielleicht mal erklären?«

Linus überlegte kurz, was er darauf antworten sollte, und entschied sich schlussendlich für die Wahrheit. »Ich habe dir doch gesagt, dass ich nach Tansania gehe.« Er konnte und wollte Robin nicht weiter anlügen, nicht nach alldem was sie für ihn getan hatte.

»Du bist einfach unverbesserlich«, antwortete Robin und schüttelte den Kopf.

»Mein Reden«, entgegnete Sven, der sich jetzt erstmals zu Wort meldete. »Der Junge muss immer mit dem Kopf durch die Wand, ganz egal, wie dick die Mauer ist.«

»Ja, das ist wohl so«, antwortete Robin und musste seufzen, aber nur um im nächsten Moment zu lächeln. »Dann sag uns wenigstens, wie du das angestellt hast? Deine Metamorphose ist ja wirklich unglaublich.«

»Tagsüber geschlafen und nachts trainiert.«

»Wie meinst du das: »nachts trainiert?«

»Trainiert halt. Ich bin nachts die Flure entlang gerannt, das Treppenhaus rauf und runter gelaufen, habe Hanteln gestemmt und was man eben sonst so alles macht, um wieder in Form zu kommen.«

Robin blickte immer noch ungläubig auf Linus Beine. Es war wirklich erstaunlich, wie schnell die Muskeln auf die Reize reagiert hatten. In der Sekunde schoss ihr eine Frage durch den Kopf, die von ihr auch gleich selbst beantwortet wurde. »Und bei alldem hat dir Dodong geholfen, richtig?«

Linus nickte nur.

»Und wann willst du los?«, fragte Sven, der wie immer seine blaue Wollmütze zwischen den Fingern knetete, wenn die Anspannung zu groß für ihn wurde.

»Ich fliege in drei Tagen von Frankfurt nach Mombasa.«

»Du fliegst?« Robin traute ihren Ohren nicht.

»Ja, meine Angst ist verflogen, seit ich mit meinen alten Kameraden im Reinen bin.«

»Verstehe«, antwortete Robin und musste an den Moment zurückdenken, als Linus ihr und Sven von seiner imaginären Begegnung mit Claas und Torben erzählt hatte. Robin lief bei diesem Gedanken ein Schauer über den Rücken. »Aber warum nach Mombasa?«

»Weil nach Dar es Salaam diese Woche kein Flieger mehr geht.«

»Junge, das ist zu früh«, meldete sich Sven erneut zu Wort. »Oder willst du, dass sich die Ereignisse wiederholen?«

»Das wird nicht passieren. Ich bin fit genug und außerdem weiß ich, worauf ich mich einlasse.«

»Das hast du auch gesagt, als du in das Kajak geklettert bist.«

»Das ist etwas anderes.«

»Mag sein, aber trotzdem ist es zu früh. Du musst dir einfach mehr Zeit lassen. Auf ein paar Wochen kommt es doch nun wirklich nicht an.«

»Doch tut es. Lea braucht mich, ich weiß es einfach.«

»Wenn du dich da mal nicht täuschst, dachte Robin und musste augenblicklich an ihr Gespräch mit Thommy Fleedwood zurückdenken. »Linus, ich muss dir noch etwas sagen.«

»Ja, ich höre.«

»Ich, ich…«, fing sie an zu stottern, während ihr Mund immer trockener wurde.

»Was ist los Robin?«, argwöhnte Linus. »Komm schon und spuck es aus.«

»Ich, ich war nicht ganz ehrlich zu dir, als ich dir von meinem Gespräch mit Thommy Fleedwood erzählt habe.« Die Worte gingen Robin nur schwer über die Lippen.

Linus setzte sich ein wenig auf. »Wie meinst du das, *nicht ganz ehrlich?*« Die Anspannung stand ihm jetzt ins Gesicht geschrieben.

»Thommy Fleetwood wollte sich in Wahrheit nicht festlegen, als ich ihn gefragt habe, ob er dir die Stelle freihält. Angeblich wäre die Lage in Tansania dafür gerade zu kompliziert.«

Linus blickte Robin aus großen Augen an. »Wieso hast du mir das nicht gleich gesagt?«

»Du warst so durcheinander und aufgewühlt und da habe ich mir gedacht, dass es das Beste ist, wenn ich...«, Robin brach ab und fügte die Hände zu einer Geste der Entschuldigung zusammen. »...Es tut mir wirklich leid Linus, wirklich, bitte entschuldige.«

An Linus Gesichtsausdruck konnte man förmlich sehen, wie es in ihm arbeitete. Seine Wangenknochen traten hervor und sein Kiefer mahlte, bis er eine Entscheidung getroffen hatte. »Das ändert nichts. Ich fliege in drei Tagen. Weder ihr beide, noch Thommy Fleedwood, kann mich davon abhalten. Lea braucht meine Hilfe, ich weiß es einfach.«

56

Zwölf Tage nachdem Linus aus dem Koma erwacht war verließ er, wie angekündigt, das Krankenhaus. Dr. Mommsen und. Dr. Bernstein hatten erwartungsgemäß ihr Veto eingelegt, konnten ihn aber ebenso wenig umstimmen, wie zuvor seine beiden Freunde. Auf dem Weg nach draußen musste Linus unwillkürlich an den ersten Teil seines Traums denken. Die Ereignisse schienen sich zu wiederholen, nur mit dem Unterschied, dass er das Krankenhaus in der Realität nicht allein, sondern mit Dodong an seiner Seite verließ. Der junge Krankenpfleger hatte darauf bestanden, ihn höchstpersönlich hinauszubegleiten. Aber noch etwas war anders, dachte Linus und musste lachen, als sein Blick auf halber Strecke eher zufällig auf seine Füße fiel. Denn anders als in seinem Traum, hatte er diesmal Schuhe an.

»Was ist?«, fragte Dodong und blickte irritiert zu Linus herüber, der kurz stehen geblieben war und auf seine Füße schaute. »Warum lachst du?«

»Ist nicht so wichtig«, antwortete Linus und setzte sich wieder in Bewegung. Er hatte Dodong mit diesem und anderen Details seines Traumes bewusst verschont und auch jetzt keine Lust hierauf näher einzugehen. Außerdem waren sie eh schon spät dran und mussten sich beeilen. »Komm lass uns einen Zahn zulegen, Robin wartet bestimmt schon. Nicht, dass sie noch denkt, dass ich es mir anders überlegt habe.«

Jetzt musste auch Dodong lachen. »Keine Sorge, so naiv ist sie nicht. Nicht nach der Entschlossenheit, die du an den Tag gelegt hast.«

Nachdem Robin realisiert hatte, dass Linus seinen Plan umsetzen würde, hatte sie sich nach einer schlaflosen Nacht dazu entschieden, ihn bei seinem Vorhaben zu unterstützen und zum Flughafen nach Frankfurt zu bringen. Sie hatte das Für und Wider gegeneinander abgewogen und war zu guter Letzt zu dem Schluss gekommen, dass es Linus Bestimmung war, den Weg, den er begonnen hatte, jetzt auch zu Ende zu gehen. Nur deshalb stand sie jetzt hier und konnte durch die Frontscheibe dabei zusehen, wie sich Linus und Dodong voneinander verabschiedeten. Erst gaben sie sich die Hand, aber nur um sich im nächsten Moment in den Armen zu liegen. Robin freute sich über das Bild, das sich ihr bot. Dann löste sich Linus aus der Umarmung, nahm seinen Rucksack wieder auf und setzte sich zu ihr auf den Beifahrersitz. »Guten Morgen Linus, alles klar?«

»Ja, alles klar, wir können fahren.«

Robin startete den Motor und lenkte den Wagen vom Parkplatz, während sie Dodong im Rückspiegel winken sah. Robin hatte Dodong in den letzten Tagen näher kennen und schätzen gelernt. Der junge Pfleger war wirklich ein guter Typ, auch wenn er manchmal ein wenig absonderlich wirkte.

Eine halbe Stunde später hielt Robin vor dem alten Kapitänshaus an und blickte zu Linus herüber. »Soll ich mit reinkommen?«

»Nein, das ist nicht nötig. Linus öffnete die Autotür, stieg aus, überbrückte die letzten Meter und verschwand in dem Haus, das er einst von seinem Großvater geerbt hatte. Alles sah noch so aus, wie er es in Erinnerung hatte, wenn man von dem Notebook und den Unterlagen absah, die Robin ihm bereits mitgebracht hatte und jetzt gut verstaut in seinem kleinen Rucksack auf der Rückbank des Vans lagen.

Geld, Kreditkarten und seinen Pass fand er, wie erwartet, in seinem Brustbeutel in der Küchenschublade, sein Handy auf seinem Nachttisch und seinen Seesack unter dem Bett. Sorgsam stopfte Linus ein paar Klamotten hinein, bis ihm sein T-Shirt mit dem Aufdruck *-Stell dir vor es ist Krieg und keiner geht hin-* in die Hände fiel. Linus starrte auf den Schriftzug und nicht zum ersten Mal an diesem Tag hatte er ein Déjà-vu-Erlebnis. Alles schien sich zu wiederholen und plötzlich war er sich nicht mehr sicher, ob er wirklich wach war oder doch nur träumte.

Robin blickte auf ihre Uhr. ›Wo Linus nur blieb?‹ Die Zeit wurde langsam knapp, zumindest wenn sie noch kurz am Ruderclub anhalten wollten. Spontan drückte Robin auf die Hupe.

Linus schreckte auf, stopfte das T-Shirt hinein und hastete die Treppe hinunter. Er zog die Tür hinter sich zu, verstaute den Seesack im Kofferraum und nahm wieder auf dem Beifahrersitz Platz. »Okay, es kann losgehen.«

»Hast du alles, was du brauchst?«

»Ja, ich denke schon, den Rest kaufe ich auf dem Flughafen.«

Robin nickte und fuhr los, nahm aber ganz offensichtlich nicht den Weg, den Linus vor Augen hatte.

»Hey, wo fährst du hin, zur Autobahn hätten wir rechts abbiegen müssen.«

»Ich will auch nicht zur Autobahn, sondern zum Ruderclub.«

»Ich glaube nicht, dass Sven sich von mir verabschieden will, so enttäuscht und wütend, wie er gestern noch war.«

»Was redest du da für einen Unsinn, natürlich will er das.«

»Aber...«,

»Kein aber«, ging Robin dazwischen und schüttelte leicht amüsiert den Kopf. »Ich bin hier die Psychiaterin, schon vergessen?« Dass sie in Wahrheit nochmals mit Sven gesprochen und sich abgesichert hatte, behielt sie für sich.

»Na gut, aber auf deine Verantwortung.«

»Geht klar«, antwortete Robin und parkte den Wagen wenig später auf dem Parkplatz des Ruderclubs. »Und jetzt raus mit dir.«

»Kommst du nicht mit?«

»Nein, warum sollte ich?«

Anders als erwartet fand Linus den alten Sven nicht in seiner Werkstatt vor, sondern nahe der Stelle, an der er vor mehr als drei Wochen sein Kajak zu Wasser gelassen hatte. Er unterhielt sich gerade mit einem Mann, den Linus nicht kannte. Womöglich ein anderes Vereinsmitglied, überlegte Linus und wollte schon zurückgehen, als sich beide voneinander verabschiedeten. Linus straffte die Schultern, ging auf den alten Mann zu und stellte sich, ohne ein Wort zu sagen, neben ihn.

Gemeinsam blickten sie auf die Ostsee hinaus, bis Sven die Stille durchbrach. »Du willst es also wirklich durchziehen?«

»Ich muss, ich habe keine Wahl.«

»Ein Mann hat immer eine Wahl.«

»Nicht in diesem Fall.«

Sven ließ sich lange mit einer Antwort Zeit und sagte dann etwas, mit dem Linus überhaupt nicht gerechnet hatte. »Weißt du, wer der Mann war, mit dem ich gerade gesprochen habe?«

»Nein, keine Ahnung.«

»Das war der Wachoffizier des Seenotrettungskreuzers, der dich aus der Förde gezogen hat.«

Linus war sprachlos und beschämt zugleich, weil er sich nie bei der Crew bedankt hatte. Er hatte es schlicht vergessen.

»Er hat mir etwas Interessantes über den Unfall berichtet.«

»Was meinst du?«

»Nachdem was er mir erzählt hat, hattest du einen Schutzengel.«

»Einen Schutzengel?« Linus hatte keine Ahnung, wovon Sven gerade redete.

»Ja, einen Schutzengel. Genauer gesagt war es ein weißer Delfin, der dich gerettet hat.«

Mit einem Mal machte es *Klick* und Linus konnte sich wieder an den Delfin erinnern. »Stimmt, da war ein Delfin, jetzt wo du das sagst.«

Sven nickte. »Ullstein, so heißt der Wachoffizier, hat mir erzählt, dass sie dich zwischen den Wellenbergen niemals gesehen hätten, wenn der Delfin sie nicht zu dir gelost hätte.«

»Das ist wirklich krass«, antwortete Linus und wusste gar nicht, was er dazu weiter sagen sollte.

»Ja, in der Tat. Ullstein sprach sogar davon, dass der Moment etwas Magisches hatte, etwas, dass er nie vergessen würde.«

Linus musste schlucken. »Kannst du mir seine Nummer geben, ich würde ihn gerne anrufen.«

»Die habe ich leider nicht, aber wenn du willst, besorge ich sie dir und gebe sie Robin. Sie kann sie dir dann schicken. Ich selbst habe, wie du weißt, ja kein Handy.«

»Okay, danke, dass wäre super. Ich muss dann auch los, Robin wartet, sie bringt mich zum Flughafen.«

»Dann sieh zu, dass du Land gewinnst«, knurrte Sven in seiner unnachahmlichen Art.

»Ja, ist gut.« Linus drehte sich um, hielt dann aber in der Bewegung inne und nahm den alten Mann spontan in den Arm.

»Hey, was tust du?«

»Sorry, aber ich konnte nicht anders. Alles wieder gut zwischen uns?«

»Natürlich, jetzt wo ich weiß, dass du einen Schutzengel hast«, knurrte Sven erneut. »Und jetzt lass mich endlich los oder willst du mich erwürgen?«

Als Linus auf das Auto zusteuerte sah Robin sofort, dass Linus strahlte. Zwischen den beiden schien offensichtlich alles wieder im Lot zu sein. »Alles okay?«, fragte sie dennoch und wurde nicht enttäuscht.

»Ja, alles okay, wir können fahren.«

Robin fuhr los und ließ Linus eine Weile in Ruhe, bis sie sich daran erinnerte, dass ihr ehemaliger Patient eine wahnsinnige Angst vor dem Elbtunnel hatte. »Wo lang?«, fragte sie trotzdem und wurde von der Antwort überrascht.

»Durch die weiße Bestie.«

Robin wusste sofort, dass Linus den Elbtunnel meinte, da sie während ihrer gemeinsamen Sitzungen hin und wieder auch über den tödlichen Unfall seiner Familie gesprochen hatten. »Okay, dann durch den Elbtunnel«, antwortete Robin und gab Gas.

Eine Stunde später sah Robin die vier Röhren des Elbtunnels vor sich auftauchen und fragte sich, was in Linus wohl vorging. Sie schielte zu ihm herüber, konnte aber, abgesehen von dem leichten Zucken seines linken Mundwinkels, keine Regung erkennen. Er blickte ausdruckslos nach vorne und schien mit seinen Gedanken irgendwo anders zu sein. »Immer noch alles okay mit dir?«

»Ja, alles in Ordnung.« Linus hatte gerade an seine Eltern und Schwester gedacht, die seiner festen Überzeugung nach jetzt an einem besseren Ort waren. Deshalb war er auch völlig entspannt, als Robin den Van durch den Elbtunnel steuerte. Aus der Bestie war wieder ein Tunnel geworden, nicht mehr und nicht weniger. Die weißen Kacheln flogen nur so an ihnen vorbei und machten ihm keine Angst mehr.

Auf dem Weg nach Frankfurt unterhielten sich Robin und Linus über alles Mögliche, vor allen Dingen aber über luzide Träume. Linus hatte zwischenzeitlich alles darüber gelesen, was er in die Finger kriegen konnte, und war begierig darauf, sich mit Robin darüber auszutauschen. Die Zeit flog nur so dahin, auch wenn Robin nicht alle Fragen beantworten konnte. Am Ende waren sie sich aber einig, dass mehr dafür als dagegen sprach, dass Linus ein Oneironaut, ein Traumreisender war, auch wenn er das Klarträumen weder erlernt noch seine Träume bewusst gesteuert hatte. Umso mehr freute sich Linus über das Abschiedsgeschenk, das Robin aus ihrer Handtasche zog, nachdem sie sich gerade tränenreich verabschiedet hatten.

»Warte, ich habe noch etwas für dich«, rief Robin ihm hinterher und drückte ihm ein Buch in die Hand, das sie erst gestern gekauft hatte. »Hier, für den langen Flug, *Oneironaut, entdecke deine Träume* von Michael Baltor. Vielleicht liefert es dir noch die eine oder andere Erkenntnis.«

Linus nahm das Buch entgegen, wiegte es in der Hand und nickte ihr ein letztes Mal zu. Dann drehte er sich endgültig um und verschwand im Eingang zur Sicherheitskontrolle.

Robin blieb allein zurück und hatte das eigentümliche Gefühl, dass sie einander so schnell nicht mehr wiedersehen würden, obwohl sie sich gerade etwas anderes versprochen hatten. Dann eben in *Nchi ya ndoto,* dachte Robin und musste unwillkürlich lächeln.

57

Zwei Stunden später betrat Linus als einer der ersten Passagiere den Airbus A380, der ihn im wahrsten Sinne des Wortes an das Ziel seiner Träume bringen sollte. Linus war dieses Wortspiel in den Sinn gekommen, als er es sich vor dem Gate gemütlich gemacht und auf das Boarding gewartet hatte. Linus zeigte der Stewardess seine Bordkarte und ließ sich von ihr in die erste Klasse begleiten, für die er sich auf Anraten von Dr. Bernstein entschieden hatte, weil die zusätzliche Beinfreiheit die Thrombose-Gefahr angeblich deutlich verringerte. *»Dann in Gottes Namen kaufen Sie sich doch wenigstens ein 1. Klasse-Ticket, Sie verdammter Sturkopf«*, hatte er ihn beinahe angefleht, *»oder wollen Sie am Ende noch an einer Thrombose krepieren?«* Linus hatte widerwillig zugestimmt und war jetzt froh darüber. Alles sah hier wirklich einladend und edel aus.

»Da sind wir«, sagte die Stewardess in ihrem schicken Kostüm und riss ihn aus seinen Gedanken. »Platz 14.«

»Oh, danke.« Linus ließ sich in den breiten Sessel fallen und schloss für einen Moment die Augen. ›Jetzt würde es nicht mehr lange dauern, bis…‹

»Herr Christiansen, es tut mir leid, wenn ich Sie störe, aber Sie müssen sich jetzt anschnallen. Wir starten gleich.«

Linus öffnete die Augen. »Was, wie, oh ja natürlich.« Er musste kurz eingenickt sein. Anschließend verfolgte Linus mit gespieltem Interesse, wie die Flugbegleiterin mit einem Lächeln auf den Lippen die übliche

Sicherheitseinweisung abspulte. Es war für ihn einfach eine Frage des Respektes und weniger die Erwartung etwas Neues dazu zu lernen. Dann war der Vogel in der Luft und weitere zehn Minuten später kam die Flugbegleiterin und reichte ihm eine Speisekarte, die ihn eher an die eines Sterne-Lokals und weniger an die eines Flugzeugs erinnerte. Das Angebot war wirklich unglaublich.

»Darf ich Ihnen vielleicht schon einmal etwas zu trinken bringen?«

Linus senkte die Karte und schaute auf seine Uhr. Es war erst halb sechs und eigentlich noch zu früh für ein Bier. Ach was soll's, dachte er und bestellte ein Budweiser.

Die Flugbegleiterin brachte das Bier und nahm seine Bestellung entgegen.

»Ich nehme zuerst das Lachstatar und danach das Entrecôte.«

»Sehr gute Wahl.« Die Flugbegleiterin machte sich eine Notiz auf ihrem iPad und blickte Linus danach fragend an. »Falls Sie noch Lust auf einen Nachtisch haben, kann ich Ihnen die Crema Catalan empfehlen.«

Linus überlegte kurz. »Warum nicht?« Nachdem die Stewardess gegangen war, griff Linus vor sich in die Ablage und zog aus einem Stapel verschiedener Magazine den *Stern* heraus. Sein Großvater hatte ihm daraus immer vorgelesen, bis er selbst lesen und darin stöbern konnte. Seitdem liebte er das Magazin und hatte es später sogar abonniert. Auf der Titelseite war Abiona Philippe abgebildet. Sie sah nicht nur umwerfend aus, sondern war auch eine tolle Schauspielerin. Linus hatte sie in *Durch die Nacht gesehen* und war von ihr begeistert gewesen. Linus trank einen Schluck von dem Bier, blätterte um und überflog die Seiten, bis er im hinteren Teil des Heftes erneut bei Abiona Philippe hängen blieb. Sie gab dem Stern ein großes Interview, das mit vielen Bildern aus ihrem Leben und ihrer Karriere gespickt war. Das Interview war wirklich interessant und lesenswert. So richtig elektrisiert war Linus aber erst, als Abiona ihren neuen Film erwähnte. Er trug den Titel: *Im Land meiner Träume* und den Zusatz..., Linus hielt den Atem an, *Nchi ya ndoto.* Linus starrte immer noch ungläubig auf die Seiten, als die Stewardess mit der Vorspeise kam.

»So, da hätten wir schon einmal das Lachstatar.« Anschließend stellte sie den Teller auf den im Sessel eingelassen Tisch.

»Danke.«

Die Stewardess wollte sich gerade umdrehen, blieb dann aber stehen und zeigte mit dem Finger auf die aufgeschlagene Zeitschrift. »Ist sie nicht eine großartige Frau und Schauspielerin?«

Linus nickte. »Ja, das ist sie.«

Die Stewardess fasste sich mit der rechten Hand aufs Herz und seufzte. »Dann können Sie sich bestimmt vorstellen, wie aufgeregt ich war, als sie plötzlich vor mir stand.«

»Sie kennen sie persönlich?«

»Ja, sie war auf einem Nachtflug nach Kapstadt unser Gast und hat auf demselben Platz gesessen wie Sie heute.« Die Stewardess hielt kurz inne und schien kurz zu überlegen. »Das muss neun oder zehn Monate her sein.«

»Und wie ist sie so, ich meine abseits des Rampenlichts?«

»Sie ist genauso, wie sie in den Medien rüberkommt, total offen und sympathisch und noch dazu überhaupt nicht eingebildet. Wir haben die halbe Nacht geredet, ganz so, als ob wir uns schon ewig kennen würden.« Wieder fasste sie sich ans Herz und strahlte. »Seitdem bin ich ein großer Fan von ihr und kann es gar nicht mehr erwarten, bis ihr neuer Film in die Kinos kommt.«

»Geht mir auch so«, antwortete Linus und meinte es auch so. Er platzte vor Neugier, zumal in dem Interview nicht wirklich klar wurde, worum es in dem Film eigentlich ging. Abiona hatte ein Geheimnis daraus gemacht und lediglich erwähnt, dass der Film in der Serengeti gedreht wurde, Chris Pratt mitspielte und es sich um so etwas wie einen Abenteuerfilm handelte.

»So und jetzt lassen Sie sich erst einmal das Lachstatar schmecken«, wechselte die Flugbegleiterin das Thema. »Es ist wirklich ausgezeichnet.«

Linus wollte erst noch etwas sagen, merkte dann aber wie hungrig er war und nickte der Flugbegleiterin freundlich zu. Das Tatar schmeckte wirklich köstlich und war eine wohltuende Abwechslung zu dem eher faden Krankenhausessen.

Nachdem Linus auch das Steak und die Crema Catalan verputzt hatte, klappte er die Rückenlehne ein wenig zurück und schnappte sich das Buch, das Robin ihm in die Hand gedrückt hatte und begann darin zu lesen. Die Einleitung war wie für ihn geschrieben und weckte seine Neugier. Dort stand: *Dieses Buch ist die Einladung zu einer Reise durch die spirituelle und mystische Welt hinter den Träumen, dorthin wo heilende Wirkung möglich ist. Entdecke deine Träume versteht sich als Wegweiser zu den verborgenen Talenten in uns selbst, zu Kreativität und höherer Geistigkeit. Es ist der Schlüssel zu...* Linus sog Zeile für Zeile in sich auf, bis die Buchstaben vor seinen Augen verschwammen und ihm die Augen schließlich ganz zufielen. Und wie konnte es anders sein, träumte Linus diesmal von dem weißen

Delfin, der ihm in der Kieler Förde das Leben gerettet hatte. Anfangs war er noch weit entfernt, nicht mehr als eine Rückenflosse, die auf und nieder ging, dann aber schnell näherkam und ihn schließlich umkreiste, immer enger und enger, bis er den Delfin berühren und in die Augen schauen konnte. Augen, die tiefer nicht sein konnten und ihm auf einmal so vertraut vorkamen.

58

Acht Stunden später landete die Maschine auf afrikanischem Boden. Außer einem leichten Rucken spürte Linus nichts. Der Pilot verstand offenbar sein Handwerk. Linus blickte auf das beleuchtete Rollfeld und konnte eine gewisse Aufregung nicht verhehlen. ›Jetzt würde es wirklich nicht mehr lange dauern, bis er Lea persönlich...‹

»Danke, dass Sie mit Lufthansa geflogen sind«, klang es in diesem Augenblick aus den Lautsprechern der 1.Klasse. »Wir würden uns freuen, wenn Ihnen der Flug gefallen hat und wir Sie bald wieder auf einem Flug unserer Airline begrüßen dürfen.«

Linus wartete, bis die Maschine seine Parkposition erreicht hatte und verließ als einer der ersten Passagiere das Flugzeug. Über die Gepäckausgabe führte ihn sein Weg zum Taxistand und weiter zu einem Gebrauchtwagenhändler, mit dem er sich bereits vom Krankenhaus aus in Verbindung gesetzt hatte. Linus hatte den Kontakt gesucht, nachdem er herausgefunden hatte, dass ihm keiner der ortsansässigen Autovermieter einen Leihwagen für eine Fahrt ins Nirgendwo überlassen würde.

Der Autohändler, ein fröhlicher Mann mittleren Alters, begrüßte ihn in einem ziemlich guten Englisch und führte ihn schnellen Schrittes durch seinen Wagenpark. Nach wenigen Metern blieb er stehen und hob den Zeigefinger als Zeichen dafür, dass ihm gerade etwas eingefallen ist. »Ich hätte da noch einen Mercedes im Angebot. Der Wagen ist fast neu und hat keine dreihunderttausend Kilometer auf dem Tacho. Kommen Sie, ich zeige Ihnen das Prachtstück.«

Linus hätte fast gelacht, als er der alten Klapperkiste gegenüberstand. Der Wagen, eine alte E-Klasse war mindestens zwanzig Jahre alt und voller rostiger Stellen. »Nein danke, ich suche doch eher einen Geländewagen.«

Der Verkäufer zwinkerte ihm zu und sauste in seinem schlechtsitzenden Anzug los. »Ich habe einen Suzuki Vitara frisch hereinbekommen, ebenfalls fast neu, der wird Ihnen gefallen.«

Linus folgte dem Mann, blieb dann aber selbst stehen und blickte mit weit aufgerissenen Augen auf einen demolierten Ferrari herab.

Der Autohändler kam zurück und stellte sich neben ihn. »Es ist wirklich ein Jammer, der Wagen hatte noch keine Macke, als er in Hamburg verladen wurde.«

»Ja, das ist es«, antwortete Linus, obwohl ihm etwas ganz anderes durch den Kopf ging. Das Auto schien eine Kopie des Ferraris zu sein, der auf der Dünkirchen in den Hubschrauber katapultiert wurde.

Nachdem der Suzuki ebenfalls nicht gehalten hatte, was der Verkäufer versprochen hatte, kaufte Linus am Ende einen Toyota Land Cruiser. Der Wagen war zwar auch nicht gerade vertrauenswürdig, aber immer noch besser als alles andere, was ihm der Verkäufer vorher gezeigt hatte. Linus zog seine Kreditkarte durch das Lesegerät, verabschiedete sich von dem Verkäufer und machte sich auf den Weg nach Thaore. Er hatte sich für dieses Zwischenziel entschieden, nachdem ihm klar geworden war, dass er das Dorf nicht ohne Weiteres finden würde. Deshalb hatte Linus sogar kurz überlegt, ob er Kontakt mit Thommy Fleedwood, dem

Sektionsleiter von *Hilfe für Afrika,* aufnehmen sollte, sich am Ende aber dagegen entschieden. Zu groß erschien ihm die Gefahr, dass Fleedwood versucht hätte, ihm seine Reise auszureden. Nein, das Risiko wollte und konnte er nicht eingehen, nicht nach alldem, was Robin ihm über ihr Telefonat mit dem Sektionsleiter erzählt hatte. Er würde es auch so nach Thaore und weiter in das zweihundert Kilometer entfernte Dorf schaffen, auch wenn er die genauen Koordinaten des Dorfes nicht kannte. Die ersten dreihundert Kilometer waren auch kein Problem. Die Straßen waren in einem einigermaßen guten Zustand und noch dazu gut ausgeschildert. Thaore gehörte zwar nicht zu den Namen auf den Wegweisern, dafür aber Arusha, seine erste und einzigen Übernachtungsstation auf dem Weg nach Thaore. Der Weg war zwar insgesamt etwas länger als nötig, dafür aber weiterhin asphaltiert und ausgeschildert.

Am frühen Nachmittag erreichte Linus die Grenze zischen Kenia und Tansania und zwei weitere Stunden später sein Zwischenziel. Müde, aber mit sich zufrieden, suchte sich Linus ein Motel, genehmigte sich ein Steak und ging früh zu Bett. Lange lag er einfach nur so da, dachte nach und fieberte dem übernächsten Tag entgegen. Angst, dass Lea ihn wieder wegschicken würde, hatte er nicht. Nein, das würde sie nicht machen war er sich sicher, auch wenn er sie bisher nur aus seinen Träumen kannte. Mit dieser Gewissheit schlief er ein und träumte, wie konnte es an anders sein, erneut von dem weißen Delfin. Doch dann verschwand der Delfin und wurde von einem Löwen abgelöst, einem Monster der Tod und Verderben brachte. Linus schmiss sich unruhig hin und her und wachte schließlich schweißgebadet auf. Es war Nacht und Linus war froh, dass er nur geträumt hatte.

Frisch geduscht und voller Vorfreude, starte Linus am nächsten Morgen in den zweiten Teil seiner Exkursion. Sein Weg führte ihn weiter nach Nordosten in Richtung des Kilimandscharo, der jetzt bereits in weiter Entfernung zu sehen war und ihm als Orientierung diente. Der Berg hatte etwas Magisches und automatisch fühlte er sich an den Tag zurückversetzt, als er mit den Azizi durch die Savanne gestreift war. Nein, nicht gestreift, sondern nur davon geträumt, dachte Linus und musste beinahe lachen. Ganz allmählich änderte sich jetzt auch die Landschaft, die immer wilder, spröder und zunehmend seltener von Feldern und Dörfern durchsetzt wurde. Zur Sicherheit tankte Linus noch einmal nach und füllte seine Wasservorräte auf, bevor er sich endgültig auf weniger befestigtes Terrain begab. Auch dauerte es nicht mehr lange, bis immer mehr Tiere seinen Weg kreuzten. Linus konnte sich an den vielen Zebras, Gnus und Impalas gar nicht satt sehen, sodass er mehr als einmal beinahe von der Straße abgekommen wäre. Genauso und nicht anders hatte Linus sich Tansania immer vorgestellt.

Gegen sechszehn Uhr traf Linus dann endlich in Thaore ein. Der Ort war wirklich im Nirgendwo und auch auf den zweiten Blick nicht mehr als eine Ansammlung von einigen Häusern und Geschäften, die von einem Netz aus schlecht asphaltierten Straßen durchkreuzt wurden. Von hier aus würde er sich morgen auf die Suche nach dem Dorf machen, das irgendwo nördlich von Thaore liegen musste. Linus überlegte sogar kurz, ob er noch heute mit der Suche beginnen sollte, entschied sich dann aber dagegen. Die Gefahr war einfach zu groß, dass er das Dorf vor Einbruch der Dunkelheit nicht finden und sich womöglich sogar noch verirren würde.

Kurz darauf stand Linus vor dem einzigen Hotel, das Thaore zu bieten hatte. Einem sieben Sterne Hotel, wenn man die Aufkleber, die rechts neben der Eingangstür klebten, für bare Münze nahm. Der Witz ging aber noch weiter, weil an der ehemals weißen Fassade des zweistöckigen Gebäudes der Name *Grand Palace* prangte, oder besser gesagt, was davon noch übrig war, weil der Zahn der Zeit bereits mehr als die Hälfte aller Buchstaben angeknabbert hatte. Auch innen setzte sich das Bild fort. Alles wirkte irgendwie abgegriffen und schmuddelig. Dafür war der Empfang an Freundlichkeit nicht zu überbieten, kaum das Linus die kleine Eingangshalle betreten hatte. Der Mann hinter dem Tresen strahlte und begrüßte Linus gestenreich wie einen alten Freund.

»Herzlich willkommen in Thaore! Ich freue mich so sehr, dass Sie den Weg ins Grand Palace gefunden haben.«

Linus stellte seinen Seesack und seinen kleinen Rucksack neben dem Tresen ab und lächelte. »Vielen Dank, ich freue mich auch hier zu sein.«

»Mein Name ist Kuvu Abebe und ich bin der Hotelmanager. Wie kann ich Ihnen helfen?« Wieder strahlte der Mann über das ganze Gesicht und ließ seine Zahnlücke erneut hervorblitzen.

»Ich brauche ein Zimmer.«

»Natürlich, wie lange wollen sie denn bleiben, Herr...?«

»Christiansen, Linus Christiansen. Ich bleibe nur eine Nacht, ich bin nur auf der Durchreise.«

Für den Bruchteil einer Sekunde verschwand das Lächeln des Managers. Er hatte wohl auf eine andere Antwort gehofft. »Nur auf der Durchreise, ja natürlich, wo wollen Sie denn hin?«

»In ein Dorf der Tük, ich werde dort als Entwicklungshelfer arbeiten.«

Der Hotelmanager nickte. »Ich habe von dem Projekt gehört.«

Jetzt strahlte Linus vor Begeisterung. »Dann können Sie mir sagen, wo ich das Dorf finde?«

Der Manger schüttelte den Kopf. »Nein, nicht wirklich, ich kenne aber jemanden, der Ihnen vermutlich helfen kann. Wenn Sie möchten, arrangiere ich ein Treffen.«

»Ja, sehr gerne, Sie würden mir damit einen großen Gefallen tun.«

»Kein Problem, ich kümmere mich darum, während Sie ihr Zimmer beziehen. Sie sind bestimmt müde und wollen sich ein wenig ausruhen.« Dann drehte sich der Manager um und hakte einen der zehn Schlüssel aus, die nebeneinander an dem Schlüsselbrett hingen und reichte ihn Linus. »Hier, Zimmer 2, das ist unser bestens Zimmer, wir haben es erst gerade renoviert.«

Linus nickte dankbar, steckte den Schlüssel ein und machte sich auf den Weg zur Treppe, blieb dann aber stehen und drehte sich nochmals um. »Entschuldigung, aber eine Frage hätte ich noch. Haben sie WLAN auf dem Zimmer? Ich würde gerne meine Mails checken.«

Der Hotelmanager hob die Hände zu einer Geste der Entschuldigung und schüttelte den Kopf. »Im Moment leider nicht, aber schräg gegenüber betreibt mein Schwager ein Internetcafé. Dort können Sie kostenlos surfen, wenn Sie ihm sagen, dass Sie ein Gast aus dem Grand Palace sind.«

»Danke, Sie sind sehr freundlich. Ich gehe dann später hinüber.«

Linus öffnete die Tür zu seinem Zimmer, trat ein und war angenehm überrascht. Das Zimmer war sauber und geschmackvoll eingerichtet. Das Weiß der Bettwäsche strahlte und zog ihn magisch an. Doch noch mehr freute er sich auf eine heiße Dusche. Linus schmiss den Seesack in die Ecke, sprang aus seinen Klamotten und wechselte nach nebenan. ›Wo aber war die Dusche?‹ Linus blickte sich in dem kleinen Zimmer um, sah aber nur ein Loch im Boden. Oh nein, dachte Linus und musste automatisch an die Toiletten in Afghanistan denken, die ihn so häufig an den Rand eines Nervenzusammenbruchs gebracht hatten. Frustriert knallte Linus die Tür zu und suchte mit einem Handtuch um seine Lenden nach der Dusche, die er schließlich am Ende des Flures fand. Das heiße Wasser war wohltuend und entspannte ihn ein wenig. Linus trocknete sich ab, wechselte zurück in sein Zimmer und zog sein Vokabelheft aus dem Rucksack, bevor er leicht fröstelnd unter die Decke kroch. Er hatte lange nicht mehr hineingeschaut und wollte herausfinden, welche Vokabeln trotz des Komas noch in seinem Kopf gespeichert waren. Dazu hielt er mit der rechten Hand die rechte Spalte zu und startete seinen kleinen Test mit dem ersten Begriff auf der linken Seite, den er vor mehr als einem halben Jahr dort aufgeschrieben hatte. Hallo, las er in Gedanken und lieferte die Übersetzung »Habari«, gleich lautstark hinterher. Okay, das war einfach, dachte er und knöpfte sich den nächsten Begriff vor. Zweihundert Vokabeln später klappte er das

Heftchen wieder zu und war halbwegs mit sich zufrieden. Er hatte zwar längst nicht alle Vokabeln behalten, aber doch genug gewusst, um einigermaßen klarzukommen. Der Rest würde mit der Zeit dann ganz von allein kommen. Nach einem Blick auf die Uhr raffte sich Linus auf, schlüpfte in seine Sachen und ging zurück in die Lobby.

Der Manager schien bereits auf ihn zu warten und winkte ihn zu sich heran. »Ich habe meinen Vetter erreicht. Er kennt das Dorf und ist bereit Sie hinzubringen.«

»Das ist ja großartig. Ich weiß gar nicht, was ich sagen soll, danke.«

»Danken Sie nicht mir, sondern meinem Vetter. Er kommt morgen früh, so gegen zehn, wenn das für Sie okay ist?«

Linus nickte zustimmend und legte den Schlüssel auf den Tresen. »Zehn passt gut.«

Der Hotelmanager nahm den Schlüssel in die Hand und hängte ihn wieder an das Schlüsselbrett. »Wir schließen um elf die Tür ab. Sollten Sie später kommen, müssen Sie klingeln. Der Nachtportier macht Ihnen dann auf.«

»Oh, das wird nicht nötig sein. Ich will nur schnell meine Mails checken und anschließend eine Kleinigkeit essen.«

Daraufhin griff der Hotelmanager in eine Schublade unterhalb des Tresens und schob ihm eine Visitenkarte herüber. »Wenn ich Ihnen einen Tipp geben darf, dann gehen Sie ins *Karafuu*. Es gehört meinem Cousin und ist mit Abstand das beste Restaurant in ganz Thaore und bekannt für sein Pilau. Sie finden es direkt gegenüber dem Internetcafé.«

Linus steckte die Karte ein. Er kannte das Gericht aus Afghanistan und hatte es dort schätzen gelernt. »Danke, ich liebe Pilau.«

Als Linus den Marktplatz betrat, ging die Sonne gerade unter und tauchte ihn in ein angenehmes Licht. Linus blickte sich auf der Suche nach dem Internet-Café um und war überrascht, wie viele Menschen jetzt auf einmal hier zu sehen waren. Sie flanierten über den Platz oder saßen in einem der zahlreichen Lokale, während eine Schar Kinder laut schreiend um den Marktbrunnen lief. Dann fiel ihm ein, dass es hier in letzter Zeit viel geregnet hatte. Linus hatte davon auf der Fahrt im Radio gehört. Da war es nur zu verständlich, dass es die Leute nach draußen zog. Danach nahm er das Restaurant in den Blick, das ihm der Hotelmanager empfohlen hatte. Der Name *Karafuu* prangte in großen Leuchtbuchstaben über der Tür. Noch auffälliger waren aber die Coca-Cola Schirme, die wie Fliegenpilze das Lokal einrahmten. Auch das kannte Linus bereits aus den entlegensten Gebieten in Afghanistan. Na klar, dachte Linus und musste schmunzeln. Egal wohin es mich verschlägt, Coca-Cola war schon vor mir da. Mit diesem Gedanken überquerte Linus den Platz und wäre beinahe mit einer jungen Frau zusammengestoßen, die in entgegengesetzter Richtung über den Marktplatz lief. Er raunte ihr ein kurzes »Sorry« zu und war vorbei, ohne sie richtig anzusehen. Doch dann blieb er wie angewurzelt stehen und drehte sich langsam zu ihr um, weil er ein kleines Tattoo auf ihrer Schulter gesehen hatte. Es war nur der Bruchteil einer Sekunde, aber doch lang genug, um in dem Motiv einen Delfin zu erkennen, der ihn auf eigentümliche Weise berührte. Die Frau war jetzt ebenfalls stehen geblieben und blickte ihn aus tränenerfüllten Augen an. Der Moment war so surreal, sodass er sich insgeheim fragte, ob er wieder träumte. Ja, vermutlich war er in dem Hotelzimmer eingeschlafen oder schlimmer noch, nach dem Unfall auf der Förde noch gar nicht wieder aufgewacht.

59

Nach dem Ende der Trauerzeit stand Patme in der Dorfmitte und verabschiedete eine Gruppe von 25 Männern, die der Ältestenrat zuvor auserwählt hatte, um den noch lebenden der beiden Löwenbrüder seiner gerechten Strafe zuzuführen. Alles war gesagt, alles war vorbereitet. Patme musste jetzt nur noch das Zeichen zum Aufbruch geben. Sie zögerte jedoch und ließ ihren Blick ein letztes Mal über die Gruppe gleiten. Ganz links stand Buma und Tajeu, die der Gruppe den Weg weisen sollten. Sie wirkten ausgeruht und längst nicht mehr so kraftlos wie am Tag ihrer Rückkehr. Neben ihnen standen Nio und alle anderen Krieger, die in ihren Familien Opfer zu beklagen hatten. Und wie es die Tradition verlangte, hatten sie ihre Gesichter als Zeichen der Trauer mit einer weißen Paste aus Asche, Wasser und Lehm bemalt. Auch ihnen nickte Patme ein letztes Mal zu, bevor ihr Blick über den Rest der Männer hinwegglitt. Sie alle machten einen entschlossenen Eindruck, waren bis an die Zähne bewaffnet und zeigten keine Angst. Das war gut und bestärkte Patme in dem Eindruck, dass sie die Richtigen für die Jagd nach dem Maglas ausgewählt hatten. Nur Kojo machte ihr ein wenig Kummer. Er stand am Ende der Reihe und blickte sie aus klaren und stolzen Augen an. Sie hatte ihn ebenfalls nominiert, nachdem seine Wunden erstaunlich schnell geheilt waren und er sein Recht auf Wiedergutmachung eingefordert hatte. Ein Recht, das sie ihm nach allem, was sie zwischenzeitlich wusste, nicht verwehren konnte. Nein, das wäre wirklich nicht fair gewesen, dachte Patme und gab das Zeichen zum Aufbruch.

In der Zwischenzeit wartete Lea am Rand des Dorfes auf die Jäger, nachdem sie sich dazu entschieden hatte, die Tük bei der Hatz nach dem Maglas zu begleiten.

Tembo war dagegen alles andere als begeistert und versuchte, Lea die Idee weiter auszureden. »Lea, wir sind Entwicklungshelfer und keine Jäger«, flehte er jetzt regelrecht. »Wir sollten uns aus der Sache wirklich heraushalten. Wie oft muss ich dir das noch sagen?«

Lea lehnte an der Motorhaube ihres Land Rovers, verschränkte die Arme demonstrativ vor der Brust und schüttelte den Kopf. »Keine Chance, ich habe mich entschieden.«

»Mann, du bist so verdammt…«

»…sie kommen«, unterbrach Lea ihren Freund und Kollegen und zeigte mit dem Finger in Richtung Dorfmitte, während sie zur Fahrertür hinüberging.

Tembo schüttelte den Kopf, brabbelte irgendetwas in seiner Muttersprache und ging ebenfalls um das Auto herum.

Lea hatte sich derweil hinter das Steuer gesetzt und zeigte sich überrascht, als Tembo sich neben sie auf den Beifahrersitz schwank. »Was hast du vor?«

»Na, was denkst du denn? Ich komme mit oder glaubst du wirklich, dass ich dich allein diesem Wahnsinn aussetze?«

Lea nickte, startete den Motor, legte den ersten Gang ein und setzte den Land Rover langsam in Bewegung. »Dann los, bringen wir es zu Ende.«

Kiano hob seinen Speer als die Jäger, gefolgt von Leas Land Rover, langsam an ihm vorbeizogen. Er gehörte zu einer Gruppe von zwölf Männern, die sich an den Außengrenzen des Dorfes verteilt hatten, um das Dorf vor dem Maglas zu beschützen.

Buma und Tajeu grüßten zurück und erhoben ebenfalls ihre Speere. Dann waren sie auch schon vorbei und Kiano blieb allein zurück. Er war frustriert, ließ die Schultern hängen und blickte ihnen wehmütig hinterher.

»Bist du traurig?«

Kiano fuhr herum, musste dann aber lächeln. »Man hast du mich erschreckt.«

Alemee nahm Kianos Hand. »Tut mir leid, dass wollte ich nicht.«

»Ist schon okay. Was hattest du gleich noch gefragt?«
»Ob du traurig bist?«

Kiano nickte. »Ich wäre gerne mit ihnen gegangen.«

Alemee schlug die Augen nieder und musste schlucken. »Das ist meine Schuld. Ich habe Patme darum gebeten, dich für den Schutz des Dorfes einzuteilen. Ich hätte es nicht ertragen, wenn du wieder fortgegangen wärst.«

Kiano zog seine Hand zurück und riss die Augen auf, lächelte dann aber milde und nahm seine zukünftige Frau in die Arme. »Keine Angst, ich bleibe hier und passe auf dich auf.« Seinen Frust und seine Wehmut waren verflogen.

Wie abgesprochen deckte Lea mit dem Land Rover die rechte Flanke ab, während die Gruppe unaufhaltsam weiter in die Savanne vordrang. Lea war angespannt, genoss aber auch die grenzenlose Weite, die von einer Vielzahl unterschiedlicher Tiere durchkreuzt wurde. Lea sah Gnus, Impalas, Zebras, Giraffen, eine Gruppe Elefanten und sogar einen Leoparden, der träge und völlig desinteressiert in den Ästen einer Schirmakazie döste. Lea kannte die Savanne bereits von vielen Exkursionen, hatte sie aber noch nie von dieser unberührten und wilden Seite kennengelernt. Noch dazu schien die Sonne inmitten eines klaren Himmels strahlend auf sie herunter.

Tembo schien dagegen keinen Blick für die Schönheit der Landschaft zu haben, sondern starrte die ganze Zeit auf sein Handy.

Lea schaute zu ihm herüber und schüttelte den Kopf. »Es ist zwecklos, du bekommst hier draußen keinen Empfang.«

Tembo tat so, als ob er sie nicht gehört hatte und ließ das Handy vor seiner Nase kreisen.

»Wen willst du überhaupt anrufen?«

»Thommy natürlich. Vielleicht schafft er es ja, dir diese Schnapsidee auszureden.«

Lea seufzte und rollte mit den Augen. »Tembo, jetzt hör mir mal zu. Ich habe nicht vor, mich in die Jagd einzuschalten, jedenfalls nicht, wenn es nicht unbedingt notwendig ist.«

»Und warum sind wir dann hier?«

»Weil ich mir nicht die Schuld geben möchte, wenn weitere Tük zu Schaden kommen oder sogar sterben und das nur, weil ich nicht da war. So einfach ist das.«

»Und ich möchte mir nicht die Schuld geben, wenn du etwas abbekommst. Denk doch nur daran, wie knapp du mit dem Leben davongekommen bist, als der Bruder von diesem…«, Tembo hielt kurz inne und suchte nach dem richtigen Wort, »…Killer in das Dorf eingedrungen ist.«

»Das war etwas anderes. Der Löwe hatte das Überraschungsmoment auf seiner Seite.«

Tembo schüttelte den Kopf und konnte sich ein spöttisches Lachen nicht verkneifen. »Und hier draußen etwa nicht? Wie naiv bist du eigentlich?«

Lea ließ die Worte auf sich wirken und musste sich eingestehen, dass Tembos Argumente nicht von der Hand zu weisen waren und versuchte es mit einem Kompromiss. »Ich werde vorsichtig sein, ich verspreche es dir, okay?«

»Wir werden sehen«, grummelte Tembo und wechselte anschließend das Thema. »Hast du überhaupt eine Ahnung, wo die Jäger hinwollen?«

»Ja, habe ich. Buma und Tajeu gehen davon aus, dass die beiden Löwen immer zwischen einem Dorf der Ranthu und dem unserem hin- und hergependelt sind und dabei immer denselben Weg gewählt haben.«

»Wie kommen die Azizi darauf?«

»Habe ich dir nicht von ihrer Begegnung mit den Ranthu erzählt?«

»Nein.«

»Oh, das tut mir leid, das muss ich in der Hektik vergessen haben«, antwortete Lea und holte nach, was sie an dem Abend versäumt hatte, als sie die Azizi aufgegabelt und in das Dorf zurückgebracht hatte.

Tembo hörte aufmerksam zu und entspannte sich ein wenig, während der Kilimandscharo am Horizont auftauchte und ihnen die Richtung wies.

Anschließend wurde es still im Auto und beide hingen ihren Gedanken nach, bis zu dem Moment an dem Lea an ihre Mutter dachte. »Tembo, wenn wir den Maglas erledigt haben, möchte ich gerne einen Abstecher nach Thaore machen und meine Mutter anrufen.«

Tembo drehte sich zur Seite. »Ich hoffe, es ist nichts Schlimmes passiert?«

»Nein, ich habe nur lange nicht mehr mit ihr gesprochen. Sie macht sich bestimmt Sorgen, weil ich mich so lange nicht gemeldet habe.«

»Ja, das kann ich verstehen. Meinem alten Herrn geht es genauso, wenn er länger nichts von mir gehört hat. Wird höchste Zeit, dass wir ein neues Satellitentelefon bekommen.«

Lea nickte zustimmend. »Thommy klemmt sich gerade dahinter, bittet uns aber noch um ein bis zwei Wochen Geduld.«

Wieder drehte sich Tembo zu Lea um. »Du hast mit Thommy gesprochen, wann denn?«

»Na als ich in Dar es Salaam gewesen bin, um Thea und Linus abzuholen. Ich dachte, ich hätte dir davon erzählt?«

Tembo schüttelte den Kopf. »Daran würde ich mich erinnern.«

Lea seufzte, entschuldigte sich auch dafür und erzählte Tembo, was sie alles mit Thommy besprochen hatte.

Als die Sonne unterging, erreichte die Gruppe um Buma und Tajeu den Felsen, den sie vor mehr als zwei Wochen schon einmal aufgesucht hatten, um hier ihr erstes Nachtquartier aufzuschlagen. Alles sah noch genauso aus, nur mit dem Unterschied, dass sich jetzt hunderte von Tieren um die große Senke herum versammelt hatten, um im Zwielicht ihren Durst zu stillen.

Tajeu seufzte und musste unweigerlich an den Moment denken, als er das Impala erlegt hatte, das Dorme und Kiano zuvor erschreckt und in das Wasser getrieben hatten. War das wirklich erst einen Mondzyklus her? Tajeu mochte es kaum glauben, hatte aber auch keine Zeit weiter seinen Gedanken nachzuhängen, weil just in dem Moment der Maglas auf der Bildfläche erschien. Die Tiere stoben auseinander und suchten das Weite, während der Löwe vom Rand der Senke zu ihnen herüberblickte. Es sah beinahe so aus, als ob er auf sie gewartet hätte. Tajeu hob seinen Speer hoch über seinen Kopf und ließ die anderen wissen, wen er gerade gesehen hatte. Ein langgezogenes »Maaaglas« entwich seiner Kehle und versetzte die Gruppe in Aufruhr.

Buma war als erstes an seiner Seite und folgte seinem Blick. »Wo ist er, ich kann ihn nicht sehen.«

Tajeu zeigte mit der Hand an den rechten Rand des Wassers. »Na, dort drü...«, Tajeu brach ab und ließ seine Augen hin und her huschen. »Ich schwöre es dir, er war da, ganz bestimmt.«

Buma klopfte seinem Freund auf die Schulter. »Ich glaube, du siehst Gespenster.«

»Nein, ganz sicher nicht. Ich weiß, was ich gesehen habe. Der Maglas war da, ganz bestimmt.« Wieder zeigte Tajeu mit der Hand an den Rand der Senke.

»So wie Nio, als er den Mann auf dem Felsen gesehen hat?«, antwortete Buma und musste lachen.

»Das ist etwas völlig an...«, Tajeu brach erneut ab, aber diesmal, um Dormes und Nios Vater aufzuhalten. »Ajab warte.«

»Nein, der Maglas gehört mir, mir ganz allein.« Schnellen Schrittes lief Ajab auf die Stelle zu, auf die Tajeu gezeigt hatte.

»Ajab, nun warte doch!«, rief Tajeu, erneut und setzte sich in Bewegung, so wie es Nio und peu á peu auch der Rest der Gruppe tat.

Es war dann aber Buma, der den ersten Abdruck des Löwen fand. »Tajeu, du hast dich nicht getäuscht, der Maglas war wirklich hier.«

Tajeu eilte herbei, blickte auf die Spuren und nickte zufrieden. Er hatte selbst schon nicht mehr daran geglaubt. Doch dann fragte er sich, wo der Maglas abgeblieben war. Es gab hier nur wenig Deckung. Der Maglas konnte sich doch nicht in Luft aufgelöst haben. Außer, ja außer...

»Wie ein Geist«, sprach Buma schließlich das aus, was Tajeu gerade dachte. »Der Maglas kommt mir wie ein böser Geist vor. Er ist da und dann auch wieder nicht.«

Während Lea sich in der Nähe des Felsens am Kofferraum zu schaffen machte, sah Tembo, dass die Tük auf irgendetwas gestoßen waren. »Schau mal, da drüben ist irgendetwas im Gange.«

Lea nahm den Kopf hoch und sah die Tük am Rande der Senke hin- und herlaufen. »Komm, wir sehen uns das mal an.«

»Lea, wir hatten doch besprochen, dass wir in der Nähe des Autos bleiben, schon vergessen?«

Lea rollte mit den Augen und hielt Tembo eines der beiden Gewehre hin, die im Kofferraum lagen. »Tembo, das sind keine zweihundert Meter, was soll da schon passieren? Und jetzt zier dich nicht so und komm mit.«

Tembo stöhnte, packte dann aber zu und trottete hinter Lea hinterher. »Lea, du bist wirklich unverbesserlich.«

Kurz darauf erreichten Lea und Tembo die Stelle, an der die Tük beieinanderstanden und lautstark diskutierten.

Buma drehte sich um und nickte Lea zu. »Der Maglas war hier. Komm schau selbst.«

Lea stellte sich neben Buma und blickte auf die Abdrücke der Tatzen herunter, die sich in der Uferzone im weichen Boden ganz deutlich abzeichneten. »Bist du dir sicher, dass das der Maglas war?« Für Lea hatten die Abdrücke nichts Besonderes.

»Ja, es besteht kein Zweifel. Die Abdrücke sind einzigartig. Der Maglas war hier, ganz bestimmt.« Daraufhin zeigte Buma mit dem Finger auf einen der Abdrücke und erklärte, worauf sie achten musste. »Hier schau, allein die Kerbe im Ballen der linken Tatze ist unverwechselbar.«

»Und was habt ihr jetzt vor?«, schaltete Tembo sich in die Unterhaltung ein.

Buma zeigte mit der Hand zurück zum Felsen. »Wir schlagen da drüben unser Lager auf und warten die Nacht ab. In der Dunkelheit ist die Jagd zu gefährlich, da wird man sonst schnell selbst vom Jäger zum Gejagten.«

»Vom Jäger zum Gejagten«, wiederholte Tembo im Stillen die Worte und musste unweigerlich an den Angriff im Dorf zurückdenken, der sich tief ins sein Gedächtnis eingebrannt hatte und eine nie gekannte Angst in ihm auslöste. Eine Angst, die ihn nicht mehr schlafen lies und hier draußen den Hals zuschnürte. ›Wenn der Maglas doch bereits tot und sie wieder zurück im Dorf wären.‹

»Tembo, du bist auf einmal so blass geworden. Ist alles in Ordnung mit dir?«, fragte Lea besorgt.

Tembo räusperte sich und schüttelte die quälenden Gedanken ab. »Ja doch, mir ist nur ein wenig schwindlig. Vermutlich habe ich zu wenig getrunken.«

Eine halbe Stunde später saßen die Tük um das lodernde Feuer herum und ließen sich einen Teil des Proviants schmecken, den die Frauen den Jägern eingepackt hatten. Alle bis auf drei: Sie hatten sich um das Feuer verteilt und spähten konzentriert in die Nacht. Wolken waren zwischenzeitlich aufgezogen und hatten den Himmel verdunkelt.

Tembo freute die Vorsicht, die die Tük an den Tag legten und sagte das auch, als er sich gemeinsam mit Lea an das Feuer setzte. »Wie ich sehe, geht ihr kein unnötiges Risiko ein. Das beruhigt mich ein wenig.«

Tajeu blickte kurz in die Dunkelheit. »Normalerweise würde ein Löwe nie in die Nähe eines Feuers kommen, aber dem Maglas ist alles zuzutrauen.«

Tembo nickte und presste die Lippen zusammen. »Wenn sich der noch lebende Maglas genauso verhält wie sein Bruder, dann müssen wir wirklich mit dem Schlimmsten rechnen.«

Tajeu nahm ein kleines Brot aus seinem Beutel, brach ein Stück davon ab und reichte es Tembo. »Hier, du hast bestimmt Hunger.«

»Danke.« Tembo biss ein Stück ab und merkte er jetzt, wie ausgehungert er tatsächlich war.

Tajeu biss ebenfalls von seinem Brot ab, kaute langsam und blickte lange in das Feuer, bevor er sich erneut zu Tembo drehte. »Warst du bei dem Angriff dabei und hast gesehen, wie der Maglas Amari und Assane getötet hat?«

Tembo blickte jetzt ebenfalls in die lodernden Flammen und ließ sich mit der Antwort Zeit. »Ja, ich war dabei. Es war wirklich furchtbar. Die Schreie, das viele Blut...«, Tembo musste schlucken, »...ich träume jede Nacht davon.«

Tajeu schaute jetzt ebenfalls wieder in die Flammen. »Ich träume auch jede Nacht von Dormes Tod.«

Lea saß rechts vom Tembo und unterhielt sich mit Buma ebenfalls über die Geschehnisse, die sich in Abwesenheit der Azizi im Dorf abgespielt hatten. Gerade waren sie an dem Abend angelangt, an dem Amari Kojo den Prozess gemacht hatte.

Buma blickte zu Kojo herüber, der zu den drei Wachen gehörte, und ballte die Fäuste. »Hätte er den Streit auf dem Feld nicht angefangen, wäre Kanzi noch am Leben. Er ist schuld an seinem Tod.«

»So einfach ist das nicht.«

»Doch ist es.« Buma spuckte aus. »Hätte er Yero nicht bezichtigt seine Frau bestiegen zu haben, wäre das alles nicht passiert. Kanzi wäre in dem Streit nicht verletzt und in der Folge auch nicht von dem Maglas getötet worden.«

Lea wusste nicht, was sie darauf sagen sollte. Letztlich stimmte es ja irgendwie, obwohl ihrer Meinung nach die größte Schuld bei Konrad zu suchen war. Hätte er sich nicht auf das Verhältnis mit Nala eingelassen, hätte Kojo keinen Grund gehabt argwöhnisch zu werden und der ganze Streit wäre nicht eskaliert. Doch das konnte und wollte sie Buma nicht sagen.

»Aber jetzt mal etwas anders«, sagte Buma und wechselte zur Freude von Lea das Thema. »Wie fühlt es sich eigentlich an, wenn die Tük dich *Simba Kateli* rufen?«

»Es ist mir irgendwie peinlich«, antwortete Lea und zog die Lippen zu einem verlegenen Lächeln zusammen.

»Ich werde euch nie verstehen«, antwortete Buma und musste lachen.

Lea zuckte mit den Schultern und setzte gerade zu einer Erwiderung an, als der Himmel seine Schleusen öffnete. Dicke Tropfen platschten auf ihre nackten Arme.

Auch Buma schien überrascht zu sein. Er schaute in den schwarzen Himmel und verzog das Gesicht zu einer Grimasse, während die ersten Tük unter einen Felsvorsprung flüchteten.

»Komm!«, sagte Tembo, packte Lea am Arm und setzte sich in Bewegung. »Wir verziehen uns in den Land Rover.«

Lea nickte und stand auf, erstarrte dann aber in der Bewegung, weil irgendjemand gerade ihren Namen schrie. Lea riss den Kopf herum und sah den Maglas aus der Dunkelheit heranfliegen. Der Löwe war riesig und hatte sie zweifellos ins Visier genommen. Keines klaren Gedanken mehr fähig, schloss Lea die Augen und machte sich auf das Unvermeidliche gefasst.

Als der Maglas in einer Entfernung von vielleicht zwanzig Meter im Schutz der Nacht vor Kojo auftauchte, schien ihn der Löwe gar nicht wahrzunehmen. Er war Luft für ihn, selbst als er seinen Speer auf ihn ausrichtete und mutig einen weiteren Schritt in sein Blickfeld trat. Anschließend folgte Kojo dem Blick des Löwen und wusste warum. Der Löwe hatte es auf jemand anderen abgesehen und dieser andere war Lea. Und als ob der Maglas seine Gedanken lesen konnte trabte er auch schon an, beschleunigte und steuerte direkt auf Lea zu, während er sie mit seinem stahlblauen Auge fixierte. Bei allen bösen Geistern, dachte Kojo und schrie Leas Namen heraus. Es war ein kehliges, angsterfülltes und langgezogenes »Leaaaa!«

Nach der ersten Schrecksekunde hörte Lea einen qualvollen Schrei, der ihr das Blut in den Adern gefrieren ließ. Sie öffnete die Augen und sah Kojo am Boden liegen, während er verzweifelt versuchte, den Maglas von sich fernzuhalten. Er musste sich dem Löwen in den Weg gestellt haben, nachdem er ihren Namen gerufen hatte. ›Oh Kojo, das hättest du nicht tun müssen.‹ Dann schnappte der Maglas ein weiteres Mal zu und die Schreie verstummten, aber nur, um im nächsten Moment von einem Brüllen abgelöst zu werden, weil Ajab dem Löwen seinen Speer in den Nacken trieb. Er gehörte wie Kojo zu den drei Wachen und hatte die Situation am schnellsten erfasst. Die Erleichterung über den Tod des Löwen währte aber nur kurz, weil just in dieser Sekunde ein weiterer Löwe auf der Bildfläche erschien. Die Ranthu mussten sich geirrt oder es nicht besser gewusst haben. Es waren Drillinge und keine Zwillinge, die Angst und Schrecken verbreitet hatten. Lea schrie vor Entsetzen und griff nach ihrem Revolver, fand ihn aber nicht in ihrem Hosenbund. Sie musste ihn verloren haben, als der Regen eingesetzt und sie aufgesprungen war, um sich in dem schützenden Land Rover zu verkriechen.

Nio hatte den zweiten Löwen ebenfalls gesehen und rannte los. Angst verspürte er keine, eher Wut und Verzweiflung, die ihn nach vorne trieb. ›Er durfte seinen Vater nicht auch noch verlieren, nein, dass durfte nicht sein.‹ Tränen liefen über sein Gesicht und vermischten sich mit dem Regen, der bereits große Teile der weißen Maske abgewaschen hatte, die auch er als Zeichen der Trauer trug. »Vater pass auf, hinter dir!« Der Maglas war jedoch schneller und holte Ajab von den Füßen, noch bevor sein Vater reagieren oder er ihm zu Hilfe eilen konnte. Ajab schrie vor Schmerzen und sackte neben dem toten Maglas zusammen, während der zweite Löwe weiterlief. Er hatte sich jetzt ganz offensichtlich Buma als nächstes Opfer ausgewählt.

Buma warf seinen Speer auf den heranspringenden Löwen, verfehlte ihn aber um Haaresbreite und wurde von der Wucht des Löwen an den Rand des Feuers katapultiert. Das Feuer versengte seine Haut, rettete ihm aber auch das Leben, weil der Maglas das Feuer scheute. Der Löwe wich zurück und nahm dafür Tajeu in den Blick.
 Geistesgegenwärtig schnappte sich Tajeu einen brennenden Ast und schrie: »Ich habe keine Angst vor dir, komm her, wenn du dich traust!«
 Und genau das tat der Maglas. Er bewegte sich Schritt für Schritt auf Tajeu zu, bis er von einem Speer getroffen wurde. Dann von einen zweiten und einem dritten, während ein Dutzend Speere ihr Ziel verfehlten. Der Löwe taumelte, viel aber nicht, sondern wankte auf sein nächstes Opfer zu.

Starr vor Schreck beobachtete Tembo das Geschehen, das sich vor seinen Augen gerade abspielte. Alles kam ihm so unwirklich, so surreal vor und erinnerte ihn in entsetzlicher Weise an den Angriff auf das Dorf. Seine Ängste hatten sich tatsächlich manifestiert und der Maglas war zurückgekommen. Dann hörte Kojo auf zu schreien und ein weiterer Löwe betrat die Bühne. Nein, das ist unmöglich, dachte Tembo. Ich muss träumen. Eine andere Erklärung gibt es nicht. Doch der Löwe verschwand nicht, ganz gleich, wie sehr er es sich wünschte, sondern nahm erst Buma, dann Tajeu und schließlich ihn selbst ins Visier. Es schien beinahe so, als ob er sich an ihnen rächen wollte. ›Aber was sollte er tun?‹ Tembo blickte sich um und schätzte die Entfernung bis zum Land Rover ab. ›Nein, der Land Rover war zu weit weg, dass würde er nie schaffen.‹ Den entscheidenden Tipp bekam er schließlich von Lea.

»Das Gewehr, Tembo, du musst das Gewehr benutzen.«

Welches Gewehr? fragte sich Tembo, bis er den glatten Mahagoni-Schaft des Gewehres in seiner Hand spürte. Er hatte es die ganze Zeit umklammert, ohne es zu merken. Tembo entsicherte die Winchester, zielte und drückte ab. Schüsse hallten durch die Nacht.

Nachdem Tembo den zweiten Löwen erschossen hatte, eilte Lea Ajab und Kojo zu Hilfe. Ajab lag in den Armen seines Sohnes und stöhnte leise. »Ajab halte aus, ich schaue nur schnell nach Kojo.« Kojo lag halb verdeckt unter dem ersten Löwen und rührte sich nicht. Lea stemmte sich gegen den nassen Berg aus Fell und Muskelmasse, schaffte es aber nicht den Löwen zu bewegen. »Tembo komm her, ich brauche deine Hilfe.«

Tembo ließ die Winchester fallen und rannte um das Feuer herum. »Okay, was soll ich machen?«

»Hilf mir den Löwen zur Seite zu rollen, allein schaffe ich es nicht.«

Tembo zögerte und hielt Abstand. »Ist er tot?«

»So tot wie man nur sein kann. Und jetzt pack mit an.« Gemeinsam rollten sie den Löwen zur Seite und blickten auf Kojo herab. Der Anblick war grauenvoll. Seine Kehle war aufgerissen und ein Teil seiner linken Wange fehlte.

»Oh, mein Gott.« Tembo wich zurück und musste würgen.

Lea schloss für einen Moment die Augen und drehte sich dann zu Ajab um. »Ist es okay, wenn ich mir die Wunde anschaue?«

Ajab nickte kaum merklich.

Lea holte ihr Taschenmesser aus ihrer Hosentasche, klappte es auf und vergrößerte das Loch in Ajabs Bijuk, das der Löwe mit der Pranke hineingerissen hatte. Vorsichtig klappte sie den nassen Stoff zur Seite und sah eine tiefe Fleischwunde, die bis auf den Knochen reichte. Blut sickerte heraus und vermischte sich mit dem Regen zu einer hellroten Flüssigkeit.

Nio blickte ängstlich zu Lea. »Wird mein Vater wieder gesund?«

»Ja, aber nur, wenn wir ihn von hier wegbringen. Er muss zu einem Arzt. Wir müssen ihn nach Thaore bringen.«

60

Kurz nach Sonnenaufgang wachte Lea, von Rückenschmerzen geplagt, hinter dem Steuer ihres Land Rovers auf und blickte durch die beschlagene Frontscheibe in den blauen Himmel. Ihr Kopf war leer und sie brauchte einen Moment um zu begreifen, was gestern geschehen war. Dann hörte sie Tembo neben sich auf dem Beifahrersitz schnarchen. Ihr Blick wanderte nach rechts und weiter nach hinten. Nio und sein Vater schliefen ebenfalls. Auch sie mussten nach einer durchwachten Nacht irgendwann eingeschlafen sein. Lea drehte sich wieder nach vorne und rüttelte vorsichtig an Tembos Schulter. Er saß vornübergebeugt und sonderte im Schlaf gerade einen Spucke-Faden ab. »Wach auf Tembo, es wird Zeit.«

Tembo hob den Kopf und fuhr sich mit den Händen durchs Gesicht. »Wie spät ist es?«

»Gleich halb sieben.«

Tembo nickte und öffnete die Beifahrertür. »Gib mir fünf Minuten.«

Ohne zu antworten, öffnete Lea ebenfalls ihre Tür und ging auf den Felsvorsprung zu, unter den sich die Tük während der Nacht verkrochen hatten. Buma und einige andere waren bereits wach und versuchten gerade das Feuer wieder in Gang zu bringen.

Der junge Azizi bemerkte sie als erste und drehte sich zu ihr um. »Hallo Lea, ich wollte gerade kommen und nach euch sehen. Ich hoffe, es ist so weit alles in Ordnung?«

»Ja, ich denke schon. Ich wollte auch nur kurz Bescheid sagen, dass wir jetzt aufbrechen. Je eher wir in Thaore ankommen, desto besser.«

Buma nickte. »Hoffentlich kann euer Schamane Ajab helfen.«

»Ja, ganz bestimmt«, antwortete Lea, während sie inständig hoffte, dass sich die Wunde nicht entzündete. Sie hatte Ajabs Wunde gereinigt und notdürftig verbunden, ihm aber leider keine Antibiotika geben können. Sie hatte sie schlichtweg im Dorf vergessen.

»Dann sehen wir uns hoffentlich in einigen Tagen im Dorf.«

Lea nickte. »Soll ich mir deine Brandwunde noch einmal ansehen?«

»Nein, das ist nicht nötig. Macht euch lieber auf den Weg.«

Zurück im Auto wartete Tembo bereits. Lea startete den Motor und fuhr los, während Nio und Ajab immer noch auf der Rückbank schliefen.

Tembo holte das Navi aus dem Handschuhfach, gab das Ziel ein und befestigte das mobile Gerät mit dem Saugnapf an der Scheibe.

»Wie lange fahren wir?«, fragte Lea, ohne den Blick zu wenden.

»Sechs Stunden, wenn uns das Navi keinen Streich spielt.«

»Ich hoffe, nicht nur durch die Wildnis.«

»Nein, nur etwa zwei Stunden, dann sollten wir auf eine Straße treffen. Ich habe mir die Route bereits gestern auf der Karte angeschaut, als du Ajab notdürftig verbunden hast.«

»Oh, das ist gut. Ich wüsste gar nicht, was ich ohne dich machen sollte.«

»Genau darüber wollte ich mit...«, Tembo brach ab, weil in dieser Sekunde Ajab aufwachte. Er stöhnte und hatte ganz offensichtlich noch immer große Schmerzen.

Lea trat auf die Bremse, hielt den Wagen an, drehte den Kopf und hielt ihm eine Tablette hin. »Hier nimm das. Die Medizin lindert deine Schmerzen.«

Ajab schaute Lea verunsichert an und zauderte.

Nio war jetzt ebenfalls aufgewacht und reichte seinem Vater eine Wasserflasche »Vater, das ist der gleiche Zauber, den Lea dir gestern gegeben hat. Du kannst ihr vertrauen.«

Ajab schien immer noch nicht überzeugt zu sein, griff dann aber doch zu und spülte die Tablette mit einem Schluck Wasser herunter.

»Hier!«, meldete sich jetzt auch Tembo zu Wort und hielt Nio eine Packung Kekse hin. »Ihr müsst etwas essen.«

Kurz darauf kam Lea wieder auf Tembos Einlassung zu sprechen. »Was wolltest du gleich noch sagen?«

Tembo atmete durch und suchte nach den richtigen Worten. »Ich will ehrlich sein und nicht lange um den heißen Brei herumreden. Ich werde nicht wieder in das Dorf zurückkehren, sondern über Thaore weiter nach Dar es Salaam reisen und von da aus zurück nach Frankreich fliegen.«

Lea wurde blass und brauchte einige Sekunden, bis sie zu einer Antwort fähig war. »Kann ich dich noch umstimmen?«

»Nein«, antwortete Tembo und schüttelte den Kopf. »Spätestens nachdem was gestern Abend passiert ist, kann ich nicht mehr bleiben. Meine Angst ist zu groß. Für mich endet das Kapitel hier. Ich hoffe, du kannst das ein wenig nachvollziehen.«

Lea presste die Lippen aufeinander und nickte. »Ja, das kann ich. Ich habe sogar selbst schon darüber nachgedacht alles hinzuschmeißen, es mir dann aber doch anders überlegt. Die Tük brauchen mich und sie brauchen dich, Tembo.«

Wieder schüttelte Tembo den Kopf. »Es geht wirklich nicht Lea, ich bin mit meinen Nerven am Ende und muss jetzt an mich selbst denken. Bitte versteh das doch.«

Schnell wischte sich Lea eine Träne weg und blickte ihn liebevoll an. »Das tue ich doch du dummer Kerl, aber ich musste es doch wenigstens noch einmal versuchen.«

Fünf Stunden später parkte Lea den Land Rover vor der einzigen kleinen Klinik, die Thaore zu bieten hatte und übergab Ajab in die Hände eines netten Arztes, während Nio, Tembo und sie selbst im Wartebereich zurückblieben. Nio lief die ganze Zeit nervös auf und ab, bis es Lea zu bunt wurde. »Nio, jetzt setz dich endlich, du machst uns sonst alle noch verrückt mit deiner Unruhe.« Nach Tembos Ankündigung war sie ohnehin nur noch ein Nervenbündel. Lea fragte sich die ganze Zeit, wie es jetzt weitergehen sollte. Sie musste unbedingt noch einmal mit Thommy sprechen. Und mit ihrer Mutter, schob sie in Gedanken hinterher. Letzteres hatte sie angesichts der Ereignisse schon fast wieder verdrängt.

Einen Augenblick später ging die Tür zum schmucklosen Wartezimmer auf und der Arzt trat ein. Er lugte über seine Lesebrille hinweg und machte drei Schritte auf Lea zu. »Ajab wird wieder gesund, aber seine Schulter ist gebrochen und er muss noch heute operiert werden.«

Lea war erleichtert und übersetzte die frohe Botschaft aus dem Englischen. »Nio, dein Vater wird wieder gesund, muss aber einige Tage hier im Krankenhaus bleiben.«

»Darf ich auch hierbleiben?«

Lea wandte sich an den Arzt, übersetzte Nios Frage und erhielt die Antwort, die sie sich erhofft hatte. »Ja, du kannst so lange hierbleiben, bis wir wieder ins Dorf zurückfahren.«

Nio strahlte über das ganze Gesicht.

Der Arzt wandte sich jetzt seinerseits noch einmal an Lea und wies auf die Kosten hin. »Das Ganze ist aber nicht ganz billig. Ich hoffe, Sie können zweitausend Dollar aufbringen.«

Lea überlegte nicht lange. »Ja, kein Problem.« Auch darüber würde sie mit Thommy sprechen.

Nachdem alles geklärt war, verließen Lea und Tembo das Krankenhaus und checkten im Grand Palace ein. Tembo und Lea kannten das einzige Hotel am Platz von einem ihrer vorherigen Besuche und freuten sich auf eine Dusche. Der Manager war freundlich und reichte ihnen die Zimmerschlüssel. »Hier, Nummer sechs und sieben, das sind unsere besten Zimmer. Sie liegen direkt nebeneinander.«

Lea und Tembo griffen zu und gingen die Treppe hinauf. Bei jedem Schritt knarrte es. Lea schloss ihr Zimmer auf, sagte aber noch etwas zu Tembo, bevor er in seinem Zimmer verschwand. »Wir treffen uns dann gegen acht im Karafuu.«

»Ja genau, bis später dann.«

Lea öffnete die Tür, stellte den Rucksack ab und warf sich rücklinks auf das Bett, das seine besten Jahre bereits hinter sich hatte. Dann holte sie ihr Handy aus ihrer Tasche und rief Thommy Fleedwood an. Und wie zuletzt war Thommy alles andere als begeistert, als Lea ihn erneut auf den neuesten Stand brachte.

»Das darf doch alles nicht wahr sein. Hört denn dieser Horror nie auf?«

»Schlimmer kann es jedenfalls nicht mehr werden.«

»Glaubst du, dass es Sinn macht, wenn ich noch einmal mit Tembo spreche? Vielleicht kann ich ihn ja überzeugen.«

»Das kannst du gerne versuchen, aber so wie ich die Sache einschätze, hat das keinen Zweck. Er wirkt regelrecht traumatisiert und kann es gar nicht abwarten, Tansania zu verlassen.«

»Verstehe. Dann ist es wirklich besser, wenn ich mich darauf konzentriere, dir zwei neue Kollegen zu besorgen.«

»Ja, tue das und denk bitte auch an das Satellitentelefon, über das wir gesprochen haben.«

»Ist schon unterwegs. War es das dann?«

»Nicht ganz, ich brauche dringend noch zweitausend Dollar.«

»Zweitausend Dollar, in Dreiteufelsnamen, wofür brauchst du denn so viel Geld?«

»Für Ajabs Operation oder glaubst du, die machen das hier umsonst.«

»Nein, natürlich nicht. Sorry daran hatte ich nicht gedacht, als du die OP vorhin erwähnt hast.«

»Ist schon gut. Überweis mir einfach den Betrag oder besser gleich zweitausendfünfhundert oder möchtest du, dass ich das Hotel aus eigener Tasche bezahle?«

»Nein, natürlich nicht. Ich kümmere mich gleich darum.«

»Okay, ich melde mich dann noch einmal, bevor wir wieder ins Dorf zurückfahren. Mach's gut.«

»Ja, halt die Ohren steif, Lea. Und danke für deinen Einsatz.«

Lea legte das Handy erst gar nicht aus der Hand, sondern wählte direkt die Nummer ihrer Mutter. Zuerst die Festnetznummer und danach die ihres Handys. Doch ihre Mutter nahm nicht ab. ›Verdammt noch mal, warum ging sie nicht ran? Die zwei Stunden Zeitverschiebung konnten nicht der Grund dafür sein. Ganz im Gegenteil, in Deutschland war es jetzt halb neun und da müsste ihre Mutter eigentlich zu Hause sein.‹ Sofort stellte sich ihr schlechtes Gewissen ein. Sie hätte mit dem Anruf nicht so lange warten dürfen. Dann fiel Lea ein, dass sie von ihrer Mutter eine Mail erhalten hatte, in all der Hektik aber nicht dazu gekommen war die Nachricht zu lesen. Ohne weiter darüber nachzudenken sprang sie auf, schnappte sich ihren Rucksack und verließ das Hotel in Richtung des Internet-Cafés, das sie zuletzt aufgesucht hatte, um sich über Linus Christiansen zu informieren. Der Zeitpunkt schien eine Ewigkeit her zu sein, obwohl - Lea rechnete im Kopf nach - erst drei Wochen vergangen waren. Drei Wochen, in denen sich alles geändert hatte.

Zehn Minuten später saß Lea vor demselben Rechner, gab ihre Zugangsdaten ein und wartete ungeduldig darauf, dass sich ihr Postfach öffnete. Die Internet-Verbindung war wieder einmal miserabel.

»Möchten Sie etwas trinken?«

Lea erschrak. Sie hatte die junge Frau gar nicht bemerkt. »Äh ja, eine Cola.«

Die Frau nickte, nahm die Bestellung auf und verschwand.

Lea blickte wieder auf den Rechner, klickte auf Posteingang und scrollte durch die Vielzahl ungelesener

Mails hindurch. Auf der zweiten Seite wurde sie schließlich fündig und öffnete die Mail ihrer Mutter, die sie schon einmal kurz in den Blick genommen hatte und begann zu lesen.

Liebe Lea,

ich schreibe dir aus dem Krankenhaus, nachdem ich dich telefonisch nicht erreichen konnte. Mir geht es leider gar nicht gut. Bitte melde dich, sobald du meine Nachricht gelesen hast.

Deine dich liebende Mutter.

Lea starrte mit weit aufgerissenen Augen auf die Zeilen und spürte, wie eine Mischung aus Angst und Panik von ihr Besitz ergriff. ›Was war passiert und warum lag ihre Mutter im Krankenhaus?‹ Fragen über Fragen entsprangen in ihren Kopf. Lea griff erneut zum Handy, bekam aber wieder nur ein Freizeichen zu hören. ›Verdammt nochmal, was war da los?‹ Lea legte das Telefon zur Seite, zwang sich zur Ruhe und überlegte, was sie als Nächstes tun konnte. Erst einmal alle Mails checken, dachte Lea und griff erneut zur Maus. Vielleicht hatte ihre Mutter ihr ja eine zweite Mail geschickt, die sie in der Eile übersehen hatte. Ja, dass würde Sinn ergeben. Ihre Mutter hatte sie bestimmt ein weiteres Mal angeschrieben, nachdem sie sie nicht zurückgerufen hatte. Lea scrollte mit der Maus nach vorne, fand aber keinen weiteren Eintrag. Enttäuscht wollte sie den Rechner gerade ausschalten, als sie mit den Augen an dem Absender einer Mail hängen blieb, der sie alarmierte. Sie hatte Post vom St. Antonius

Krankenhaus erhalten. Mit zittrigen Fingern öffnete sie die Nachricht und begann zu lesen.

Sehr geehrte Frau Rosendahl,

Ihre Mutter hat mich darum gebeten, Ihnen eine Nachricht zukommen zu lassen, kaum dass sie aus der Narkose aufgewacht war. Wir mussten ihr die Gallenblase entfernen, nachdem wir eine chronische Entzündung diagnostiziert hatten, die auch der Grund für ihre qualvollen Schmerzen war. Aber keine Angst: Ihre Mutter hat die OP gut überstanden und befindet sich bereits auf dem Weg der Besserung. Alles Weitere wird Sie Ihnen selbst erzählen, sobald sie wieder bei Kräften ist und Sie sich bei ihr gemeldet haben.

Beste Grüße
Anna Gebler – behandelnde Ärztin

Wie in Watte gepackt und keines klaren Gedankens mehr fähig, stand Lea auf und steuerte auf den Ausgang zu.

Die Bedienung lief hinter ihr her und rief: »Hey, was ist mit Ihrer Cola?«

Lea blieb stehen, holte zehntausend Schillinge aus ihrer Tasche heraus und drückte der Bedienung die Scheine in die Hand. »Hier, stimmt so.«

»Oh, danke.« Die junge Frau strahlte.

Mit jedem Schritt, den Lea über den Marktplatz ging, wurde das Gefühlschaos in ihrem Inneren größer. Einerseits war sie erleichtert, dass ihre Mutter bereits auf dem Weg der Besserung war, andererseits plagte sie das schlechte Gewissen. Wie Gift sickerte es in ihr

Gehirn und schaffte eine schmerzhafte Klarheit. ›Ihre Mutter hatte sie gebraucht und sie war nicht an ihrer Seite gewesen. Das würde sie sich niemals verzeihen können, nein niemals.‹ Erste Tränen bahnten sich ihren Weg und legten sich wie ein tröstender Schleier über ihr Gesicht. Der Marktplatz, die Menschen, einfach alles verschwamm in der untergehenden Sonne, bis ein Mann an ihr vorbeiging, den sie nicht kannte, ihr aber doch so vertraut vorkam.

61

Die Zeit schien stillzustehen, als Lea in das Gesicht von Linus Christiansen blickte. Er sah genauso aus wie in ihren Träumen, nur ein wenig schmaler und blasser. ›Doch was in Gottes Namen hatte er hier in Thaore zu suchen? Er hatte doch einen schlimmen Unfall gehabt und konnte seinen Job nicht antreten. Daran bestand kein Zweifel. Die Mail von Dr. Capelli war in dieser Hinsicht eindeutig gewesen und hatte sich fest in ihr Gedächtnis eingebrannt, genauso wie der Moment, als sie in Dar es Salaam auf ihn gewartet hatte und Linus nicht gekommen war. Oder war dieser Mann womöglich gar nicht der für den sie ihn hielt, sondern ein Fremder, der zufällig nur so aussah wie der Mann aus ihren Träumen?‹ Fragen über Fragen gingen ihr durch den Kopf, wurden von neuen abgelöst und formten schließlich ein einziges Wort, das mit einem Mal im Zentrum ihres Denkens stand und alles andere beiseiteschob. »*Nchi ya ndoto.*« Kaum ausgesprochen drang ein Rauschen an ihre Ohren und alles um sie herum begann sich zu drehen, immer schneller und schneller, bis irgendjemand das Licht ausknipste.

»*Nchi ya ndoto.*« wiederholte Linus, erhielt aber keine Antwort mehr, weil Lea in dem Moment in sich zusammensackte. Linus packte beherzt zu und trug sie, begleitet von den neugierigen Blicken der spielenden Kinder, zu dem Brunnen, an dem er gerade noch vorbeigegangen war. Vorsichtig legte er Lea ab, holte ein zerknülltes Stofftaschentuch aus seiner Hosentasche und befeuchtete es mit dem klaren kalten Wasser aus dem Brunnen, bevor er es Lea auf die Stirn legte. Sie regte sich, wachte aber nicht auf. Auch nicht, als ein kleiner Junge sie an der Schulter berührte und irgendetwas sagte, das Linus nicht verstand. Linus reagierte, holte einige Scheine aus seiner Tasche und hielt sie dem Jungen hin. »Hier, hol uns eine Coca-Cola.«

Der Junge schien nicht zu verstehen, was er von ihm wollte und zuckte mit den Schultern.

Linus überlegte kurz und versuchte es noch einmal. »Pata tatu Coca-Cola«, was so viel wie *hol drei Coca-Cola* in Suaheli bedeutete.

Der Junge strahlte mit einem Mal über das ganze Gesicht, nahm die Scheine entgegen und flitzte los. Währenddessen hatte sich eine Traube von Neugierigen gebildet, die laut durcheinanderredeten. Linus ignorierte sie und wendete sich jetzt wieder Lea zu, die mittlerweile stöhnte und die Augen geöffnet hatte. Linus hockte sich neben sie, nahm ihre Hände und redete beruhigend auf sie ein. »Lea, ich bin es, Linus. Es ist alles okay. Du bist ohnmächtig geworden.«

Lea schüttelte unmerklich den Kopf. »Linus, was machst du denn hier?«

»Das ist eine lange Geschichte«, antwortete Linus und musste unwillkürlich lächeln. Nicht zuletzt, weil Lea seine Hände fest zusammendrückte und keine Anzeichen machte sie wieder loszulassen.

»Dann erzähl mir, was dich aufgehalten hat«, flüsterte sie und ließ ihn nicht aus den Augen.

In dem Moment kam der Junge angelaufen und hielt Linus eine der drei Cola-Dosen entgegen. »Hier.«

Linus entzog Lea seine Hände, griff zu, öffnete die Dose und gab die Cola an Lea weiter. »Trink erst einmal etwas. Du bist bestimmt unterzuckert.«

Lea nickte, umfasste die Dose und trank einen kleinen Schluck, während der Junge Linus eine zweite Dose reichte.

Linus nahm sie entgegen und gab dem Jungen zu verstehen, dass die dritte Dose für ihn selbst bestimmt war.

Der Junge bedankte sich und lief jauchzend davon, während seine Freunde laut schreiend hinter ihm herliefen. Nur ein kleines Mädchen blieb zurück und schaute sehnsüchtig auf Linus Dose.

Linus lächelte, trank noch einen kleinen Schluck und reichte die Dose anschließend an das Mädchen weiter, die die Cola mit leuchtenden Augen entgegennahm und sich überschwänglich bedanke.

»Asante, Asante«, sagte sie immer wieder, selbst nachdem sie sich bereits einige Meter entfernt hatte.

Erfreulicherweise zerstreute sich jetzt auch die Schar an Neugierigen, sodass sich Linus ganz auf Lea konzentrieren konnte und setzte sich neben sie. Beide saßen jetzt mit dem Rücken an der Brunnenwand und blickten über den Marktplatz. Lange herrschte Schweigen, bis Linus etwas sagte. »Übrigens schön dich kennenzulernen, ich meine außerhalb von *Nchi ya ndoto.*«

Lea blickte zu ihm herüber und lächelte. »Ja, dass finde ich auch.« Aber jetzt erzähl, warum hast du deine Stelle nicht angetreten? Deine Therapeutin hatte in ihrer Mail einen Unfall erwähnt.«

Linus nickte und fing an zu erzählen. Er ließ nichts aus und wurde von Lea erst unterbrochen, als er auf das Koma zu sprechen kam.

»Dann war das Koma dafür verantwortlich, das du die Tür zum Traumland aufgestoßen hast.« Ihre

Einlassung war mehr eine Feststellung und weniger eine Frage.

»Ja, sieht ganz so aus«, antwortete Linus und drückte kurz ihre Hand. »Das alles ist schon verrückt, oder?«

»Ja, irgendwie schon, aber nach alldem was wir dort gemeinsam erlebt haben, gibt es keine andere Erklärung.«

Linus seufzte und blicke Lea jetzt direkt in die Augen. »Am Ende spielt es keine Rolle. Wichtig ist nur, dass ich jetzt hier bin und es mir so gut geht wie schon lange nicht mehr.«

»Wie meinst du das?«

»Es geht um meine posttraumatische Belastungsstörung. Sie hat sich quasi in Luft aufgelöst, seit ich aus dem Koma aufgewacht bin.«

»Verstehe«, antwortete Lea und musste unweigerlich an das Martyrium denken, das Linus in Afghanistan durchlebt hatte.

»Aber jetzt erzähl du doch mal, was dir seit unserer letzten Begegnung alles widerfahren ist. Warum hast du geweint, als wir uns vorhin über den Weg gelaufen sind?«

»Das ist ebenfalls eine lange Geschichte.«

»Dann ist es vielleicht besser, wenn wir ins *Karafuu* wechseln. Mir knurrt der Magen und ein Bier könnte ich auch vertragen.«

Lea lächelte und war bereits im Begriff aufzustehen. »Das hört sich gut.«

Zehn Minuten später saßen Lea und Linus im Karafuu und genossen ein kühles Bier. Mit dem Essen geduldeten sie sich allerdings, nachdem Lea eingefallen war, dass sie sich mit Tembo um acht Uhr zum Essen verabredet hatte.

»So und jetzt erzähl«, hakte Linus nach. »Was habe ich verpasst?«

Lea überlegte kurz und versuchte sich an den Zeitpunkt zu erinnern, an dem sie Linus das letzte Mal in *Nchi ya ndoto* begegnet war. »Wir haben uns das letzte Mal im Auto getroffen und sind durch die Savanne gefahren, richtig?«

»Ja, genau.«

»Oh, dann hast du wirklich noch einiges verpasst«, antwortete Lea und begann zu erzählen.

Linus hing an ihren Lippen und konnte gar nicht glauben, was Lea ihm da gerade alles erzählte. Völlig perplex war er aber erst, als Lea den dritten Maglas erwähnte. »Das ist wirklich unglaublich. Kein Wunder, dass dir alles über den Kopf gewachsen ist und du deine Emotionen nicht mehr zurückhalten konntest.«

»Ja, das stimmt«, bestätigte Lea und überlegte kurz, ob sie Linus auch von ihrer Mutter erzählen sollte, entschied sich schlussendlich aber dagegen. Dafür war auch später noch Zeit, wenn es denn ein gemeinsames *später* gab.

»Woran denkst du?«, hakte Linus kurz darauf ein, nachdem weder er noch Lea das Gespräch fortgesetzt hatten. Er hatte sie die ganze Zeit beobachtet, während Lea gedankenverloren auf den Marktplatz geschaut hatte. Irgendetwas schien sie zu beschäftigen.

Lea drehte sich jetzt zu Linus um und schaute ihm direkt in die Augen. »Ich frage mich die ganze Zeit, wie es jetzt weiter geht. Ich meine mit dem Projekt, mit mir, mit dir, einfach mit allem.«

Linus beugte sich jetzt zu Lea herüber und nahm erneut ihre Hände in die seinen. »Lea, mir ist egal was die Zukunft bringt, solange wir zusammen sind.«

62

Ein Jahr später.

Mit dem iPhone in der Hand wechselte Robin in die Küche und setzte sich auf einen der drei Hocker an den Nussbaumtresen. Auf der anderen Seite stand ihr Mann Seppi und bereitete am weißen Küchenblock gerade das Abendessen vor. »Rate mal, wer mich gerade angerufen hat.«

Seppi blickte von der Pfanne auf, in der er gerade zwei Steaks gewendet hatte und zuckte mit den Schultern. »Keine Ahnung, aber du wirst es mit sicherlich gleich verraten.«

»Linus Christiansen.«

Seppi legte den Pfannenwender zur Seite und blickte seine Frau neugierig an. »Das wurde aber auch höchste Zeit.«

»Ja, und das war auch das Erste, was ich ihm gesagt habe.«

»Und, wie hat er reagiert?«

»Na, wie wohl? Er hat sich tausendmal entschuldigt. Angeblich war erst zu viel zu tun und dann war irgendetwas mit dem Satellitentelefon nicht in Ordnung.«

Seppi nahm den Pfannenwender wieder in die Hand und schob die beiden Steaks in der Pfanne hin- und her, während er ganz offensichtlich darüber nachdachte, was ihm seine Frau gerade geantwortet hatte. Schließlich formulierte er seine nächste Frage. »Und was hat er sonst noch so erzählt? Er wird sich doch nicht nur entschuldigt haben?«

Robin war derweil aufgestanden und war im Begriff eine Weißweinflasche zu öffnen, die sie aus dem Weinkühlschrank links neben sich herausgenommen hatte. »Das kannst du ihn gleich selbst fragen. Er müsste jeden Moment da sein.«

Seppi hielt in der Bewegung inne und riss die Augen auf. »Du machst Witze!«

»Nein, keineswegs. Er ist gerade in Kiel und hat gefragt, ob er vorbeikommen kann.«

»In Kiel, was macht er denn in Gottes Namen in Kiel? Ich denke, er ist in Tansania.«

»Das war er auch, zumindest bis gestern. Aber jetzt ist er hier, oder genauer gesagt, auf dem Weg hierher.« Dann stellte Robin neben die zwei Weingläser, die bereits auf dem Tisch standen, zwei weitere und sagte: »Und er kommt nicht alleine.«

Als Linus und Lea auf das Haus zugingen, erinnerte sich Linus an den Tag, an dem er das erste Mal an Leas Tür geklingelt hatte. Der Tag schien eine Ewigkeit her zu sein, obwohl nicht mehr als zwei Jahre vergangen waren. Zwei Jahre, in denen sich alles geändert hatte. Bei dem Gedanken drehte er sich nach rechts und blickte in Leas Augen, die in etwas mehr als sieben Monaten ihr gemeinsames Kind zur Welt bringen würde. Ein unmerkliches Lächeln ging über seine Lippen.

Lea fasste seine Hand, ganz so, als ob sie genau wusste an was er dachte und drückte den Klingelknopf.

Ende

Die Idee für dieses Buch ist in mir gereift, nachdem meine Frau infolge einer Corona-Infektion 13 Tage im Koma gelegen hat. In dieser Zeit, die für mich, meine Familie und Freunde nicht leicht gewesen ist, hat meine Frau verständlicherweise keine Erinnerung. Dafür kann sie sich bis heute sehr genau an ihre Träume erinnern, in denen zwei Kinder eine tragende Rolle gespielt haben. Nicht umsonst gehörte den beiden Kindern auch die erste Frage, kaum das Susanne aus dem Koma erwacht war. »Wie geht es den beiden Äffchen?«, hatte sie voller Sorge um die beiden gefragt.

Printed in Poland
by Amazon Fulfillment
Poland Sp. z o.o., Wrocław